本书为中国博士后科学基金面上资助项目"新中国屯垦建构对边疆民族区域整合的影响机理研究"成果；

本书获得"云南师范大学一流学科建设"经费资助

Embedding and Integration

Reclamation System
in Yunnan since 1949

嵌入与融合：

1949年以来云南屯戍制度研究

董向芸 著

中国社会科学出版社

图书在版编目(CIP)数据

嵌入与融合：1949年以来云南屯戍制度研究/董向芸著.—北京：中国社会科学出版社，2018.4
ISBN 978-7-5203-2318-5

Ⅰ.①嵌… Ⅱ.①董… Ⅲ.①生产建设兵团—屯垦—研究—云南 Ⅳ.①F324.1②F327.74

中国版本图书馆CIP数据核字（2018）第073311号

出 版 人	赵剑英
责任编辑	孙　萍
责任校对	李　莉
责任印制	王　超

出　　版	中国社会科学出版社
社　　址	北京鼓楼西大街甲158号
邮　　编	100720
网　　址	http://www.csspw.cn
发 行 部	010-84083685
门 市 部	010-84029450
经　　销	新华书店及其他书店
印　　刷	北京明恒达印务有限公司
装　　订	廊坊市广阳区广增装订厂
版　　次	2018年4月第1版
印　　次	2018年4月第1次印刷
开　　本	710×1000　1/16
印　　张	23.75
插　　页	2
字　　数	335千字
定　　价	98.00元

凡购买中国社会科学出版社图书，如有质量问题请与本社营销中心联系调换
电话：010-84083683
版权所有　侵权必究

自　　序

　　处于改革中的社会，在新旧交替之际，思想与实践之间的互动是紧密而频繁的。对于这个时代当中的制度而言，合理与合法不停交互，解构与建构逶迤并行，对于制度理性不断深入的反思，使人们更加重视从制度发生发展的实践来理解其理性规律。从一定的场域空间角度看，移植域外的规范体系或治理政策，并且以嵌入的状态进入既有系统当中进行主动的制度建构，不是自然发生而形成的，它具有很大的人为性和主观性，且制度的价值取向也极为鲜明，由此，制度的合法性及其实效扩展性就成为焦点问题。当然为了避免单一地从理性到理性的逻辑推演，就必须在特定的社会空间和时间域当中，来观察和分析制度的设计与操作过程。这样来看，对于正式规范制度的把握，不仅需要对于制度专业知识和模式的观察，还需要把环绕在制度发生发展过程当中的社会关系相互作用过程也纳入研究视野。当然，随着国家建设规范化和法制化的发展，系统化的制度设计与运行变得越来越重要，制度作用于对象区域的整个发展过程与功能效用，也得到越来越多的强调。

　　实际上，21世纪以来随着人类社会信息技术的不断加速，以及全球化浪潮的席卷之下社会现象的复杂多变，不同领域的疆界模糊化和流动化，各类决策和制度推行的风险与不确定性随之大幅度增加。这些都使得现有的制度模式以及实现方式面临严峻的挑战，需要能够摆脱现有的思维方式来对制度进行理论创新，并且能够从其实践过程中获得更多的有效经验启示。对应于屯戍制度这个对象而言，该制度有着较长期的研究历史：一是时间长，自史学的屯防边略至当今的农垦战略改革，中国边疆屯戍研究已经形成一个专门的研究类目；二是范围广，中华人民共和国成立之初在全国范围内推行屯垦戍边，且大部分边疆区域的屯垦体系保留至今，所涉地域较为广阔；三是种类和人数多，按照已有的历史发展梳理，屯戍有军屯、民屯、商屯之分，同时，基于国家的需要，自历史至今的屯垦开发，都伴随着大量军民人员进入，外来移民规模化集中居住。中华人民共和国成立以来，国家十分重视相应边疆区域的屯垦开发和建设，不同时段的边屯建设承担了不同时期的屯垦戍边任务，而屯垦系统及其相应的国营农场，也不断发挥着"生产队、工作队和战斗队"的作用，在边疆区域的经济发展、社会稳定和边防保卫当中起到了不可替代的重要作用。相关的研究大多是循着史学研究的方式，来详细考证相应制度发展的历史，总结历代不同的屯防治略的内容变迁，或是对于当代农垦改革经济发展问题的专题性研究，从制度社会融合角度对于屯戍制度的研究有所欠缺，尤其屯戍制度在各个区域的特殊性发展，以及制度在特定地域文化逻辑下所选择不同的制度影响和作用方式路径。因此，对于不同制度类型作用方式的研究，是在宏观社会结构发展理论之中，具体制度的理解及其作用方式的一种经验总结，也是制度实施路径的重要探索。总体上来说，制度的实证研究方兴未艾，在现实社会发展与引导层面极具空间开拓潜力，这也是制度研究的魅力之所在，意义之所在。

目　录

第一章　导言 …………………………………………………（1）
　一　研究缘起 ………………………………………………（1）
　二　研究意义 ………………………………………………（4）
　三　概念界定与研究对象 …………………………………（7）
　四　资料来源与研究方法 …………………………………（13）

第二章　社会融合的制度路径分析 …………………………（18）
　第一节　社会融合理论回顾 ………………………………（20）
　　一　社会融合的范畴 ……………………………………（21）
　　二　社会融合的结构 ……………………………………（23）
　　三　社会融合的心理 ……………………………………（28）
　　四　社会融合相关理论 …………………………………（37）
　第二节　社会融合的多元路径 ……………………………（42）
　　一　熔炉论 ………………………………………………（43）
　　二　族群关系循环论 ……………………………………（45）
　　三　同化阶段论 …………………………………………（47）
　　四　多元文化主义 ………………………………………（49）
　　五　一体多元模式 ………………………………………（51）
　　六　团体多元模式 ………………………………………（53）
　第三节　社会融合的制度路径 ……………………………（56）

一　宏观意义的社会融合制度路径 …………………………（56）
　　二　多元的社会融合制度路径 ……………………………（59）
　　三　社会融合的制度实践 …………………………………（61）
　第四节　嵌入型社会融合制度的分析脉络 …………………（66）
　　一　嵌入型社会融合的对象 ………………………………（68）
　　二　嵌入型社会融合的动因 ………………………………（73）
　　三　嵌入型社会融合的主要制度路径 ……………………（74）

第三章　云南屯戍体系的边疆嵌入 ……………………………（82）
　第一节　中华人民共和国成立初期西南边疆概况与
　　　　　屯戍决策 ………………………………………………（83）
　　一　中华人民共和国成立初期的国家战略 ………………（84）
　　二　国家的边疆屯戍选择 …………………………………（86）
　　三　屯戍垦殖的政策方针 …………………………………（88）
　　四　云南屯戍构建准备 ……………………………………（91）
　第二节　云南屯戍体系的组建与发展 ………………………（96）
　　一　屯戍制度的目标设定 …………………………………（97）
　　二　云南屯戍系统的层级管理体制 ………………………（102）
　　三　云南国营农场的建设 …………………………………（105）
　　四　国营农场的主要任务 …………………………………（115）
　第三节　云南国营农场的人员来源及其与当地交流 ………（120）
　　一　规模化的移民 …………………………………………（120）
　　二　嵌入与贸易结构 ………………………………………（124）
　　三　国营农场发展与集市形成 ……………………………（135）
　　四　国营农场的社会认同形成 ……………………………（137）
　第四节　场地二元的体制嵌入 ………………………………（143）
　　一　场地二元体制的形成 …………………………………（143）
　　二　场地二元体制的特点 …………………………………（145）

三 制度的嵌入路径……………………………………（148）

第四章 云南屯戍系统的边疆融合……………………………（152）
第一节 国营农场经济体制改革建构……………………………（152）
一 国营农场发展概况……………………………………（153）
二 国营农场改革的政策指导……………………………（156）
三 扩大生产经营自主权的企业化实践…………………（165）
四 云南农垦农工商运建综合经营………………………（168）
第二节 国营农场的场群融合实践………………………………（174）
一 基础设施建设…………………………………………（175）
二 民营橡胶政策…………………………………………（180）
三 农作技术培训…………………………………………（185）
四 教育卫生发展…………………………………………（191）
第三节 国营农场的场地融合路径………………………………（197）
一 安全与稳定的实现方式转变…………………………（198）
二 技术引领与资源扶助…………………………………（202）
三 利益纠纷的协商解决…………………………………（206）
四 改革与流动……………………………………………（208）
第四节 嵌入型空间的继替与融合………………………………（212）
一 国营农场的嵌入型公共空间构建……………………（213）
二 国营农场空间的形构与特点…………………………（214）
三 国营农场空间的功能继替……………………………（218）
四 空间融合………………………………………………（222）

第五章 云南国营农场的融入式发展…………………………（224）
第一节 国营农场的属地化改革…………………………………（224）
一 云南国营农场的属地化改革探索……………………（225）
二 西双版纳全员承包制改革实践………………………（234）

三　河口职工家庭承包制改革实践 …………………………… (239)
　　四　属地化改革中的场地融入趋向 …………………………… (243)
第二节　国营农场与当地城镇化进程 ………………………………… (249)
　　一　国营农场与村寨交通 ……………………………………… (250)
　　二　国营农场与村寨集市 ……………………………………… (254)
　　三　国营农场与城镇规划 ……………………………………… (259)
第三节　"农场人"及其婚姻圈 ………………………………………… (264)
　　一　"农场人"的形成 ………………………………………… (264)
　　二　农场人婚姻关系与选择演变 ……………………………… (266)
　　三　婚姻融入的方式变化 ……………………………………… (271)
　　四　婚姻多元选择的社会融入 ………………………………… (273)
第四节　融入：流动的秩序演进 ………………………………………… (275)
　　一　边疆国营农场的社会流动 ………………………………… (275)
　　二　边疆国营农场的社会流动发展过程 ……………………… (280)
　　三　社会流动与国营农场的社会融入路径 …………………… (285)

第六章　嵌入型社会融合制度的功能实现 ……………………………… (289)
第一节　嵌入型社会融合制度的构建特点 …………………………… (290)
　　一　制度的建构过程与主体 …………………………………… (291)
　　二　规则与行为制度化 ………………………………………… (299)
　　三　制度化的正式结构 ………………………………………… (303)
　　四　制度的路径依赖 …………………………………………… (305)
第二节　嵌入型社会融合制度的作用方式 …………………………… (308)
　　一　确定对象界限 ……………………………………………… (310)
　　二　形成运行秩序 ……………………………………………… (313)
　　三　提供规划预期 ……………………………………………… (315)
　　四　营造系统环境 ……………………………………………… (318)
第三节　嵌入型社会融合制度的文化形成 …………………………… (320)

一　制度的意识表达 …………………………………………（321）
　　二　文化制度化 ……………………………………………（326）
　　三　制度的文化执行 ………………………………………（329）
　　四　制度的文化传播 ………………………………………（332）
　第四节　嵌入型社会融合制度的适用 ……………………………（334）
　　一　时域适用 ………………………………………………（335）
　　二　条件适用 ………………………………………………（339）
　　三　成本适用 ………………………………………………（343）
　　四　价值适用 ………………………………………………（347）

参考文献 ……………………………………………………………（356）

后　记 ………………………………………………………………（366）

第一章 导言

一 研究缘起

20世纪，历史的巨轮拉动着中国缓缓前进。整个中国边疆社会发生了极为剧烈的变化，从生产方式到生产关系的变革迅速将中国边疆区域的发展带入现代化建设与农业经济重构之中。国家政权统一了边疆的政治管理，边疆生活的原住群体完全或部分接受了系统建构的层级管理方式，并且将之逐步完全实施到村寨以及边疆群体社会当中。同时在这片土地的边疆地带，历史以不同的轨迹，使这个区域形成了与之前不同的发展状态。

这也是本书将重点阐述的部分，即试图通过代表国家权力的制度嵌入到周边村寨惯习场域中最初和发展的过程，来描述和研究国家政权与制度化的形式影响边疆社会村寨权力结构的路径。

毫无疑问，中国边疆社会的现代化发展肇始于20世纪中叶中华人民共和国的成立，随着道路交通的大规模开辟和军队屯垦戍边政策的实施，使得之前与村寨之间由于地理阻隔而较少的交流逐渐频繁起来。国家以军队戍边务农的形式将内陆地区的耕作方式和农作经验大量地示范并交流给当地的原住群体，以促进边疆区域经济社会各领域的发展。对20世纪50—60年代的西南和西北边疆来说，这种社会结构的变迁极为明显，特别是从农用具的更替以及经济作物种植的引进等方面有力地证明了这一点。且需要看到的是，这个变化不是一种渐进式的渗入，而是一种突变式的革新。但现有的有关中华人民共和国屯垦戍边在边疆区域作用发挥的研究，大多只是对军队转制、知青下乡及国营农场经济发展有着较为详细的论述，较少涉及从制度层面分析国家权力与当地村寨原有权力结构之间相互影响的效用过程。从时间段上来说，自20世纪中叶，屯戍制度嵌入边疆区域之后，仅仅用了十余年的时间就使边疆区域社会结构发生了巨大的改观——这种改观全面渗入到村寨社会的经济、文化，尤其是社会关系当中。

回溯20世纪上半叶的边疆现实，国家权力介入边疆基层村寨社会的努力始于清末新政，查尔斯·蒂利（Charls Tilly）将这一过程描述为State-making（国家政权建设）[1]，这种建设的突出之处包括：王朝官府通过官僚化与合理化为军事和民政扩大财源，乡村社会为反抗官府侵入和财政压榨而不断争斗，王朝国家为巩固其权力与新的地方精英结为联盟。清王朝作为一个少数民族入主中原建立的中央政权，在继承与发扬传统治边经验的基础上总结与提升，积累了不少成功治理边疆的方法。但作为中国最后一个封建王朝，在帝国主义侵略面前，清王朝将边疆作为屏障，以牺牲边疆民族的利益来换取统治阶级的利益，这使得之前被清王朝特殊对待的边疆民族群起而反抗，民族矛盾日渐凸显。同时，清王朝统治者身份意识的局限使其在面临与应对西方列强的侵略时具有一定的片面性，突出表现为在危机面前依然把本族统治阶级的利益放在首位，甚至出卖部分国家利益。因此，在边疆危机蔓延的同时，清王朝统治的合法性遭到被统治群体的质疑，除了大大小小的农民起义，以孙中山领导的辛亥革命为代表的资产阶级革命也把矛头指向清王朝的满族身份，提出"驱除鞑虏，恢复中华"的革命目标。但此时，多民族的国家建构的传统又意味着，单一民族统治会造成民族的独立与国家的分裂，至此，近代统一中国的建构转向"中华民族"的建构。

---

[1] Charles Tilly ed., *The Formation of National States in Western Europe*, Princeton: New Jersey Princeton University Press, 1975, Foreword.

随着帝制体系的崩溃和现代化的启动与展开，近代国家意识的建构伴随着中华民族意识的觉醒，使得革命与救亡成为近代中国历史的一个核心主题。在此背景下建立起来的南京国民政府，不得不转变王朝政府的统治观念，实施包括财政革新、创建新军以及创办新式学校教育等的政权建设方式，以期建立一个主权、领土完整的资本主义现代化国家。但由于西方列强入侵造成严重的民族危机与国家危机，以及新生的政党政权无法单单依靠自身的力量完成对国家政权的统一和实现现代化的诉求，因此，边疆地区进入国民政府的建设视野，成为国家边界的重要纳入地带。从国民政府中央到地方政权的权力割据，与统一国家政权建设和民族群体差异的矛盾交织在一起。

与此同时，这一时期国家边疆政权建设还受阻于帝国主义的入侵及其后的军阀混战和抗日战争，中央政府对于边疆地区失去了实际的控制权，以省为单位来看，边疆地区的地方豪强成为中央权力的实际控制末梢。

以云南为例，整个国民政府时期，龙氏家族的影响力基本上遍布了云贵两省，对于军政和税收而言，其详细的征收方式和稳定的军事控制也都是通过龙氏家族与其他地方家族的相互合作来完成的。对于当时少数民族聚居的山区、坝区和交通困难地区，村寨的力量大多受控于族群领导者，这些领导者所承认的政权便成为整个族群的基本认同对象。由此可见，20世纪上半叶，国家政权对于边疆村寨和少数民族聚居区几乎是失控的。这种失控一直延续到抗日战争打响之后，蒋介石对于滇西战场的开辟。自日本入侵云南，滇缅交界一带少数民族族群的作用才在中国近代国家保卫史上初次得以显现，同时期，地方领导层的重要作用也被凸显出来，当外界侵扰的刺激涉入了这些几乎与外界隔绝的村寨，国家政权影响的强弱便开始显现。因此，在抗日、抗法、抗英等滇西、滇南保卫战中，能够看到最多的便是各类侵略者与民国中央政府的代表用各种方法在少数民族头人那里争取对各自的认同。而现有资料也可以充分地证明，抗日战争滇西战场中少数民族的加入，或多或少是基于其群体领导者对某类事件和价值的认同。尤其是基于对某些人、军队和家族的行为和认识的认同而采取的群体行动。严格来说，这一时期对于中华民族的认知还远远未能到达边疆地域。继而国民党在正面战场的溃退，使得云贵川一带成为国民党抗战的重点区域，基于边疆族群众多的原因，国民党政府试图以培养地方首领的方式来实现边疆整合，但对于当地惯习社会而言，这种方式事实上反而造成了官僚体系与传统权威的对峙。

事实上，对上述历史过程的回顾可以归结为一个主旨，即在20世纪上半叶，民国政府未能构建起的边疆国家认同，却在中华人民共和国成立之初的短短十余年内便稳固地培养起来，并且能够渗入村寨固有的惯习社会关系，这与中华人民共和国构建之初的制度选择与制度实施有着密切的关系。因此，探讨国家政权体制建构之中的制度建构与嵌入方式对于地方社会的发展至关重要。例如国家的制度和法令安排以何种方式获得地方社会的认同、国家如何将效率更高的经济方式推行于村寨群体等，以及代表国家权力的制度建设如何彻底地改造村寨旧有的权力结构，并与原先惯习场域所确立起来的规范相融合，都是边疆区域整合的重要方式。同时，对这个问题的追寻也将探索的视野拉向中华人民共和国成立之后边疆社会的各类制度建设，可以认为，要弄清国家权力制度嵌入和社会融合实现的过程，无疑需要对于边疆地区特色的嵌入型制度的作用路径进行深入认识。秉持这样的思索，边疆社会融合的嵌入型制度探索进入研究视野，而屯戍制度恰恰是其中影响最为深远的典型代表。

二 研究意义

从国家整合的发展历史来看，国家版图的完整与疆域范围有关，而如果要完成实质意义上的国家整合，则具有现实意义的社会融合才可作为衡量标准。其中社会融合的实现也有一个非常重要的维度，即社会结构与文化观念的认可程度，以及现代国家制度安排的实际效用。屯戍制度作为中华人民共和国成立初期对边疆整合的一项重要制度，对当前社会融合研究中的制度作用路径探索，具有极为难得的经验借鉴作用。

由此，从现实问题出发来追溯云南屯戍制度及其国营农场的历史，记录和分析其现状，阐释屯戍制度的功能确立与制度作用路径，探究屯戍制度嵌入发展且与当地社会形成融合的过程，分析制度发展各个阶段的特点与当地融合的方式途径，总结制度及其融合过程中的优缺点等，就成为边疆社会融合嵌入型制度研究的初衷与动因。

（一）理论意义

于理论研究角度而言，学术界对农垦问题的研究已具一定成就，但也存在明显的不足：第一，对西南屯戍特点研究不足，成果多集中于对西北边疆尤其是新疆屯戍体系，总体上对西南边疆区域的屯戍改革及其发展策略研究不足；第二，研究视角相对狭窄，绝大多数研究者尚未突破行业改革概念，研究视角局限于当代农垦的经营机制转换及其经济效益，缺乏历时性宏观视阈；第三，对屯戍发展研究的时代性强，较少将屯戍制度的研究放于制度功能路径与变迁的背景下来分析其特点与发展前景。因此对屯戍制度发展的地域特点研究不足，多限于橡胶产业规划或生产经营效益提高，鲜少发掘其对于区域社会融合制度效用的借鉴意义，需进一步增强对不同特点制度的动态性发展思考。

更具体一些，从社会融合制度研究的层面来看，随着当代世界经济的发展以及国家建设需要的变化，嵌入型社会制度，尤其是具有社会融合效用的嵌入型制度是国家建设的重要部分，而现有对于社会融合制度以及嵌入制度与当地融合层面的研究来说，对于嵌入型或者是主动构建的制度，在制度融合或区域融合方面，有的达到了全部或部分目标，有的却没有获得很好的融合效果。从建构型制度的现实推行层面来说，屯戍制度作为早期在边疆实施且获得了较好社会融合效果的建构型制度，具有很强的研究意义及典型代表性，其长期累积的发展经验，也可作为嵌入型制度区域介入的重要方式借鉴。

（二）现实意义

从人类历史来看，自有人类以来就有迁移现象。进入现代社会，随着地理大发现为开始的全球化浪潮席卷人类，人口的迁移和流动开始频繁。由于人口迁移，促使人类定居的范围不断扩大，地区间科技、文化和人才得到交流与发展，同时促进了民族和种族的融合，并使通婚范围随之扩大，人口的素质得到提高。在全球化的今天，随着人员大量的往来以及贸易的频繁，各种人口流动迁徙已经成为一个越来越引人注目的问题。而其中特别引人关注的是规模移民或者流动人口与本地及迁入地之间的融合程度，换句话说就是大量外来人口与迁入地的原住民之间进行相互交往。

国内对于社会融合的研究与人口流动密不可分。20世纪80年代以来随着城市化及人口迁移的兴起和发展，国内学者把"社会融合"概念主要引入到外来人口的研究中。社会融合的概念包含了作为进入者的差异性群体，以及该群体对地方社会的相互适应、相互作用和最终融合的过程，并且在这个过程中往往存在不同差异群体之间、移民群体和地方社会之间的排斥、阻碍和相互冲突。纵观移民研究，相对而言，社会融合是对移民在流入国社会生活状态及其演变过程的一般概括与描述。早期的社会学家大多数将社会融合问题放在了外来的移民群体如何能够与当地的原有生活结构相互融通，或者是将其进入社会正常生活秩序作为一个主要的议题。

更进一步，从社会政治学的角度来说，对于这样大规模流动移民的融合或治理，需要从国家和政府层面完成大量的强制性制度建构，以慢慢引导群体之间的社会融合，尤其是社会秩序的形成。而有着广阔疆域的中国，自然也不能避免各种移民流动问题。中国自1949年以来所推行的屯戍制度，以大大小小的国营农场为现实载体，嵌入边疆社会发展的过程中，农场移民群体慢慢融入当地社会，不仅实现了与当地社会的融合以及与当地人民的和谐相处，而且为边疆区域政治经济文化领域各个层面的发展和变化做出了极为重要的贡献,甚至对当地原本的社会结构产生了极大的影响。通过对于屯戍制度发展的每一阶段的制度路径的研究,进一步把握社会融合的需求,为未来移民社会融合问题而累积制度建设经验,也可以为边疆治理的进一步发展提供理论指导和政策建议,为推进我国边疆发展提供政策安排与推行借鉴;从而通过边疆特色制度的研究,提升我国制度建设自信的基础夯实。

三 概念界定与研究对象

本书的研究,以边疆社会融合嵌入型制度路径为主旨,重点研究基于融合理念的制度路径及其作用和方式。当然,除了理论上对这种融合路径的逻辑进行探寻之外,将屯戍制度作为实证对象,即以农垦体系为依托,国营农场成为边疆地方社会的屯戍制度的嵌入载体。随着国营农场的建立、完善和发展,其所承载的空间构建以及功能执行开始纳入现实运行。同时,由于在中国不同边疆地区的国营农场发展有着一定的区别,其中西南农垦尤其是云南农垦,位于少数民族聚居的多民族地区,因此其屯戍体系尤其是不同地州的国营农场嵌入当地少数民族村寨社会的路径更为复杂,其实际执行方式也更为多元。因此,本书对于边疆社会融合嵌入型制度实证的对象以云南国营农场的制度建设和制度推行过程作为代表性例证。

(一)概念界定

研究主要涉及社会融合、制度路径和屯戍制度三个重要概念。

1. 社会融合

梳理现有关于社会融合的理论定义,可以分为以下几种类别:(1)从法律意义上,社会融合指的是一种法理的机会平等,即社会各领域包括政治、经济、文化各领域都可以通过制度和政策的实施来确保人人机会平等的核心价值,使每一个人不管其身份和出身,能够在日常生活中获得发挥其自身潜能的平等机会空间,最主要的是其参与政策决策的过程平等和获得相应公共服务的机会平等。从更具体的移民群体角度来说，这个意义上的社会融合指的是对环境的塑造，即移民进入的新群体或是边缘群体，能够获得在同一时空范畴内与原场域群体同等的机会，即能够获得平等地参与本区域内经济社会和文化生活的权利。Amartya Sen 明确提出融合社会的基本特征是，"广泛共享社会经验和积极参与，人人享有广泛的机会平等和生活机会，全部公民都有基本社会福利"①。并认为需要通过法律网络或者社会政策来改善制度的能力，以合法性保护实现个人权利和义务，确保所有人实现平等的能力和机会，避免将焦点放在一些弱势群体，如贫困人群或者是社会救助的个人。（2）从文化意义上，社会融合既包括融合的过程，也包括融合的目的，从时域角度，应该确保每个人在过程和最终结果方面都获得持续的平等。如果将社会秩序当作社会区域的主流价值取向和主流的层次规范，社会融合在一定程度上反映了这个社会秩序当中，每个人能够享受社会福利的条件和基础，也就是每一个进入这个秩序范围的人，不仅能够获得平等地进入该社会秩序的机会，而且当他在这个秩序中感受到被边缘化或者被排斥时，还具有争取平等机会空间的可能性诉求渠道。（3）从社会发展意义上，融合是一个社会的维度，这种维度可以设定为社会单位体，如社区、家庭、朋友圈、城市等这样的社会群体结构，社会融合指的是，在这些结构中所构成的社区中，个体与个体之间、群体圈与群体圈之间能够平等地享受相应的资源获得渠道，并且能够平等地进行人际关系的沟通和交流。（4）从权利保障意义上，社会融合的实现大致可以有三个方式，一是普适性的社会福利实现，在每个人相对平等获得福利保障机会的基础上偏向于关注弱势群体，如儿童妇女和残疾人；二是将所有的资源集中性地投放于弱势群体或者社会底层，以确保被边缘化

---

① Sen, A., *Development as Freedom*, New York: Anchor Books, 2000, p. 35. Friendly M. and Lero D. S., *Social Inclusion Through Early Childhood Education and Care*, Toronto: Laidlaw Foundation, 2002, p. 159.

或者被排斥的群体如失业人员、少数民族、贫困人员等，能够被尽量纳入社会基本保障；三是强调社会融合的文化和制度包容性，将社会融合归类为意识形态上的包容和行为选择上的多元。

于社会秩序层面，社会发展过程中不可避免地会出现强势群体和弱势群体之分，社会融合的概念在于它能够有效地处理在强势群体和弱势群体之间一个充满断裂带的社会秩序的弥合。社会融合在这个立场上具有了一个可沟通的话语系统中介意义，一般弱势群体或者非主流群体在运用社会融合话语的时候，主要意味着对被边缘或被排斥地位的融入，而强势或者是主流群体运用社会融合话语时，往往是希望通过一个制度建构的方法来产生持续的效力，能够相应地缓解引导或者解决两者的冲突问题。这种制度的建构往往就以相应的群体的权利义务作为现状改善的重要基础，与制度内容和方式有着密切联系。从这个角度所构筑的社会融合方式，无论是内容系统或载体，大多都是以自上而下或是域外嵌入的方式构造出社会融合。因此，往往就形成为社会融合嵌入型制度路径。

因此，社会融合的嵌入制度以主体构建的立场来关注相应的社会边缘群体或者被排斥群体参与社会的程度，或是社会福利的享有程度，并提供具体实施路径，即通过嵌入空间的方式来提供一个可以为弱势群体所诉求或者讨论现有被排斥境况的平台，进而在行动策略上，嵌入型社会融合往往不是借助于对被排斥群体或边缘群体的救助而形成融合渠道，而是通过一些新的制度的创立、制度的改革或者有效载体空间的嵌入，把一些排斥行为或者边缘化行为孤立起来，培育和形成一种更新的沟通联络氛围，使边缘群体或被排斥群体获得更为平等的机会秩序。根据这个意义，社会融合的嵌入型制度，能够提供一类空间渠道，使现有的对于社会秩序的批评通过制度渠道迅速地到达现有秩序的各个层级，从而获得不断的改进。

2. 制度路径

本书所使用的"制度"一词，试图赋予它一定的人格性。一般而言，从交易经济学的角度，"制度"基本上被定义为成本收益变化中利益获取的临界点，而在这个人格化的定义中，我们的"制度"可以说是一种通过承载社会和国家意志的信息流来传递国家权力管理其他组织或个体的能力，这些能力以制度的符号形式表现出隐含的暴力、隐藏的强制和利益的说服，同时这种制度能力还包括对原有权威和法统的妥协与兼容。从意义的层面理解似乎过于理性化，因此在事实的描述中，制度的行为往往是通过各种社会关系和事件来合成表现的，在这些事件中，有时我们难以明辨哪些是成文规范，哪些是非规范性的惯习，但宗教、宗族、利益等社会关系的重构，往往也可以间接地说明这个问题。已有对于村寨族群的研究中，学者们大多重视现有延续下来的财产关系、宗族传承和关系结构，而以制度为主线进行的研究，则拟将考察对象设为惯习场域中与规范作用过程相关的各个方面，制度权力在一定程度上或可表达为对场域中的群体行为的奖励和惩罚，这种奖励和惩罚隐含了本身对于族群内部权利义务以及公共资源的分配和使用。而通过考察与具体空间载体网络相联系的如个人、家庭以及域外嵌入的客观载体等，便成为制度嵌入和扩展的可追溯痕迹，且这一制度网络包括不断交互作用的等级组织和非正式的文化网络。同时，在制度之下，那些特定空间内和空间外的群体，以及群体或个体被纳入或不被纳入特定空间的理由、行为被惩罚的缘由，都共同构成了制度权威的基础。值得强调的是，本书中的制度一词，不仅包括上述国家主动建构并自上而下推行于区域当中的规范、区域成员原已认同的规范包括宗教信仰和血缘代际关系，还指攀附于这些现象上的各种文化象征，这些文化以意向的形式给予特定群体以领导权和合法性的表达场所。或许在这里的假设命题是，某一些制度的出现和发展，是由于空间场域中固有的某些权力形成、权威和大众信服力，而并不是纯粹的物质利益，甚至有的与经济利益毫不相干。因此，本书详细阐释了"制度嵌入"这一概念的意义及其实证路径，并依此概念释义，具体论述了云南屯戍制度的发展脉络，试图较深入地阐释区域整合与制度嵌入的内在联系，以及制度本身对于愿景设计的完整宣传与表达。

3. 云南屯戍制度

云南屯戍的发展历史与国家政策指引紧密相关，有着根据社会环境变化而形成阶段性特点印记，因而可以通过制度分析对其改革与变革过程形成轮廓的把握；在此基础上，区分系统内不同层次的改革举措及其成效，并按照一定的规律进行归纳整理，据之确定所要针对的关键环节，对这些点进行具体调研，获取第一手资料或借鉴他人调研获取资料。这样，从农垦省级机关到州市农垦分局，再到下辖农场所在区域与周边村寨，可以形成不同层级逐步深入的资料结构。而据此构建相对完整的实证网络，也能对云南农垦的历史与现状有一个更立体的描绘。另外，对于社会现象中一些无法用量化数据来完全证明的现象和问题，则引入微观层面的案例或是访谈进行相应的证明。具体而言，本书资料选取思路表现为：宏观层面，研究对象确定为国家对云南省屯戍系统构建和改革的制度分析，以国家层面对于云南的屯戍制度文件、具体实施举措和实施机构的构建为主；中观层面，以云南省农垦总局及其所制定的一系列改革政策为主，一些具有代表性的州市级农垦分局的改革举措为路径探讨；微观层面，选取具有代表性的农场为典型样本，以农场本身和农场内成员的行为选择发展来推演整体发展情况，以此实证改革政策及其推行的实效，亦可据之考察云南屯戍历史与现状的变迁过程。

（二）研究对象

滇西和滇南沿边境一带与缅甸、老挝和越南交界，其气候环境连接着亚热带和热带的季风气候区，地理条件相当复杂。因此，在族群的语言和生活习惯上与东南亚半岛上的孟—高棉语族相近，而高山所阻断的交通使之在历史上与中原内陆的交流却相对较少。

滇西和滇南的边疆形成可追溯至春秋战国时期，迄今云南地区的历史都已追溯至庄蹻入滇。秦统一中国后王朝势力正式延伸到云南地区，此后，整个封建进程中设郡立国、纷争迭起，云南地区正式被纳入中央政权管理大多始于元朝，云南自此正式设省。明代的卫所统治在原本的土司制度上，加强了云南区域的归属程度。此后，屯垦戍守和局部归流等措施将中央王朝的层级统治开始以军事防卫方式推行于云南。清代的改土归流大面积地削弱了云南地方民族土官的权势，对云南政区进行了较大幅度的调整，将原属四川的乌蒙、东川和芒部划归云南，以三省分治的方式划分了彝族主要聚居区，同时将土司制度推延至滇南边疆，这一时期的大量内地移民与边疆原住群体以及各少数民族之间产生了相对多的交往，并使该区域初步形成国家认识。以明代的屯垦戍边为开端，到民国时期内地向云南地区的移民不断增多。而追溯其来源，大多数内地移民多报称先祖为南京或安徽移民，而根据20世纪30年代日本对于中国人种起源的相关调研表明，多数内地移民先祖来自山西洪洞，而在洪洞县有关记载中也记载着地方官员根据永乐皇帝谕令，动员晋南的泽州和陆安府南下垦荒的历史资料。继而，清初对西南而言，又是一个大规模的移民时期，且根据云南许多地名的溯源，清初云南地区新建的村庄，大多以原有军屯作为地名，以移民村社的聚居地域为符号代表，此时云南区域涌现出一批以中原姓氏为村庄名的村镇区域。

　　以这两个移民时代为背景，著名华人学者施坚雅勾勒了以集市为中心进行的村域经济研究，描述了华北经济区也就是中国内陆村庄的发展模式，即区域繁荣带来人口增长，人口增长伴随着饥荒与瘟疫，饥荒、瘟疫带来的叛乱和入侵造成人口锐减，同时，在叛乱中流离失所和不断迁移的大量人口，自然形成新的集市交易区，并成为人口增长的新区域。如此的发展往复，构成了中国内陆村庄兴衰与王朝兴衰的互动。与此相对应，处于王朝边缘的空间地区，由于与中心权力在政治经济上联系的疏远，以及不畅的交通与信息交流，使得中原战争对于这些区域造成的破坏影响较少，而伴随着中原战乱涌入的移民开发和繁荣了这些地区。从以上简短的历史回顾中可以看到，云南边疆区域的发展以及人口增减与中央王朝的兴衰周期具有一定的交替性。以此为参照来探讨西南边疆嵌入型制度和嵌入型空间的影响，可以将这一阶段的历史与新中国成立初期大规模屯垦戍边的历史相联系，对比呈现嵌入型制度作用与效果。

作为一种重要制度存在的屯戍制度不仅关系到边疆地区稳定与国家统一，而且关系到国家安全体系的建构，是我国边疆未来和谐发展的重要组成部分。无论云南屯戍制度将如何思考与规划自身的潜能与空间，都离不开其过去发展的历程以及所累积的资源存量。因此，回顾云南农垦系统的历史与现状，分析它在云南地区社会、政治、经济、军事、文化诸方面所发挥的作用和功能，以及它与国家整体战略布局变化之间的相互关系与历史联系，从中找出云南屯戍在历史发展过程中的有益经验与客观规律，可以为边疆社会各领域发展问题提供制度实施借鉴。同时，云南的边疆区域特点以及屯戍对云南地区的特殊作用，也使得对云南农垦历史的研究具有极其重要的典型意义和代表性，因此，本书所采用的制度实证对象，以屯戍制度在云南的嵌入与融合为核心切入角度，来观察嵌入型制度在惯习场域中发挥作用的路径与影响。

四 资料来源与研究方法

本书的调研对象为云南屯戍制度，主要针对屯戍制度下云南农垦构建与发展过程中，与边疆少数民族群体社会的互动与影响，从而实证社会融合嵌入型制度的构建与作用路径；调研设计为"嵌入构建—融合发展—融入现况"的时序型研究设计，从中观政策制度变迁的角度来串联不同时期的制度社会效应，构成阶段式分析论证结构。

（一）资料来源

研究所采用的村寨原有状况的资料主要来自中华人民共和国成立初中国社会科学院组织的对于全国民族识别的实地调研和资料保存。根据1950—1954年大面积调查所编成的"中国民族识别报告"，这些报告全面地反映了中华人民共和国成立初期边疆区域少数民族的文化、政治、经济发展状况，资料包含部分的口述史和客观过程描述。相应地由于本书着眼点为边疆区域构建式规范性制度与原有非规范性惯习之间的互动，因此，需要大量的关于新中国屯戍制度与边疆国有农场的建立与发展资料。

另外关于各大农场的农场志记述，相对全面地提供了各地农场的具体情况，农场发展的经济技术数据，以及国家所下达的文件与制度，这些都很好地为制度的类比和制度的结构分析提供了一手材料，在阅读这些材料时，所找出来的实证验证方法基本上是通过各不同学科的数据或是口述史来进行交叉验证，当然，通过分析某一位农场工作人员或是附近村民所提供的生活轨迹，亦可以验证命题的可行性。除民族识别、农场志以及乡村研究之外，许多宗教学中对于少数民族信仰和宗教生活方式的详细描述，也为我们重现制度相互对峙的那一段时空内所发生的相互碰撞提供了有力的证明。另外，对于具体屯戍制度的建构与发展研究，还包括很多公开颁布的政府报告和法令汇编，在制度时段研究中，前后联系的政府文件可以很好地类比出嵌入型制度在介入某一惯习区域时具体实施的脉络，展现其不断修正的变迁痕迹。

（二）设计与方法

1. 实证研究

实证研究又称田野研究、实地调研，以客观记录研究对象生产生活情况并客观描述历史变迁过程为主要内容。对实证研究所收集的资料进行整理与归纳不仅可以为进一步地研究获取第一手资料，并且可以从多角度探究事实经验中的发展规律。云南屯戍制度所构建的国营农场系统大多分布在边境地区，如西双版纳、文山、德宏等地，这些区域的发展不仅与国内政治经济环境息息相关，而且与相邻东南亚区域的国际形势紧密相连。由于历史上交通闭塞、经济相对落后等影响，在文献资料进行整理的过程中，发现云南农垦改革中部分资料有所欠缺。

而实证研究恰好弥补了文献研究的这些不足。在实地调研中可以获得个体或群体的判断分析，还可以更直观地发现地方农场在屯戍制度运行中所遇到的种种实际困境及其管理所存在的问题。以此为契机，选择西双版纳、河口等具体地区进行改革实效的考察，抽取不同年龄阶段的农场人员进行主观认知记录，并访问相关管理者以获取第一手数据，了解国营农场与当地村寨之间的发展情况及其对比，对当前改革在地州的实际推行思路有所掌握。

此次调研采取了多次进入的研究方式，即连续性地、在不同时间进入同一调查地进行调查研究，不断地为今后调研工作的展开打好基础。这种方式使我们在调研的过程中，对不断加深所调研地区社会经济环境变化的理解、有效提高被调查者和调查者之间互信度、更好地开展合作、收集整理到更为客观真实的一手资料都有很大的帮助。

2. 文献研究

对相关资料的收集是制度研究中极为重要和关键的前期准备，对文献研究的过程，其实就是获取有用信息并进行加工的过程。在整个调研过程中，总共进行了两次资料的整理。

第一次资料收集整理：这一阶段主要收集中华人民共和国成立之初云南屯戍的构建与嵌入惯习场域的状况。云南农垦系统是中华人民共和国对西南边疆区域进行整合的一支重要力量，同时也为中华人民共和国成立初期国家战略物资——橡胶的发展做出了巨大的贡献，20世纪80年代的改革给各地州国营农场带来了经济的发展，在既有资源、市场和技术上都具有优势条件。从综合效应来看，云南国营农场不仅自身朝着企业化集团化的方向大步迈进，而且还使地方社会尤其是农业经济获得质的飞跃，极大地帮助了边疆村寨农业致富，促进了边境进出口贸易。可惜的是，农场的经营机制到了20世纪90年代末开始问题重重，体制本身所存缺陷不断显现，工酬之间的矛盾增大，农场生产及其经济收益的领先与指导作用有所下降，而农场人员的流动规模与范围也不断增大。此阶段的资料收集主要是国家所出台的一系列关于屯戍农垦系统的指导性文件，并且根据文件思路整理归纳出现实的农垦系统建构实践过程，能够初步依据所拥有的文件资料分析出制度变迁与制度的效用路径。

第二次资料收集整理：随着改革开放以后中央对地方以及对企业的放权，自20世纪80年代起，云南省委省政府开始陆续出台一系列针对云南农垦系统的政策与指导意见，至2009年年底，中共云南省委下发了云发［2009］19号文件，对云南农垦系统实行属地化改革，从政策指导、机构撤并、生产经营和职工待遇等方面试点较大程度的改革。因此，二次资料的收集主要着眼于从农垦总局的角度搜集国家和省级政府对于国营农场改革的政策制度性宏观资料，并与云南省统计局、云南农垦总局等单位保持联系，深入获取改革后人员分流与流动状况的相关数据，了解不同部门对于屯戍制度改革的感受与评价。除了上述资料外，还收集了包括调查记录、访谈记录、组织章程、会议资料、个体案例等文本文献。

3. 个案分析

根据云南农垦属地化改革推行后不同地州的实施情况，对红河哈尼族自治州河口地区国营农场改革和西双版纳地区国营农场改革的不同政策与实施方式进行考察和详细调研，调查主题为20世纪80年代至今历次改革的重要制度政策内容与举措，不同年龄职工对改革具体情况的认识，调研针对农场基层一些老职工尤其是一线胶工的访谈与回忆描述，还包括农场部分老领导的个人看法与感受，主要形式为入户访谈。就农场及其附近村寨相关问题走访附近村民，就区域层面的实际状况走访地州政府主管人员和农垦总局管理者，力图能够对屯戍制度在云南的发展进行较为全面的资料收集与客观分析，并且从省志、州志、县志和农场志中整理出相关的制度变迁过程，为前两次资料分析中不清楚的问题做出补充与修正。

4. 数据收集与初步处理

研究所需要的数据主要以《云南农垦志》所提供的为主，但在进行这些研究时发现，《云南农垦志》中资料较为宏观，因而参照了相关的志书记录和地方统计数据来加以佐证，部分采纳农业部农垦局农垦经济发展中心官方网站所公布的统计数据。同时，以各地州农场为主的一批农垦志书，如《德宏农垦志》《红河州农垦志》等，所记录的数据资料对于了解云南各地州农垦农场的发展过程能给予确实可信的描述。农垦总局所刊印的内部资料《云南省农垦统计年报》也成为本书数据分析与判断的又一重要来源，有助于通过对数据总量规模或某一类指标结构比例的量化，进行可量化制度效应或客体发展的时段或截面对比。同时，本书还使用到一些历史文献资料和期刊著作的研究成果，均在文中标明出处。其中的制度变迁规律总结主要根据间接从个案追踪和深度访谈角度来还原行为发展过程，推演制度变化历程。

对于数据和资料的初步处理，基本循着这样的过程：首先，拟定分析报告来产生一个可供归类作分析的文本；接着，综合和辨别资料的整体趋向；最后整合所有已进行初步分析的资料以寻找相关规律，并在此基础上进一步提出关于相同制度发展的可借鉴经验。主要目的是：（1）将研究过程中的文件资料客观地记录下来；摘录对比文件中的重点要点，结合一些老职工对当时文件执行的感受，归纳出实践背后的规律性概念或主题，立体描述制度的嵌入与融合过程。（2）客观地分析政策价值、政策目的，并与政策实施效果做出对比，进而将分析集中到某些重要的现象、概念和主题上。（3）客观评价屯戍制度在云南发展中的作用，归纳总结其推行路径。资料初步处理主要体现为两个方面：一是访谈整理与分析。访谈分析运用个案剖析、入户调研以及相关案例的比较等途径，通过比较来挖掘现象背后的规律并描述规律发展趋势；二是初步统计分析。利用已有的相关经济统计数据，建立统计图表，或通过对数据进行简单的比较发现数据相关变量，从而说明制度产生影响的方式渠道。

第二章　社会融合的制度路径分析

对于社会融合的研究缘起于其反面概念社会排斥的界定。欧洲学者 Rene Lenoir 在研究法国社会状况的时候，首先用受排斥群体这个概念来概括当时法国边缘群体的人口状况。他认为当时法国社会受排斥群体包括"精神和身体残疾者、自杀者、老年患者、受虐儿童、药物滥用者、越轨者、单亲父母、多问题家庭、边缘人、反社会成员的社会不适应者"①，且该群体大约占到当时法国总人口的 1/10。事实上，此时西方国家经济社会的发展，伴随大量社会问题开始产生，对于社会秩序中关于排斥的认识逐渐为人们所接受。随后，"欧共体"在其反贫困计划当中正式启用了社会排斥这一概念，对于排斥群体的界定自此在世界范围的国家政策和学术研究领域中被推广使用，并在此之后，在对于世界贫困人群以及贫困援助方面的研究中，被作为对于贫困群体的主要界定。1995 年 3 月在丹麦哥本哈根召开联合国社会发展世界首脑会议，180 多个国家的领导人和代表在共同《宣言》和《行动纲领》等文件中表示要以果断的国家行动和国际合作达到消除世界贫困的目标，允诺把消除贫困、增加就业和促进社会融合等目标列为 21 世纪的最优先发展项目，以确保全人类的福祉，并决定把 1996 年定为"国际消除贫困年"。又由于贫困问题的产生多归结为社会排斥的影响，因而社会排斥的研究多源于贫困消除这一主题。

---

① R. Lenoir, *Les exclus: Un Franais sur dix*, Paris: Seuil, 1974, p.265.

起初，Rene Lenoir 在使用"社会排斥"概念时，只局限在贫困问题或者经济排斥领域，即使在 20 世纪 80 年代欧盟反贫困计划中使用"社会排斥"依然沿用 Lenoir 的用法。进入 20 世纪 90 年代，随着社会排斥概念的传播，越来越多的学者对社会排斥现象的思考逐渐扩展到社会排斥消除的政策思考方面，对社会排斥的考虑也扩展到了文化社会秩序等方面。欧盟基金会这样定义"社会排斥"："个人或群体被全部或部分地安置在充分的社会参与之外"[①] 的过程或结果。一些行为学研究者（Burchardt）认为，社会排斥是基于个人生活的一种境况描述，指的是个人虽然居住于某一个区域，但是并没有参与到这个区域的社会秩序及其交流网络，且也没有被邀请参加各类社区活动，于是，在日常生活中，这个人就成为被社会排斥者。随着排斥这个概念的意指范畴不断扩大，对于社会排斥的研究也逐渐从地域排斥逐渐延伸到从业排斥、深层次的经济排斥以及文化和心理层面的社会歧视。

对于社会排斥研究的不断深入，使得在政策层面各国都需要对社会排斥现象进行规范引导和治理，由此开始衍生出关于社会融合的讨论。例如针对皮斯（Peace，1999）总结的十五种社会排斥，相应的社会融合解决方式基本上围绕新贫困的根源、种族性别歧视、群体边缘化等主题，着重于减轻家庭贫困和通过贫困扶助，提供社会交流机会等融合渠道。另外，针对社会排斥的各种特性，如地域、权力、经济、发展等，在政策制定与分析层面也开始了相应的社会融合研究。如 Walker 的排斥现象社会系统分析方法，就在系统排斥层面引入了社会各领域社会融合的系统性权重分析。美国社会学家 Sliver 分类了团结、专业和垄断等三种层面的社会融合理解：个体社会交往的渠道、可以交换的专业化程度，以及成员利益最大化的方式。又如文化

[①] 嘎日达、黄匡时：《西方社会融合概念探析及其启发》，《国外社会科学》2009 年第 2 期。

层面的社会排斥也是一种歧视的表现，它体现了群体意识当中资源获得的过程和结果的差异。早期对于社会融合的探讨主要在于经济和政策领域，但随着社会经济发展和社会样态的不同，有些国家的社会正处于经济起步阶段，其经济和生产上的排斥和融合就成为讨论的重点；当社会进入后现代生产消费阶段之后，社会交易和消费秩序的社会融合就成为另一个讨论重点。当然，无论是经济发展融合还是平等权利的政治参与融合，社会融合研究开始突破了关于个体行为和群体秩序的分析，部分延伸到了社会融合更深层次的研究，如文化意识等层面的融合。这是因为学者们关注到行为与理念之间所存在的支配性关系，认为文化的兼容意识才是个体选择接纳或是排斥行为的根本来源。因此，以文化的方式去消解社会排斥实现社会融合，就成为行为研究的一个重要的途径。随着21世纪以来各国贫富分化的加剧以及相应社会发展的影响，各类社会排斥现象纷繁频出。与之相应，反社会排斥的计划或者说社会融合的研究和实践行动也都提到了重要议事日程上。面对社会分层的日益加剧，确保每一个人都能享受到基本的社会福利和社会保障成为各国社会融合建设的重要内容，而能够平等地拥有社会参与和交流机会的社会融合建设，也一再成为各国边缘化或被排斥群体改善处境的重要诉求渠道。由于社会融合的概念使用为世界各国未来的发展构筑了一个保障平等发展和基本生存需要的框架，且对于社会各阶层而言避免了歧视性话语的产生，因此这个概念逐渐被人们所认同和广泛使用。

第一节　社会融合理论回顾

社会融合概念的首次使用是源于欧洲学者对于社会排斥现象的社会政策研究。随着世界经济社会的发展以及各国贫富悬殊和社会两极化的加剧，各阶层群体尤其是底层和边缘化群体，对于社会构建良好秩序、提供平等社会机会，以及提供基本社会保障的社会诉求日益加强，社会融合概念和目标的提出，为民众和国家建设构建了一个有基本保障和公平秩序的国家建设目标，并且描述了能够实现这个目标的渠道和持续参与这个过程的方式，成为国家和学者愿意深入探寻的空间。

纵观现有国内外对于社会融合的研究，虽时间较晚，但其理论脉络仍很清晰。按照事件过程分类，现有的理论主要可以分为这样几个发展阶段历史：一是关于社会融合范畴的划定；二是关于社会融合原因及其影响因素的梳理，包括早期的社会歧视、社会排斥理论；三是从结构和组织层面，对于社会融合的宏大理论叙事，如马克思的社会共产主义建构、帕森斯的社会结构功能理论、迪尔凯姆的社会团结理论等；四是从群体行为和流动层类来研究社会融合，主要是介于族群的流动以及群体各类流动与当地居民提升关系的发展，包括帕克的群体关系循环论和戈登的同化过程理论；五是从文化和心理认识层面对于社会融和的认识，如微观层面个体的自我认同和宏观的社会接纳认同，以及中观层面的群体结构、观念等方面的融合。

一 社会融合的范畴

社会融合是以社会排斥为基础或者说为参照而确立的概念范畴，经历了从地域到经济再到文化层面的延展历程。在理念上，社会融合构筑的是社会发展的价值追寻以及达成目标的过程和方式，具有现实的完整逻辑系统性。从社会融合（social inclusion）概念运用来说，1994 年 12 月发布的埃森欧盟理事会主席国声明中，首次使用了"social inclusion"一词，成为欧盟官方文件中较早正式的使用。随后，苏格兰政府于 1997 年 12 月成立苏格兰社会综合网络，是较早使用该词命名的政府机构。2000 年 3 月在里斯本战略中，欧盟开启了社会融合的战略进程。此后，社会融合成为欧盟、加拿大、澳大利亚、新西兰等国家和地区的重要社会政策核心理念。理论与实践中社会融合概念的深入与推广，也推动相关研究对于社会融合范畴的系列讨论。

当社会融合被用于政策制定和政策运行时，人们开始对社会融合的内涵及范畴进行深入的探讨。加拿大学者在讨论中指出，社会融合不是社会排斥的一个完全反义，动态地来说，社会融合在社会过程中包括融合过程和融合效果两个方面，即通过秩序制度交流的融合过程构建，使得融合达成社会平等和共同发展的目标，并且在意识层面，对于融合目标的追求本身就体现了对于社会主流价值和主要社会规范的认同。因此，对于一切领域中相应限制和壁垒的消除便成为这个融合系统行为的核心标志。在此基础上，Amartya Sen 勾勒了融合社会的基本标志，所谓融合社会指的是成员能够"积极并且充满意义地参与，享受平等共享社会经历，并获得基本的社会福利"[1]。在这里，Sen 一再强调融合社会的核心在于能够确保机会对每一个人发展的平等。这种意义上的社会融合已经超越了社会排斥反义词式的那种仅仅对于社会边缘群体或弱势群体保障力不足的纠正。由此，对于社会融合范畴的界定，突破了群体针对性，扩展到了机会福利平等的秩序平台。循此思路，对于社会融合核心理念的强调，随之而来的实践方式就是需要通过社会制度和社会政策的建构来改善现有秩序中的不足和缺陷的地方，以向着机会和能力平等的融合目标发展。

Saloojee 从不同主体的立场分析了社会融合的范畴，认为社会融合的政策期望，事实上来源于不同立场利益需求主体的选择。处于弱势地位的群体，期望社会融合的实现能够使自己在资源获得和身份确立等方面获得与其他人一样的机会，而处于强势地位的群体，则期望社会融合的实现能够促进更加广泛及开放的制度建构。前者是属于文化层面的接纳与整合，而后者则是属于整个社会系统在秩序方面的制度整合。因此在相应的路径方面，学者们认为社会融合对国家社会整合起到长效作用，并与社会主流秩序的重构有着密切的关联，例如，

---

[1] A. Sen, *Development as Freedom*, New York: Anchor Books, 2000, p. 67; Friendly M. and Lero D. S., *Social Inclusion Though Early Childhood Education and Care*, Toronto: Laidlaw Foundation, 2002, p. 289.

对于资源的分配、对于机会提供的方式以及对于公民权利义务的划定等，都会成为社会融合的影响因素。因此，以社会融合为目标，完整的社会制度建构必须能够构建出一个可以协商和讨论的空间，在这个空间中需要具有对于社会排斥或者其他孤立和隔离的行为的协商和改进渠道。社会融合制度范畴的扩展，是将社会融合作为社会整体系统的核心价值目标，从而将各种局部领域的反抗批评与斗争放到社会秩序建构这个平台上，社会融合的制度改进路径就此成为构建社会融合的重要实现方式。与孤立性和局部性改进方式相比，它提供了对于社会秩序不公正或者社会秩序缺失的根本性结构改进思路。同时，社会融合范畴的不断扩大，也引发了关于其适用领域的探讨，有的学者认为在社会融合范畴的界定方面，没有具体将融合的种类和融合的服务对象划分清楚，很难涵盖所有人融合诉求，因此，将之作为社会政策立法的依据时缺乏相应的民意代表性[1]。有的以哲学逻辑进行佐证，认为社会融合事实上不能以一种绝对概念去概括，它是一个相对的概念，在不同时空下有不同的具体表现和具体需求，需要根据其具体环境和群体对象来判定其应用范畴与方式[2]。

二 社会融合的结构

从社会结构与社会发展的宏观层面来看，社会学研究主旨始终围绕着如何解决冲突、避免混乱、规约失范等，核心是为了通过社会秩序的形成而达到社会结构的稳定。就宏大的社会结构理论来看待这些问题，宏观性社会结构及其变迁的推演事实上包括了诸多方面的社会融合设计。

---

[1] Clutterbuck, Peter and Marvyn Novick. 2003. Building Inclusive Communities: Cross-Canada Perspectives and Strategies. Prepared for the Federation of Canadian Municipalities and The Laidlaw Foundation.

[2] Levitas, Ruth. 2014. "The Imaginary Reconstitution of Society: Utopia as Method." Global Discourse An Interdisciplinary Journal of Current Affairs & Applied Contemporary Thought: 1-3.

德国社会学家卡尔·马克思（Karl Marx）在对社会历史形态的考察基础之上，阐述了不同阶段社会结构形态的特征，通过社会发展规律分析推演出共产主义社会结构。马克思始终将生产力和生产关系视为社会关系中最核心最基本的部分，清晰分析了经济基础与政治社会上层建筑之间的互动关系。以19世纪上半叶资本主义社会的发展为例，机器工业的规模化发展，使得资本主义生产过程中的内在矛盾不断加深和加剧，整个社会的阶级分化以及阶级对立已经形成严重的社会危机，资本主义私有制表现出三类宏观结构矛盾：生产无限扩大与社会消费支付能力不断缩小；整个社会生产的无计划扩张与社会需求比例性要求；资本家对剩余价值的极大追求与社会民众支付能力的相对缩减。经济层面的矛盾映射到社会层面，体现为机器大工业生产条件下劳动过程的非合理发展，以及社会群体的两极分化和无产阶级的日益贫困化。于是，马克思指出了资本主义社会矛盾和危机的主要根源，即生产资料的资本家私人占有。要消除社会危机，就必须循着这个线索，消灭以生产资料资本家私人占有为核心的制度，建立以生产资料公有制为基础的新型社会结构。换句话说，马克思认为，实现整个社会融合的重要前提就是废除私有制，只有实现整个社会的共产共有，才能消除社会阶级之间的分化与对立。因此，马克思这样勾勒了一个融合程度极高的社会形态：在经济上，消灭生产资料私人占有制，劳动成本成为人们的必需，社会生产资料及其劳动产品归全体成员所有，产品和消费资料根据成员的生产生活需要加以公平支配。在政治上，消除了阶级和阶级对立，国家形态消亡。据此，整个社会在消除了职业固定劳动，社会成员的地位平等之后，消除了阶级对立、职业差别、区域差别，将对人的统治替换为对物的管理和对生产过程的领导。

法国社会学家埃米尔·迪尔凯姆（Emile Durkheim）同样关注到19世纪西方工业社会转型过程中的各种社会危机，在分析社会转型危机的原因与过程中提出了社会团结理论。时值欧洲各国社会现代化转型过程，在现代工业发展推动社会结构、社会关系和社会观念变迁的同时，传统的价值信仰以及社会秩序都受到了极大的冲击。在这个过程中，工商业频繁破产、贫富分化严重、劳资冲突尖锐，经济危机进而导致社会问题的日益严重，人们出于对社会剧烈变革的不适和对现实的悲观情绪，绝望行为尤其自杀率急剧攀升。从社会团结来看，工商业危机致使社会团结发生断裂，劳资之间尖锐的对立，使得居住在同一个社会的成员发生分裂和对抗，社会秩序的失范，使得各种绝望行为盛行，"自杀风兴起……意味着危机和骚乱"①。社会所面临的危机源于其结构从前现代到现代的转型，以及工业规模化和劳动分工过度发展导致的个人主义及传统社会秩序崩溃。迪尔凯姆引入社会容量和社会密度②两个变量来量度社会秩序，提出由于社会容量和社会密度的增加导致了人们之间生存竞争的加剧，人类社会发展过程中出现日益精密化的劳动分工，劳动分工加速工业社会的来临，同时也改变了社会团结的基础，形成了社会关系的新通道。经济危机在很大程度上源于高度发达的社会分工和规范性调节的失效；劳资之间的尖锐对立，则源于缺乏对高度发达的社会分工中各阶层的资源和秩序安排失衡；上述社会各领域的矛盾集中体现于人们的行为意识，就形成为社会失范。归根结底，失范被认为是当时社会各类危机的主要根源。因此，迪尔凯姆认为应该以新的社会条件为背景，重新构建与所处社会特征相适应的新的秩序范式，即解决各种社会危机的核心在于，必须从社会文化层面重建与现代社会相适应的集体意识与社会规范。

美国社会学家帕森斯（Talcott Parsons）继承英国社会学家斯宾塞对于社会生长、结构进化、功能分化和相互依赖的社会整体分析，依

---

① ［法］埃米尔·迪尔凯姆：《自杀论》，冯韵文译，商务印书馆2001年版，第209页。

② 社会数量是指人口的数量及其结构关系，社会密度是指社会成员之间相互交往的频度和强度。

据社会整合视野将社会理解为不同结构不同部分之间的分工合作与协调控制，构建出结构功能主义理论。帕森斯在1977年出版的著作《社会体系和行动理论的演进》一书中，将社会整合拆解为两个层面：一是社会系统内各部分之间的平衡协调状态，二是系统内原本已有组成部分的抗压能力维持。为了达到这个目标，社会系统每个部分的构成就需要明确可以维系生存的功能发挥。系统的生存一般需要具备适应（Adaptation）、达标（Goal Attainment）、整合（Integration）和维模（Latency Pattern Maintenance）四种功能。适应，是对环境条件的接受，能够从周围环境获取生存资源的能力；达标，就是目标的实现，是指系统能够合理运输和调配资源，以完成不同梯次的系统目标；整合，是指协调系统内部各个部分的关系，能够高效使用生产资源以维持部门的相互协作；维模，是指使系统单元能够按照一定的规范和秩序来参与系统的运行，并且能够维持模式状态。系统的这四项功能就形成了系统行动的AGIL分析框架，循着这个思路，社会系统的平衡也即社会融合的达成，需要社会行动系统能够遵守社会秩序并按功能设定采取行动，且能够维持系统的基本平衡，避免社会矛盾的尖锐和社会冲突。

英国社会学家洛克伍德（David Lockwood）在帕森斯社会整合的基础上提出了系统整合的概念，还通过对于社会整合和系统整合的区分来辨别出社会整合的不同方式：社会整合重于关注特定时空截面上，具体行动者之间及行动者与社会系统之间的互动关系；系统整合则重于关注整个社会的制度安排，一整套的规则和规范秩序。社会整合呈现了具体时空中的关系网络，而系统整合呈现的则超越时空的规则逻辑。两个不同的概念系统对应了不同的社会矛盾根源，社会整合是为了解决特定时空条件下行动者之间的冲突关系，其社会融合的路径设计主要就是通过社会合作和系统功能协调来形成稳定的社会秩序，从而避免行动冲突，解决关键在于塑造和维系行动者的认识和价值选择；系统整合是为了解决社会系统中制度安排的逻辑矛盾问题，其社会融合的路径设计主要是系统协调的制度秩序形成,避免系统的逻辑混乱,解决关键在于系统构建的各部分协调与合作。

德国社会学家哈贝马斯(Jurge Habermas)综合了帕森斯的社会整合与洛克伍德的系统整合分析,将行动协调和制度安排结合起来分析。他指出,社会整合表达的是对社会体系的一种个体的能动的行为导向,而系统整合表达的则是一种具有时序性的建构式客观安排,要求系统以及系统的各部分,以自身存续的要求角度来考察相应的社会秩序取向。据此,哈贝马斯构建了系统与生活世界二分法作为社会融合的达成路径:通过系统整合视野连接社会系统秩序安排,通过社会整合视野连接日常生活行为选择。因为,社会整合意义上的融合策略是"一种规范保证的或沟通达及的共识",系统整合的融合策略则是依靠权力或制度的引导媒介,以规范的方式来调整社会行为,"行动的协调是由在行动者背后起作用的系统机制所保证的,这种机制不必是规范上达及的同意,也不必是互相的理解"[①]。

英国社会学家安东尼·吉登斯(Anthony Giddens)则是通过系统交互性来综合社会整合和系统整合这对概念。他将"整合"这个静态性的概念拓展出动态的交互性,认为社会整合指特定时空领域中行动者相互行为关系,体现了社会系统各部分关系行为的时空在场逻辑;而系统整合是指连续时空过程中的关系集合,体现了社会系统各部分关系协作的隐含联系逻辑。针对社会系统的混乱,社会融合的策略事实上是一种机制,即面对不同层面的社会秩序问题进行不同的选择,以社会整合来实现微观层面社会融合,静态描述"共同在场的环境,并理解为遭遇中的连续和遭遇的断裂",同时以系统整合来实现宏观层面社会融合,动态勾勒"行动者或集体跨越扩展时空、超出共

---

① [德]哈贝马斯:《交往行动理论》,洪佩郁、蔺青译,重庆出版社1994年版,第117页。

同在场条件的交互性"①。以不同层面的结合来实现社会融合的时空连续延展。

可见，诸多社会学家对于社会整合和系统整合的讨论，均围绕着社会秩序的稳定与社会结构的协调这个主旨，他们对于稳定社会结构的构想提供了丰富的逻辑层次：马克思描述了没有阶级、没有剥削、人人平等的高度融合式共产主义社会；迪尔凯姆则强调了社会组织、社会团体以至国家在社会融合中的重要效用，同时还关注到组织和集体的共识达成在社会中的基础性维系作用；帕森斯的整合理论将社会整合作为社会系统和行为系统的主要框架，突出了法律、宗教等制度传统因素在社会整合中的规范性价值；洛克伍德进而详细区分了社会整合和系统整合，将系统整合的动态概念引入社会融合研究；哈贝马斯和吉登斯以不同的角度阐释了社会整合和系统整合，并将两者综合成为分析社会融合的重要工具。

三 社会融合的心理

从心理学的角度来看，个体或群体的心理融合程度和接纳程度，在其融入社会秩序的过程中极为重要。同样，对于社会秩序来说，要达到融合的程度，除了在结构上获得相应的一致性之外，每个人的价值倾向和意识认同也都需要被纳入社会的秩序范畴，这样才能获得完整的社会融合。因此从完整社会融合的角度来看，社会融合的心理是融合深层次的表现。社会融合，在心理的建构过程中表现为两个方面，一方面是个体和群体观念意识上对于社会的秩序和文化有着认同，另一方面则是群体或者社会能够对个体相应的价值，或是个体的行为予以接纳并进行引导。由此，在心理学层面上认同和接纳两个视角，同时表述了社会融合的程度及其心理建构，这种认同又遵循侧重

---

① [英] 吉登斯：《社会的构成》，李康、李猛译，生活·读书·新知三联书店1998年版，第376页。

自我认识的"小我"到社会认识的"大我"这个线索而发展。

美国心理学家威廉·詹姆斯（William James）于 1890 年在其著作《心理学原理》一书中提出将自我概念与其身份相分离，并在其中将客我（me）和主我（I）之间做的区分。詹姆斯认为，主我是指主体对自己的认识和界定，而客我是指社会给予某人的角色与职责。不过，在社会心理研究中，个体往往与其身份的社会角色紧密相连，"自我"除了身份的概念有着更多的意涵。主我作为主动认识环境和意识自己存在的能动性自我意识，客我则是作为周围环境的存在结果，并且通过与环境相对照，在社会秩序中找到位置的自我认知。"客我"意涵三个独立的实体条件，即物质我（the material self）、精神我（the spiritual self）和社会我（the social self）。这三个被勾勒的概念形成了"客我"三个独立层次。物质我，是个人在社会和生存环境当中具有衣食住行等以经济收入和支出为衡量的存在感；精神我，指的是个人从社会秩序中得到别人承认的自己的思想、价值、信仰、抱负等方面的个人气质存在；社会我，则是在社会秩序范围内的交往过程中，从朋友和交往对象那里参照社会秩序的认知而存在的地位判断，以他人评判为标准的社会关系的自我。根据这三个"自我"概念的勾勒可以形成詹姆斯对于社会我理论的构建线索："社会的我本身是来源于社会秩序中他人的经验，是他人给予的，社会我是人们之间社会关系的派生物，同时，人类本能地追求得到社会上他人的承认，并据此来衡量自我价值。"[①] 因此，主观的自我事实上指的是以身体为载体的主观意识的存在与认知，而相应的客我则超越了这个载体的有形限制，将社会和环境中所赋予个人的诸多元素综合起来，包括个人的名望、家庭、环境、社会关系等，这些元素中任何一个发生改变都可能会影响客我或者社会我对自己的认知和定位，从而形成了两种对个体的界定。对自我观念的界定，为相关社会融合中个体心理

[①] 夏雪鉴：《整合社会心理学》，河南人民出版社 1998 年版，第 109 页。

融合方式和路径的研究奠定了重要的基础。

18世纪初，美国社会心理学家库利（CHarles Horton Cooley）在其著作《人性和社会秩序》中提出了"镜中我"（the looking-glass self）理论。"镜中我"指的是人的个体自我在与他人交流和交往的过程中，也就是社会秩序的活动中所形成的印象反射。就如照镜子，一般是在一个对照中看到的自我的另一种形象，它是社会性的产物，具有三个层面的研究意义：第一层是我们自己想象的别人对自己的看法。或者说是自我感觉到的在别人眼中的自己，这是我们对自我身份他人感觉的设定；第二层是我们想象到的社会其他人对个体自我的形象评价，也就是别人对自己在社会秩序中所处地位和影响的看法，这是对于自我的一个社会意义认知阶段，也是我们想象的社会系统对自己的评价；第三层是由上述所有想象所产生的自我感觉或自我认识，这种认识主要有自卑、自傲、自豪等，那是自己主观感受和推断的别人对自己或者自己给自己的综合判定，这种判定在一定程度上是自我认同形成的基础。

此后，美国发展心理学家艾利克·埃里克森（Erik H. Erikson）在20世纪30年代的时候将认同的概念引入心理学。认同本身具有两重意义：一是对于主体所具有的主观和客观身份因素的理解和综合；二是对事物的归类，也就是与自己相同相近和与自己相对立事物的内化判断。因此，这里的心理认同事实上也有两层意思：一是对自我判断的身份认同，二是对社会群体中同类事物的同一性判断。由此，认同的概念可以拆解为两个意义。一是"认"，即认识自我和认识他人，认识自己所处的社会秩序和地位。二是"同"，辨别自己以及与自己同类或不同类的事物和群体，并且对他们的类属性有所识别。归结起来，就是认同具有区辨和类化两方面的意义。因此，自我认同在这个层面上就包含着一种对个人所处位置的意指：对自我的时间认识，能够判断自己在特定时空当中的内在相同性和连续性，以及廓清别人对自己的这种相同性和连续性认知的判定，能够对个体的连续性特质拥有一种潜意识的追求或者说潜意识的方向发展规律。在成长过程中能够从现有意识和潜意识当中综合出自我的社会评价，并成为自我在社会当中面临社会秩序选择的一种等次判定标准。个人所从属的各种不同群体，包括民族宗教等群体所表明的集体意识形态，能够引导和限制个人的程度。埃里克森在规定自我认同的同时也引入了与之相对应的反义对应概念：认同混乱或认同危机，并认为对自我认同概念具有相对性，就其外部条件而言，自我认同的形成和巩固伴随着对认同危机或者认同混乱的不断解决。人一生成长中所有的过程都将面对认同危机[①]，从个体成长和成熟的程度来说，个人在其青年时期的认同是比较重要的，因为个体发展到了青年期，其自我意识和社会对自我判定的认识大为加强，自我认知和价值判断已经基本成型，过去经验累积和对未来期望综合形成一种新的成长认识混合物。此时，由于社会系统被引入对自我的判定，尽管强调了对过去自我的认识，但又呈现出极多的他者判定因素，使认识陷入混乱，同时个体的心理陷入困扰。青年时期要克服的困扰非常多，埃里克森将之分为三组相随性概念：时间前景与时间混乱，自我确定与冷漠无情，思想两极分化与观念混乱。对人的成长来说，一定要克服青年时期的这些认识混乱才能顺利地进入下一个阶段，否则其在情绪上无法得到成长。因此，青年时期的认同会形成消极认同和积极认同。积极认同，是个体能动和主动积极地去认识世界，或者说主动接受社会秩序并对自己的个体归个体界定。而消极认同，则是一种非主动性的意识选择，其愿景是期望在社会所加入的各种认同元素以及自身所具有的各种特质能够相互得到关联，从而被动地接纳社会对自己的勾勒。两种认同都是个体发展到相对成熟期的时候，对社会秩序或者行为标准的一种接纳反应，都是清晰地勾勒自己在社会秩序中地位形象的一种努力。埃里克

[①] 埃里克森将人的一生分为婴儿前期、婴儿后期、儿童早期、儿童中期、青年期、成年早期、成年中期和成年后期八个阶段。

森所对于认同进行了深入剖析并提出来的认同的不同概念，如自我认同、认同混乱、认同危机、积极认同、消极认同等，都成为自我认同研究的重要概念，这对社会融合的心理构建奠定了进一步分析的基础。

英国著名社会学家吉登斯（Anthony Giddens）对自我认同进行了专门论述。与社会结构发展相联系，吉登斯首先提出自我认同本身是社会现代化过程中的问题。他提出社会秩序现代化个体特质形成，是以连续的自我反思互动和确立个人的社会性为主要结构特征，其中，自我认同是建立在反思性自觉认识的基础之上的。自我认同并不是一个突然给定的概念，它是个体在长期生存过程中，结合自我生存经验与社会秩序的连续性判断而得出来的结果，是个体不断地反思而被各种社会惯例所创造出来的思维活动。"自我认同是个人依据其个人经历所形成的，作为反思性理解的自我"。[①] 由于人的自我意识需要用语言符号系统进行描述和表达，因此，自我认同的语言表达就分为主我和宾我。"主我"指的是以自己主观意愿所看到和认识到的个体基本能动意识。"宾我"在这里构建了一个认识的中介载体，即从社会的交流沟通以及社会网络中获得自我的意义，并且形成自我主体性的形象构建，凸显了自我能够反映和综合他人认识的能力。"宾我"是自我认识对于他人在社会秩序当中的反映。

按照心理接受过程来描述，个体从出生到自我认同形成，这个过程可以分为几个时间阶段：一是自我是反身意识的反思性投射，首先通过投射来呈现个体的意义与价值；二是自我体现了从出生到成长过程中所有经历的对于自我生命经验的累积；三是在持续的自我反思的时间段内，个体能够根据具体事件的发生而实现自我意识的更新；四是认同是一种连贯的叙事，且自我认同的实现过程蕴含着实现控制的

---

① [英] 安东尼·吉登斯：《现代与自我认同》，赵旭东、方文译，生活·读书·新知三联书店1998年版，第58页。

意义，因为在自我实现的过程同时也表达了对未来生活状况的不断预期，同时也预设了个体发展的进程；五是自我反思既包括对于身体行为的反思，包括对于环境机遇和风险的认识，因为环境和行为之间的相互影响极为深刻；六是自我实现遵循着对自己真实认识的诚信或者说对自己评判的可信，因为这在发现自己的过程中能够主动进行建构；七是个体在生命不同的过渡阶段都会进入反思的轨道当中，并且跨越自我实现的质性；八是自我认同和自我发展的形成都是在不断参照对比的过程中发展的，唯一显著关联的线索就是其生命以及自身的经历。自我认同理论，事实上提出了自我的社会属性，不仅在社会秩序中去界定个体的地位和资源获取，而且用"镜中我"的方式来明显指出，自我不仅是社会的参照心理的反映，而且是对其他不同维度的社会组织和社会意识的反映，它需要由社会群体对自己的认同或不认同的参照来进行建构，同时受到各类的差异环境因素影响。由于个人经历的连续性以及反思这一心理过程的不断进阶，也指出了自我认同是一个连续构建过程。在这个过程中自我认同，并非一成不变，它是动态的，随着社会环境的变化，自身因素、自我意识以及身体因素等各个方面的反思活动而发生变化。至此，从社会融合的层面上看，自我认同理论将社会秩序结构与群体和个体的接纳、个体或群体自身的主观意识相结合起来，奠定了社会融合发展心理研究的理论基础，并为社会融合的心理建构提供了更为微观的具体的个体能动性的路径。

基于个人认同自我认同的基础上，群体层面的社会认同研究也进入人们的视野，社会认同从"社会的我"变成了"社会的我们"之问题对象。与个体的层面相比，群体层面的认同更体现出主动接受对社会秩序行政的重要意义，其主旨包括个体如何从心理上积极融入群体，以及整个社会在群体层面上维护团结和协作的方法和途径。这种社会认同理论从心理上已经更为接近社会融合的研究，其现实的关键环节是在社会融合的建构中，不同群体、不同信仰、不同文化群体成员对于自我身份认同和群体身份建构的实现路径。社会认同理论兴起于20世纪70年代初，由波兰学者塔吉尔（Tajfel）提出。20世纪80年代中晚期，特纳（Turner）提出自我归类理论，对社会认同进行了补充和完善。到20世纪90年代中期，社会认同理论已经逐渐形成了若干的小分支理论实证模型，如最优特质理论（optimal distinctiveness theory）、群体动机理论（group motivation theory）、主观不确定降低理论（subjective uncertainty reduction theory）等，这些理论的主旨是通过相应的个体心理的类化机制，抓住群体心理的形成以及从众行为的选择，从而解释各种组织集群现象。与此同时，还着重强调社会不同层面的认同对于集体行为的影响，这从心理学的领域为群体的研究做出了贡献。

Turner和Tajfel首先区分了个体认同和社会认同两个概念意涵，提出个体认同强调的是，对个人个体所具有特点的描述和参照中得到的个体区别于他人的明显特征；社会认同则强调的是，在社会层面上有一个社会或者全体成员对于可从属的主流特征和主流文化的描述与认可，"个体认识到他（或她）属于特定的社会群体，同时也认识到作为社会群体成员带给他的情感和价值意义"[①]。可见，以自我认同为基础的社会认同，在这些理论中默认了一个先决条件，即所有的行为不论是个体的还是群体的，都是由每个人自我认同和自我能动的这一基础所激发的。他强调整个群体或者整个集群，对于群体行为的选择是个人心里认同和选择的主动结果，而非被动强加行为。因此，这些行为对于群体选择而言，无论其结果如何，都是以积极态度去争取而来的，这就与非社会认同的群体行为之间形成本质差别。同时，社会认同遵循了三类基本观点，所建立的基础形成分类比较的积极与消极区分。

Tajfel社会分类主要指的是个体，通过这样的类化区别对自己的

---

① Tajfel H., *Differentiation Between Social Groups: Studies in the Social Psychology of Intergroup Relations*, Chapters1-3, London: Academic Press, 1978, pp. 1-67.

群体产生认同和维护心理，并且形成相应的偏好体系，每个个体通过积极维持群体的这种群体内偏好和认同来提高自己的自觉性优越感。在此，群体分类有助于个体识别自己的群体归属和自己主动的心理选择行为，可是也容易引起群体内和群体外的偏好差异，从而引发群体之间的偏见和冲突。Turner则对这个观点继续进行了补充和完善。人们从出生开始就不断自动地将所认识的社会事务和社会现象进行归类，分类的时候又不断自动地将自己纳入其中的某一类别，于是不断在各领域形成自觉的内群体和外群体之分。此时，由于将内群体视为自我归属的对象，而且不断将属于自我的群体特征与自我相连接。通过分类，个体往往容易将有利的资源分配赋予自我归属的群体。与相关的社会政策向应，社会认同理论还极为强调弱势群体的社会认同策略。在行动层面，社会认同群体对于每一个群体的地位容易采取的行动进行研究，其中重点关注的群体中地位较低群体形成的资源获取策略再现，认为在现实中，弱势群体会通过群体关系来维系和提高社会认同，这些策略包括社会流动、社会竞争和社会创造。同时，对应于社会秩序的变化，根据群体的资源获取状况，个体会存在社会流动和社会变革两种心理倾向，也就是说如果社会秩序提供了个体可以在各群体间流动的渠道或者说这个渠道比较通畅，那么个体对于流动的意愿会比较强，会努力争取从地位低的群体流动到地位高的群体，并且以个人的努力为主要促动力量。地位高的群体，则会努力提高准入条件，从而使地位低的群体能够保持奋斗希望但又很难大规模流动。相反，如果个体并不能看到社会流动的秩序通道时，就会产生社会变革的意向或是情绪。而弱势群体由于资源获取的困难性，只有通过努力加强和巩固自己群体的价值认同，来使社会开始正视以群体甚至群体组织方式表达出来的各种诉求，当然，如果依然没有得到重视的话，弱势群体倾向于用集体行动来推翻社会对于无法流动的底层群体的不合理资源获取分配。

这方面的行动方针策略又分为两种：社会创造和社会竞争。社会创造,是指当前群体秩序的现状为社会所认可并具有存在合理性,此时弱势群体的成员往往会通过选择其他的比较方法,重新衡量现在的群体比较结果,或是改变与之比较的其他群体的资源获取途径,来创造新的评价维度进行重新比较。而如果群体关系或秩序在现有条件下是不稳定的,弱势群体一般会采取社会竞争的策略,如游说、示威、革命和战争等方法来解决现实问题,这一策略一般容易引发群体间非常激烈的直接对抗和冲突。社会认同理论一再表达了,心理认同从个体到群体的一致意愿表达对社会融合的重要作用。同时以个体心理为基础,强调了个体意愿选择的能动作用,肯定了整个社会融合应该是以个体和群体的社会认同为基本条件,因为这种认同方式是主动融入方式,突出了个体在整个融合过程中的主动性和能动性,提出社会融合实现的条件应该是个体和群体的融合心理建构,并且为社会融合策略的实施提供了弱势群体的心理分析方法。

在自我能动的认同心理基础上,社会接纳理论则反映了自我心理的另外一个层面的问题,即除了自我之外,个体或群体对于他群体和他个人的态度。社会接纳理论于20世纪50年代兴起,又称为心理接纳理论,包括自我接纳、同伴接纳、人际接纳和社会接纳等理论研究。自我接纳指的是个体对自身从事社会事务的主动理解和认知,同时表现为对他人接纳的行为和意识,继而便开始了同伴接纳、人际接纳和社会接纳的研究。在后者的意义上多指个体与个体或者个体与群体之间的心理感知和互动。美国社会学家麦金泰尔(McIntyre C. J.,1952)于1952年发表论文,论述了被他人接纳与接纳自我和接纳他人的关系。其后,心理学家费伊(Fey, W. F., 1955)在评论该论文的基础上,量化性地编制了"接纳他人量表"(acceptance of others scale)。在这个量表中,费伊通过自我接纳、接纳他人和对他人接纳自己程度的感知三个方面进行了维度划分,并且结合现实调研,分层化对于个体心理与群体心理的联结性研究。

2003年,Bond和Bunce发表论文将接纳定义为一个二维过程。

"一是去体验如思想情感和感觉的所有心理世界,而不是改变回避或者控制他们。二是通过接纳这些内部事件,人们能够更有效地把本来用于摈弃、回避和控制这些事件的能量,用来以和适合自身价值观和目标的方式去行动。"[①] 并发展出相应的接纳量表。此外,同伴研究也一直是接纳研究中的关注点,同伴接纳不仅反映了群体或个体对于个体进入的态度,而且它更为细化地分析了在这种接纳过程中认同与排斥、愿意与不愿意、喜欢与不喜欢等不同的衡量维度。因此,同伴接纳的研究对象,大多数都是儿童或青少年。在这种同辈群体研究中,形成同辈群体相互认同及其群体地位分配的指标,从心理学的角度证明了个人成长过程中,儿童和青年时期的同伴关系对其进入社会的行为选择的影响,强调了同辈群体在个体进行社会交往、社会交流以及心理健康发展过程中的作用,为社会融合理论提供了个体心理发展过程的观察视角。接纳理论事实上阐明了心理发展过程,从接纳自己到接纳他人,再到接纳别的群体、接纳整个人类社会的范围不断扩大的过程。同时,突出接纳和被接纳态度对个体或群体社会交往和健康的重要性,强调群体或者个体在被接纳后积极行为效用的思想感情和体验,促进其更加有效地以适合自己的交往和心理健康的方式进行。此外,这个心理规律,还在微观上展示了相应的获得接纳的技巧,提供了具体的测量不同社会心理行为的量表和方法。从利益的宏观层面和方法的微观层面为社会融合的心理建构提供了重要基础。

四 社会融合相关理论

社会融合的概念最初是针对社会分隔与社会排斥现象而产生的,从某一方面来说,社会被排斥群体通常处于社会底层,表现为自我的素养能力不强,可以参与的交流范围及其资源获得渠道受限,又或是

[①] Frank W. Bond and David Bunce, "The Role of Acceptance and Job Control in Mental Health, Job Satisfaction, and Work Performance", *Journal of Applied Psychology*, Vol. 6, No. 1, June 2003, p. 88.

身体精神有缺陷。这些群体的被排斥，常常表现为不同的群体和阶层之间的歧视和疏离，因此，对于社会这部分人的针对性研究事实上为社会融合理论的范式形成提供了不同视角的理论基础。

1. 社会阶级与阶层

社会阶级或社会阶层是社会结构的重要观察视角。其主要讨论线索在于阶级和阶层的构成、阶级或阶层之间的差异、阶级阶层差异对社会结构的影响。当然，面对社会差异所造成的影响，如何来消除不同阶级和阶层之间资源获取能力的差异，促进社会融合，以及获得社会各阶层各阶级的共同发展，就成为该类理论的重要解决方式。其中，以马克思的阶级分析理论和韦伯的社会分层理论为经典代表。

马克思阶级理论对于社会宏观结构研究有着重要影响。马克思在阐释社会生产力与生产关系这一对基本矛盾的基础之上，以生产资料的占有作为划分的物质基础，将社会群体划分为不同的阶级。并且指出了其中的关键之处，即不同阶级对于生产资料占有的不同，决定了其在社会结构中的不同地位以及不同阶级之间的关系。基于私有制之上的阶级存在是社会各种斗争和社会不平等的来源，而私有制基础上的阶级斗争是社会发展的主要动力之一。从国家这个宏观的社会结构来看，人类解放和社会全面发展的愿景指的就是生产力的高度发展和阶级的消亡，而这个目标无疑也是社会融合的最高境界。

与马克思从生产资料的角度所划分的阶级视角不同，韦伯的社会分层理论是从中观的角度对社会群体的一种梯次划分。这种中观角度的划分使之对于社会群体分层的衡量维度相对多元。在这种多元的衡量维度之下，不同阶层之间的关系也显得极为多样，不仅限于剥削和压迫，还有各类社会角色的关系，如亲属关系、职业关系、交易关系等。韦伯把马克思对于生产资料占有的划分标准发展到了三重维度：财富、权力和声望，换个角度说，这三个维度把经济、政治和社会三个领域综合在一起形成评价系统，对社会群体的分层比较全面。同时，韦伯还补充了马克思对于阶级划分的一些观点，如在社会阶级划分当中获得资源的相对优势与劣势阶层,财产的差异并不必然导致阶级斗争等。值得一提的是,韦伯补充了阶级的内涵,除了以社会资源的获取作为划分的主要标准之外,阶级还代表了一种群体行动选择,即基于利益或者其他目的的达成,可以将阶级看作是群体的联盟行动,阶级共同体的形成可以看作是其成员联合的结果,这种联合既可以是长期的资源诉求也可以是短期的利益目的。

然而,无论是马克思的阶级理论还是韦伯的社会分层理论,都极为关注社会底层群体(underclass)。马克思经由无产阶级这个概念细致地分析了早期资本主义社会中的底层阶级状况。第二次工业革命之后,无产阶级作为底层群体中最具有组织意识和动员力量的阶级,形成为与资产阶级所对立的群体。马克思抓住生产资料占有的主要矛盾,认为资本主义制度下的社会融合,是以消灭私有制和社会资源极大丰富为主要前提。或者说,共产主义社会是社会融合的理想状态。随着经济的发展、社会结构与交流日益复杂,各国社会冲突日益频繁,20世纪末至今,贫富差距分化加大,底层群体的人员组成也开始复杂化,逐渐产生:没有额外收入的城市中贫困群体、由于失业或劳动力严重不足而陷入贫困的群体、精神或身体缺陷者、犯罪以及从事非法职业的边缘群体等。以韦伯的社会分层理论为引导,当下对于社会分层的理解,不仅以生产资料的占有为主要依据之一,而且还涉及教育分层、政治地位分层、社会资本分层等各种领域。社会分层视野细化了社会群体中不同共同体形成的过程,但也明晰了一个多阶层存在的社会中社会融合的较高难度,阶层之间的对抗和冲突相对频繁,甚至不同阶层之间或者同一阶层之内的社会矛盾呈现极其复杂的状况,因此,社会融合的方式方法需要多类多层化的构建。

2. 社会距离及其测量

21世纪之始,对于社会阶层化的研究开始深入到实证测量层面。法国社会心理学家塔尔德(Jean Gabriel Tarde)首次使用社会距离的概念来描述社会不同群体之间客观差异的程度。德国社会学家齐美尔（George Simmel）在此基础上，具体划分了用社会治理对社会群体差异进行衡量的维度：以现代都市生活为主要社会背景，为了维护核心家庭的利益、保留隐私以及平衡由于社会贫富分化而带来的心理失衡，都是生活的个体，多采用与外界和与其他个体维持一定距离的生活方式，这也形成了城市生活中邻里之间相互陌生，且对陌生人防备浓重的态度，人际关系相对冷漠，隐含了怀疑、排斥甚至抗拒的心理，都市生活由此促使其中居住者之间，以及与生活环境之间都保持着一定的距离。按两者间的关系远近，可以划分为三种类型：彼此非常熟悉和了解的近距离状态，相互之间大致了解但并无特别交流的中距离状态，相互间交往较少而关系比较疏离的远距离状态。显然，此类距离衡量维度还带有较浓的描述性质，欠缺客观可测量性。

齐美尔对于社会距离的界定为芝加哥学派继承后，社会距离这一概念的维度可测量性有了进一步的提高。帕克（Robert E. Park）提出了社会距离的空间性和心理性，并按照人与周边社会关系的理解，将其按照亲密程度划分为不同的等级。由此社会关系网络当中的个体，按照其与外界接触的距离等级可以划分为：按照人际亲密程度划分为身体接触与社会接触；按照与社会系统之间的距离划分为内群体关系与外群体关系；按照情感的投入与交流划分为初级接触与次级接触。以此为理论基础，芝加哥学派对于芝加哥城市的空间结构进行了相应的实证分析。从城市区域分布来说，实际调研结果证明，底层群体大多生活在城市中心的商业区附近，而高层群体则大多居住于城市郊区或者城市边缘，形成了工业城市中对于群体地位隔离现象的同心圆理论（concentric zone model）。通过这个理论，伯吉斯（Ernest Burgess）提出，不同地位的群体居住区间的隔离，事实上是城市这个区域中各阶层群体不同资源获取能力或者说是经济力量运作的结果。根据上述已有的经验与研究成果，美国社会学家博格达斯最终明确阐述了可测量的社会距离。1925 年，他所著的《社会距离及其测量》系统地设计了能够测量社会距离等级和程度的量表。这个量表由一组可以呈现距离感的词语组成 1—7 级维度：婚姻关系、亲属关系、朋友关系、邻里关系、行业关系、公民共处、移民共处。博格达斯量表梳理这个关系逻辑的同时，也表达了量表中所有维度从强到弱的不可逆性，即一个人无法参与其中的一项关系时，天然拒绝了比这个关系维度更强的那部分维度。博格达斯利用量表技术将社会距离这个主观观念可测量化，有效地呈现出社会距离的关系和心理特征，能够揭示一些秩序层面的社会问题节点，可以对社会冲突的潜在矛盾做出说明，进而为社会融合的方式方法构建奠定基础。

3. 弱势群体与脆弱群体

在当代对于社会群体和社会分层的研究当中，弱势群体和脆弱群体经常被人们所提起。弱势群体（disadvantaged groups）和脆弱群体（vulnerable groups）虽然所指范围有所重合，但却是两个不同的概念。弱势群体意指那些在社会中处于资源获取不利地位的群体，强调该群体的既有社会地位和境况。而对于脆弱群体的研究，最早源于自然生态灾害的影响。脆弱群体的概念更偏重于体现环境因素，可指灾害、公共管理、健康卫生、土地利用等一系列领域对群体的影响程度。以生物学方法来看阐释，脆弱群体可指那些对环境内外干扰因素都极为敏感，且适应环境的恢复能力较差的群体，一般可分为生态、生理和社会脆弱性。

生态的脆弱性通常体现为面对自然和环境灾害的无力，相应地，生态脆弱性群体多居住于自然灾害频发的区域；生理的脆弱性通常表现为个体在面对环境和生命发展过程中，由于身体或生理缺陷而形成的社会交流障碍以及社会生活过程中的脆弱时段，相应地，生理脆弱群体多体现为身体和精神的障碍群体；社会脆弱性，通常表现为社会系统中制度网络的各种问题，例如贫穷保险、食物分配、居住分配等，造成部分群体在生存和发展当中不平等，相应地，社会脆弱性群体就是那些资源获取和资源占有不平等的群体，其经济意味更多。尽管两个群体概念有所差异，但在社会环境层面都指代社会秩序中的底层和缺陷群体。相较而言，弱势群体这个概念凸显了不同阶层的社会群体在经济社会和政治文化等方面的社会地位差别，容易使人聚焦于社会不平等所引发的矛盾。而脆弱群体则更突出了群体所处生态环境或先天条件的不足，是一个社会科学与自然科学共同适用的概念，其范畴更为宽泛。不同领域的脆弱性相互影响、相互联系而形成的不同类型的弱势群体，生态脆弱性群体往往容易形成生理脆弱性，生理脆弱性群体反过来又容易遭受生态和社会的影响，而社会脆弱性群体又有可能会受到生态和生理脆弱性的限制。各种脆弱性因素的叠加或堆积，使得部分社会群体的资源获取和占有的能力越来越弱，成为社会弱势群体。从现代国家福利和人类基本权利保护的原则来说，人类各种脆弱性天然存在，而社会系统的形成在一定程度上是对人类群体的保护，这种保护不仅针对人类的安全，也针对人类的部分脆弱性。现代社会强调对于社会脆弱性群体的特别关注，更加需要加强相应的保障制度安排。因此，对于弱势群体的保护或者更广泛一点说，对于人类脆弱性的保护，也是现代社会重要的社会融合责任，既关注近距离人群的脆弱性，又照顾社会群体脆弱性。努力以社会制度的合理安排来保护和引导脆弱和弱势群体的发展，使其与主流社会相融合，避免为主流社会所排斥和疏离，也为社会融合构建了基本的伦理出发点。

第二节 社会融合的多元路径

从结构到行动层面，社会融合的实现存在着多层多类路径，而社会融合的最基本载体是人，人的和谐应是社会系统协调整合的最基本出发点。人的需要是多层次的，马斯洛理论就清晰地把人的需求分成生理需求（physiological needs）、安全需求（safety needs）、爱和归属感（love and belonging）、尊重（esteem）和自我实现（self-actualization）五类，依次由较低层次到较高层次排列。由此，对人诉求的满足是多层面的,人的融合需要多领域的理解与沟通。将这个需求放到社会群体层面,对于社会群体的融合而言,族群是一个不可回避的主题。人类自群体生活形成以来,由于血缘和地缘关系的发展,不断形成和更替着不同的族群。而在历史上,随着人口不断地迁移和国家间的战争与扩张,不同的族群不断地发生各种接触和冲突,有的族群不断融合形成新的族群,有的族群却陷入了内部矛盾之中。纵观人类的发展历史,群体之间如何团结相处、和谐发展一直是一个永恒的话题,古代的文明古国以及近代的移民国家都在族群矛盾解决和族群融合的实践中积累了丰富的经验。从社会融合这个大的目标来看,社会融合除了国家结构的融合之外,人的融合是社会融合的重要基础。人是群居动物,人的融合也由此体现为群体的融合,人类群体在漫长的历史过程中往往表现为族群,因此,人的多元需求形成了族群的多元需求,且群体层面社会融合的方式路径也具有多元特征。

一 熔炉论

18世纪60年代,法国学者赫克托·圣约翰·克雷夫科尔(Hector St. John de Crevecoeur)作为一个纽约移民者,亲身经历了美国独立革命前后大量移民到北美大陆定居的过程。移民者在美洲大陆迁移和定居的过程中,有着不同程度的矛盾与冲突,也有着对移居地和新建国家的发展期待。在这样的发展背景下,最基本的一个事实呈现是不同的国度、不同的血统以及不同文化背景的群体和集团迁移新的大陆之后,在共同的聚居环境之中,是分族而居还是会形成一个新的共融性族群实体。据之,克雷夫科尔于1782年在欧洲出版了《一个美国农民的信》(*Letters From an American Farmer*)。该著作详细描述欧洲各国族群来到美利坚大陆的发展与变化,"……是英格兰人、苏格兰人、爱尔兰人、法国人、荷兰人、德国人、瑞典人的混杂,由这种混杂繁衍产生的一个现在叫做美利坚人的种族……在这里,来自世界各国的人融合成一个新的民族,总有一天,他们所付出的劳动以及他们的后代将使世界发生巨大的变化"①。根据所观察到的族群混居发展状况，克雷夫科尔认为美国发展证实了不同国家移民融合发展的现实，认为"美国已经并且仍然继续将来自不同民族的个人融化成一个新的人种——美国人"②。由此以实证的方式形成了族群熔炉理论，其后，"美利坚的民族熔炉"概念以相应戏剧方式得到推广。1908 年剧作家伊斯雷尔·赞格威尔的剧本《熔炉》(The Melting Pot) 在美国纽约和华盛顿演出，获得人们的一致认可。话剧描写了移居美国的俄国犹太裔青年与非犹太裔女孩相恋结合的过程，剧中明确表现出对于传统基于种族和血缘关系的对立和抗拒，逐渐在共同居住和共同生活过程中被打破，族群桎梏逐渐被消除，所建立起不同族群间沟通与交流的情境，类似题材的剧作也在同期广为流传。

因此，以美国为典型样本的熔炉论不断得到延伸和发展，其中对于该理论影响比较大的有社会学家鲁比·乔·里维斯·肯尼迪(Ruby Jo Reeves Kennedy) 和乔治·斯图尔特 (George R. Stuart)。肯尼迪于 20 世纪 40 年代提出了"三重熔炉论"，明确指出由于移民的缘故，美国存在着天主教、新教和犹太教三种不同的信仰群体，各类信仰群体犹如三座大的熔炉，以信仰为核心将不同族群的人融合在一起，淡化了移民的原有族群意识。斯图尔特则提出了相应的"变形熔炉论"，认为在美国居留的移民融入过程中，不同的族群文化慢慢融合并相互影响，通过改变与兼容，融合为一种新的"美国文化"。以美国的主流宗教文化为核心，各类熔炉理论大致都描述了不同外来民族在美国这个新大陆空间中的重构，这个获得大量移民涌入的"大熔炉"冶炼熔化各种族群及其相应的文化归属，融合形成为具有同一文化和价值目标的"美利坚民族"。

熔炉理论体现了较为强烈的同质化倾向。在社会现实中，美国各

---

① J. Hector St. John de Crevecoeur, *Letters from an American Farmer and Sketches of Eighteenth-Century America 1782*, New York: Penguin Books, 1983, p. 207.

② Ibid., p. 319.

移民群体仍旧长期保存着原固有文化，事实上也仍旧存在着资源获取的差异性地位，国内的种族歧视仍然存在，而且时而发生激烈冲突，这些都证明该理论在表述族群融合的过程中带有相对强的空想主义色彩。但是，以克雷夫科尔为代表的众多"熔炉论"学者，以现实发展的需要论证了社会融合中族群融合的重要性，同时也说明族群在一定程度上是可以被改变和创造的，这种改变与其所居留地社会秩序发展的要求相呼应。据之，表达了以消灭群体差异性为核心的同质化的社会融合逻辑。

二　族群关系循环论

族群关系循环论由美国社会学家帕克（Robert Park）于20世纪20年代提出。此时，随着19世纪到20世纪的美国的持续移民潮，美国的社会学家们开始关注美国东北部及其西部城市中杂居的各类族群，研究焦点在于这些族群之间发生冲突的过程，以及对于矛盾理解的文化差异。经过大量观察之后，帕克提出了族群关系循环论，认为族群之间的关系有着普适性规律，即通过一系列的互动同化阶段，最终达到完全融合状态。

受到社会整合和系统整合论的影响，帕克将共场居住的族群互动过程分为四个阶段：相遇（contact）、竞争（competition）、适应（accommodation）和同化（assimilation）；且从融合的程度来说，每个阶段都是在前一个阶段基础上的前进。

相遇是指不同族群的共场接触，也就是个体和个体或群体和群体之间的初级关系发生。在初级接触过后，同一生活空间中的个体或群体之间开始发生竞争，竞争关系的产生是由于个体或者族群要在同一空间中进行居留或长期发展，而对相同或相近生存环境中稀缺资源的争夺。即在共居场域当中针对职业、居住、政治权利等资源，个体或群体之间产生的不断抢占。不过，这个阶段对于群体而言会产生团结的促进作用，因为不同群体之间频繁的冲突会反过来促进本群体中内部凝聚力的增强，同时又不断增加族群界限。竞争之后随之而来的就是适应期，适应是个体和群体在身体和心理层面接受环境条件的状态，在竞争之后，为了适应环境，群体往往需要改变，形成适应新环境的新生存方式。而对于在竞争中依旧存在或者相持的对手，该阶段主要是实现了一种能够与对手共处的共存形式，或者说在文化层面实现了在同一场域中能够接受对方的不同存在且能够理解彼此的差异。此时，由于对冲突和矛盾的妥协，移民和原住地民众之间的关系有了极大的改进，开始进入稳定阶段。当然，这种稳定在一定程度上是与移民开始分层并逐渐进入不同社会层级的过程相关。社会分层的结果就是不同族群开始放弃群体身份标识，不再以血缘和地缘作为主要的组织核心，转而以新居住地的社会制度规范，依据职业或技能等标准来获得发展空间；稳定阶段由于社会分层的产生而进展缓慢，长期的族群分解之后就进入同化阶段；同化阶段中，群体或者族群的身份已经模糊，不同的移民根据其职业和社会地位而与其他族群融为一体，族群之间的体质和文化差异消失，同时，各自的传统文化和主流文化不断混合互动形成融合。

以美国城市族群的研究为佐证，帕克强调，族群间共居场域长期互动的最终结果直接导致族群同化。推演开来，帕克认为其所构建的四个阶段的循环方式同样也适用于其他移居地方的族群融合，且这个过程本身是递进和不可逆的。此外，帕克还提到了一些在族群融合实证中效果显著的融合方式。例如，设置和建设移民社区。单独的移民社区设置可以为新来移民者提供食宿的基本需求，提供就业生存的空间平台，一些不同族群文字的报纸媒体可以使移民者较容易地与当地社会生活之间形成沟通。可以将移民社区作为外来者与当地环境之间的重要媒介，将其建设成为一种必要的沟通载体，发展联系各类移民的外文报刊、宗教场所、中介组织等。以外文报刊为例，它可以帮助移民者懂得在当地的生存方式，并且可以通过文化宣传确立居留国所主导的价值观念，帮助移民者逐渐认同居住地文化，加速移民与主流社会之间的融合。帕克在对芝加哥少数民族社区的实地调研中（Park R.，1915）也发现，个体之间的价值意识传播是同化过程的重要途径，因为从对抗到适应再到认同，每一个阶段中个体和群体之间的交流和沟通，都体现和传播着个体或群体的价值导向。

帕克的族群关系循环论虽然仍是以社会融合中族群同质性发展为主旨，但其更注重于这个融合结果的同化过程分析。或者说，在族群的社会融合结果判断层面，克雷夫科尔与帕克是基本一致的，但后者更注重于这个融合过程的阶段分析。于社会融合层面来看，族群间的关系通过这四个阶段达到同化，便形成新的群体和族群，这是群体层面的社会融合达成。如果将之普遍化，杂居族群或者外来移民群体的融合过程中，通过生存和发展四阶段的循环往复，佐证原有族群的改变和新族群的缘起，这是路径设计层面的社会融合达成。

三 同化阶段论

在帕克族群关系循环论的基础上，美国社会学家戈登（Gordon）将同化理论进行了更为深入的发展。戈登于1946年出版了《美国人生活中的同化》一书，并且在该书中将同化的达成进一步发展为衡量民族关系的七个阶段，分别是文化或行为同化（acculturation）、社会结构同化（structural assimilation）、族际通婚（amalgamation）、身份认同的同化（identificational assimilation）、族群偏见意识的消除（absence of prejudice）、族群歧视行为的消除（absence of discrimination）、社会的同化（civic assimilation）（谬慈惠，李向奇，2009）。尽管戈登的观点与帕克相类似，都将同化达成的步骤分解为不同的阶段，但是戈登更为客观地看待这个事实。他认为，族群之间的接触和对立直至同化并不是一个必然递进的直线，虽然它可能一直在变化，但是族群有可能停留在某一个阶段。也就是说当族群关系进入同化七阶段时，如果没有每个阶段的质的变化，就很难继续进行下去。戈登的七阶段论事实上更为细致地划分了从文化同化到社会结构的同化等不同层次的同化达成，当然，如果按照递进关系来说，戈登将文化同化视为最低阶段的同化，这一点是值得商榷的。戈登认为文化的同化事实上指的是族群之间文化的外在表现如语言、政治的认同与接受同化，但是文化同化之后是否会进入和达到下一个同化阶段即结构同化阶段，却并不具有必然性。因为在事实上戈登认为不同的族群群体有可能在行为和价值观上能够实现向主流文化的靠拢，但是在他们族群各自的结构上仍然有着极大的距离。

在上述理论框架基础上，戈登将文化同化和结构同化定义为社会融合中非常关键的两个部分，其中，文化同化表述的是族群在语言、政治认同和观念仪式等方面，对社会主流文化的偏向，不过，文化虽然是对下一阶段的准备，但它并不必然地进入结构同化。因为在现实发展过程中，群体可能在行为和价值观上能够向主流文化和主流社会靠拢，但是其本身群体的结构和相应发展结构方面，仍然可能相离很远。因此，在文化同化的基础上就进入了一个更关键的阶段：结构同化。结构同化本质上应该是一种初级的、社会秩序的同化，这一阶段之所以关键是因为它事实上是一个质的变化阶段。戈登认为，一旦结构同化开始发生，不论是与文化同化同时发生还是在其之后，所有其他类型的同化都会自然而然地随之发生，换句话说，随着结构同化的开始产生，就顺利进入了后面所有阶段的同化，而后面所有的同化进程也是以结构同化发生为基础的。循着这个思路，戈登于1975年在其发表的论文中，对这个理论提出了更具操作性的新变量模型。他将群体关系的变化或者说群体融合的趋势发展设置为因变量和自变量。

因变量具有四个评判维度：一是同化的类型。在这个社会空间中，发生秩序同化现象的主要类型是多样的。按照对族群融合的七个方面衡量，每个阶段所发生的同化的程度也有深浅不同。根据这些不同，可以将族群关系划分为不同的类型。二是总体同化的程度。将七个阶段中，每一个自变量的同化程度从模型中抽取出来，组合成一类评判指标。也可以只设定关键性的四类：文化同化、结构同化、族际通婚、身份认同来单独组成数值评价指标,其中,考虑到在不同情境下每一项指标的权重不同,可以借助于不同的加权比重,来对这些数值进行维度综合。三是族群冲突程度。以冲突双方的不同结构方式来衡量族群之间的社会或政治冲突程度。四是各族群获得社会认可的程度。将社会认可作为衡量族群间关系的外部影响因素,每个族群从法理上都有获得平等的社会认可权利。社会认可同时又意味着每个族群在相同的政治、经济、文化等空间中资源获取的平等,以及获得资源的机会平等。对于族群同化程度的自变量衡量,戈登也提出了一个系统性的指标,即按照人的生物机能自身因素,以及人成长过程中外部环境因素对生物机能所产生的影响,综合提出人的生理和社会发展变量。进而根据群体互动过程中心理因素的变化而形成衡量族群互动过程变量（interaction process variables）,以及根据社会发展过程中群体组织性结构及其相关社会影响,形成社会变量（societal variables）,包括人口、生态、制度、文化、价值以及社会分层的各层面特征。

戈登的同化阶段论,对于相应的族群融合分析具有相当的价值。因为基于过去宏观发展线索的描述之上,戈登的同化阶段理论将每一个过程所受到内部和外部的影响因素都作为变量引入,而且它突破了早期对于族群同化的不可逆转的关系性逻辑推演,将其族群融合的关键阶段提炼出来,并且衡量了关键因素的不同权重与发展程度。

四 多元文化主义

20世纪初,在熔炉论的主流学术研究之下,美国化的运动要求来自东南欧国家的移民要完全彻底地忘却与出生国之间的一切义务和联系,从而无条件地接受主流化。这种文化的霸权主义受到犹太裔哲学家霍勒斯·卡伦（Horace Kallen）的强烈批判。1915年,卡伦在 *The Nation* 上发表文章 *Democracy Versus the Melting-Pot*,文中提出了多元化的发展模式。卡伦明确指出,虽然人们因为迁移而改变自己的政治认同、服饰、婚姻对象、行为方式,甚至语言、宗教信仰,但是他们无法改变父母及其出生的文化背景，尤其是血缘关系，强制一个人放弃他原有的血缘和文化传承，就等于要自由个体死亡。同时，卡伦从国家层面强调了文化一元论的强烈危害，一元文化说到底就是美国人的盎格鲁—萨克逊主流传统会加深这个移民国家的族群冲突，那些非盎格鲁—萨克逊文化的移民对美国的感情将会受到极大的伤害。因为在这种强制秩序的规范下，天然地将这个文化的信仰者和非信仰者进行了社会分层化，非盎格鲁—萨克逊文化的其他移民不得不成为社会底层，并且在政治权利的享有方面也受到歧视，这种做法违背了《独立宣言》的平等精神追求。对于美利坚民族的形成而言，真正的美国精神应该是所有民族间的民主，不能够是某一民族对其他民族的绝对统治，或者其他移民被所谓的主流文化强制性纳入。紧接着，1924年，卡伦在《美国的文化和民主》一书中提出了"文化多元主义（Cultural Pluralism）"概念，并用这个概念来表达他所指出的那种不同民族间民主平等的愿景追求。据此，卡伦强烈批判了熔炉理论，认为熔炉思想发展到一定程度，就会开始侵犯少数族群的自由权利，与所谓的美国精神背道而驰。强调美国精神中真实个人自由的关键性条件之一就是自我选择的自由，即无须强制自己放弃某一样信仰而归属于另外的信仰。卡伦这样形容道：美国是一个交响乐团，演奏的音乐不是齐奏而是包含多种文化特色的和弦，这就是文化的多元化。在现实当中，很多美国移民确实改变了原先的外在表现，例如服饰风格、经济来源，甚至包括宗教从属和政治认同，可是无论如何变化，他们本质上在血缘层面仍然与原先的族群有着非常紧密的联系。因此，文化的多元化使得他们能够保留族群，或者祖辈传承给他们的文化内涵，人们不仅在外在的服装和行为举止上，同时在宗教信仰和教育选择上都有着自我自由选择的权利。而所谓美利坚民族的一致性，应只体现在这些所有来到美洲大陆的人们参与国家公民共同盟约的一致性，不仅是政治权利的一致，而且是他们在自由保留自己原先文化的情况下的，存在多样性的一致，是一种多元选择的协调与组合。卡伦所提出的多元的文化多元思潮在20世纪60年代的美国民权运动中发展成为声势浩大的多元文化主义运动,继而在20世纪70年代,该文化主义开始向加拿大、澳大利亚等移民国家延伸,并逐步为全球许多其他的多民族国家所接纳。

卡伦所提倡的多元文化主义事实上是对美国原有文化一统方式的强烈抵制,其重点在于关注美国社会秩序中各不同族裔和文化之间平等的实现。文化多元主义发展到后来,对于美国社会以及美国强制性一元主流文化提出了相当强烈的批判,认为美国主流文化应该对其强制导向提出检讨和重新界定,除了需要在文化和民族传统上对于各个少数民族或者亚裔民族的尊重,还需要改变美国政治基础,将种族平等的理念落实到政治和经济文化当中去。阿布拉姆森(Abramson)就将多元文化定义为产生持续的族群差异和异质性的条件,认为多元化就是鼓励群体多样化和保持群体界限的一整套社会过程和条件。因此,族群多元化的提出事实上隐含着一个社会过程和秩序条件,即必须以族群的平等和自由选择为基础,族群本身可以保持自己的文化传统,并且保持自己群体的结构和完整性,同时也需要自由和平等地参与到所属地和居留地的国家政治秩序当中去,并且能够自由地参与社会制度的建设,获得平等的资源获取机会与空间。

此时,多元文化主义中文化的含义已经超越了狭义的文化概念,它实际上变成了一种直接的和明确的资源获取方式的诉求,即希望通过对于每一个族群文化认同和尊重以及资源获取方式的平等,来消除对于脆弱群体的歧视,从而实现公正和公平。于社会融合程度层面来看,也可说是一种消除社会分层和消除社会民族对立的有效融合模式。

五 一体多元模式

在卡伦多元文化主义的基础上,美国史学家约翰·海厄姆(Jonh Higham)归纳了"一体多元模式"理论,这个模式具有两个明显特征：一是在多民族社会空间中存在一个具有向心力和极强吸纳能力的主流文化；二是在这个多民族社会空间的主流导向之外，必须能够保证其他族群的文化和群体结构事实上的平等以及得到社会的认可和尊重。海厄姆通过对美国族群关系的发展，尤其是移民融合的发展进行了长时段的考察，认为以美国社会为典型样本，对这个多民族共居的移民国家区域进行梳理和研究可以发现，尽管存在主流文化的同一性压力，但是非主流族群仍然被允许表现出强烈的特色文化元素；从长时段考察这些族群的移民，他们在很多代之后仍然能够保存自己的族群文化，而且族群成员的交往和交流，其基本出发点仍然以其族群内部的初级接触与交流为主要渠道。对这两个现象进行分析后可以看出，美国各不同族群在朋友和婚姻对象的选择上仍然受到不同族群界限的影响，且这种影响是存在于个人和族群的长时间历史之中，具有下意识选择的惯性。戈登将这种现状归结为自由主义的多元化主义特征，即在整个社会层面来看，国家对于社会资源的分配以及相应的职位和报酬的分配，并没有明确的族群限制或者以群体身份为标准进行区别对待，因此，在社会秩序的层面上，族群个体可以自由地选择以任何方式表达其族群身份，然而在亲密关系当中，也就是日常交往的生活当中，族群的交往仍然会选择本群体范围为主要途径。当然，在主流文化的影响和吸纳之下，少数族群在社会生活中存在各种被同化的可能，少数族群的后代在每一代传承中都会或多或少地接纳主流文化的元素。虽然这种模式表现既是文化发展又是文化同化，但是更准确地说，这是从一个代际结构的层面慢慢地实现结构多元化的过程。由此，海厄姆进行了相应的文化界定，通过对于族群群体的人种、信仰以及族源三个方面进行界定：美国的主流文化被概括为WASP符号类型，W指白人，AS指盎格鲁—萨克逊族源，P指基督教新教信仰者，因为美国社会的主流文化事实上就是指这三种元素所组成的文化价值判断，或者说，凡是信仰基督教的盎格鲁—萨克逊白种人及其文化模式被界定为美国的社会文化主流。相应地，在这个主流文化空间中共存着其他少数族群各自不同的文化传统和价值追求。这种文化多元既存在于主流文化的周围，且又部分地向主流文化靠拢，二者间以主流族群文化为主，其他文化存在为辅。这就是海厄姆以美国多元族群发展为样例构建的美国族群融合的一体多元模式，之后在不断的发展过程中，还有很多研究者对此进行了更细化的发展，有的研究者认为美国一体多元化模式中的一体事实上应该指的是体现在较高的层次上面的，如政治意识引导和整个社会秩序框架体系的构建，而多元则体现在较低的层次，如个人或者群体一定范围内的交往和发展层面。有些研究者认为，"一体"体现为各个领域中与公共事务相关的，需要国家来做出决定的事情，如美国公众事务中体现出极强的盎格鲁—萨克逊的文化传统及其相应价值判断，而"多元"则体现为个人私生活领域或是群体的局部交往领域当中的价值选择、生活方式以及相应的群体关系的多样多层化。

一体多元的模式能够兼顾族群融合的复杂性和长期存在性，它将文化的多类存在性与社会的主流文化有机地结合起来，可以视为对于多元族群社会发展和社会融合的有效观察方式。同时，这也提供了一种社会融合的路径思考，即将相应的主流价值观引导置于政治和公共领域，而将相应的多元价值判断置于私人领域，这种领域层的次第隔开，可以使得相应的发展既兼顾统一性又兼顾自由性，实现社会发展系统立体式的架构，也能够在国家空间中为各少数族群的文化传承和选择提供足够的自我选择权。

六 团体多元模式

美国跨种族婚姻研究者阿伯特·戈登（Albert I. Gordon）从跨族婚姻的角度研究了瑞士、马来西亚、比利时以及加拿大等不同国家族群之间的交流与沟通，之后，认为不同族群之间的结构和文化的差异，不仅应当受到国家的保护，而且应当在国家制度规范的中观层面上获得明确规定，并获得社会的认可与遵守。他所提出的团体多元模式，是指由政治权力来保障的最大程度的结构和文化分化分离所形成多元化社会形式，这是一种更加强调差异的多元化模式，可称为团体多元主义。在团体多元模式当中，各类少数族群或群体集团得到政府政治权力的正式认可，从而获得合法的身份与权利。这种正式的身份可以保障不同族群在政治和经济领域的权利公平性，将之上升到国家结构的层面，则可以诉求于宪法和法律制度的暴力保障。

在政治层面上，可以更为清晰地保留族群权利的平等获得。因此，在国家政治结构中，相应的立法席位或是其他政府部门的职位，应以族群为基础进行分配。不仅在政治层面上保障族群在国家政治生活中的参与比例，而且要保障多元族群的领导之间平等的话语权以及畅通及时的沟通与合作，保障各个族群在政治参与或者决定其内部事务方面具有自主权。政治权利的平等同时也意味着经济领域平等权的获得，也就是，每一个族群或群体资源获取机会和结果，相对于国家层面的所有群体和人口比例来说，是公平的，这种公平需要通过多元族群之间的协作协商来得以实现。由此可见，这种多元化类型显然并不强调多元文化对于主流文化的归属，也并不刻意规定辅助与主体的地位差别，而是靠一种制度安排平等的方式使得多元文化得到相应的发展支持，并且使这种支持获得官方的政治保障，因此，也就不存在文化强制问题。在论述团体多元文化主义的时候，戈登认为"各种族和族群有权而且事实上应该受到鼓励去使用祖传的语言，没有理由必须只存在一种官方语言，国家的所有成员都应该被鼓励甚至是被强制使用两种语言和多种语言"。[①] 据之，在团体多元化的模式当中，移民主要是由同源的、在一定时空空间中集中居住的，并且能够传承极为浓厚的原群体文化和意识的人们所构成，这些移民族群由于受原本相应文化价值的影响，群体间的文化差异非常显著。源于地域上的集

---

① 马戎：《民族社会学——社会学的族群关系研究》，北京大学出版社2004年版，第181—182页。

中性，其在国家治理层面上的制度安排或是结构分隔也较为明显。因此，从国家结构层级上，可以将团体多元体系当中少数族群的文化和群体结构在事实上是看作次国家结构，即这种群体政治体在政治理念和公共管理方面效忠于国家政府，基于生存发展需要参加国家的政治权力和经济体系而被国家所纳入，但是这些政治体有自己文化的保留，使得在国家层面之下形成不同的层次和空间以保存自我价值选择。以理论层面来解析，在这种结构中没有族群可以形成支配群体，每一个不同的群体，按照其贡献和资源使用的比例而被成比例地分配权利和义务。在大多数学者提出的标准中，多元化的主要特征意味着不仅有着无偏见的差异性包容，而且所有群体应能获得平等份额的财富。不过，从构建路径分析，这也充分表明了制度不同层次的安排与相应权利义务的配比，是这种多元化的一个重要资源分配路径安排。

可见，从近代移民国家和民族国家治理经验来看，族群层面社会融合的发展引导有着诸多模式，大致可以分为同化和多元化两种范式。同化模式的发展主要是指在国家范围内努力使不同族群自愿朝着一个共同的主流文化融合，并且在政治、经济和文化等领域逐步能够向主流靠拢。二是多元化的模式，这种多元化中或有主体与辅助之分，或只是将多元的存在都视为相对独立元素，没有主辅差别，但其实质都表述了一个内容，即不同族群在文化上保持平等，而且在相应的政治和经济领域中必须从同一秩序之中获得相应的地位和分配量。当然，从另外一个角度也可以理解为，一元和多元的不同模式并不是对立的理论，其相关理念也并不冲突，事实上由于产生的时期不同，两种理论模式所适用的范围和适用的群体对象情况都有着很大的差异，"强调逐渐融合的同化模式适用于多民族社会中那些自愿迁入的群体，而多元模式则适用于那些通过非自愿迁移、征服、扩张而进的群体"[①]。

---

① 黄匡时、嘎日达：《社会融合理论研究综述》，《新视野》2010年第6期。

第三节 社会融合的制度路径

社会融合的制度路径，可以从不同时期社会学家对于社会宏观结构和发展的设计中得到启发，从宏观意义的融合制度框架到中观意义的多元融合路径，最后形成相应的各种具体制度实施的实践。这也充分地将社会融合的制度路径系统化地表达出来。

一 宏观意义的社会融合制度路径

在宏观层面，马克思对于从资本主义社会转变为社会主义社会到共产主义社会是对社会融合的高度概括。这种的社会融合状态可以描述为"在共产主义社会高级阶段，在迫使人们奴隶般的服从分工的情形已经消失，从而脑力劳动和体力劳动的对立也随之消失；在劳动已经不仅仅是谋生的手段，而且本身成了生活的第一需要之后；在随着个人的全面发展，他们的生产力也增长起来，而集体财富的源泉都充分涌流之后，只有在那个时候，才能完全超出资产阶级权利的狭隘眼界，社会才能在自己的旗帜上写上：各尽所能，按需分配！"[①] 大多数情况下，这个实现的过程需要经历无产阶级与资产阶级的激烈斗争，并且需要以无产阶级代替资产阶级作为国家的统治阶级。社会主义或者共产主义社会的实现，也是一个长期渐进的建设过程。同理，无产阶级在取得专政权之后，需要经历相应的步骤才能达到高度融合的程度：一是从资本主义社会向共产主义社会的转变，处于社会转变时期，这一时期需要解决社会冲突的各种矛盾，以公有制代替私有制来消灭阶级对立的根源；二是共产主义社会的初级阶段，以社会主义社会建立公有制的基本发展形态；三是共产主义社会的高级形态，达到共产共有共同劳动，实现社会全领域的融合。在这里，马克思所提

[①] 《马克思恩格斯选集》第3卷，人民出版社1995年版，第12页。

供的社会融合的制度路径是以不同社会形态的更替来实现的，其制度建设则是以经济领域的生产所有制变革为基础，逐步实现政治领域、文化领域等社会各领域的制度构建，从而达成社会融合目标。该论述不仅为社会融合提供了具有严密逻辑推理的目标设定，而且为社会融合的实践路径提供了宏观指导。

在中观层面，迪尔凯姆把现代社会秩序产生危机的原因归结为集体意识的失效和社会规范的丧失，因此，其社会融合的达成就以集体意识和社会规范重建为主要路径。现代社会中的法人团体或是类似于法人团体的集体组织，其组织意识和职业规范都有着极强的约束作用，有利于社会能够根据各种团体和群体的特性来调节和规范社会秩序。在法人团体之上，国家作为具有政治强制力量的组织形式，不仅可以通过整体层次上的规范来调节社会秩序，而且可以监督和节制各类法人团体的行为，从而为个人在社会中的自由和发展提供基本保障。因此，迪尔凯姆的社会团结理论是从国家和法人团体的角度为社会融合提供制度路径，在个人、法人团体和国家之间建构出互动体系：国家借助于法人团体的中介力量来管理和约束个人，同时实施对法人团体的监督和制约，以保障法人团体正确行使权利；个人从法人团体那里获得最直接的生活和工作支持，同时可以从国家那里获得对自己自由和独立的保障，避免个人正当权益受到法人团体侵犯；法人团体对上接受国家的管理与指导，按照国家的引导实施对个人的管理和道德生活的引导，并且从国家那里获得资源支持，通过国家的力量来实现全社会范围内的协作与合作。最后，通过三者之间这种相互辅助和相互制约的关系，最终在全社会形成集体意识和道德约束，消除现代社会所面临的冲突和矛盾。而这个制度路径，尤其突出了法人团体作为社会融合的中坚力量，在国家与个人之间所体现的重要作用，马克思的宏观结构建设在中观制度层面上得到具体发展。

帕森斯对于社会整合的路径分析与迪尔凯姆的社会团结思想一脉相承。他将社会整合定义为社会均衡发展的状态，认为社会系统实现适应、目标实现、整合和维模四项功能方面的协调，就能实现系统的和谐发展。个人受到系统不同部分功能的规范而形成相应的角色承担和文化整合，社会系统整体依靠于法律、规范、风俗习惯等不同层面的制度安排，来形成对于不同部分功能的设定。整合各个社会子系统之间的关系，可以通过功能协调而实现资源的交流，并推动整个社会系统的发展和结构变迁。与迪尔凯姆所提出的法人团体的中介作用相类似，帕森斯提出"整合涉及一种最低程度团结的需求，以便使系统中的成员愿意相互合作，从而避免社会的破坏性和社会的解体"。于是，社会整合的路径有二：一是通过法律和社会规范来避免整个社会系统和系统部分受到外来因素影响；二是通过正式制度和传统习惯规范约束人们的行动选择，使其能够从属于社会主流价值。帕森斯的社会融合制度路径设计在中观层面上更加突出了制度的作用，同时还延伸到了意识和行动领域，其后，在既有理论体系的基础上，社会整合理论发展出了经验研究，以佐证社会群体内和社会群体之间的互动关系。

　　洛克伍德对于社会整合理论进行了更为细化的发展，提供了社会整合和系统融合两个社会融合考察维度。从内在和外在两种视角来衡量社会整合程度，对应着社会整合和系统整合两种方法。不管对象是任何一种社会群体，企业、机构、组织或是家庭，都可以衡量它作为整体性的秩序状态，即静态的共场性整合或是动态的时序性逻辑，在这里，社会整合是作为关系性条件而出现，系统性整合则是作为制度逻辑的连续性条件出现的，为社会融合的研究提供了动静结合的综合性分析工具。在此基础上，哈贝马斯用系统与生活世界二分法的考察框架来分析实际社会发展进程，认为现实世界被协调系统的机制侵入是导致社会矛盾频发的主因。由于各种沟通的媒介殖民了生活世界，人的自由受到极大的限制，因此，社会融合最主要的路径是要重建生活世界，包括：通过合理的沟通，实现生活世界中不同制度领域之间的交流，实现个人交往的合理化；关注生活世界在构建时的结构合理化；通过建立法律的平台实现民主商谈与社会合理化。至此，制度作为社会结构合理化的基础以及法律作为现代社会的中枢，就成为社会融合发展路径的关键节点，并给社会融合的实现提供了更为具体的路径。与此相应，吉登斯试图用实际的交互性来消除社会整合和系统整合之间的应用对立，相应的社会融合制度设计则侧重于，微观的在场互动与宏观的时段影响能够形成交互影响，从而实现对于社会融合发展路径分析中的制度与行为方法的整合。

二 多元的社会融合制度路径

多元的视角下制度路径系统以什么样的方式构建和希望实现什么样的融合目标，事实上是整个融合路径的中观层面的制度设计关键。同化社会模式和异化模式都是社会融合多元影响因素中多种制度路径中制度建构的价值取向。因此，从多元视角来看融合的制度路径，可以发现中观层面上社会融合构建的方式和方法。

同化，实质上是多元中一元因素比较强，其他因素为辅的表现，按其直接的意义指的是渐增的相似性。亚布拉姆森的定义是"导致更大的社会同质性的过程"[1]。作为社会科学概念，社会同化被这样正式定义："社会同化指的是生活在同一区域内的一些具有不同种族源流不同文化传统的群体之间形成一种共同文化的过程。这种文化的共性至少应当达到足以使国家得以延续的程度。"[2] 经历熔炉式的建构、族群关系循环以及同化等多类途径，可以看出，同化的制度安排事实上只是表达了族群发展方向的一个融合可能性，它是一种愿景，设想的是一种不确定的群体关系发展态势，而且这种融合也不是最终的融合，可能仅是族群发展方向上的一个阶段性节点。同化过程的最终实现目标是"族群和种群差别的消失，体现这一群体的文化和社会特征

---

[1] Abramson, *Planning for Improved Enterprise Performance: A Guide for Managers and Consultants*, Geneva: International Labour Office, 1979, pp. 130–150.

[2] Robert E. Park, *Race and Culture*, New York: The Free Press, 1950, pp. 75–80.

的消失"①，达到不同群体的多层次融合。也就是说，同化模式所希望达到的最终状态是不同族群之间实现了完全融合，以及不同族群共同居住区域的社会融合，而这种社会融合在阶段性发展过程中体现为：不再有族群差别性的存在，以及社会发展基本达到同质，不再因职业、族群等各种因素形成社会分层和分化，而族群或者其他的一些身份特征，并不在财富、权力和声望的分配中发生作用。已有同化理论中构建的实现路径，显然是基于趋同化程度不同而构建出来的，换句话说，这种构建性也表达了制度路径安排不同而形成的不同效果。因此，同化可以实施的路径事实上是一个灵活的非固定的范式，"其变化范围从群际交往和文化交流最轻微的开始到群体间的完全融合"②。事实上，同化模式的路径从一开始的一元融合，一直发展到后面的阶段性有条件的融合，都基于相应的多元因素的不同影响，只是这些理论的目标设置都是同质化的群体融合和社会融合，只是实现的路径安排不一致，阶段性的关键节点或是阶段分析对象有所差异。概括起来，就是国家作为熔炉的制度性安排、对不同群体的主流文化纳入，以及从群体层面出发，认为群体经过一系列阶段发展可以部分地跨入融合。继而，具体地将同化阶段分为七种要素，并对七种要素之间的递进关系做出不同权重分析，认为族群融合的发展与停滞同时存在，从而通过衡量族群发展程度的自变量和因变量，来进行相应族群关系融合的制度建设。根据同化模式发展主旨，相应的制度路径构建要简单得多，即从国家层面来主动安排价值倾向的制度选择。相较而言，族群关系多元途径的阐述较抽象，其目标构想多为愿景式描绘，较少实证研究相应的制度安排与执行方式。

有关社会融合各种理论都阐释了族群间矛盾由来及其融合的不同

---

① Richard Alba and Victor Nee, *Remaking the American Mainstream, Assimilation and Contemporary Immigration*, Cambridge: Harvard University Press, 2005, p. 159.

② Yinger, *Restructuring Education: Issues and Strategies for Communities, Schools and Universities*, Cresskill, NJ: Hampton Press, 1994, pp. 1 - 49.

层次性，通过强调不同族群各自不同的文化传统的差异，来分析实现族群和谐与共存的路径，当然，这既是一个现实存在状况，又是一个多族群社会团结和融合的基本出发点。这种多元的社会融合模式事实上也是文化多元主义的体现。体现在制度路径的构建方面，多元文化模式多依赖于制度安排来留出文化多元共存和发展空间，以此换取在族群整体上的团结与文化和谐。多元化社会融合的制度设计也有着不同的融合维度衡量，其中最重要的是文化维度和结构维度。群体融合的多元化与其同化模式有着不同的制度要求，同化模式比较注重国家主流引导式的制度安排，而多元化模式则在很大程度上偏重于国家制度安排在文化和族群自我空间方面预留与保障。多元的制度结构不仅意味着制度对于文化差异不同的兼容并蓄，而且意味着在一定程度上存在相互分隔的族群聚居区。在这些族群聚居区中，大量的社会生活是按原来的族群关系与惯例进行的。因此，相应的制度构建不仅有自上而下国家的制度路径，而且有自下而上基于族群原有传统文化而形成的区域性制度安排，在这些区域中很多的部分组成，例如学校、商业模式、宗教地点等都在一定程度上需要相应的特殊制度保障。同时，根据多元化两个层面的制度安排维度，又可以分为一强数弱模式型和齐头并进模式类型。可以这样简单概括，同化型模式在制度安排的层面基本上是以国家自上而下的制度安排和引导为主，而对于多元型模式，无论是一体多元或是团体多元，基本上都存在国家上下两个层面的不同制度构建路径，自上而下的制度构建与自下而上的制度构建共同形成这个社会秩序的复杂网络，从而既能够保持国家整体性的决策要求，又在一定程度上保障了区域性的自主文化存续需要。

三　社会融合的制度实践

20世纪80年代之后的全球化浪潮应该是社会融合发展的一个最主要经济背景。全球化作为不以主观意志为改变的客观历史发展，在政治经济和文化生活方式等多个方面全方位地改变着社会既有秩序。

在全球化浪潮中，各个国家不同程度产生了贫富差距拉大社会分化进一步加剧的问题，而相应的贫困人口和弱势群体的问题也由此趋于显著。在整个世界范围内全球化的发展在给不同的国家带来机遇的同时，也造成了全球社会的非均衡发展。一些发展中国家和民族国家的经济发展受到挫折的同时，对社会融合的诉求也就提到了日程上。20世纪90年代，在西方社会兴起的两大政治思潮即社会民主主义和新自由主义之外，产生了试图超越这两种思想的制度实践探索，"第三条道路标志者中左路线上的新起点，是一种严肃的重新评价。它从民主社会主义的中左思想和自由主义这两股巨流的汇合中汲取了活力"[①]。英国和德国等欧盟国家开始将社会融合作为核心执政理念，并相继提出各自的社会融合政策。英国先后成立了苏格兰社会融合网络、社会排斥办公室等机构进行相应的社会融合政策研究与制定。2000年，欧盟开启了社会融合的进程，继而开始推行全国社会融合行动计划（National Action Plan Inclusion）。英国、加拿大、澳大利亚先后推行了社会融合政策的研究和推行，行动计划和融合方案实施至今也得到了一定的成效。这些具体的社会融合政策实践，推动了社会融合制度的实证发展。

欧盟的社会融合计划和行动由其成员国具体从政府层面有计划有步骤地进行。2000年，在里斯本召开的欧盟首脑峰会上，欧盟制定了社会融合的战略建设，目标设定为提供更大就业空间，以促进欧盟经济的持续增长。里斯本峰会还提出了社会融合和社会保护的协调公开方案（the Open Method of Coordination），所制定的战略性计划与合作步骤，成为相应政策推进方面取得效果的重要保障。按照欧盟的社会保护和社会融合的协调公开方案，具体的实施步骤被分解为几个阶段。第一，确立社会保护和社会融合的目标。2000年欧盟就业和社

---

① 陈庆魁：《第三条道路视野下的和谐社会构建》，《天水行政学院学报》2010年第12期。

会政策理事会确定了以反对社会排斥和消除贫困为主的四个融合目标：促进就业参与；获得资源、权利和服务的机会；防范排除风险；帮助弱势群体。在具体的实施步骤方面将之设定为一个总目标和三个分类目标，并根据社会融合、养老金、健康与长期护理三个维度总共设定了12个小目标。第二，根据这个目标开发了一套测量社会融合的指标体系，并且成立负责社会保护和社会融合的专门机构——社会保护高层工作小组，来协调成员国的社会保护和社会融合政策，促进成员国对于社会融合领域的方案实施与经验交流。第三，设定时间要求成员国必须汇报相应的社会保护和社会融合的战略实施计划。针对成员国实施的步骤，进行整体社会状况尤其是贫困、社会排斥和不平等方面的量化评估；针对现有政策的实施效果，进行前后情况对比评估；并对下一步的政策实施进行总结和改进汇报，依据数据来说明实施成效。与此同时，欧盟还对于每个成员国的社会保护和社会融合的政策与实践发布联合报告，联合报告对于实施所取得的进步进行经验性的总结，重在发现成员国相应的成功经验和创新方法，并为其他成员国提供借鉴。

英国的社会融合实施较早，因此实践经验也较为丰富。除了接受欧盟的社会保护和社会融合方面的协调公开方案的指导之外，英国在融合社会实践的发展层面具有相当的独立性。英国制定了自己全国性的社会融合实践计划，其联邦的各个地方政府和城市也都制定了独特的能够反映自己城市状况的社会融合政策。英国政府1997年就成立了社会排斥办公室（the social exclusion unit），拟为社会交叉性领域的矛盾问题提供各方面能够协调治理的联合方案。社会排斥办公室由英国首相和各部长联合工作，并提供了大量的政策计划和政策报告，涉及缩小贫富差距和地区差异，对于交通运输中的社会排斥现象的融合，对于失眠患者恢复正常的帮助等。以这些报告为基本数据说明，社会排斥办公室制定了一系列的社会融合方案，包括对于儿童、成年人、家庭等方面的融合政策，同时还参与了全国性的社会排斥治理。

在各种融合实践中，英国工作和养老金署发挥了较为重要的作用，该机构自1999年开始发表"机会人人共享"报告，每年向社会公布政府解决贫困和社会排斥的策略推行，并进行不同角度的评估，同时，还对各政府部门在应对贫困和消除社会排斥上的贡献值进行了分析，通过这些指标评测来监督和促进相应政府工作的进展。至今英国的社会融合政策形成两个主要特征：一是对象比较明确，集中在儿童、青年、老年、职业群体和养老社区发展五大领域，这也使得各部门职责和政策推行的效果评估相当清晰；二是对于一些外围地区，如威尔士、苏格兰等，拥有地方的社会融合政策制度与实施的自主性，主要以当地政府为主要负责主体。

　　加拿大的社会融合实践是北美洲社会融合政策推行较为系统和全面的地区，政府不仅推出了全国性的社会融合政策，如加拿大社会社区融合计划（the Community Inclusion Initiative），加拿大各省和地区政府也制定了具有自己特色的社会融合政策，如加拿大融合性城市倡议等，综合区域层面的沟通与协作来实现社会融合。值得一提的是，加拿大许多社会团体和社会组织都以一定的方式积极地加入到社会融合实践中，如加拿大亲民组织、加拿大莱德劳基金会等。因此，相较于欧盟等国，加拿大的社会融合实践的影响和参与面都比较广。加拿大人力资源开发署联合加拿大社区居住协会，联合各省和地区的社区居住协会和加拿大的一些社会团体与组织，于1998年启动了加拿大社区融合计划。该计划以增强社区交流和建设的能力为基础，以保障智力残疾人及其与家人的融合、实现公民权力为主旨，带动了其他各个层面脆弱群体的保护与融合发展。[①] 继而，通过对个体和家庭社会融合全面参与的障碍的研究，发现社区系统组织和立法政策当中各自为界的壁垒，造就了个体和家庭对于相应社会排斥消除以及增加社会融

---

① 2005—2006年，加拿大社区居住协会对该计划做了总结。认为从1998—2005年，计划成效显著，各省或地区每年有500多个社区参加，约1800多个家庭和8000名残疾人参与活动，约计超过350万美元现金募捐。

合参与程度的障碍。鉴于此，加拿大社区融合的第二阶段计划于2006年开始正式启动，开始针对社区系统的创新和融合进行变革。此外，在全国性社区融合计划之下，加拿大五个社会计划组织①和加拿大直辖市联合会社会基础设施小组委员会联合发起了加拿大融合性城市倡议，旨在持续增强城市居民共同利益的社区融合功能。同时，社会组织也在多方面提供了巨大的社会融合发展帮助，如残疾人、老年人、儿童的社会融合等。

澳大利亚尚未有全国性的社会融合政策，社会融合的启动率先源于南澳大利亚州和维多利亚州。自2002年南澳大利亚州就颁布了社会融合方案，并设立了隶属于州政府内内阁的社会融合办公室和社会融合董事会来进行相应方案的具体实施和操作。与英国社会融合方案不同的是，南澳大利亚州的社会融合政策的实施主要由独立的社会融合董事会负责。此外，其实施路径上也有独特之处，即社会融合方案基本上是以问题为导向来设立参考模型，根据调研描述和解决问题，相应的政策具有极强的现实性和针对性，且并不以普适性的描述为政策基础。除了政策制定和执行方式的特色之外，南澳大利亚州的社会融合方案也极具启发性：一是社会融合方案本身的制定，以提供相应的机会和社会融合路径为基本方向，从社会融合的目标上去改进个人和群体，尤其是那些被社会排斥的人残疾人、贫困群体等脆弱群体；二是支持和鼓励一切力量，包括政府、非政府组织、个人以及一些社会团体的参与；三是社会融合的最终效果，以提高社区收益和提高相应的社区融合程度为目标衡量，以居民对社区认同感的增加为基本评判。

此外，美国、新西兰、巴西等国家的专家和学者也开始重视研究这些已有的社会政策实践经验，并且借助上述国家的经验来关注自己

---

① 加拿大融合性城市倡议的五个社会计划组织，分别是British cloumbia社会规划和研究理事会、埃德蒙顿社会规划局、哈尔顿社区发展委员会、多伦多社区社会规划理事会、圣约翰人力发展局。

国家中社会实践或融合的实现。反观上述社会融合的实践，有的属于跨地区层面的合作，如英国和加拿大基于国家层面的自上而下的融合政策建构，还有的是属于区域性的甚至城市性社区化的，具有独特性、针对性的融合方式，如南澳大利亚州和维多利亚州。不同层面的社会融合方案实施，蕴含了对行动方案不同的选择，也是其构建方式的关键点。虽然在实现方式上有一些差别，但归根结底，已有的融合实践为其他发达国家和发展中国家都提供了丰富的社会融合政策经验，而且这些社会融合的建构包括细致入微的量表设计和评估指标方式，提供了丰富的试错过程。因此，对这些政策进行研究是社会融合政策具体制定、实施和发展的重要经验基础。

第四节 嵌入型社会融合制度的分析脉络

融入全球化浪潮以及中国改革开放 30 多年的实践过程，都使得我国市场导向的改革以及随之而来的经济快速发展为社会转型奠定了扎实的基础。但在经济发展过程中，社会转型也开始产生许多社会矛盾与问题，如对于流动人口的社会排斥以及和谐社会创建过程中的社会融合。党的十七大报告指出，"要建设一个成果人人共享的和谐社会①"。在一定程度上来说，这也是 21 世纪以来对和谐社会的一个重要要求，相应地，社会融合的目的就是要营造出一个能够获得平等参与和资源获取使用机会的平台。因此，从这个意义上来说，社会融合与和谐社会是相通的。对于社会融合的研究，在很大程度上可以为和谐社会建构提供理论支持与实践经验。

中华人民共和国成立至今，党和国家政府在推动社会整合的实践中积累了丰富的政策经验，其中，针对各地区不同的政治经济状况所实施的一些制度也产生了极为深远的影响。这些制度从实证效果来

---

① 《中国共产党第十七次全国代表大会上的报告》，2007 年 10 月 15 日。

说，具有重要的借鉴价值。与之相应，回顾上述西方各国社会融合制度发展的理论与实践脉络，可以看出两个主要的建构方向：一是外部制度的建构层面，由于社会排斥或其他社会矛盾是社会发展和转型过程中出现冲突的一种群体性表现，很多国家的解决对策多为推行自上而下的制度安排，当然在一些国家也有第三部门和民间组织的参与，但是归根结底，国家自上而下的制度建构，是解决社会排斥问题的一个重要路径。具体而言，既有的社会融合制度建构不仅依靠分类分层的政策来实施，同时还建立了很多量表和指标体系来测度，并对这种政策的实施效果进行完善和补充。二是内部制度的心理建构层面，对于个体心理融合接纳程度和群体性的融合接纳程度的讨论，多是从个人文化意识方面能动地促进对于社会融合政策实施的接受。换句话来说，对于相应的文化意识的引导或者对其主流意见的架构，在很大程度上体现了国家政策在文化领域的重要功能。由此，社会融合发展至今的重要经验脉络是，无论理论还是实践层面，国家的主动建构和能动引导是个人或者群体社会融合的一个重要途径。从实证层面，族群或群体有着各自惯习场域，呈现出传统文化所形成的群体意识类别或者社区差异，这种集群空间大都已经形成具有某些自治传统的交往方式和网络。当国家层面自上而下的制度建构进入这个场域的时候，本身便形成了嵌入型制度；进一步，当这种制度嵌入特有的惯习场域，就需要通过一定的传播范式来达成社会融合的效果，此时，实现社会融合的制度事实上就是社会融合所需要关注的核心问题。对于既有惯习场域而言，国家的政策或者制度实施对这个场域来说就是一种嵌入型制度的介入路径，那么此时要实现社会融合这个目的，首先要解决的便是嵌入型社会融合的制度选择。

中华人民共和国成立之后，国家边疆发展中所实行的屯戍制度可谓嵌入型制度的典型代表。从屯戍制度本身的制度建构而言，不仅是从国家层面延伸至具体区域层面的一个制度设计，而且与其他国家建构政策相比，它又有着极为独特的制度实现方式。这种差异体现为国家自上而下的正式制度有着国家的强制力支持，且一般通过相应的行政部门和机构予以实施，屯戍制度则不然，其构建之初虽然属于国家正式制度，但其实施对象不是区域内的所有民众，而是区域内嵌入的国营农场载体，相应的作用对象也仅限于农场人员。从屯戍制度以国营农场为载体的实施结果来看，国营农场的嵌入使得当地原有惯习场域中嵌入了一个新的移民聚居地，大量进入这个聚居地的移民通过屯戍体制中的各类制度，如机构设置、生产经营制度、管理体制等，构成一个群体劳动和生活的新的空间，并在这个空间中逐渐形成群体自我的惯习传承。毫无疑问，这从社会结构层面，已经开始形成不同群体之间交往与和谐的社会融合制度需要。进而于心理发展层面，群体之间的区域共场居住，个体和群体层面的交流由偶尔到频繁，必然会形成或排斥或融合的现象，这是社会群体交往的一般经历。国营农场嵌入区域之后，与当地少数民族及村寨群体之间从排斥到融合的过程非常之短，且从融合程度看，嵌入聚居的农场与当地村寨的群体接触与交流中，能够从意识层面促使其主动接纳相应的融合政策，并使得国家融合的这种导向或者意图能够为当地民众所认同，这也是嵌入型群体与原住群体之间达成高度社会融合的代表性样例。

　　从制度实施层面，与西方各国社会融合的经验和制度实施相比，我国屯戍制度具有深厚的历史渊源和现实基础，在特定时期为中国特色社会主义事业发展提供了坚强制度保障。剖析屯戍制度的建构发展过程及其对当地的作用影响过程，在很大程度上可以为我国当今边疆治理的制度政策提供强有力的经验借鉴。当前，我国所面临的改革发展稳定任务重，矛盾风险多，对党治国理政的考验大。对于屯戍制度实现边疆社会融合的制度路径进行详细研究和探索，是坚定制度自信，推进制度创新与提高制度执行力的有效经验实证。

一　嵌入型社会融合的对象

　　一般来说，对于社会融合这个概念，研究对象的界定比较明确。

那些被社会排斥的群体和个人就属于社会融合研究的对象。最初对于社会排斥对象的分析限定语人群或者单独个体,例如自杀者、精神病患者、身体残疾者、儿童、药物滥用者、越轨者甚至单亲家庭者等,这在一定程度上都是以相应的生理或者心理上的缺陷作为被排斥对象群体特征。在社会融合理论发展的过程中,其对象的范围又有所扩大,如对社会中不同地位的人或者群体都有可能存在被排斥现象,不同社会层次群体在社会分层中可能排斥之下的层次也可能被同一层次其他的人排斥,他们之间相互的关系事实上是一个交叉集合,并不是一个逻辑递进。现代对于社会融合的研究,事实上表达了更宽泛的人、特征群体和社会结构,不限于具体的人或群体,也不限于具体的社会分层地位。从人的组织或者集群甚至世界范围国家角度来看,它可以是个体需求、同质群体、地方区域和国家。因此,社会融合事实上涉及这样的三个层次:一是关于个人融合,二是关于群体融合,三是关于空间融合。

现有社会融合的研究大多集中关注于个人和群体的社会融合。按照弱势或者脆弱群体的一些具体分类指标来说,这些群体或者有一些困难障碍,例如失业与贫困,或者由于资源获取能力的不一样而遭到相应的一些资源使用限制,如生活生产资源占有的多少;或者是依据缺乏某些条件而得不到平等社会公共服务,如对某些群体实施特殊优惠政策。其共同特点都在于,由于曾经条件限制社会资源获取不顺畅而被排除于某些群体之外,同时导致与相应的社会秩序相脱离,从而陷入更糟糕的社会境况,如李维斯[1]就曾提及过失业者以及贫穷者由于缺乏参与社会主要机制的途径,而逐步形成被排斥的生活方式及贫困文化。由此,在群体社会融合的研究中比较重点受到关注的对象,一类是流动群体,而另一类是特殊群体。对于移民群体的研究主要是

---

[1] Lewis, Oscar. "The Culture of Poverty." in Moynihan, Daniel (ed.) On Understanding Poverty. New York: Basic Books, 1969.

流动人口的社会融合关系问题，这个研究源于移民国家对于多种族群关系的协调。自18世纪末直到19世纪90年代，从一度为人们津津乐道的熔炉理论、少数族群的主流归属、一元化发展等，一直到以自由平等精神为主旨提出的基于文化特性的多元发展理论，都是为了要解决社会越来越频繁排斥的问题。随着当代跨国交流和经济发展全球化进程，各国的移民融合问题开始成为关注热点，欧盟为此还推出了欧盟移民融合的一百个指标[①]。同时，对于特殊群体的研究还涉及社会本身分层后脆弱群体的社会融合问题，主要致力于妇女、儿童、老年人和残疾人、病患等群体。例如，根据世界银行各类数据表明，在世界各国生活工作的许多领域当中，女性在决策中的代表性及其相应社会负担的权重极为失调，以性别为条件进行审视，女性的社会歧视是广泛存在的事实。但是在人类生存和延续的过程中，妇女在家庭教育以及代际传承方面所起到的作用又极其重要，女性群体的权利保障实现与社会融合息息相关，涉及社会融合多方面的制度调整。又如，各类社会脆弱群体家庭的后代，包括贫困家庭儿童、流浪儿童和残疾儿童等，也都处于社会边缘地位，这不仅会影响到儿童心理，而且还会影响到儿童成长的价值选择，对于未来社会发展秩序的维系有着极大的挑战，因而儿童和青年的社会融合等问题也都是极为重要的社会融合政策重点。

值得关注的是，除了对群体社会融合的研究外，对于空间社会融合的研究较少。不可否认，如果以流动人口或是特殊群体的集中居住为社会融合研究的默认前提，那么空间融合便应是此类研究的重要视角之一。具体来说，已有的社会融合理论以及社会融合政策实践，一直将群体的集中居住以及异质群体间的分类集合作为社会融合研究的默定条件，因为，如果这些脆弱群体或者流动人口是分散进入主流群

---

① 2005年，欧盟推出了关于欧洲移民融合的一百个指标，分为劳动力市场的融合、家庭团聚、长期定居、加入当地国籍和反歧视五个方面。

体以及原住民领域时，显然只存在个体之间的接触，表现为个体层面或代际传承方面的交流。如果要保留原有的群体文化传统或者是以群体冲突的方式与其他族群产生冲突或者形成社会排斥，那么区域内的集中居住必然是群体结构或者群体组织存在的前提条件。按照这个推论，一定层面上群体社会融合的研究中群体集中居住是不可回避的，无论是外来还是原有脆弱群体，由于集中居住而形成相应的群体空间，这个空间既是群体与外界相分离的界限，也是群体原有文化意识和惯习行为得以保留延续的空间载体。此时，从某种研究角度可以发现，群体的社会融合除了个体层面和群体层面的交流之外，作为群体文化载体的空间结构及其与区域之间的融合，同样形成社会融合的重要切入点。因此，群体空间的融合过程是本书的重要实证对象。

中国大规模的移民群体研究大多集中在对政府有计划的移民研究对象中，如三峡移民的融合问题就曾经是学术界所关注的焦点。又如，由于城乡差距和东西部发展的差异，农民工群体作为流动人口的社会融合问题也成为关注的热点。对于农民工的社会排斥研究集中于两方面：一是社会秩序中的生活排斥。如在城镇就业当中，农民工所遭遇到的经济排斥、情感排斥、文化排斥等，这些生活排斥事实上使得该群体不断被边缘化；二是生存发展保障层面的制度排斥。如户籍制度、就业制度以及福利保障制度等，由于该群体无法在相同的空间里获得制度受众保障，因此就业和生活遇到风险便难以寻求相应的援助和保护。该群体在资源获取和权益保护渠道方面的弱势地位，使其陷入脆弱群体境地，难以被城市区域社会秩序所接纳，最终累积形成诸多社会矛盾。与此同时，移民或脆弱群体治理中不断体现的还有空间排斥。关于空间排斥的分析在上述群体案例中主要是指移民社区的形成、农民工的集中居住，类似城市贫困群体的居住日益集中化。事实上，当代社会转型中大量的社会问题是以空间符号来界定群体特质的，这也恰好表明，群体集中居住彰显同类社会问题，并将之上升为社会政策的关注对象，如回迁社区、棚户区、移民社区等称谓的形成及其与同区域其他群体或社区的区隔意味。在这些大大小小的空间中，仍然保留了群体内部自身的文化传统与关系结构，同时又由于其与外界场域的异质性而形成亚空间存在，空间之间同样存在矛盾与排斥、协商与和谐。有的空间比较开放，其内部群体与外界交流多种多样，群体的社会融合程度较高；有的空间却比较封闭，个体与外界的交往非常有限，常常局限于与本群体或者本社区中的居住者交往，与其他群体和个人的交往有限，因此能够与区域社会实现较全面沟通的机会不多，往往容易由于个体纠纷而引发群体性事件，需要较长时段来接纳外部社会秩序。

诸多社会问题的解决，有赖于制度创新和发展，也离不开对过去产生实效的制度的借鉴。社会融合的嵌入型制度可看作是嵌入型空间的融合治理，对于当代社会治理来说，国家自上而下的制度建构是实现嵌入型空间治理的重要社会融合方式。以我国边疆屯戍制度为典型，即属于区域空间融合制度建构的典型样例。中华人民共和国初期的边疆社会，由于交通极为落后和封闭，其中所居住的少数民族族群较多且群体间交往极少。大小聚居大杂居的情况，使得边疆社会形成一个独特的惯习场域，传承着自己的社会关系网络、资源获取途径以及相互交流方式，形成自身相对封闭的生存与文化空间。中华人民共和国成立后，国际国内局势动荡，对于经济发展与秩序稳定的需求使得屯戍的实施被提上日程，中国共产党创造性构建了全国屯戍体系，而边疆地区无疑是屯垦戍边的重要实施区域。对于边疆区域来说，与内地不同的是，屯戍制度构建的国营农场不仅仅是一个经济发展单位，它同时也是作为文化载体而嵌入边疆原有惯习区域的，形成民族聚居大场域之中国营农场移民空间嵌套结构。于国营农场角度来看，由于文化传承、组织结构以及资源分配方式等种种不同，国营农场对于周边少数民族村寨区域来说，本身就是一个相对独立存在的空间系统。就如同嵌入有机体一样，最初的空间嵌入或者群体关系的介入，对原有群体或者秩序空间来说，两者之间或多或少存在排斥。国营农场同时又肩负着屯垦戍边的重任，使这个空间载体对于区域而言还负有更大的整合责任，即达成空间融合目标。历时六十余年的制度发展，可以清晰地看到国营农场主体功能发挥过程中，对边疆社会经济、情感、文化等不同领域所起到的种种社会融合重要作用，事实也证明屯戍发展的制度构建模式确实产生了较好的效果。同时，通过国营农场这个制度载体，屯戍制度在不同的时段应国家战略方针变化，对边疆区域文化和社会关系发展形成具有针对性的引导。更重要的是，屯戍制度和国营农场还展示了与一般国家自上而下制度实施路径的最大不同：国营农场只是以"范示"（模范示例）的方式实现社会传播效应而非一般的正式制度强制实施，周边少数民族村寨的群体和个体面对这种空间存在，从最初的排斥到最后的接纳，认识和理解也慢慢从被动转为主动，并能够以悦纳的心态形成了极为重要的社会认同氛围，最终实现区域社会融合。有鉴于此，本书研究的社会融合嵌入型制度的对象指的是，长时段发展的屯戍制度及因之所构建的国营农场这个嵌入当地惯习领域的空间载体，期望能够探寻屯戍制度的嵌入型社会融合设计范式，以及国营农场发挥社会融合功能的制度路径。

二 嵌入型社会融合的动因

在社会融合政策的研究领域对于社会融合参与力量的研究，大多是从福利社会学的角度提出的。对社会排斥动因分析和对社会融合政策构建，将社会各领域的功能发展进行了归类，认为国家提供安全的保证和基础条件，市场提供经济的机会和风险，公民群体则提供社会团结和分离。这样六个维度所形成的社会融合政策探讨必然围绕着关于福利政策如何实施的方式与方法思考。1998年，由Duff领导的工作小组经过调研发现，国家劳动力市场和家庭个人网络所组成的市民社会是社会融合的重要制度力量。由于社会排斥的形成是由多种结构因素共同作用的结果，且其发展动力大多非主动形成，而是集体行为的综合，如在劳动力市场上弱势群体的形成，从社会分层角度，是源于他们对一定社会秩序中所需要的各种能力与资源的缺乏。因此，在国家政策层面的研究中，对于社会融合的制度构建大多与就业政策、家庭服务政策和社会支持政策等保障性平台的提供为主要实现渠道。同时，各类政策推行的实地调研结果还表明，对于社会融合的实现，不能只依靠国家政府部门，它需要很多部门方方面面的协作，不仅要加强劳动力市场的建设、劳动力市场的多层化，而且还需要来自社区网络、个人、社会组织的帮助。国家并非实现社会融合的唯一力量，市场和家庭在这个过程中也都是参与其中的重要力量。

同理，以这个实证分析为脉络识别屯戍制度的整个构建过程，几十年的发展事实上已经呈现了国家宏观设计、市场帮扶发展以及相应的家庭社会网络、个人交往等每个因素在这个融合过程中的重要作用。依据制度发展的三个阶段来进行分析，由于每个阶段屯戍制度所需要实现的目标以及国营农场所承担的主要职责有所不同，社会融合的政策过程中所采用的方式方法也不一样，制度构建的路径也因此有所差异。但重要的是，每一阶段的屯戍制度对于社会融合所采用的方式方法效果是明显的。而社会融合所能达到的程度，或者说以国营农场这个空间为具体的载体，其空间与外界惯习场域的融合，对于整个场域的融合的引导效用是比较显著的。在一般层面上，对于嵌入型社会融合发生作用的路径中，除了国家制度建构的有力保障之外，在整个国营农场的发展过程中，处处可见经济发展以及相应家庭关系网络或社区关系网络的潜在影响。而基于边疆社会组织和中介的脆弱性，国家力量在通过屯戍制度实施所附带的经济帮扶和文化影响方面显得举足轻重。至此，对于社会融合嵌入型制度的动因分析，能够更好地探索在制度构建过程中以及制度实施过程中起到关键性作用的制度轨迹。

三　嵌入型社会融合的主要制度路径

制度的功能发挥与公共服务效用提供或许在实现路径上可以视为

同样的一类问题，涂尔干的社会结构理论表明，群体组织起来的基础源于集体认知的达成，或者说是群体同一知识体系的建立。按照这个结构主旨来梳理社会构成的过程，初级社会的联系纽带源于个体在主观意识中所确定的那种价值认知和社会秩序，反过来可以说，个体所形成的主观意志及其行为认知是对社会主体秩序的现状反映，观念的确立呈现了社会的结构过程。由此，社会秩序的初步构建可以展示为制度路径的影响范式，其过程既是反映社会也是确认自我框架，且这种影响是通过政治、经济领域的学习逐渐形成的。社会秩序建构中制度的功能在很大程度上是不断地界定合法与不合法的意识与行为，其隐含前提就是社会秩序合法性的形成，这种合法性为社会秩序规定了基本结构和意识引导。当利益不平衡或者不同的秩序相冲突时，制度就必须转而追寻新的合法性，以不同程度的制度修改或补充重塑合法性空间。当建构型制度被外力嵌入边疆原有的各种惯习规范网络之中时，一方面是制度与场域非正式制度之间需要共场合作，另一方面制度必须能够建立起意识层面的认可与接纳，并将这个认知一步步转到社会秩序的修改或巩固当中。由此，统一认知对于社会融合实现的重要性不言而喻。

（一）嵌入型社会融合制度的建构以空间范示为重要基础

人类学的研究表明，最基本的制度规范是以习俗演示的方式来获得意义认知。大卫·刘易斯对此进行了这样的定义："一种习俗的条件是当所有参与各方都有一种共同的利益作为确保协调的法则，没有任何一方有与之冲突的利益，而且没有任何一方会背离该法则，以免欲求的协调会消失。"[①] 按照这个逻辑，某些规则的探讨并不具有实际意义，例如村庄是在哪一天集会和赶街，国家规定在公路行驶时汽车应该走哪一边才符合规则，但是另一些问题与此同时就显得尤为重要，例如村庄为什么要选择那样的地点和时间开始集市，国家为什么

---

① ［英］玛丽·道格拉斯：《制度如何思考》，经济管理出版社2013年版，第58页。

要选择这样或那样的交通规则。但是，规则背后的逻辑却往往并不为很多人所理解，恰恰是规则本身的反复强调和规范，使得民众从观念上接受和认同，并通过不断地指责和惩罚违规行为使制度获得不间断的合法性。当然，制度自我固化的功能也容易引起人们对于群体行动的注意，例如在行为学上对于违规行为的从众心理分析，以及集体行动某些时候对社会秩序的非理性扰乱。个体接受群体的统一意识表达所形成的稳定习俗，成为社会秩序维系的重要基础。事实上，在一些村社群体研究中可以发现，人际关系的规范可能并没有形成稳定的正式制度，而一些正式制度却又难以通过稳定持续的实施而变成被广泛认可的权威制度。由此可见，如果要探索制度运行的意识认可达成过程，将习俗等同于合法的制度形成过于草率，这就需要溯源民众对于制度内容以及制度意义的认知路径，以挖掘制度实施的平行的认知过程。

　　对于制度意义的认知，新制度主义经济学以成本交易的方式，预设了制度被接受的利益衡量，但当制度被引入到村社网络当中时，关于合法性的观念就比经济计算显得更为宽泛。涂尔干用社会群体来描述社会行为载体，认为制度一直都是在合法化了的社会组群这一载体中使用，且结果表明制度可以表述家庭、仪式以及宗教活动，合法的制度意味着教育、家庭、纠纷解决等层面的惯例运行方式，制度所代表的合法性权威主体可以是单个的人，例如父亲、村长、宗族领袖，同时也可以是一种文化认同，如群体成员对某一规范和行为边界的共同认知。边疆屯戍制度建构与发展的背景主要是，中华人民共和国成立初期边疆少数民族聚居区域所形成的惯习场域，各不同族群有着自己的生活交往惯例，族群之间也已形成独特的交往观念和交流方式，这种场域结构之下，对制度的认识观念绝非以成本交易衡量方式可以囊括。排除制度规范概念之外的那些纯粹的或暂时的工具性释义，在少数民族村寨惯习场域中，屯戍制度于建立之初的合法性确立，是以村寨群体及其个体的意识认可和接纳为重要前提的。追溯原场域中的群体和个体，如何会有意识地做出这样或那样的选择时，答案可能是"这种做法很不错"，接着梳理这个意识的来源，会发现这种嵌入型的制度由于对象空间的有限，不能涉及区域内的所有群体对象，因此，主要通过构建出来的空间载体——国营农场，来完成制度所赋予的所有规范，如生产方式、经营方式、管理方式，以及空间内成员的生活方式、交往方式等，从而以嵌入型空间的结构和运行作为模型范例，展示于场域内其他群体面前。因此，屯戍制度并不以通常制度推行那样以惩罚的方式来体现其约束限制，而是以空间范式来传播实体认知，这成为该制度场域嵌入的独特路径。

(二) 嵌入型社会融合制度的发展以资源获取为关键条件

用资源获取能力来说明社会制度的价值具有极强的功能主义色彩，不过，由于社会制度常常被认为是人们做出习惯性决定、解决常规问题以及代表某个群体做出惯性的思考和解决方式的重要来源。在制度经济学看来，人们制度选择的依据在于制度可以被看作是获取特定稀缺资源的条件通道。以广义的稀缺资源界定可知，稀缺性资源不仅包括政治权力的获得、经济财富的获取、社会资本的累积，还包括信息承载的扩充。虽然这一分析受到西蒙理性选择理论的批判，他认为将经济学逻辑扩展到社会当中时，就将经济学的计算模型带入了人类行为理性，从而将个体行为人的信息处理能力夸张到了极其不现实的全面获取式假设。但即使能够清晰认识到人类个体或群体对任何现有信息点的理性接受和处理能力都有着极大的局限，我们还是不得不承认，对稀缺资源获取的路径选择始终贯穿社会群体和个体存在与发展的过程之中，且直接影响制度选择的价值判断。

依此为出发点分析社会群体行为，由于制度明示了资源获取的路径和方式，从而形成为社会秩序，人们对制度的遵守源于可以以尽量少的成本获取尽量多的资源，间接也巩固了社会秩序。制度化的组织和制度化的处理程序由此成为能够有效解决为争夺资源而形成的群体矛盾与冲突的有效方式。循此逻辑继续推论，制度的继续完善和发展事实上也源于制度作为特定稀缺资源获取通道的累积性，因为，获取资源行为的可预见性取决于制度可以表达和承载的信息量，现实社会中用制度表达信息流动量越能够承载已发生具体实践的各项信息，它就越能够预测同样信息发生的环境以及对同类事件发生之后的处置方式。正如 E. E. 山农对于制度发展的分析那样，"把制度结构视为信息复合体的形式，过去的经验被包含在制度法则里面，这样它就可以成为未来预期的一种指引。制度越完善地将预期编码，越能将不确定因素置于掌控中，甚至导致更深层的效应，就是行为趋于与制度规范保持一致；如果这种程度的协调达成，无序与混乱就会消失"[①]。

可见，制度的完善与发展始终以其资源获取能力为基本前提，其完善的过程就是逐渐收纳有用信息的过程，其发展的过程就是不断巩固和延伸资源获取能力的过程。对于嵌入惯习场域的制度构建与发展而言，政治制度的发展与非正式制度的发展的最大区别在于：正式制度确切地将资源获取的信息和目标达成经验完整地编码于制度结构中，相较于惯习性的口头传承和从众压力的约束，显然前者的资源路径更为确定而且完整。同理，自上而下由国家权力建构的屯戍制度，不仅预设了资源获取路径内容，而且对于常规出现的问题设定了应对的基本程序，以国家的强制力作为保障，避免违反既定秩序的资源违规争夺，这也成为其能够发挥社会融合功能的关键优势。

（三）嵌入型社会融合制度的维系以类属认同为基本进阶

基于上述对于嵌入型社会融合制度的阐释，除了政治建构与资源获取之外，该制度的相应研究事实上还需要从社会融合尤其是制度文化层面，寻找嵌入型空间与所处社会区域之间实现融合的意识认知与价值判断形成路径。

上述嵌入型制度特质的分析过程中缺失的论题是，没有能够厘清

---

① ［英］玛丽·道格拉斯：《制度如何思考》，经济管理出版社 2013 年版，第 60—61 页。

制度建构之后的观念合法性获得路径。社会结构论往往假定社会秩序的混乱只是暂时情况，有一种驱动力始终导向于社会平衡，因此，现在对于社会秩序而言，无序和有序到底哪一种的可能性更大始终是一个基本论题。在这个命题之上，我们所论及的制度也存在着一个基本前提，即制度合法和稳定状态的达成是必然的发展结果还是会因混乱而终结。早期人类学的研究认为人类社会在部落阶段往往是用类属认同这样的归类逻辑来找到人类与自然之间的内在联系，这在人类认识其他群体的过程中也被反复证明。例如弗雷泽在巫术研究中归纳提出，巫术依据相似性和接触性原则可以类别化巫术模型，这事实上说明了，人类思维中对于同类比对以及同类模仿的天然逻辑顺序，甚至将这种逻辑放在社会分工中。尼德海姆就曾经论述了一个强对比的社会原则，如"女人对男人、左手对右手、人民对国王"，虽然这些词语从单个来看互无联系，但是最初的政治秩序和性别角色的分工确实就是这样被推导出来。这就如同在中国文化中，以阴阳、乾坤、天地来区分男女，甚至来规划左边和右边的等级，按照这个逻辑一个帝国的版图划分和政治功能也在这样的类比中得到极大的延伸，例如中华帝国在历史上对于北方和南方边疆的政治功能和防卫部署的特性归类，差异化是极为明显的。这种同质化归纳方法的反复使用，最终可以将社会群体、社会区域以及自然现象得以形成类属体系。很多女性人类学家所涉及的研究，如饮食禁忌、日常生活中脏与干净的隐喻，甚至用头与手的类比来形容脑力与体力劳动之间的分工，往往能够很快地说明与之相似的社会事务的特质，或者说服群体能够很快地接受某一项共同规则。法人类学家常常乐于观察公共场合中的私人纠纷，然后去研究冲突双方使用那些手段，将之普适化得到社会样态分析，从而实现对于社会某类现象的规律性阐释。可以发现，在这种共场空间中，纠纷双方的言语表达、关系应用和行为展现是旁观者密切关注的行动点，而旁观者则在这个过程中不停地发掘他们所希冀的关系表达片段，从而促使大家进行偏好的选择，显然，"群体共享的类比是促使一系列脆弱的制度合法化的工具"①。

　　对于制度文化观察的另一个重要层面是群体的需要。从宗教研究视角看，很多学者都认为宗教信仰的制度化表达有一个比较重要或者说让人们能够介入制度初期理解的方式，即祖先崇拜以及宗族延续——使用祖先来提供类属化功能以确立宗教秩序。应该说最初人们对于逝去祖先的祭祀包含着祈求保佑，以及认为祖先可以与自然进行沟通的中介功能需求，但是对于宗教而言，其相对的等级制度或者说如何认识人们自身与自然的关系则源自人们对于祖先的类比延续。例如宗教最基本的秩序在于天和人之间，或者天与群体的首领之间的父与子的关系，而人们崇敬天的关系类比则源于人们对祖先的尊崇。反过来说，如果天降灾祸或是惩罚人们时，就变成了子孙做错事而接受祖先惩罚的逻辑。因此，祖先制度是人们社会生活结构以及宇宙秩序认知的一种常规类比机制，从这一点来说，一些宗教学者把宗教局限于祭祀仪或是宗教聚会地点范围所发生的行为就具有极大的局限性。祖先崇拜贯穿于族群社会综合体的各个方面，当群体秩序相对稳定的时候，祖先们的关系网络映射的是现实的管理秩序；当秩序开始混乱时，祖先们的关系结构就变成了人们建构新的社会关系的理由。无论是宗教、神话或是现实，祖先的介入常常加强了当时某一些制度实施的合法性。历史证明任何人合法化自己的主张以及想要与他人进行竞争时，大多都会需要一个家族追溯的历史来进行证明。马克思精确地指出："祖先是一种就其社会性而言为必需的发明。祖先崇拜看起来非常像某些生产关系的附带现象。"②

　　根据上述各类制度维系的逻辑，无论是正式制度还是非正式制度都反映出，其不断通过各种类属化的方式进行维系的过程。社会群体通过类比确立自己与自然、与祖先之间的关系逻辑，并将这个逻辑延

---

①　[英] 玛丽·道格拉斯：《制度如何思考》，经济管理出版社2013年版，第63页。
②　同上书，第65页。

伸化到其他群体，使制度的合法性获得建立于自然基础之上，从而成为无须论证的自然秩序的一部分。一些封闭性群体在与外界较少沟通的情况下，制度渡过了脆弱的建立期，通过反复巩固或扩展类属对象范围，在群体内部通过长时间的维系获得固定权威与效力，于是，制度获得了合法性，人们的意识也逐步认同了这种规范等次。反复论述制度类属化过程，旨在证明制度维系的部分逻辑。在相对封闭的群体惯习空间中，自然类属被引入社会结构，制度的作用往往是不断扩大事物相似性的归类范围，并且确立这种类比所带来的合法性认知。对于制度类属化特性的研究可以从对于初级社会、社会关系的研究中推导出来，也可以从正式制度在惯习场域之中的作用路径中被表达出来。显然，屯戍制度的嵌入过程呈现出后一种制度延伸思路。

第三章　云南屯戍体系的边疆嵌入

　　20世纪中叶中华人民共和国的成立是本书研究的起点，这是中国国家政权现代化建设中一个具有里程碑意义的时刻，在其后三十余年间，边疆少数民族社会中的一系列重大变革都与这个时代各领域的制度建设有关，如边疆屯戍防卫的制度与实体建设、少数民族村寨社会的转型、整个少数民族家庭经济的发展、经济作物的推广等，都对村寨社会的变化产生了重大影响。这些发展以国家改革开放的政策出台而达到顶点，其间国家政权对边疆社会的帮扶举措主要有特殊的民族政策、民族区域自治、边疆民营经济的扶助以及山区扶贫等。制度系统累积了中华人民共和国成立之后国家政权对于村寨社会政治经济的帮扶与发展，使得边疆村寨社会结构逐渐与内陆乡村趋同。同时，在文化观念方面，各层教育的普及也使得村寨少数民族民众对于国家的认识大为深化，关系结构也因此有所改变。

　　改革迄今为止研究关注点多在于社会现代化进程中对于少数民族的保留与传承、少数民族习惯法的法理体系以及村寨权威原本的统治序列等问题。但于边疆特色制度功能层面来看，对于村寨社会实现国家整合的路径研究却相对较少。以屯戍制度为例，自中华人民共和国成立以来作为边疆发展的特色制度，虽然其管理与发展功能一直作为经济领域的研究重点之一，其所建国营农场与当地村寨和民众之间互助帮扶的关系也脍炙人口，但对于边疆社会融合过程中屯戍制度路径功能的发挥则鲜有关注。本书的主旨意在讨论社会融合嵌入型的制度发展路径，以云南少数民族聚居区域国营农场的建设与融入过程为实证对象，来探索嵌入型社会融合的制度路径，从而为当代社会转型过程中社会融合的实现提供制度建设的理论积累与经验借鉴。

第一节　中华人民共和国成立初期西南边疆概况与屯戍决策

从制度的外延影响来看，制度可以分为正式制度与非正式制度。"正式制度是指人们自觉发现并加以规范化和带有强制性的规则，这个规则包括政治（及司法）规则、经济规则和合约。这些规则可以做如下排序：从宪法到成文法与普通法，再到明确的细则，最终到确定制约单个合同，从一般规则到特定的说明书。非正式制度包括行为准则、伦理规范、风俗习惯和惯例等，它构成了一个社会文化遗产的一部分并具有强大的生命力。非正式制度是正式制度的延伸、阐释或修正，它是得到社会认可的行为规范和内心行为准则。"[①] 对于西南边疆，尤其是云南少数民族区域，各民族大杂居小聚居的不同的族群依据所留居的地域形成了大大小小的不同空间。这些空间内基于原有的社会关系结构和观念传承，形成了其族群内部相对独立的惯习场域，且不同场域空间之间存在的相互交流也形成了族际间相对固定的交往关系。于是，在此区域中形成了网状交往场域，以伦理惯例形成为非正式制度系统。与之相应，屯戍制度是国家自上而下的制度建构设计，具有明确的制度成文规定与运行程序，属于正式制度。屯戍制度构建了国营农场作为制度实施载体，嵌入当地原有的非正式制度惯习场域之中，不仅对原场域形成社会融合引导，而且随着社会的发展也进一步融入转型后的当地社会，其中的制度发生作用的路径颇值得

[①] ［美］道格拉斯·C. 诺斯：《制度、制度变迁与经济绩效》，上海三联书店1994年版，第64页。

深思。要对此进行深入研究，必须从中华人民共和国刚刚成立之初的内外环境以及制度的最初构建角度入手。

一 中华人民共和国成立初期的国家战略

中华人民共和国成立面临严峻的国际和国内环境，毛泽东领导的共产党继承传统中国边疆思想的精华，结合周围的国际局势现实，始终把稳定边防和国家建设发展纳入稳定的格局。在地理上，中国的土地与十四个国家接壤，长达两万两千公里的陆地边界与中国相邻的六个国家接壤，拥有超过一万八千公里长的海岸线。此外，基于地理原因，还有许多非接壤，但关系密切的近邻国家。从地缘政治来看，中国海陆边界皆毗邻领土面积大的国家与地区，西北部接近于中亚和俄罗斯交界的敏感战略地带，东部海岸线与隔海相望的岛屿国家成为海洋经济发展交邻地带，东南部则与整个东南亚半岛上众多邻国产生直接陆疆关系。中华人民共和国成立之初所面临的资本主义经济封锁和军事侵扰，事实上就是应对着来自周边海陆国家的不同利益需求与冲突。根据中华人民共和国对和平建设环境的需要，该阶段我国的边疆战略着重以两极格局为背景，以中美、中苏关系为主要内容。

第一，政治稳定边疆。对于区域稳定而言，政权是关键，边疆战略是政权得以巩固和加强的重要保证。我国边疆是众多少数民族聚居的地区，相对来说发展较为落后，因其特殊的地理条件或山高或路远，交通不便形成了天然重要屏障。历史发展也证明，在抵御外来势力的侵扰和破坏中，边疆民族团结与边疆政治稳定发挥了极其重要的作用。毛泽东指出"国家的统一，人民的团结，国内各民族的团结，这是我们事业必定要胜利的重要保证"[①]。所以自中华人民共和国成立之初，如何团结边疆少数民族、稳定和发展民族区域，就成为中国共产党历代领导人所共同关注和强调的战略核心。

---

① 《毛泽东著作选读》下册，人民出版社1986年版，第757页。

第二，经济发展边疆。由于历史和地理的诸多原因，边疆少数民族聚居区相对于内地的发展在物质文化方面极为落后。加强民族团结和发展边防都必须要以繁荣、富庶的经济作为基础，因此，经济的发展是党中央改善边疆布局、调整边防战略结构的基本出发点。毛泽东对于边疆工作的指示，很早就提出了发展与稳定的主题。采取有力的政策措施来加快少数民族和民族地区经济社会发展，也是中央提高边疆社会综合实力的工作主线。

第三，文化提升边疆。以经济和政治的发展为基础，文化的发展是各民族国家认同的内在意识。中国边疆长期的发展历史证明，发展教育、培育人才是整个区域经济发展最主要的支撑力量。毛泽东对此的认识则更为深刻，特别提出用先进的文化提升边防建设和加强边疆各族人民素质的重要性。

第四，军事防御边疆。中华人民共和国成立郑重宣告："我们的国防将获得巩固，不允许任何帝国主义再来侵犯我们的国土……武装力量必须保存和发展起来，我们将不但有一个强大的陆军，而且有一个强大的空军和一个强大的海军。"[1] 军事保卫是一切国家生存发展的必要前提和基础，无论是自卫、确保边防安全或者是边疆的稳定发展，都离不开军事力量的强大。对于中华人民共和国而言，建设强大的边防力量是确保国家安全的重要任务，而且就当时的情况来看，这些军事的力量应不仅包括严格意义上的武器和军力，还包括准军事意义上的治安和防御。

第五，睦邻支持边疆。中华人民共和国成立之初，睦邻友好和稳定周边就成为国家发展最基本的外交原则，早在20世纪50年代，中国政府就提出了和平共处五项原则，这些原则也成为此后中国政府发展对外关系的基本依据。这些友好善意的范例，为中华人民共和国成立之初妥善解决与周边部分邻国的领土争端以及历史遗留问题提供了

---

[1] 《毛泽东著作选读》下册，人民出版社1986年版，第692—693页。

重要指导。于边疆区域而言，"睦邻友好"使边疆跨境民族获得了族群内较充分的跨境交流，发展了周边经济贸易往来，并将中国和平友好的意愿传播到周边国家，加深周边国家对新中国的好感。这些策略无疑为边疆的政治稳定和经济发展提供良好的国际氛围和环境。

二 国家的边疆屯戍选择

20世纪50年代，在中华人民共和国成立的初期，经济问题率先摆在了国家发展的面前。政务院副总理兼财经委员会副主任陈云在党的第一次全国宣传工作会议上指示："橡胶是战略物资，从朝鲜战争以来就不能进口，海南岛可以种橡胶，但是数量很小，中国别的地方也有宜于种橡胶的，产量虽然不及南洋群岛那样高，但是比没有强。我们是非常需要橡胶的，今后可以多种。"并建议把建设目标指向云南、广东、广西这些纬度较低的区域，其中云南、海南（当时仍属广东省）又以热带雨林气候的优势成为中央优先考虑的地方。1951年7月，云南省农业厅组织以蔡希陶为首的调查组到金平调查野生产胶植物。同年8月，调查组向陈云汇报了云南野生的赛格多、大叶路角藤等产胶植物，以及盈江、橄榄坝的三叶橡胶树情况。8月31日，中央人民政府政务院第100次政务会议通过了关于培植橡胶树的决定，决定自1952—1957年在大陆的广东、广西、云南、福建、四川等5个省区，种植巴西橡胶770万亩，其中云南为200万亩。

中央在云南构建屯戍体系的决定不仅是为了解决由于经济封锁带来的资源紧缺困境，而且还考虑了其他一些因素，即从边疆的角度对于西南边境剿匪工作的考虑，以及对于边疆民族工作的路径探索。一方面，自1951年开始，云南军区就把剿匪工作提上了重要的议事日程。当时云南的残匪逐渐向国境边沿和省县交界结合的高山丛林流窜，并采取了化整为零、集中于分散、公开与隐蔽相结合的方式，陆续的抵抗活动持续发生，逃亡缅甸的国民党残余部队也不停地窜犯边境。云南省军区召开剿匪工作会议，决定继续用部分兵力对腹心地区的小股土匪和零星散匪抓紧清剿，在彻底净化腹心地区的小股土匪的同时，主力向边境广大地区推进，对主要股匪盘踞地区实行围歼。1951年2月中旬以后，各部队开始边境汇剿合击。另一方面，民族工作也成为边疆区域的重点工作。1951年开展的镇压反革命运动，涉及的民族比较多，如1951年2月27日《云南日报》发表的评论通报提道："接管一年来，人民公安机关搜捕和登记了特务分子1566人，破获反革命暴动叛乱案件733起，捕获反革命匪犯1500余人，逮捕首犯600名，其中有121起案件带有反动番号。"[①] 剿匪工作也促进了对于在少数民族地区进行政权建设的深入认识，"少数民族建政是民族解放的标志，在民族杂居区建立民族民主联合政府，在民族聚居区实行民族区域自治，是解决民族问题和在政治上实现民族平等最适当合理的政策。云南民族族系有100多种，民族团结是一个十分重大的问题，不把少数民族团结好，企图把汉族地区的社会工作做好是不容易的"[②]。相应地，云南军区也大力开展民族工作，在剿匪战斗中确定了争取和团结少数民族上层的策略。与此同时，中央当时对于云南边疆民族工作的复杂性与困难性认识也较为客观深入，以1951年12月23日，中共云南省委发出《关于边疆民族区域今后工作方针与步骤的意见》，指出"社会改革只是一个方向，但在当前社会改革还不是现实问题，当前现实问题是首先稳住上层，争取团结上层，目前上层最害怕的就是社会改革，所以就不要搞社会改革，如果急于社会改革，不但谈不到社会改革，反可能引起社会的混乱，给美蒋匪帮以可乘之机，因此在群众工作方面，目前主要是通过生产贸易和卫生工作去进行，使群众从切实的经验中感到温暖而靠近我们，其他的一切改革工作则不要急于进行，以免引起上层的恐惧，增加民族工作和

[①] 当代云南编辑部：《当代云南大事纪要（1949—1995）》，当代中国出版社1996年版，第31页《云南日报》社评"彻底纠正宽大无边偏向，坚决镇压反革命破坏活动"。

[②] 同上书，第34页。《云南日报》社论"论少数民族建政问题"。

对敌斗争的某些困难"①。由此，当时边疆工作在两个方面有特殊针对性规定：一是宗教问题。意见明确提出对边疆暂不进行基督教、天主教的改造，已进行着的"三自革新运动"应采取适当步骤予以停止；二是对边疆民族上层采取争取团结和坚决保护的政策，如土改中明确提道："对少数民族内部的地主可稍宽一些对待，在斗争方式上多采取协商、调处、法院起诉等方式……对少数民族中的富农，不论自耕、雇人经营或出租部分全部保留……"② 基于上述几个原因，屯戍制度的嵌入带有对云南边疆区域的整合式渐进路径探索。接踵而来的问题是，在保卫边疆安全和资源开发的同时，在这个相对封闭且不同族群惯习场域连接成片的空间中，如何能够更好地使区域内的人和事务与国家整体及其周围环境连接起来，使之能够顺利实现社会发展与国家认同——屯戍制度建设由此成为当时的极切实的选择。事实上，从准军事的保卫到经济的带动，再到边疆社会的民族团结维系，屯戍体制设计的确能够兼顾各领域功能的实现，而且就地理条件看，云南也有条件成为重要的天然橡胶生产基地，由此开启了云南屯戍的屯垦戍边事业。

三　屯戍垦殖的政策方针

云南农垦的筹建过程与国家对橡胶资源的战略需求息息相关。中华人民共和国成立之初，国家内外政治经济形势严峻，国外敌对势力虎视眈眈，加之不久朝鲜战争的爆发，美国等西方国家对新中国实施封锁和禁运，党和国家领导人遂将生产战略物资以保证国防和工业需要作为首要目标任务。也就是说，云南农垦的建立，是国家按照特殊需要和既定建设目标主动设计的，整体设计以政策章程的形式构建出来，从一开始就明确了屯戍体系的性质与结构。1951 年全国第 100

---

① 当代云南编辑部：《当代云南大事纪要（1949—1995）》，当代中国出版社 1996 年版，第 65 页。
② 同上书，第 40 页。

次政务会议通过了《中央人民政府政务院关于扩大培植橡胶树的决定》，此后将近十年的文件规范都主要围绕关于天然橡胶种植的培育与规模种植技术指导，到1965年《农垦部党组关于发展民营橡胶问题的意见》出台，表明国营农场的橡胶种植技术和规模已初步形成。自1962年开始，在技术发展基础上才正式全面讨论屯戍系统的管理体制建设。以1962年中发〔62〕628号文《中央关于转发〈国营农场领导管理体制的规定〉的批示》为主要依据，屯戍各层级的权属关系得以确立。这一阶段的发展一直围绕着两大主题：一是天然橡胶的培育与规模化种植，这是主要目的与任务，也是西南地区垦殖发展的主要难点；二是屯戍系统管理体制的构建，这是农垦种植发展到一定规模的必然之举，也是当时环境下屯戍制度社会功能实现的主要路径。

1951年5月16日，政务院副总理兼财经委员会主任陈云在党的第一次全国宣传工作会议上明确指出："橡胶是战略物资，从朝鲜战争以来就不能进口了。海南岛可以种橡胶，但数量很小。中国别的地方也有宜于种橡胶的，产量虽然不及南洋群岛那样高，但是比没有强。我们是非常需要橡胶的，今后可以多种。[①]"紧接着，1951年8月31日中央人民政府政务院第100次政务会议通过的《中央人民政府政务院关于扩大培植橡胶树的决定》中明确提出"橡胶为重要战略物资……为保证国防及工业建设的需要，必须争取自给。……为争取橡胶迅速自给，对巴西橡胶及印度橡胶应采取大力培植的方针，要求自1952年迄1957年以最大速度在大陆上广东（除海南岛外）、广西、云南、福建、四川等5个省区共植巴西橡胶及印度橡胶770万亩（海南岛的任务另定）。其中广东、广西两省400万亩的巴西橡胶树的培植工作，应于1954年完成，以争取十年后，在大陆上每年可达产

[①] 云南地方志编纂委员会：《云南省志　卷三十九　农垦志》，云南人民出版社1998年版，第15页"大事1951年"第一条。

胶量 10 万吨之目标。……决定任务如下：广东 200 万亩；广西 300 万亩；云南 200 万亩；四川 50 万亩；福建 20 万亩"[①]。由此，寻找适宜的植胶区域被正式提上我国的经济建设议程，这在政策层面表现为：1951 年始到 60 年代的政策文件，以强调天然橡胶种植的重要性、任务分配以及种植可行性为主，而 1959 年农垦部、化工部的报告尤为强调了这项任务的紧迫性："几年来我国生胶来源全靠进口，不仅占用了大量外汇，也束缚了橡胶工业和其他有关工业部门的发展。随着我国国民经济的发展，橡胶制品的需要数量将愈来愈多，必须引起我们足够重视。……橡胶是国民经济各部门及人民日常生活中所不可缺少的重要物资。使用橡胶制品，不仅可以节约劳动力，而且还可以代替钢材。世界橡胶消费量约为钢产量的 1.5% 左右。……目前全世界生胶总产量约为 380 万吨，其中天然橡胶与合成橡胶各占一半左右。橡胶的消费量苏联约 40 万吨，美国约 140 万吨。按人口平均的每人消费量苏联约为 2 公斤，美国约为 10 公斤，全世界平均约为 1.5 公斤，而我们还不到 0.1 公斤。为了扭转这种落后状态，必须尽速发展我国橡胶资源，在较短的时间内，建立起适合国家需要的天然橡胶和合成橡胶的基地。"[②]

最初的育胶植胶工作到 20 世纪 60 年代中期获得了较大突破，到 1965 年时，广东省率先向中央提出"关于进一步发展天然橡胶生产的请示报告"，报告要求在发展国营橡胶生产的同时，积极扶植人民公社发展橡胶，即社营橡胶生产，主要目的是可以增加公社收入，有利于巩固集体经济。很显然，此时育胶植胶工作已经取得较大进展，且开始显示出较好的收益能力，才使得民营橡胶走入可讨论范围。农

[①] 云南地方志编纂委员会：《云南省志　卷三十九　农垦志》，云南人民出版社 1998 年版，第 779 页"附录"第一条，1951 年 8 月 31 日中央人民政府政务院第 100 次政务会议通过的《中央人民政府政务院关于扩大培植橡胶树的决定》。

[②] 云南地方志编纂委员会：《云南省志　卷三十九　农垦志》，云南人民出版社 1998 年版，第 782 页"附录"第三条，1959 年 2 月 23 日《农垦部、化工部党组关于大力发展天然橡胶的报告》。

垦部党组对此批复表示同意，并明确了两点分类管理的意见。一是"发展社营橡胶生产，由地方负责"，即国营农场为社营橡胶的发展提供技术支持和产品收购渠道，"按照'橡胶技术规程'的要求，在育苗、植胶、割胶、制胶的技术上给以积极帮助。……制胶工作应根据互利原则，由公社同农场订立合同。产品统一由热作产品公司按国家牌价收购"。二是"社营橡胶生产，由地方提出规划和投资预算，采取信贷投资的办法解决"，提出"财政部门和银行应按照核定的生产任务，保证贷款。在开始割胶以后，由国家收回贷款，不应从国营橡胶农场的利润中解决，不要把国营农场的利润同人民公社的橡胶信贷投资混在一起"。可见，我国天然橡胶生产直到20世纪60年代虽然已形成了较为完整的技术体系，允许民营生产的介入，但国家仍然以财政统支的方式强力支持国营橡胶生产，强调"关于国营农场的投资和利润上交问题，仍按现行的财政制度执行，财政收支上继续实行定收定支办法，不要采取投资和利润包干的办法"[①]，以此保障和控制国营天然橡胶的生产与销售。

四 云南屯戍构建准备

与中央的政策方针相呼应，自1951年下半年开始，中央和云南省的相关部门进行了一系列的前期筹备工作，根据云南农垦志关于1951年的大事记录，可以看出云南农垦不仅是源于天然橡胶的种植而建立的，而且在实际组建过程中也是基于天然橡胶种植规模发展而逐步从农场一级构建到总局一级，其机构建立遵循着实际工作的需求，是一种自下而上的模式：一方面，是充分而细致的调研；1951年7月开始，云南省农林厅组成了以植物分类学研究员蔡希陶为首的调查组，到金平县调查野生产胶植物。同年8月1—8日，中央财经

---

① 云南地方志编纂委员会：《云南省志 卷三十九 农垦志》，云南人民出版社1998年版，第788页"附录"第六条，1965年4月3日《农垦部党组关于发展民营橡胶问题的意见》。

委员会召开全国橡胶会议，西南军政委员会农林部副部长屈健和省农林厅总军事代表魏瑛参加了会议，陈云听取了关于云南野生的赛格多、大叶鹿角藤等产胶植物以及盈江、橄榄坝的三叶橡胶树的有关情况汇报，并翻阅了三叶橡胶的照片。另一方面，由中央统一形成规划方案：1951年8月31日，中央人民政府政务院第100次政务会议通过《关于培植橡胶树的决定》，决定明确了橡胶种植的思路："橡胶为重要战略物资，美英帝国主义对我进行经济封锁，为保证国防及工业建设的需要，必须争取橡胶自给"，同时提出：自1952年迄1957年，以最大速度在大陆上的广东、广西、云南、福建、四川5个省区共植巴西橡胶770万亩，其中云南为200万亩。随即于9月成立云南省农林厅林垦处。紧接着再次深入调研：1951年9月中旬，云南省农林厅林业局林垦处王国富等5人，会同云南省农林厅滇西农业工作队保山小组赵福元、刘锡锐等9人组成调查小组，到梁河、盈江、莲山、陇川、潞西等县进行产胶植物的初步调查，发现胶树32株（其中巴西种2株、印度种30株）。10月8日，云南省人民政府农林厅厅长张天放主持召开了林业工作会议，魏瑛、森林学教授秦仁昌、植物分类学研究员蔡希陶等10人都参加了会议，会议决定成立滇西、滇南、思普三区调查工作队，进行产胶植物的调查。10月14日召开了林垦工作筹委会，会议进一步开展云南省的植胶准备：第一，成立了林垦工作筹委会，以张天放、魏瑛、秦仁昌、蔡希陶、薛纪如等10人为委员，魏瑛为主任委员，秦仁昌、蔡希陶为副主任委员。第二，筹委会负责领导滇西、滇南、思普三区的调查队，调查队定于当月底前出发开展实际工作。第三，拟分别在昆明、保山、蒙自等地招生，培训植胶干部300名。

按照上述政策思路和先期筹备情况，云南植胶的具体工作自1951年下半年以后开始步入实地调研阶段：第一阶段的工作是确定适宜种植的橡胶树种。这一工作非常艰难，除了实地考察树种外，早期云南天然橡胶的种植还有赖于东南亚华人华侨的帮助。1951年10月17日至12月28日，以森林学教授秦仁昌为首的5人组成云南省农业厅滇西农业调查工作队，在保山地区的龙陵、腾冲、梁河、盈江、莲山、瑞丽、畹町、潞西、陇川调查，经确认，盈江有巴西种（也称甲种）橡胶树2株，其他地方有印度种（也称乙种）橡胶树36株，其中梁河4株、盈江5株、莲山16株、陇川7株、瑞丽1株、遮放2株、芒市1株，并对盈江所余的2株①巴西三叶橡胶树（橡胶母树）进行了考察。考察所需经费根据11月15日西南军政委员会财经委员会批复云南发展橡胶的预算计划，由西南军政委员会农林部计划拨给云南省农林厅橡胶投资5.5亿元（旧币）人民币。考察中还发现了一些遗留存活的胶树，这些实地资料为西南地区栽种橡胶树提供了非常有利的成活标本，如1951年12月12日，云南省人民政府侨务处致函农林厅林业局汇报："省人民代表会议普洱专区代表刀定国反映，解放前，钱（仿舟）经理由暹逻（泰国）运来胶树20000多株种于车里（景洪勐罕区）地方。""现胶树无人照看，任牛马踩踏。刀来昆之前曾亲自到胶园看过数次，树苗已一人多高，但只剩200多株。"并要求林业局派人前去保护，林业局随即派人接管并保护，正式接管时仅存97株。② 在前期考察的基础上，逐步确定了适宜种植的胶树品种，中央也随即加强支援力度，1951年12月，中央调单文等31人来云南开展橡胶垦殖工作，1952年1月12日，云南省农林厅上报中央农林部，计划巴西橡胶育种900万粒，印度橡胶育种20万粒，赛格多育种10万粒；印度橡胶插条15万株，赛格多5万株；开垦荒地18万亩。2月21日，中央农林部对此计划做出同意批示。1952年5—6月，秦仁昌到滇西林垦站布置缅甸引种事宜。潞西县政府委员、芒市司署代办方克光（傣族）写信到缅甸木姐街，委托熟人协助。5月20日运回

---

① 此两株橡胶树又称橡胶母树，为1904年德宏土司刀安仁赴日本留学，途经新加坡时购得橡胶树苗8000余株，托人运回盈江，种在盈江凤凰山南坡，当时成活400余株，后失管荒芜，中华人民共和国成立后仅存的2株，后又折断1株。

② 云南地方志编纂委员会：《云南省志 卷三十九 农垦志》，云南人民出版社1998年版，第15页"大事"1951年12月12日。

第一批胶苗536株,交芒市林场培育。瑞丽土司衍景泰派司署干部魏应出境,6月1日又运回54株。这一时期,由于加紧实施橡胶种植,需要专门负责部门的投入,于1952年6月将原负责单位农林厅林垦处改为特林科。同年,7月22日,屈健、魏瑛、蔡希陶等一行10人前往保山地区(包括德宏州的几个县),对橡胶垦殖情况进行考察,对三叶橡胶的育苗进行研究。7月31日,盈江林场得知盏西有产胶植物百余株,派王仁风、马自齐和傣族工人孟必清,由向导波慕带往查实。① 9月,云南省农林厅林业局写出《1952年特种林木工作总结》《甲种橡胶树育苗造林技术操作规程(草案)》。11月保山各林场共开苗圃551亩,从缅甸引入八莫苗110万株,成活率50%左右。12月24日,中央指示开辟云南植胶区,五年任务暂定为100万亩。1953年1月24日,林业部派以尼卓维也夫为首的5位苏联专家和10多位中国技术人员由北京飞抵昆明,组成26人的调查队到热区调查研究,写出云南热区比较完整的调查报告。4月15日,云南垦殖局领导与苏联专家前往中央林业部汇报调查及其他工作情况,经研究,中央农林部领导指出:云南边疆民族情况复杂,困难多,垦殖方针应为"积极准备,稳步发展"。5月19日,中央指示云南垦殖局"转为小规模试种"。1954年4—5月,国家林业部特林司司长何康来云南考察,组织蔡希陶、黄泽润、肖敬平、桑立本等5人到西双版纳、德宏、红河等垦区考察橡胶及其他热带作物。

此外,还有一项重要的准备工作是根据考察的适宜种植区域和育种计划,开辟橡胶垦殖场,垦殖场最先是作为技术试种地,继而以各适宜植胶林地为基础开始形成农场雏形。1952年3月,省农林厅在盈江、莲山、潞西建立橡胶林场,8月合并了上述几处并改为特林试验场。② 之后,开始接收相关的垦殖人员。1952年4月,十四军100

---

① 3人在前往查实途中遭土匪袭击牺牲。
② 特林试验场于1954年并入芒市特林试验场。

多名复员军人到芒市林场工作。9月,温世秀等18名归侨分到潞西、盈江、莲山三场工作,由于其中16人原来在马来西亚从事橡胶工作,他们为林场橡胶初期种植提供了相当丰富的实际操作经验。10月中旬中央林业部特林司派戴渊、赵子癸、李一鲲等8人到云南垦区的芒市、盈江等林场考察橡胶的育苗和种植。到1953年之后,开始着手培养大批的专业技术人员。1953年2月下旬,垦殖干部学校测量班招收256人,垦殖、气象、病虫害、土肥、统计5个班共招生424人。1953年3—7月,由中央、云南、东北森林科技人员69人,从四川大学、云南大学、贵州大学、西南农学院及康藏技专等校调集的教授、讲师17人,学生173人,由垦殖局和当地政府配以行政领导和卫生、会计人员,共1036人组成调查勘察队,到保山、蒙自、思普3个地区进行勘察,共测出宜林地带21.68万亩。当然,植胶地的选择也经历了很多曲折,如1953年3月,苏联专家尼卓维也夫、基里扬诺夫及我国科学工作者一行十余人到盈江、莲山林场考察后就提出"盈江、莲山地区虽可植胶,但交通不便,且地处热带边缘、纬度偏北、海拔高、效益低,宜经试验再开发利用"的意见,之后,云南垦殖工作"转为小规模试种",盈江、莲山橡胶林场撤销,改建为云南省特林试验场。[①] 同年8月22日,德宏垦区从缅甸引进橡胶苗木进行定植,同时将500余株八莫苗运至河口、坝洒、车里、橄榄坝等场试种,并于同年9月1日成立了车里特种林试验场。[②] 1954年2月17日至3月5日,特林所召开场长扩大会议,会议制定1954年的试验计划为:以橡胶、金鸡纳为主,兼作其他经济林木试验。7月23—30日,特林所召开场长会议,对试验工作的指导方针做了进一步完善:积极地、长期地、区域性地以橡胶为主,有计划、有重点地栽培其他经济作物综合性的考察试验,通过试验,摸清情况,培养干部,积累

[①] 德宏农垦志编纂委员会编纂:《德宏农垦志》,云南人民出版社2011年版,第14页。

[②] 云南省热带作物科学研究所前身。

经验，指导群众，为边疆的经济建设和工业原料的提供创造了条件。同年10月1日，河口第一垦殖场建立。至此，根据专业考察和实际种植两方面的先期准备，1954年11月21日，中央林业部批复了云南特林所报送的《试验研究方案》等文件，提出：可于1955年以槟榔寨林场为基础，筹建一个具有一定规模的林场，以1500亩至3000亩为原则。① 云南边疆的天然橡胶种植由此开始进入规模种植阶段。

云南地区的气候与地理条件均十分复杂，这虽然给当地带来了丰富的自然资源，但也造成人工农作物垦殖会遇到相当多样的困难，因此，规模化种植阶段云南屯戍事业发展转向的核心在于：对天然橡胶在云南种植品系的确定和技术的完善。由此，自1955年之后，云南农垦在植胶过程中不断发现问题与改进技术经历了一个较长的时间，并通过在植胶领域中不断探索和总结，逐步加深对云南垦区复杂植胶环境条件的认识，最终摸索出一套比较先进的符合云南区域特点的抗寒高产综合植胶技术，同时也逐渐开始制定出一系列的垦殖规范与制度，系统化构建了垦殖制度与规范。

可见，国家对于边疆屯戍体制建设的战略目标不仅宏大，而且建设过程中的前期准备也非常充分。以云南屯戍构建的经济发展为观察对象，国营农场构建前期的准备中对于技术的实验和技术方法的梳理和保存，是极为详细且步骤分明的，这也是国营农场的农作经济发展的独特性所在，并通过其技术方法的展示，为屯戍制度的区域嵌入奠定基础。

第二节　云南屯戍体系的组建与发展

自屯戍制度实施以来，历经六十余年的发展历程，依据该制度，

---

① 云南地方志编纂委员会：《云南省志　卷三十九　农垦志》，云南人民出版社1998年版，第17页"大事"1954年11月21日。

在我国陆地边疆漫长的边境线上形成了独特的国营农场嵌入。国营农场的组建对于恢复中华人民共和国成立之初的边疆社会秩序十分重要，这不仅在于屯戍所发挥的巩固边疆的准军事作用，更为重要的是在我国边疆建设过程中，国营农场在不同阶段所发挥出的地方经济发展、战略资源开发、难民侨民安置等方面的独特作用。从社会角度，农场作为屯戍任务的实际载体，基于所处的特殊地域和重要的战略区位，形成了边疆区域独特的政治稳定与经济发展的嵌入型空间。

一 屯戍制度的目标设定

屯戍制度始于中华人民共和国第一代领导人对历史屯边战略思想的借鉴，中国共产党领导的屯戍建设则可追溯到抗日战争时期，中华人民共和国成立后，以毛泽东为核心的中央人民政府根据抗战经验和国际国内形势需要，开始兴办以人民解放军转业官兵为骨干的屯戍国有农场。从国家建设层面看，基于中华人民共和国成立初期所面临的国民经济崩溃局面，党和国家在经济领域采用了大规模的屯垦建制来恢复和发展生产。其体制建设结合了中华人民共和国成立初期具体的经济政治现实以及国家边疆战略规划，是一项边疆社会秩序恢复和民族和谐关系构建的重大边地实践。因此，屯垦体制自产生就担负着两个重要使命：一是边疆社会秩序的恢复；二是边疆社会融合的发展。

从正式制度结构来看，中华人民共和国成立初期的屯戍建制是全国农业计划性发展、单位型组建的一个典型，这种方式源于抗日战争时期我党对于战斗和生产相统一的军队管理方式，而事实上许多部队也基于当时的具体情况大规模开始转为屯垦戍边人员。因此，边疆屯戍体系具有明确的准军事性。毛泽东明确提到屯戍的任务就是："将光荣的国家建设任务赋予你们。你们过去曾经是久经考验的、有高度组织纪律的战斗队，我相信你们将在生产建设的战线上，成为有熟练技术的建设突击队。……你们现在可以把战斗的武器保存起来，拿起生产建设的武器。当祖国有事需要召唤你们的时候，我将重新命令你们拿起战斗的武器，捍卫祖国。"① 基于此考虑，各边疆屯戍体系建立基本以党政军一体为基础进行组建。与此同时，屯戍制度还具有较强的生产经营性。1949年始，为了巩固政权和恢复面临崩溃的国民经济、稳固边疆以及安置大量转业军人，中央人民政府、人民革命军事委员会筹划组建全国性的农垦系统。1951年政务院发布"关于扩大培植橡胶树的决定"确定在华南地区建设以橡胶种植为主的经济型农场。1956年中央政府成立农垦部之后，1958年起在大批官兵奔赴边疆区域，在高山、荒漠和戈壁，转业充实和兴建农场。至1966年全国先后建立1940个农场，拥有农场垦殖人员284万，耕地4784万亩，天然橡胶250万亩，年产粮食81亿斤，干胶2.3万吨。② 对于农垦建立所预期的发展来说，党的领导层既考虑到现实的军队转业问题，又考虑到农业未来的规模化发展问题，这成为屯垦体系最初布局中的功能区划特色。

从时间上看，趋于尾声的解放战争和新中国农业发展的极强需求成为中华人民共和国成立初期亟待解决的两大问题。组织程度高而执行力强的军队，在此阶段可以形成一种迅速进行经济建设的生产性力量，而当时对于党的领导层而言，抗日战争时期运用这种力量进行建设的经验，也促使他们愿意延用这种已试用成功的军事经济建设方式来推动国民经济的恢复。因此，党的领导层对于军队成建制地转为生产部队持积极态度，《中央人民政府人民革命军事委员会关于1950年军队参加生产建设工作的指示》提出："人民解放军参加生产，不是临时的，应从长期建设的观点出发。而其重点，则在于以劳动增加社会和国家的财富。"③ 毋庸置疑，军队转入生产的成效获得，不仅基于军队的组织性和纪律性，可以有效地补充劳动力缺乏，而且可以有

---

① 农业部农垦司：《农垦文件资料选编》，农业出版社1983年版，第46—47页。
② 农业部农垦局：《全国农垦基本情况》，《中国农垦》2015年第12期。
③ 农垦部政策研究室：《农垦工作文件资料选编》，农业出版社1983年版，第19—20页。

效地执行大规模且有计划的垦荒,兼具屯垦戍边和稳定边疆等效果。对于采用军队转业方式来造就国营农场的基本雏形,主要原因源于党的领导层对于国家未来农业亦即社会主义农业发展目标的设计考虑,就如中华人民共和国成立之初对国营农场性质的定位:"我们所经营的农场,就经济性质将是属于国营经济,是使用先进科学技术的国营农业企业,虽然现在才开始,树木也少,但在国家工业发展的基础上,定要逐渐增加和发展的。这是解放区将来农业发展的方向。"[①] 20世纪50年代对于农村工作的认识更为深刻地说明了这一点:"如何改造农村的小私有者?如何完成社会主义改造?有两个方面:一方面是从下而上把约1亿户的农民经过互助合作,逐步地走向集体化的道路;另一方面,从上而下地逐步建立国营农场、拖拉机站、马拉犁站等等。……这种国营农场要在集体化的过程中起示范作用、推动作用,要它做一个榜样来推动广大农民的集体化。"[②] 可以看出,初建的屯戍体制根据在于:依据马列主义理论的指引,有计划地发展农业领域中的先进化规模生产,确立农业领域的计划经济为主要目标,建立公有制农业基础上的现代农业规模化和机械化生产。这种设定也意味着党和国家领导人对于国营农场的期待,不仅解决基本的国民生产生活需要,繁荣商品市场,成为国家经济发展的农业支柱,而且要以共产主义理想为目标,建立起代表农业先进生产力的生产结构范式,通过先进生产方式的示范,扩展农业发展规模化影响,推动农业科技的最大化普及。

这两个特性作为屯戍制度发展的目标追求,不断在国家正式的文件中反复提及。1949年9月29日,中国人民政治协商会议发布的《共同纲领》提出:"中华人民共和国的军队在和平时期在不妨碍军事任务的条件下,应有计划地参加农业和工业的生产,帮助国家的建

[①] 魏震五:《关于拖拉机农场工作的总结与意见》,《农垦资料选编》,第25页。
[②] 邓子恢:《农村工作的基本任务和中心环节》,《邓子恢文集》,人民出版社2006年版,第322页。

设工作。"① 同年12月5日，毛泽东签发了《中央人民政府人民革命军事委员会关于1950年军队参加生产建设工作的指示》："人民革命军事委员会号召全军，除继续作战和服勤务者而外，应当负担一部分生产任务，使我人民解放军不仅是一支国防军，而且是一支生产军，借以协同全国人民克服长期战争所遗留下来的困难，加速新民主主义的建设。"② 出于建立社会主义大农业的方向定位，中共中央在1951年12月15日发出的《关于农业生产互助合作的决议（草案）》中提到："国营农场应该推广每县至少一个至两个国营农场，一方面用改进农业技术和使用新式农具这种现代化大农场的优越性的范例，教育全体农民，另一方面，按照可能条件，给农业互助组和农业生产合作社以技术上的援助和指导。"③ 翌年，政务院发布《关于1952年农业生产的决定》："各县在可能范围内尽量地办起和办好一两个国营农场。……保证超过当地农民的生产量，以国营农场的优越性，对农民进行集体化的示范教育。"④ 1952年8月22日，政务院财政经济委员会颁布了《国营机械农场建场程序暂行办法》，明确规定："国营机械农场是社会主义性质的农业企业，系由政府投资在国有大面积的土地上，采取最进步的科学农业技术及新的工作方式，利用机械耕作，进行集体劳动，提高产量，降低成本，完成国家和人民所给予的生产任务；并以启发引导个体的小农经营，走向机械化、集体化的生产道路。"⑤ 同年8月9日，中央人民政府农业部通过的《国营机械农场经营规章》中规定："国营农场的任务是：（一）以先进的农业生产方式和农业科学技术，显示出农业机械化、集体化生产的优越性，向

---

① 《中国人民政治协商会议共同纲领》，第三章，第二十四条。
② 农垦部政策研究室：《农垦工作文件资料选编》，农业出版社1983年版，第19页。
③ 《关于农业生产互助合作的决议（草案）》，中共中央党委会，1951年12月15日。
④ 《关于1952年农业生产的决定》，政务院1952年2月15日，《人民日报》1952年2月17日。
⑤ 农业部政策研究室、农垦部国营农业经济研究所、中国社会科学院农经所农场研究室编：《农垦资料选编》，第59—60页。

农民示范，并具体帮助农民走上集体化道路；（二）建设社会主义农业企业，增强社会主义经济领导作用。"[1] 政策制度建立的同时，国营农场的实体创建工作也几乎与此同步。该阶段创办了六类国营农场：国家农垦部直属的中央国营农场，省市自治区直属的地方国营农场，人民解放军总后勤部直属的国营农场，公安部直属的劳改农场，中侨办直属的华侨农场，以及少量直属于不同政府机关、军队、社会团体、国有企业的农场。由此，根据社会主义计划经济原则，借助国家力量，中华人民共和国建立了层级不同、保卫建设方式不同、具有地域特色的准军事化性质国家屯戍体系，并通过这个制度的区域融入来引领和推动边疆社会和经济的发展。依照上述屯戍制度的总目标设定，在屯戍体系的区域建设中，又根据不同地域的自然、地理环境及其资源条件来规划次级目标，由此将制度战略规划分解为国营农场空间建设的具体布局，形成各具特色的功能分布：一是以粮食和农产品为主的国家基本农业建设区划分，体现经济发展目标。内蒙古、湖北、江苏、吉林、江西、湖南、河北等垦区建设是以粮食为主要规划，重点是发展粮食的综合生产能力，以确保对于全国流通性商品粮的供应能力。海南、云南和广东垦区因山地和亚热带雨林气候则以发展天然橡胶为主，其重点是作为天然橡胶的生产基地和加工营销能力建设为主。广西、广东、新疆、云南、黑龙江和海南等垦区作为糖料生产的主要区域，以糖料生产水平的提高和机械化作业为基本要求。二是以保障国家边疆稳定和发展，保证国家安全为主要功能的功能划分，体现维稳防卫功能。新疆兵团、黑龙江、吉林、辽宁、内蒙古、广西、云南等垦区约 276 个农场位于边境地带，占全国农场总数的 15.5%；覆盖边境线长度 5794 公里，占全国边境线总长的 25.4%。这些边境农场在建立之初，除了承担国家支柱性的作物生产、边境经

---

[1] 农业部政策研究室、农垦部国营农业经济研究所、中国社会科学院农经所农场研究室编：《农垦资料选编》，第 70 页。

济发展以及稳定边疆、团结边疆各少数民族群众的任务之外，还承担着维稳、检疫、禁毒、对外合作等多项功能，自建立之始，就对国家边疆地区的少数民族融合、发展、国家认同等方面发挥了极为重要的作用。三是文化功能区建设。各垦区和农场在各自可影响范围内，通过与当地民众的交流，相互了解外来文化和本地习俗，以国家建设为主要联系纽带进行文化的沟通，相互借用文化中的有益成分，运用到生产建设事业中去。以新中国成立初军队转业农场建设为代表，解放军官兵吃苦耐劳、不怕牺牲不怕苦的革命精神以及热情支持、积极帮助群众解决生活生产困难等各种优良作风，都得到当地各族群众极大的回应，少数民族地区的群众更是由此加深了对党和国家的认同感，国营农场成为国家权力在边疆民族地区获得确认和巩固的实际代表。

二 云南屯戍系统的层级管理体制

管理体制，是指行动系统的结构和组成方式，即采用怎样的结构和形式以及如何将这些结构、形式结合成为一个能够有效运行有机系统，最终实现组织的任务和目的。具体地说，管理体制是一套规定系统各层级的管理范围、权限职责、利益及其相互关系的规范和准则，它的核心是各职能部门的权属关系，外在表现就是管理机构的设置，体制结构的有效性直接影响到组织目标实现的效率和效能。对于管理体制的分析，需要从机构设置层面进行梳理。

国家最初的垦荒屯戍是以正式制度的形式推行的，这种形式无疑源于军队建制的延续，继而，农垦系统的管理体制也是由国家主动制定并逐步完善的。《中央人民政府政务院关于扩大培植橡胶树的决定》提出："中南、西南、华东各大行政区于农业部林业总局内设橡胶管理处（科），在广东、广西、云南、福建、川南、川东各省（行署）农林厅林业局内设橡胶管理处（科），在植胶区的专署及县人民政府内设林垦科，负培植橡胶树之责，为此，各级政府必须抽派较强干部充实此一机构。"《农垦部、化工部党组关于大力发展天然橡胶的报告》中具体明确:"组织领导问题:种植橡胶的省、区,应将橡胶生产放在一定的重要位置上,重点地区的地、县委均应设专职书记分工领导植胶工作。同时应保留与加强原有的各级国营农场机构,实行中央与地方双重领导,以保证植胶任务的完成。"由此,国营农场按照计划经济体制设置管理生产经营机构的层次。

在屯戍制度的原则与相应目标指导下,云南屯戍系统构建起总局、分局、农场的三级管理体制。1958年6月,农垦部为贯彻执行中央关于企业体制下放的方针,将云南省农垦局下放给云南省领导。7月,云南农垦局下发《关于整顿国营农场方案》,同年8月9日,云南省委批转的省农垦局党组《关于国营农场领导分工问题的报告》规定:省农垦局仅负责国营农场计划的审核平衡,批准投资指标、橡胶生产规划、年度计划,解决农场所需物资等,政治思想教育、干部管理和劳力的调配等均由地、县委负责领导。据此,1958年12月1日成立临沧农垦局,1959年8月成立德宏州农垦局,11月9日成立红河州农垦局,1960年初文山州成立农场管理科,2月1日成立思茅专署农垦局,3月16日建立景洪、勐海、勐腊3县农垦局①,1960年7月1日,西双版纳热带作物试验场扩建为云南省热带作物科学研究所。可见,这一时期主要是按照国家和中央的有关指示,建立和完善相关机构并使之开始进行生产。

1960年7月28日,中共中央批复云南省《关于发展天然橡胶问题的报告》,重新把云南农垦列为农垦部和省委双重领导的企业。从1959—1960年,德宏、红河、思茅(辖西双版纳)、临沧、文山农垦局先后成立,为地(州)管理农垦的机构。

1962年11月22日,中央转发《国营农场领导管理体制的规定》②,农垦组织的权力运行体制才完全以正式制度的形式得以确立。

---

① 景洪、勐海、勐腊3县农垦局于1963年9月撤销。
② 1962年《国营农场领导管理体制的规定》,以下简称《规定》。

该规定的条款体现了组织运行的两个主要权属原则：第一，屯戍农垦系统属于全民所有制体制。其性质是"国营农场是社会主义全民所有制企业，它必须依靠职工群众，建立健全经济核算制度，厉行增产节约，提高劳动生产率，降低生产成本，提高农产品的商品率，为国家提供更多的商品粮和工业原料，为社会主义积累资金"。第二，"统一领导，分级管理"的原则。《规定》提及，为了改变"农场生产计划、物资供应计划、产权、人权、财权和产品的处理权等方面，产生一些混乱现象，带来一些损失"，"根据集中统一的精神，必须对国营农场实行统一领导，分级管理的原则"。因此，《规定》第1条提出"国营农场的生产计划权、产品处理权、资产管理权、人员调动权，集中于国家所指定的管理机关，实行统一领导，分级管理"，第2条规定"农垦部是国务院统一领导国营农牧企业、事业的行政业务部门。全国国营农牧场的生产财务计划和生产资料供应计划，都由农垦部审核汇总，上报国务院和国家计委。农垦部对全国国营农牧场，负责进行业务指导、经验交流和工作的督促检查"。这使1958年以前下放给地方的自主权重归于中央，而这一原则也成为农垦体系自20世纪60年代至70年代末这十年间权力运行的核心原则。按《规定》要求，国营农场的生产计划权、产品处理权、资产管理权、人员调动权集中于云南省农垦局；生产、财务、计划和生产资料供应计划经过农垦部审核，上报国务院和国家计委；国营农场党的工作归所在地的县委或地（州）委领导。

至此，云南屯戍在管理体制上已完整地形成了总局、分局、农场三级管理层次，国营农场内部又形成总场、分场（或作业区）、生产队三个生产经营层次。这一阶段屯戍农垦系统及其国营农场的机构基本设置分为：一是云南农垦系统各级的行政关系由本系统进行领导，企业的人、财、物、产、供、销由本系统管理；各级党的关系由地方进行领导，地方党组织领导负责农垦企业党的组织关系，参与领导班子的审定，统一部署大的政治运动、政治学习等事宜；二是云南省农垦总局作为主管机关，通过设在地（州）的6个农垦分局实行垂直领导；三是云南国营农场内部实行统一核算、分级管理，即由分场或管理区、生产队分级实施管理和生产；四是农场职工定性为国家职工，工资实行等级工资制，基于农场生产的需要，职工子女就业实行自然增长。其间，国营农场从建场至20世纪50年代末，各地农场与当地农村农业合作社合并成立人民公社，实行全民所有制，农场由省农垦局和当地县政府实行双重领导，各农场统一更名为生产大队，就场部机关来说，各农场场部设生产股、财务股、供销股、行政办公室和工会等部门，实行场队两级管理、两级核算，生产队包括主业农作垦殖生产，相应还有伐木队、石灰队、砖瓦队、基建队等副业单位，并先后组建场部卫生所、小学和试验站等事业单位，其间在生产队级单位中分别组建过作业区。

梳理和分析云南屯戍农垦系统及其国营农场的构建过程，可以发现屯戍体系是按照国家内外环境需要结合边疆具体情况创建起来的，国家对其经济功能的需要先于实体系统的形成，而且，对于国营农场建构的前期技术和人员有着较为充分的准备。屯戍制度自上而下建构的功能发挥以国家现实的需求预设为核心，而实体的管理体制则为其功能运行搭建了制度平台。

三　云南国营农场的建设

基本管理制度确定后，全国各省基本都在农业部门下面设置了国营农场管理机制，各省农垦体系向上直接归属中央农垦司进行管理。根据1951年政务院第一百次会议通过的《中央人民政府关于扩大培植橡胶树的决定》，为了完成云南在五年内发展橡胶200万亩的任务，云南国营农场的机构建设迫在眉睫。这一时期的国营农场系统建立及其相应的权属变化主要体现了屯戍制度设计的政治与经济功能同构性，表现在机构的建立与发展方面，则呈现为政治性极强的垂直型层级治理结构。

（一）机构建设

云南屯戍农垦各级机构的建设也是一个由技术机构发展为系统化生产机构的过程。按时间段来梳理，1951年9月，云南省农业厅林业局成立林垦处，林垦处下属滇东南金平县勐拉乡和滇南普洱车里地区2个林垦工作站，其林业办公室设在滇西保山，初期的主要工作为组织专家和有关技术人员进行橡胶宜林地的调查。1952年12月24日，中央下达关于开辟云南植胶区的指示并决定由西南局、云南省委主持成立云南省垦殖局，下设2个分局及若干场。据此，1953年1月21日，西南局和云南省委主持正式成立云南垦殖局，垦殖局直属中央林业部，西南农林部副部长屈健出任局长，并规划建立2个垦殖分局、13个垦殖场林场，同时继续组织有关科研单位和大专院校的技术人员，配合苏联专家进行橡胶宜林地调查并进行学习，同年2月10日，云南垦殖局机关设于昆明市武成路334号办公，下辖蒙自分局、保山分局、普洱分局筹备处、垦殖局干部学校、重庆驻昆办事处和勘察队。1953年8月，中央指示，收缩云南垦殖工作转为小规模试种，撤销云南垦殖局及所属机构，8月10日，在云南省农林厅下另设云南省特种林木试验指导所，简称特林所，共配备干部、工人374人，下设河口、车里、潞西、莲山4个试验场和坝洒、橄榄坝2个试验分场，其权属行政归于省农林厅领导，技术由华南垦殖局热带作物科学研究所指导，工作任务则由中央林业部审核决定，主要是进行巴西橡胶树的引种试种观察，有重点地引进其他热带、亚热带经济作物进行试种。9月1日，车里特种林试验场①正式成立，10月30日云南垦殖局正式撤销，特林所建置持续约两年。1955年3月，中央农业部电文通知，特林所业务转归农业部领导，并改名为云南省热带作物试验指导所，由云南省农业厅领导，下属各特种林试验场改为热带作物试验场，任务为继续观察巴西橡胶树的试种，加强橡胶发展适宜地的勘

---

① 后成为云南省热带作物科学研究所。

测与设计工作，4月，完成该所规划的书面文件《云南热带作物试验指导所总体规划说明提要》。12月15日，云南省委批准成立云南省农业厅热带作物局，撤销云南省农业厅热带作物试验指导所。到1956年，根据云南省委1月批示，云南省热带作物试验指导所撤销，于1月1日成立云南省农业厅热带作物局，归省农业厅领导，简称云南省热作局，省热作局按中央指示制订生产指标并拟定年度执行计划。同年，省热作局根据各垦殖场的先期规划设计及其相应的物资供应需求，在昆明组建了总体设计队和供应站，并在河口、西双版纳、德宏地区正式布点建场进行橡胶生产性种植。1月4日，省热作局召开第一次场长会议。会议制定了4个文件：《两年来试验研究总结》《关于发展亚热带农业资源及1956年度任务安排》《河口第一垦殖场推行作业计划工作总结》《河口垦殖场开垦工作总结》。同时，在西双版纳的景洪坝、橄榄坝、勐遮坝以及澜沧江下游沿岸，实地规划宜林地，并成立了云南省热作局设计队和供应站。① 3月10日，农业部批准第一次场长会议的报告，并指示从1956年起，各试验场在业务上划归华南热带作物科学研究所指导。1月22日，国务院电示云南省人大常委会，同意将省热带作物局改为云南省农垦局，直接受国家农垦部和省人委双重领导。2月25日，云南省热作局印发了《劳动定额管理试行办法草案》《植胶技术管理暂行办法草案》《计件工资试行办法草案》。同年2月27日至3月13日，中央召开农场工作会议，农垦部部长王震就国营农场的性质任务、领导关系、经营管理等问题做了指示。至此，云南屯戍系统实现了从技术试验到规模化建设的进展。1957年3月19日，云南省热作局上报省人委和国家农垦部，拟将原热作局所属垦殖场改称为"国营××农场"，农垦部批复同意。由此，根据中央此时的农垦建设思路，云南省农业厅于1957年3月20日对年初国务院的电示内容作出正式通知。3月25日，正式成

---

① 1978年11月分别改称总局设计院、总局供销公司。

立云南省农垦局,撤销原云南省农业厅热带作物局名称,将云南省农业厅热作局改建为云南省农垦局,受中央农垦部和省人委的双重领导,投资、物资由中央农垦部直供,党的组织、思想政治工作受当地党委领导,原热作局所属垦殖场改为国营农场。12月17日,云南省农垦局召开场长会议,讨论《关于整顿国营农场的方案》。至此,云南省屯戍系统完成了三级机构的初步建设。

(二)制度建设

在云南农垦机构已基本建成的基础上,省级的制度建设的问题也被提上日程,自1961年之后,云南农垦系统内部陆续出台了一系列文件,系统运作的制度与规范逐渐建立与完善起来。

1959年8—9月,云南省农垦局拟定了《三包三定一奖》实施方案,开始着手建立农场的基本生产经营机制。1961年4月13日,云南省农垦局党组向省委报告,请求处理两种所有制问题,其原因是自1958年以来,全省有93个管理区并入国营农场,其中有33个管理区5749户农民经省委正式批准,由集体所有制转为全民所有制,实行统一领导,统一核算;有6个管理区150户农民并入农场,实行统一领导,分别核算。针对这个问题,云南省委明确了基层农场的体制划分:对并入国营农场的管理区生产队,一般应实行统一领导,分别核算,两种所有制并存,过去已经实行统一核算的,也改为分别核算,根据各场具体情况分别进行处理。1961年8月,云南省农垦局在河口红河公社召开专(州)局局长会议,会上介绍了引进的577个橡胶品系,并制定了《关于整顿国营农场中几个问题的意见》等文件。1962年1月15日,云南省委召开全省国营农场代表会议。会议传达了中央农村工作部部长邓子恢在牡丹江农垦局的讲话,制定了《关于进一步加强党对国营农场领导的意见》《关于国营农场经营方针、场队规模和管理制度的意见》《关于国营农场生产责任制和工资制度》3个文件,此外还有《迅速解决职工住房的意见》《关于农场职工开展家庭副业生产的意见》的规定。同年6月28日至7月6日,省农垦局召开专（州）农垦局局长会议，江洪洲传达了南宁会议精神，提出会议要讨论工资制度、橡胶发展速度和场群关系、干部作风问题，并制定了《关于调整国营农场组织机构的初步意见》。相关政策中，以1962年《国营农场领导管理体制的规定》为设定农垦组织管理体制的专门规章，该文件是农垦组织自建成以来第一部组织权属规范的指导性政策文件，虽然1970—1974年一度被部队建制所代替，但1974年兵团建制撤销建立云南省农垦总局之后，仍然基本沿用到20世纪70年代末，可以反映云南农垦系统及其管理体制的最初结构形成。1962年11月，中央转发《国营农场领导管理体制的规定》批示：国营农场应该实行统一领导、分级管理。按"规定"要求，国营农场的生产计划权、产品处理权、资产管理权、人员调动权集中于省农垦局。生产、计划和生产资料供应经过农垦部审核，上报国务院和国家计委。国营农场党的工作归所在地的县委或地（州）委领导。12月19日，云南省委批转省农垦局党组调整农场规模体制的意见，这个批示与6月农场会议讨论的组织机构建设基本一致，只是黎明、橄榄坝、陇川、孟定设总场，陆良农场改为畜牧场，确立各国营农场为独立核算单位。1963年1月，云南省农垦局下发《关于农垦系统所属企事业单位纳入预算管理若干问题的规定的通知》，规定农垦财政划拨关系在省，基本建设拨款列入国家计划，由农垦部下达。同月，各地区国营农场正式建立：景洪总场成立，辖曼沙、曼青、曼东、广龙、光华、天河、飞龙、曼海、曼波、南联山、江河等农场；东风总场成立，辖龙泉、东林、温泉、风光、前哨、疆锋等农场；黎明总场成立，辖广门、凤凰、星火、景真、勐阿、打洛等农场；勐腊总场成立，辖勐醒、勐远、勐润、勐满、勐捧、南腊、永丰、永春等农场；勐养总场成立，辖榕树、银河、金山、大渡岗、关坪等农场；橄榄坝总场成立，辖曼宏、曼龙、沧江、春满、曼卡等农场。1964年12月25日，云南省农垦局党组上报省委《关于国营农场干部管理意见》，提出省局协助省委管理局机关科以上干部，直属单位主要领导干部，各专（州）局、总场政治部副主任以上的主要领导干部；局直接管理农场正副场长（分场）一级干部。1965年1月31日，省人委通知将农业厅领导的国营农场划归农垦局领导。

　　回顾上述过程，从屯戍系统机构建立及其权属关系制度内容变化来看，20世纪50年代到60年代，云南农垦系统一直是按照计划经济的模式和轨道运行，虽然60年代初期云南农垦转为双重领导之后管理体制方面下放了一些管理权限，但这一期间陆续进行的国家的政治运动对其生产发展产生了一定的影响，从1957年6月整风运动开始，国营农场开始将精力转向政治运动。1963年开展了"五反"运动，同时根据政治运动的需要，省农垦局于9月制定了《国营农场干部管理意见》《关于国营农场办农业中学的意见》等文件，对农场管理体制作出调整。其后，省农垦局系统开展政治与业务关系的大辩论，开始政治批斗运动。1967年1月26日，省局机关造反派夺权，随即组成"革命造反派委员会"，主持机关工作。3月18日，中共昆明军区委员会作出《关于边疆农场文化大革命的规定》，宣布从3月31日起，在云南边疆地区实行全面军事管制，边疆农场一律由所在地区的军事管制委员会派出军代表进行军事管制，规定农场的一切权力属于派往该场的军事代表。1968年11月23日云南农垦局革命领导小组成立。

　　总的来说，从1959—1963年，在国家政策指引下云南农垦本身已经开始构建和完善生产经营的一系列规范，但这一进程被1964年之后日益频繁的政治运动打断了。因此，在这一时间段中云南农垦系统内部的管理体制一直沿用之前形成的权属分配，生产经营和技术规范也基本按照原有的经验范式。

　　（三）资金收支

　　根据国家的规划和相应政策，国营农场的财务管理以橡胶经营资金流转为主，并结合政企合一的多方面特点，在经济功能上体现为基本生产和基本建设长时间交织进行，其他社会功能方面还有屯垦戍边和战备支前的任务，具有公安、保卫、法庭等功能，以及接收军转干、地方转干、难侨华侨等移民安置人员。这些政策性开支以专用拨款的形式进行发放，因此国营农场的财务拨款中有事业资金和企业资金之分，并以完成社会效益和企业效益为双重考核目标。从财务管理而言，1951年7月云南省林垦处建立时有两名专职会计，到1953年中央人民政府农林部农垦云南垦殖局成立时，专设财会人员10名，特种林试验指导所和热带作物指导所设财会组，配备财会人员3名。在国营农场成立初期，农垦的机构经费属中央财政部门管理，国家以事业费形式进行投资（见表3-1）。

表3-1　　　　　　　中央对云南农垦系统投资与使用

单位：万元

年份	投入金额	报销金额
1951	5.50	2.10
1952	63.07	42.09
1953	215.89	181.86
1954	19.22	19.05
1955	86.57	76.34
1956	163.00	149.00
1957	301.90	267.31
合计	855.16	737.75

资料来源：云南省地方志编纂委员会编：《中国省志　卷三十九　农垦志》，云南人民出版社1998年版，第325页。

云南国营农场建场初期基本的建设任务是利用省内的地理气候资源，发展以天然橡胶为主的热带、亚热带作物，其主要内容包括农林基本建设，如林地开荒、定植长期作物、平整农田、育苗管理、水利设施等；产品加工基本建设，如橡胶、茶叶、水果以及机械制造和建材生产；此外还有交通、房屋和生活区的基本建设，如公路桥梁、电力房屋以及文教卫生、商业服务等公共设施。从国家投资的规模计算层面，国家预算内投资（含拨改贷投资）约占投资总额的 68.5%，银行贷款约占投资总额的 8.1%，自筹投资约占投资总额的 18.6%，其他专项资金约占投资总额的 4.8%（见图 3-1）。

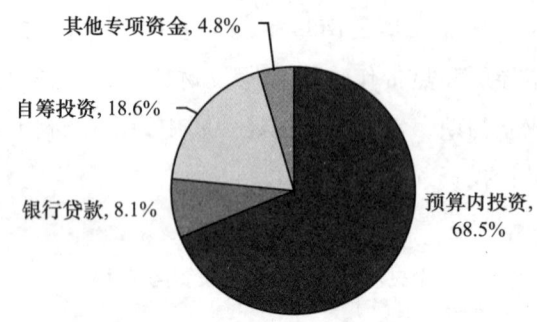

图 3-1　云南农垦建设初期资金来源比例

从投资去向层面来看，以"一五"时期为例，其间国家对云南垦区的预算内投资总额为 43.61 万元，其资金投向农业建设约占 8.43%，林业建设约占 34.58%（橡胶占林业建设总额的 67%），牧渔建设为 2.45%，工业建设为 10.77%（制胶厂占工业总额的 19.53%；制茶厂占 5.9%），水电建设占 11.6%（电站建设占其中的 36.7%），交通电讯建设为 6.6%，科研文教卫生建设占 2.6%，房屋建设为 20.04%（职工宿舍占其中的 52%），其他建设占 2.93%（见图3-2）。

值得一提的是，云南的国营农场分布于边疆的 7 个地州，二十多个县，由于地理条件复杂，经济发展差异很大，且建场初期边疆社会秩序极不稳定，农场还负担着生产队、战斗队、工作队三大任务，场、队的建场地点选择遵循既要适合农场发展需要，又要有利于保卫边疆、巩固边防的要求，还需要方便与当地少数民族群众联系，其最初的规划都是以可改善交通条件的地域选择为主，其后逐渐扩展到生活设施、商业网点和学校、卫生系统等层面的建设。因此，屯戍农垦

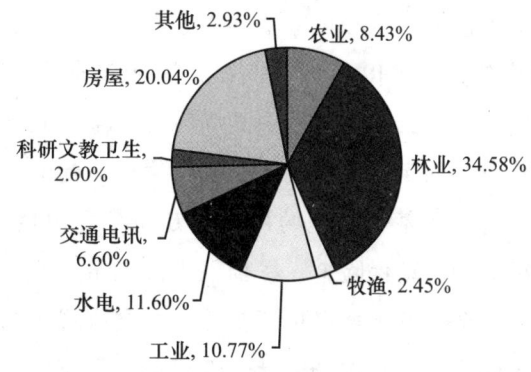

图3-2 "一五"期间国家对云南农垦建设拨款支出比例

的资金分类使用成为农场建设以及职能发挥的重要可观察点。云南农垦企业的资金投向主要分为固定资金、流动资金和专用资金。首先，固定资金在计划经济时期主要源于国家预算内拨入基建资金，少量为企业专用资金，企业专用基金由改造基金、利润结余、大修基金、职工福利基金组成。1959年农垦局根据国家财政部、农垦部的有关制度下发了《国营农场财务管理试行办法》（以下简称《办法》），分别就固定资产的范围及标准、使用与保管、变动审批、估价等方面进行明确规定，《办法》规定单位价值在200元以上（包括200元），使用年限在1年以上的有形资产，单位价值虽未达200元，但已列入固定资产目录和特定条件的有形资产，属于国营农场的固定资产，并把固定资产分为基本折旧和大修理折旧，按单项固定资产原值计提折旧，当年计提的基本折旧除牲畜折旧留农场外，其余折旧全部上缴省财政部门。农场范围内固定资产变动由农场批准，分局范围内由分局批准，跨分局的固定资产变动由分局提出审批意见报总局批准，同时固定资产非正常报废一律由分局提出审批意见报总局批准，还规定固定资产的估价分为原始估计、折余价值和重置完全价值三种，凡新购、新建、新安装完成的固定资产，其全部支出为固定资产原始价值，固定资产的原始价值减去损耗价值为折余价值，固定资产重建重构所需的全部支出包括买价和运输费等为重置完全价值。据云南垦区1957年计，固定资产有249万元。其次，除固定资产外垦区设立流动资金，用于储备生产、流通过程中的周转性资金，农垦部的财务管理办法规定国营农场的定额流动资金，实行生产、流通、储备三阶段核定。垦区还设有专用基金，建场初期的专用基金包括由企业奖金、由工资附加费组成的劳动保险金、医药卫生补助金、职工福利金、工会经费、大修理基金、基本畜群更新基金以及国家规定的其他专用基金。最后，对于国家下达到农场的社会性事务，国家以专用拨款的形式来确定其使用，20世纪50年代国家财政拨发的专用拨款主要有1958年拨款200万元为下放军官工资差额补款，当年末安置专业军官开支187.6万元，1959年安置省级机关下放右派，各单位列报新增右派工资差额补助1.4万元，20世纪60年代国家划拨的主要包括下放军官工资差额38.9万元，移民105.5万元，湖南移民94万元等，以及知识青年上山下乡4320万元。

生产资金的投入以橡胶为主，垦区经营的橡胶按财政部和国家农垦部规定，投产前的费用视同基本建设，投产后的费用按基本业务生产管理。因此，垦区的生产费用和产品成本分作基本生产和基本建设两个部分核算。1951—1954年，全部经费实行供给制，调查费、干部工人着装和生活津贴均由国家财政拨款，没有进行成本核算。1955—1957年，农场橡胶林地的计划、规划、种苗引进、开荒适种的全部支出在事业费中实报实销，没有成本核算。1958年开始，垦区开始进行核算，1957年底核算垦区生产费用137万元，核算的重点是橡胶的抚育管理和少量农副产品费用。垦区企业管理的费用在建场初期文件、工会经费等均记入管理费，数额约占19%。建场初期由于农林地耕作投资长、回收慢等特点，农场所需的定额流动资金、固定资产投资和弥补亏损等资金全部由国家政策核拨，农场实现的利润、固定资产基本折旧等全部上缴国家财政部门。1957—1963年，省财政拨给农垦企业弥补亏损款1615.9万元，农场对国家财政上缴固定资产基本折旧830.5万元。此时，农场垦区开始显现经济层面的地方建设效用，如1957年垦区年度缴款4万元，其中1万元为折旧，2万元为税金，1万元为支援地方建设。

此外，该时期的物资供应业按计划体制统一由国家政府安排实行。建场之初，按生产建设的总体规划，物资工作围绕橡胶生产全面负责垦区生产资料的计划、采购、仓储、分配、供应、经营等所有环节。事实上，1956年以前国营农场主要种植短期农作物，橡胶种植还处在适应阶段，开荒、种地、运输主要依靠人力和畜力，由于规模小、生产简单，主要的生产资料只有锄头、砍刀和马车，全垦区有5台进口拖拉机，年消耗钢材10吨以下，其他物资消耗也不多，因此物资供应未纳入国家供应计划，所需物资由农场自行采购，由财务部门报销，直接投入使用。1956—1959年，云南省农业厅热带作物局成立物资供应科，统筹垦区生产资料的供应与管理，规定了物资供应的管理范围和职责，形成二级供应、二级管理的体制。垦区的主要物资由农垦部直供，业务由农垦部机械物资局领导，同时接受省物资部门的业务领导，各地州组建物资供应站。

四　国营农场的主要任务

通过屯戍制度自上而下的建构，国营农场以在边疆区域的划定地界为其空间载体，嵌入式构建和发展起来。屯戍制度由此形成了自己的运行实体，而国营农场作为屯戍制度的具体实施机构，与屯戍制度功能相应，在生产经营过程中履行着屯戍的三个主要功能。

（一）屯驻戍边

国营农场担负着屯垦戍边的功能。云南大规模的屯垦始于明代初期，历经清和民国，此项制度为云南边疆的稳固做出了巨大贡献。中华人民共和国成立以后，云南所属39个农场分布于沿边28个县，由于建场时的方针以种植橡胶为主，绝大多数农场都处于适于橡胶生产的亚热带地区，其中，20个农场位于国境线上，如德宏的盈江、瑞丽、畹町农场，与缅甸接壤，涉及国境线503公里，西双版纳的东风、橄榄坝、黎明农场与缅甸接壤，勐腊、勐捧、勐满农场与老挝接壤，红河的坝洒、河口、南溪、蚂蟥堡、金平五个农场的43个生产队与越南接壤，涉及国境线134.2公里。其中不少农场还处于地外来往的交通要道上。20世纪50年代建场初期，国民党军队残部盘踞于滇缅国境线一带，敌特和土匪时常入境骚扰、破坏，挑拨民族关系，制造事端和策反，使边疆的斗争形势复杂而激烈。国营农场的屯垦戍边任务显得极为艰巨和必要，由于边境地区山高林立、地广人稀，传统的边民互市方便了境外反动势力进出国境，农场的转业官兵和民兵组织弥补了边防部队和地方政府保卫力量不足的问题。农场职工一是帮助维护区域安全，一旦发现形迹可疑的陌生人就向当地驻军或公安部门通告；二是协助抓捕敌特和外逃人员，以保卫边疆的和平与稳定。其间，由于边境地区对敌斗争形势复杂，各农场刚组建就成立民兵组织，农场的武装民兵工作都由党委主管，民兵工作还兼由地方党委或武装部领导，如红河垦区最早的民兵组织是1957年勐拉农场建立的民兵排，该队伍以部队转业退伍官兵为主，具有良好的军事素质，战斗力很强，有效维护了边境地带的安全。1958年德宏垦区边境形势紧张，境外土匪特务极力推行策反活动，曾策反当地少数民族头人叛乱，纠集100余人企图攻占弄巴，当地农场民兵奋起反击，很快将匪特打散溃逃，成为当地安全防卫的重要力量。20世纪60年代云南屯戍系统先后成立武装部，各农场成立人民农场武装委员会，整顿建制为班排连营，加强军事训练。生产建设兵团成立之后，更按照班排连营团师，组建了军事与生产于一体的军事组织。该机构的成立为有效实现国营农场戍边职能提供了实体保证。

(二) 经济建设

国营农场的经济建设是农场在当地嵌入、建构的重要基础，与其他企业不同的是，国营农场的经济建设除了追求生产利润之外，对区域经济的带动也是重要职能内容之一。回顾云南屯戍农垦的经济建设思路与方式变迁，与国家整体的发展方针基本保持同步。

1959年1月15日，云南省农垦局的工业现场会议肯定了农场开办以农产品综合加工为城市服务的工业发展的思路。紧接着，1959年6月11—24日，省农垦局召开了全省国营农场与干部会议，会议提出"以短养长、长短结合、多种经营、综合利用、就地加工"的生产方针。1960年1月18日，云南省委召开全省国营农场工作会议，着重研究国营农场经营方针和全面跃进问题，提出农场安排生产的顺序是"一吃、二住、三橡胶"。1961年9月26日，云南省农垦局局务会议以贯彻中央八字方针为指导，提出了农垦发展的三个基础：加强物质基础——吃住和基本建设；加强技术基础——培养橡胶、机务技术人员；加强思想基础——使90%以上的职工树立以场为家的思想。1962年，云南省委第一书记阎红彦在视察农场时指出，农场必须解决粮食和副食品自给问题。1963年王震视察云南垦区提出：要尽量多生产粮食解决自己的口粮。1963年3月26日至4月3日，云南省农垦局、省侨办、省农业厅召开全省国营农场党委书记、场长、工会主席会议，江洪洲传达了谭震林的指示，中心内容是消灭亏损。1966年1月12日，云南省农垦局党组作出贯彻农垦部党组关于经营管理制度十六条规定的部署意见。1966年2月下旬，国务院召开4省热带作物会议，研究热区规划和移民问题。3—4月，国务院派陈漫远带14个部组成的边疆规划组到云南考察。在给云南省委的报告中提出：发展橡胶生产，可以实行以场带社；也可以积极试办以社带场，即由乡联社办小农场；也可在大片无人或人少的空隙地，由国家扶持，从内地移民建集体所有制农场。5月9日，云南召开省委常委会，提出：农场有多少粮食就进多少人，农场要有储备粮，不管什么样的农场都得有粮食才行，都要力争粮食自给。农场除搞橡胶外，什么都要干，举凡农林牧副渔、工农兵学商都要干。1967年5月，云南省农垦局传达了国营农场多种经营和畜牧业发展的精神。

综上，初建时农场的经济建设主要以国家的橡胶种植任务和农场自身生存的粮食农作物生产为主，兼有多种类经营，这也与国家发展的阶段情势相一致。

(三) 场群关系

云南屯戍所属农场大多地处少数民族聚居地区，处理好民族关系，是关系到国营农场生存发展的重大问题。而在垦区，民族关系往往集中体现为场群关系，即屯戍农场与周边地方、垦区职工与周边群众的关系。从创建之始，国营农场秉承国家政策方针，始终把民族工作作为一项重要内容，坚决贯彻"全国各族人民大团结"的基本国策，按照"平等、团结、互助"的民族政策，依据"汉族离不开少数民族，少数民族离不开汉族；农场离不开地方，地方离不开农场"的指导思想，重视农场与当地的民族关系，以增进民族团结、改善场群关系为工作核心，致力于巩固和发展边疆地区的安定团结，为发展农场建设和促进边疆经济繁荣做出了巨大的贡献。

国营农场各级党委把做好民族工作、增进民族团结作为发挥屯戍工作队作用的重要内容。首先，设立专门的民族工作负责人和机构。农场的民族工作一般由党委办公室或行政办公室负责，党委分工1名委员分管。建场初期民族工作的主要内容包括进行尊重当地少数民族风俗习惯、执行党的民族政策的职工教育；组织职工为当地群众做好事，密切场群关系；正确处理场群纠纷，向破坏民族政策和民族团结的行为做斗争；协助农场领导密切与地方政府的联系，经常向地方政府汇报工作，征求地方政府对农场的意见，积极向农场党委提出加强民族工作意见建议等。1955年1月，刚到勐遮坝黎明农场的1700多名复转军人，就帮助扑灭勐遮街火灾，给勐遮各族群众留下了深刻的印象。

如西双版纳东风农场于1958年3月中旬建场，当月28日就下发了《关于政治工作的八条要求》，提出要认真执行党的民族政策，尊重兄弟民族的风俗习惯，并要求各生产队派1—2人到附近村寨去帮助工作或负责宣传。一些农场转业军人也以自己的实际行动获得当地群众认可。

如 20 世纪 50 年代的农垦初创时期，农场广大职工发挥党的光荣传统，尊重少数民族习俗，自觉维护民族群众利益。农场和周围村寨之间互相支持和帮助，关系十分融洽。当地少数民族亲切称呼农场、职工为"大军农场""汉族大哥"，这也为农场在当地嵌入建设提供了最初的民众认可条件。少数民族群众帮助建场的职工们扛行李、盖房子、上山备料、供给草排，还手把手地教农场职工就地取材盖竹房、打草排，提供开荒用的砍刀、锄头、斧子，及牲畜等运输工具。在少数民族群众的大力支持下，各农场在荒山野岭立定脚跟，开始了橡胶垦殖事业。边境一旦遇有敌情，村寨群众就会立即向农场通报，农场遇上土匪袭击，附近村寨还会主动派出村民协助防卫，有的还为农场的植胶事业献出了生命。1952 年，盈江林场傣族工人孟必清随组赴边境盏西一带进行橡胶引种工作时，途中遇土匪袭击而殉职。20 世纪 50 年代末，垦区需要接收安置湖南支边（包括随迁）人员 3.66 万人，各农场住房严重不足。在时间紧迫的情况下，各农场附近村寨的群众不仅帮助农场解决竹子、木料、茅草等大量的建房材料，还抽出劳力帮助农场建盖了大量的草房，解决了农场的燃眉之急。

同时，由于历史的原因，边疆地区生产力低下，经济不发达，少数民族生活贫困落后。作为具有准军事性质的屯戍农场，在当地具有较高的生产水平，带动和支援周边群众的社会经济发展也是国家赋予农场的重要职责。因此，国营农场在当地群众的支持下逐渐完善农场建设的同时，也抓紧将传播文明、帮助群众发展生产作为重要的工作内容。农场一方面向群众宣传科学卫生知识，破除迷信和落后习俗，另一方面还教群众学会精耕细作，使用肥料。当时，边疆地区缺医少药的状况十分严重，农场经常派卫生人员到村寨帮助群众防病治病，因此，"摩雅"（医生）成了最受群众欢迎的人，卫生工作也成为接近当地群众的最有效途径。到 20 世纪 60 年代初，随着农场规模的扩大和帮助群众发展橡胶等民族工作内容的扩展，各总场、分场的政治处都配备一定数量的专职民族工作干部，这些干部大多数由农场的少数民族职工担任。

第三节　云南国营农场的人员来源及其与当地交流

在经历最初的技术探索和试验之后，云南农垦开始规模化种植天然橡胶，国营农场也急需大量人力资源的充实。20世纪50年代，中央除抽调华南垦殖总局570多名干部和职工，以及各地林业科技人员赴云南组建和充实热带作物局外，又责成军委调2万多名解放军官兵，组建林业工程第一师、第二师和一个独立团，外加下放干部和湖南移民，先后汇集西双版纳和德宏地区垦荒植胶。20世纪60年代，大量湖南移民和知青赴滇支边，加入云南屯戍农垦建设，为农垦事业的发展做出了巨大贡献，云南屯戍系统发展至此初具规模。

一　规模化的移民

如前所述，由于云南边疆民族情况比较复杂，国营农场进入规模化种植又需要大量的人力资源支持，云南农垦步入实质性发展之后，开始进行政策引导式的大规模移民。先后近20万来自不同地区、不同战线的拓荒者投入这项承先启后的伟大事业。20世纪50年代，昆明军区13军、14军及49师，华南林一师、林二师，昆明军区直属队、后勤部、野战军、步校，云南省军区0058部队，思茅军分区兵役局，共3.14万名官兵相继转入农垦战线，成为开拓农垦事业的骨干力量。20世纪60年代，湖南省祁东、祁阳、醴陵县的3.7万名支边农民，带着内地先进的耕作技术，投入云南垦殖发展建设，同时还有大批省市下放干部、昆明垦荒队员、大中专毕业生、四川支边青年和本省内地农民也相继投入云南的农垦事业中。从人员来源而言，这一时期主要有两类：一是早期人民解放军军队复员官兵和下放干部的人力支援，对云南橡胶事业的早期建设功不可没；二是大批支边移民的到来，以及部分的志愿者与招工，为云南边疆的垦殖事业注入了极大的动力（垦殖人员大致来源可见表3-2）。

表3-2　　　1955—1968择年云南农垦主要垦殖人员来源

单位：人

年份	军队复员官兵	志愿者/招工	下放干部（知青）	支边移民
1955	4473	3552	—	—
1956	—	132	—	—
1958	2766	588	1586	—
1960	1195	—	—	44810
1961	—	820	10500	—
1966	—	—	—	11500
1968	—	—	55	—
共计	8434	5092	12141	56310

资料来源：云南省地方志编纂委员会编：《中国省志　卷三十九　农垦志》，云南人民出版社1998年版，各项数据整理。

应该说，这一时期人力资源的快速储备还有来源清晰、人员进入频繁且数量较大等特点，这从时间与数量上可见一斑。

（1）军队复员人员与志愿者。云南边境农场开始决定建立后，最初的生产人员主要来自中华人民共和国成立初期解放军的军队复员官兵，这一方面是基于国家安置大量军队，并且屯戍边疆地区的具体需要，另一方面也是基于云南边疆地区人口较少且生产技术比较落后的具体情况所致，由此，1955—1960年，军队转业官兵构成农场拓荒的主力。同时，基于中华人民共和国成立之初人民对新政权所给予的高度热情，也有部分志愿者加入了这个过程。1955年3月，中国人民解放军14军41师、42师复员退伍官兵463人组建潞江军垦农场。4月，由13军军直、37师、38师、39师2200余名转业官兵组建黎明、砚山军垦农场；14军41师、42师转业、复员干部、战士698人，分赴德宏垦区组建盈江、陇川、芒市军垦农场。5月9日，14军40师409名复员军人在临沧博尚成立勐撒军垦队，5月13日在勐撒坝组建勐撒军垦农场。5月13日，14军40师复员官兵299人组建双江军垦农场。5月25日，由建水县公安大队、13军38师共404名复员官兵组建金平农场。5月组建的还有陇川、勐底、勐连、盈江等军垦农场。同年12月，昆明市青年志愿垦荒队分赴各军垦农场并组建青年农庄、农场，其中550名到黎明军垦农场，2230名到双江、勐撒、镇康等军垦农场，389名到潞江组建新城青年农场，97名到遮放、89名到陇川、99名到盈江、98名到莲山组建青年集体农庄。1958年3月，思茅军分区退伍军人210人加入前哨农场。3月15日，昆明军区机关、直属单位转业军官和工薪制干部402人组建孟定农场。3月16—18日，14军机关、第十一速中、40师转业军官522人组建勐省农场，临沧军分区转业军官140人组建耿马农场。3月末，大理、楚雄、丽江军分区和云南军区直属队432名转业干部到陇川组建章凤农场。3月13—20日，13军所属37师、39师转业军官526人到达大勐龙建立东风农场。1960年1月，40师和炮兵320团1195名退伍战士到孟定、勐省、耿马3场参加生产建设。

  （2）支边移民、下放干部和知识青年。自1958年之后，由于军队人员的转业安置基本完成，云南农垦各农场的建设又方兴未艾，人力资源又陷入短缺。于是，在党中央的动员与号召下，各党政机关的下放干部、内地的支边移民以及下放知识青年逐渐成为主要的垦殖主力。1956年2—3月，华南地区调入的干部陆续抵达垦区并分别开始组建垦殖场：2月28日坝洒垦殖场建立，3月18日蚂蝗堡、南溪垦殖场、槟榔寨试验场建立，同时，景洪、广龙、遮放、新城等垦殖场也先后建立。4月，景洪、广龙垦殖场从景东、景谷、墨江等县招工132名，这是从思普地区最早吸收的工人。11月，第二批从华南调来的干部到达垦区，筹建了曼勉、曼增、勐养、橄榄坝等垦殖场。1958

年1月，勐阿农场建立，同年3月，省级机关下放干部600余人到勐阿农场，同时还有下放干部708人分赴德宏和西双版纳参加农垦建设，708人中209人到陇川农场，109人到大勐龙建立农场，390人到景洪、广龙、曼增、曼勉4个农场。同年，农垦局机关和直属单位下放一批干部建立大渡岗农场，思茅地专机关下放干部278人，到勐龙区建立前哨农场。1958年3月7日昆明步校下放军官77人、军士89人、工薪制人员18人到达勐养农场。3月12—17日，昆明军区所属曲靖、玉溪、思茅军分区及第九速中、预校的转业军官350多人先后到达景洪、广龙、飞龙、南联山农场。1958年4—5月，北京华侨补习学校归侨学生350余人分到勐养农场、景洪农场和大渡岗牧场，昆明下放居民182人到达勐养农场，56人到达大渡岗牧场。1959年9月19日，李有桂代表云南省与湖南省代表丁锐峰签订《关于动员青年前往边疆参加社会主义建设协议》。9月勐仑、勐醒、勐腊、勐捧、勐润农场成立，11月13日，省委批转了局党组拟再建新场18个、定植橡胶83万亩的报告。于是，从1959年12月到1960年1月，共接待安置湖南醴陵支边青壮年1万人，随迁家属5212人，在支边青壮年中，男女各占一半；有公社以上干部43人。1960年1月，保山、腾冲、昌宁、龙陵等县农村移民8266人被安置在德宏垦区各场。1960年11月17日云南省农垦局党组向省委报告：从10月15日开始，湖南祁东、祁阳移民（第二批）从湖南出发，到11月6日止，云南共接收青壮年1.19万人、家属9432人，分别安置在德宏、临沧、西双版纳3个垦区。1961年8月5日，天保、健康农场在昆明市招收学生380多人到农场当工人。同年10月，昆明市应届初、高中毕业生440余人到思茅垦区各农场参加边疆建设。1962年1月1日，勐连县农场和勐连军垦农场合并，成立国营勐连农场，2月关坪农场建立。1962年7月15日，云南省农垦局向各专州局传达工矿、学校下放到农垦系统的1.05万名职工和学生的安置意见。1962年年底，根据中央（62）542号文件精神，11月16日湖南、云南两省签订协议书商定:"已经返回原籍的支边人员,原则上不动员他们重返农场,由原籍政府安置,粮食户口转回原籍,党团关系暂不动,听候湖南通知。坚决要求返回农场的支边人员,必须持有湖南省委移民办公室的介绍信,并由湖南发给至昆明的车旅费。对留场的家属,农场不得歧视,更不宜公开动员其返回原籍,农场不得批准'半家户'返籍。"1965年12月11日,四川支边青年1379人从成都、重庆出发,30日前分5批到达昆明,被分配到德宏、临沧、红河、思茅4垦区。1966年1月24日,云南代表王宇辉与湖南代表赖伟雄签订《关于湖南人口流入云南省处理办法协议书》,并初步估计,1965—1966年,农垦共收容湖南18个县的自流人口1.15万余人,至1968年5月6日,云南省和湖南省联合作出《关于湖南省自流入云南的人口的处理意见》。1968年2月8日,北京首批下农场的55名知识青年从北京出发,2月21日到达西双版纳东风农场,内有高中生43名,初中生12名;男生31人,女生24人。此批知识青年志愿报名下农场垦荒,得到周恩来、李富春等国家领导人的关怀,并亲做批示。

二 嵌入与贸易结构

以农场为空间载体的外来规模化移民之后,嵌入空间中的移民群体与当地民众的交流就成为双方沟通联系的主要观察层面。由于嵌入初期双方的空间所在相互有一定的封闭性,因此,可以从双方贸易结构入手进行观察。

对于解放前云南少数民族地区经济结构的分析,按照马克思的四种社会类型进行概括和描述,学界多以生产关系为基点,界定了少数民族种类多且大杂居小聚居的区域总体情况,认为各少数民族的经济状况和社会发展程度极不一致,有的已经发展到封建领主社会经济形态,有的却仍然停留在原始公社阶段,中华人民共和国成立初期党和政府组织的一系列对于少数民族的调查和识别资料佐证了当时区域经济社会复杂性状况。同时,学者施坚雅对于村庄社会的交易方式与体系的分析方式也给我们引出了一个较新的社会结构研究视角，施坚雅对于中国民国村社市集的研究指出："村庄之上的社会组织是一个相当复杂的研究课题，过去十年来的研究著作清楚地表明初级市场体系的内部结构比我 1946 年文中所揭示的特征更为复杂多样。市场之下的村际组织五花八门……这些组织中的大部分具有多种功能，组织原则也不止一个。"[1] 借鉴施坚雅对于中华民国时期乡村社会的研究，其对于村社层面集市的分析思路是一个比较成熟的路径，即通过区域内集市的形成与分布以及交易的范围和内容等，来阐释乡村社会的结构及其变迁。于是，从屯戍制度嵌入云南边疆区域入手，可以试图通过中华人民共和国成立初期滇西和滇南边疆村寨的集市交易状况，来理解国营农场建立初期对于当地原有集市交易体系的作用与影响，从而研判国营农场移民介入，改变当地民众观念意识的路径。

（一）中华人民共和国成立前后傣族社会概况

以中华人民共和国成立前夕，国民党政府对于边疆下层社会控制最主要的工具是国家政权的保甲制度和通过少数民族首领而实现的税赋征收体系的建立。抗日战争时期日本的侵略对滇西社会造成极大破坏，解放战争时期的西南边疆政治管理与财政征收也处于极为混乱状态。由于管理混乱，云南部分地区的土司制度仍有保留，土司司署普遍存在，各土司不仅在本地、本民族中享有很高的威望，而且继续保留了地方管理权，临解放前夕的云南边疆，形成"土流并治"的政治格局。此格局使得各少数民族的沟通交往局限于本群体所居区域，又由于生产水平较低以及地处偏远、交通不便等多种原因，贸易来往较少，区域内不同少数民族群体的经济发展水平参差不齐，有的已经发展到封建经济时期，有的仍处于原始母系氏族社会。鉴于难以对区域内每一个族群的贸易状况都进行详细分析，本书试图通过对典型区

---

[1] ［美］施坚雅：《中华帝国晚期的城市》，叶光庭、徐自立、王嗣均、徐松年、马裕祥、王文源译，中华书局 2000 年版，第 721 页。

域的描述，来分析中华人民共和国成立初期云南边疆少数民族村寨集市贸易系统发展的经济结构和运行机制。云南区域中较适应种植橡胶的农场大多位于德宏傣族景颇族自治州和西双版纳傣族自治州境内。其中，西双版纳傣族自治州下辖11个规模较大的国营农场，分布于长966公里的国境线一带，区域内聚居着傣、哈尼、拉祜、布朗、基诺等13个少数民族，约占全州人口的74%。由于在地理位置上接壤老挝、缅甸，邻近泰国、越南，且所辖的水路——澜沧江[①]是一条国际河流，西双版纳地区的社会发展相对繁荣。从经济层面来看，集市形成与贸易交往多与经济发展程度有着密切的联系。因此，可以从新中国成立前后西双版纳傣族村寨社会为例管窥一斑。

　　解放前夕的西双版纳地区封建领主经济与原始农村公社经济共存，在土地所有制层面，实行召片领制，即区域中一切耕地、牧场、荒地、山林甚至水源，都属于傣族最高领主"召片领"所有。以这种土地所有制为基础，从事直接生产的农奴，虽然自己占有一定数量的牲畜和农具等生产资料，但对于土地却只具有使用权，凡耕种领主土地的农奴，在惯习上需要履行"吃田出负担"，而不领种土地的成年人，如果居住于领主的属地上也必须按规定出税赋，即"买水吃、买路走和买地住家"，领主可以全权夺回、收回和分配土地，农奴死亡则必须向领主"买土盖脸"，这种经济形式上，农奴失去人身自由，基本上作为土地的附属物被束缚于领主管辖之下，形成召片领对下属农奴的人身占有关系。傣族地区关于召片领的法律，明确规定："只要头脚下地，就是召片领的奴隶；长在头上的几亿根头发，都是召片领的财产。"[②] 同时，召片领虽然拥有全境土地的所有权，但不直接使用全部土地，而是直接圈划其中一部分土地，其余则分赐臣

---

　　① 澜沧江纵贯南北，出境后称湄公河，流经缅、老、泰、柬、越5国后汇入太平洋，是一条国际河流。
　　② 全国人民代表大会民族委员会办公室：《西双版纳傣族自治州社会概况》傣族调查材料之三，1956年，第10页。

属，以提供徭役和贡赋的形式来获得收益，臣属们则是由占有土地的多少来决定其地位。因而土地的多少直接与政治等级相挂钩，区域内的大小领主的等级，以其受封土地的数量，以及与召片领之间血缘关系的亲疏两个因素来决定。解放前，西双版纳地区最高领主召片领之下又分为三十多个次一级的领主，称为召勐。其职责主要是效忠于召片领，并向召片领纳贡，对其领土和政治地位享有世袭的权力。召勐又可以将直辖区内的土地划分为采邑，分封各级臣属，这些采邑臣属直接强制农奴完成各种劳役和税赋。同时，在当时的傣族社会中，还残存着较为完整的原始农村公社经济形态，西双版纳的傣族农村，每个村寨立寨时所划得的大片土地均有严格的界限，土地最初是属于村寨集体所有，不属于任何单独的成员，在召片领的统治之下，这种土地集体所有又转变为集体占有，以变相地获得土地使用的合法性，这种集体占有的耕地称为"寨公田"，凡经村寨头人批准加入村寨，则可以分得一份寨公田，一旦出行或迁离村寨则必须将寨公田交还村寨。村寨公田在村寨成员间定期分配、分散经营。因此村寨成员的身份，是村寨土地获得的必要前提，单独个人对土地不具有私有权，这与马克思对于亚细亚社会形态的分析基本是一致的："财产仅仅作为公社的财产而存在，单独的成员本身只是一块特殊土地的占有者，或是继承的，或是不继承的，因为财产的每一小部分都不属于任何一个单独的成员，而属于作为公社的直接成员的个人……因此这种单独的人只是占有者。只有集体的财产，也只有的私人占有存在。"[①] 傣族村寨公社经济表明，就组织形态而言，傣族的村寨内部都形成了完整且足以独立自存的组织，奉行自给自足的分工："被村社成员称为寨父、寨母，又被封建领主加封为'叭''鲊''先'的当权头人，他们有管理居民迁徙、代表村社接受新成员、管理村社土地、代领主征收各种贡赋、管理宗教事务、管理婚姻及调解争端等职权。在他们下

---

① ［德］马克思：《资本主义生产以前各形态》，人民出版社1956年版，第11页。

面,有管理武装的'昆悍';有向下传达、向上反映、类似乡老的'陶格';有通讯跑腿的'波板';有执掌文书的'昆欠';有管理水利的'板门';有管社神的'波摩';有管佛寺的'波沾'……有的村社还设有银工、金工、铁工、木工、猎手、屠宰师、酒师、商人、医生、马医、理发师、阴阳家、诗人兼音乐家等,他们都不脱离农业生产……村社内部还留有'村社议事会'和村社民众会议的原始民主残余。"① 傣族村寨的这种社会结构,从空间来看,一个村落就是一个包含着一定耕地和荒地的区域以及在这个区域内居住的人的集合。从政治上看,它更像一个独立的行政区,村落表现了经济体的相对独立与封闭。其中的官吏管理者各负其责,在农作的同时为他人提供一些必需的生产生活服务,从而形成体系内与国家对话的代表。在这个系统外与国家政权主要联系的渠道便是区域官吏所收纳上缴的贡赋或是劳役输出,除此之外,村社集体与国家基本毫无联系。对于召片领所隶属的阶级私有社会体制而言,傣族原始的农奴公社有一个明显的过渡特征,即公社土地的集体占有与分散使用,分散劳动体现了私人占有即通过个人或家庭的劳动有可能使得牲畜、货币等生产资料变为个人占有。这种情况所带来的直接性后果就是村寨成员必然产生贫富分化,除财产数量之外,那些占有较多生产资料的人逐渐在公社中占据重要地位,拥有更大的公共话语权。而随着农奴村社经济的慢慢瓦解,这些人所具有的公共地位就逐渐会形成非正式权力,非正式权力所有者构成村寨内的特殊价值或利益团体,最后所谓的村社精英和村社话语的代表就从这部分人当中产生出来。例如,景洪地区历史较久,耕地最多的曼达寨,除了其封建领主占有的土地外,在解放前还有7个附属寨。曼达头人的职位为村寨内少数几个富裕的家族所垄断,寨内的农民称头人为"波曼""咪曼",附属寨的农民则称主寨

---

① 缪鸾和:《西双版纳傣族自治州的过去和现在》,云南人民出版社1957年版,第16—17页。

的头人为"招孟囡"或"招纳",意为小吐司或田主,大领主则将其称为"叭囡达"即官名家寨名进行称呼,种地农民自称为"鲁农",意为有隶属关系的小辈。头人兼有村寨公共管理的身份和领主代理权力的身份,他们对内也可以管理和分配土地,对外则代表领主管理土地,缴纳税赋。事实上随着历史中傣族群体在坝区势力的扩展,这些较低层的寨父、寨母同样可以随着自己土地的扩展而成为几个村寨的统治者,他们一方面通过召片领所加封的官衔而获得自己的俸禄田,另一方面在管理村社的同时受到召片领指派的"波郎"(家臣)的直接控制,从而更强烈地受控于召片领。

以上述土地所有制和经济形态为基础,傣族封建领主制下的劳动产品交流主要是封建领主交换形式,兼有少部分的村寨整体集市贸易交换。具体来说,由于封建领主土地所有制中农奴耕作者对于土地的使用权并不稳定,严重阻碍小农经济基础下的土地买卖和集中经营。在生产力水平不高的情况下,封建领主将所辖各个村寨的功能进行划分,规定村寨单一从事一种或几种农业或手工业劳作,并按比例缴纳产品贡赋。而村寨在生产领主所指定的产品之外的生产生活所需,则由领主从生产其他产品的村寨所缴纳的产品中进行分配供应。有的村寨土地资源较充分,可以吸引较多劳动力加入,则生产状况较好,产品剩余较多,则由村寨进行统一交易,即由村寨中负责缴纳贡赋的人一并带出到领主纳贡地附近集市进行交易,交易所得由村寨头人留存或换取村寨其他急需物品;有的村寨生产状况不佳,或由于产品性质所限(如专门负责给召片领饲养大象坐骑的村寨,负责制造兵器的村寨),就很难进行大量的产品交易。因此,在这样的经济形态之下,1949年以前西双版纳傣族的集市贸易大多集中于封建领主所在地附近,这里的贸易主以本地封建领主与外来商业产品的交易为主,兼有部分村寨剩余产品交换,相应的集市也就集中于领主所在区域,村寨之间有一些定期或不定期的赶集日,但大都规模很小。

1949年12月,卢汉起义宣布云南全境解放。到1951年8月,中共云南省委开始在全省境内的农村开展土地改革。土改分为四类区域：第一类是内地坝区的土地改革，包括44个县及22个县的一部分，共约4000个乡760万人口。这部分地区以减租退押和清匪反霸为基础，较彻底地完成了土地改革的总路线和各项政策。第二类是内地民族山区的土地改革。云南的内地山区为多民族杂居的"杂居区"，共有25个县，包含3800多个乡和500多万人口。这部分地区的土改由于涉及多民族地区，注重以民族团结为前提条件分步骤进行，通过在政治上打倒封建阶级，建立基层政权之后，才转入没收土地的经济斗争。第三类是缓冲地区的土地改革。在内地与暂时不进行土改的边疆民族地区之间划出缓冲地带，称为"缓冲区"，包括26个县1036个乡，共约155万人口。这部分地区以中央和云南省委的土改政策为指导，从自己具体情况出发形成了一些补充性的政策措施，如对民族上层人物一般不予斗争等，从政治上和经济上都采取了比较温和的形式。第四类是边疆民族地区的和平协商土改。这部分地区包括29个县市共计160万人，其中6个县市全部实行和平协商土改，其余23个县市只在部分小区将实行和平协商土地改革。这部分地区的土改以争取上层民族领袖为主要方式，自上而下地解决土地问题。[①]

西双版纳傣族坝区，大致属于第三类土改地区，其土改指导方针要求"一是一切必须有利于对帝国主义和境外国民党残余部队的斗争；二是土改本身必须认真考虑有效地减少阻力，更顺利地发动群众，打倒敌人；三是在彻底完成土改任务的前提下，力求减少对边疆民族地区和对国外的震动"。因此，采用温和的特殊土地改革方式，以便于当地各民族群众接受。

此时就西双版纳傣族村社经济层面来看，解放前所形成的封建领主经济随着土改而土崩瓦解，土地为社会主义国家所有，封建各级领

[①] 云南省档案馆编：《建国前后的云南社会》，云南人民出版社2009年版，第156—159页。

主的土地为普通民众所获得，获得土地资源的民众平等地拥有土地使用权。一方面，从西双版纳整体的村寨发展而言，中华人民共和国成立初期的土改虽然改变了区域的社会经济关系，使原先村寨中头人对土地的支配权转移到了村寨民众的身上，每个傣族民众由于土改而获得了自己具有使用权的土地资源。但是基于经济发展较为落后以及最初整个国家计划经济形态的实施，傣族村寨之间还是较多依赖于定时间定地点的集市贸易。一些村寨由于交通闭塞，其产品仍然会集中由村社负责人或是村寨中的青壮年劳动力负责，将相应物资拉到集市进行交易。另一方面，尽管由于生产力发展水平所限，土改之后短期内并没有产生出大量剩余产品和商品贸易，但由于土地资源的划分，个体实现了对自身劳动产品的自由支配，生产积极性有所提高，以个体或家庭为单位的经济生产发展提供了个体交易的诉求愿望，也提供了这种可能性，村寨层面上的少量交易开始有所发展。由此，两种经济状态同时存在，在自给自足的前提下，挨近集市的村寨开始发展出个体交易，而地处偏远的村寨则仍旧实行少量集体集中交易。此外，一些村寨开始慢慢摆脱封建领主时期的村寨生产功能划分，逐渐发展其他生产，并随之产生小规模的村寨内部交换，或是物物交换。

（二）国营农场与当地的贸易交往

从地理分布上，基于国家的天然橡胶种植的"屯垦"战略和云南较长边境线防卫的"戍边"需要，云南国营农场分布在沿边境线一带较贫困的少数民族聚居地区。其中，有条件种植橡胶的农场主要分布在南沿国境线一带，东起麻栗坡县，沿马关、河口、金平、勐腊、景洪、勐海、孟连，西至耿马、沧源、潞西、畹町、瑞丽、盈江等县区。这些地区在中华人民共和国成立初期生产力发展水平不高，政治经济文化发展水平也相对较低。所建设的国营农场附近大多毗邻着不同的少数民族村寨，有的毗邻的是一个民族，如国营景洪农场，位于西双版纳傣族自治州景洪县境内，下属几个分场周围基本都是傣族村寨；有的周围有数个少数民族杂居，如国营橄榄坝农场，场区东边是基诺乡，南接缅甸，北边为小勐养，农场周边毗邻曼洪、曼介去、城子寨、曼纳庄、窝托老寨、八家寨、曼戈龙、曼贺科、曼么耐、纳蚌等22个村寨和基诺乡所属的巴亚新寨、巴坡两个村寨，共24个民族村寨；又如国营坝洒农场，位于德宏州河口县境内，农场西与越南隔河相对，北与河口县瑶山乡交界，东与河口农场为邻，该地区原是少数民族聚居的偏远农村，属于低丘陵地带，开发较早，各类可开发区域均已开辟成水田，附近居住的民族主要有壮族、瑶族、苗族，其他还有少量的彝、傣、哈尼、傈僳、普米、蒙古、布朗、布依等民族，本地壮族人口最多，集中居住于红河及各支流流经的坝区。如果说不同少数民族群体形成的空间犹如一个一个的"气球"散布在边疆这个大的空间之中，那么，国营农场就是投入这个区域的另外一只"气球"，嵌入到原有的"气球群"之中。因此，国营农场功能的实现与周边区域社会状况息息相关。

从经济形态上，云南农垦作为土改第三类"缓冲区"，推行改革的时间大致自1952年10月开始到1954年下半年结束，该时段正值国家进行天然橡胶的选种育苗，以及培育技术研究阶段。1952年12月，中央指示开辟云南植胶区，开始选址兴建国营农场。自1954年后，根据林业部关于筹建有一定规模林场的指导，各地区国营农场开始陆续组建。应该说，从时间段来看，云南各地州国营农场的建设正好是在土地改革结束之后。因此，从结构方面来说，少数民族村寨的土地与国营农场的土地所有制形态是一致的，属于国家所有之下不同形态使用权界定，这从基本的生产资料占有方面具有了一定的相同性，为国营农场能够顺利建成奠定了坚实的基础。对于云南边疆区域少数民族杂居空间中的经济结构进行分析，需要从经济发展的较长时段来梳理，西双版纳的坝区傣族经济发展相对比较发达，达到了传统农业初级阶段，传统农业的初级状态主要是指在这种农业形态中的动植物驯养品种相对丰富，劳动工具能够使用基本的铁器和铁犁耕种，在其社会分工中，农业劳动者掌握初步的施肥、灌溉和畜力耕作，手工业则已经有采掘、冶炼、雕刻制作和纺织等技术，职业系统已经形成了以农业为主、手工业次之，具有小量商业的社会体系，但大型的冶炼器具，如铁器、火器等以外部引入为主，农业产量受气候影响大产量低。此时，虽然由于生产资料水平的提高带动了人口增长，但人口的增长受限于可开垦的区域或是新发掘的土地数量，同时区域中的商业虽然有了少量的产品交换，但所交换的产品限于家庭消费的剩余品以及节约家庭消费的剩余品。因此所形成的交换市集在时间上是断续的，同时区域上也存在不稳定性。相较于傣族相邻的白族地区来看，虽然白族区域已经进入了传统农业相对高级的阶段，即形成典型的家户型小农经济有着较完整的农业生产技术和较发达的手工业分化层次，并分离出了独立的商业系统，但是对于土地单位产量开垦的极限所带来的却是经济停滞，市场的局限同时还伴随着区域与外界交换的严重不足，这使得这一区域除了从农业产量上有了提高外，商业仍然受到极大的限制。而作为自给自足的经济交换体系，傣族区域也较少与相邻地区实现大量商业贸易。以上述经济形态为基础所形成的民族群体相互之间的结构和关系，主要是在商品交换的牵引下将经济的运行空间扩展到若干坝区，但是受到地域地理条件的限制，社会分工展开较少，人们的生活需求比较单调，生产和生活用品基本自给，大部分少数民族聚居社会所形成的经济、生产方式就是就地取材、就地加工、就地消费。也因此，云南边疆区域总体生产技术水平有限，人口和土地的扩展主要是为了取得新的可开垦土地或是新的原料使用地，许多资料还表现，少数民族地区所倡行的轮歇耕作也大大地扩展了同期开垦荒地的需要量，如傣族、藏族和彝族都拓展了较大的农耕活动区作为其外延耕地轮作的条件。如果碰上风调雨顺的时期，此时人口和社会都会出现一个小的兴旺期，而更多的情况却由于宗教、社会历史等原因，新增加的人口并未成为新增劳动力，如在傣族地区青壮年劳力在一定时间内进入佛门修行，以及如彝族地区的"家支"进行旷日持久的冤家械斗。因此，在粮食总量无太大增加的基础上，只能以减少人口占有量的方式来满足增多的消费需求。此时，对于这个区域的农作形态而言，其运行系统是封闭的，与外界的交流交易较少，与之相对应，以中原地区的农业为例，由于平原的地理因素，农业达到专门化生产之后，多类化的农业与手工业品生产拥有一个相对广阔的市场体系，这种经济形态有助于分流农业技术提高后的增加人口，使之转而从农业区域外获得生活必需品，减少家庭经济对于农业的依赖性，具有开放性。对应于边疆封闭式农业，一是边疆少数民族地区由于交通不便，以及农业生产技术的落后，其自给自足的经济无法提供相对广阔的商品交流市场，其区域特色首先是远离市场中心，信息极少，信息传递的成本也极高。二是民族聚居区域小，相距甚远，且农业经营的收益低，聚居民族只有保证了自己的口粮生产之后，才能将剩余劳动放到交换生产上，存不存在交换也基本不影响生活，因此交换式的手工生产既缺乏需求，又因为远离广阔的消费市场，山高路远而提高了运行成本，其产品很难有竞争力，这种手工业和农业难以分离的情况甚至会在自然收成不好的时期，将手工业者重新逼回农业生产。由此可以说解放之后，由于少数民族区域经济的发展状况与中原内陆地区的经济发展情况完全不同，它的改造与发展很难像政治制度改造那样完全建立一个新的结构系统，经济的发展必须建立在旧有的经济基础之上，因此其发展需要逐渐加入促进经济发展的变量，才可以获得更新的发展。

相对内地既有发展情况而言，边疆少数民族的生产水平决定了可以用于交换的剩余产品事实上并不多，也远未获得足够的消费能力；初兴建的边疆农场虽由国家纳入财政划拨，但多用于相关建设，农场职工基本只能维系简单基本生活。双方几近相似的自给自足状态，使得新建的国营农场与当地的贸易交流仍然依循原先当地族群之间生活必需品交换的贸易方式，与原住居民之间的贸易交流仅限于简单的个体或家庭的剩余产品的交换。

三 国营农场发展与集市形成

据估算,解放前夕西南少数民族约 2700 万—3000 万人,其中约 200 万—300 万人进入大致与汉族地区相同的传统农业解体期,约 1000 万人处于传统农业中末期,约 1000 万人处于传统农业初期向中期过渡,500 万人处于传统农业初期,约 40 万—50 万人处于原始农业生产期,有 2 万—3 万人是采集部落渔猎生产期。

基于这样的生产条件与经济状况,国营农场所建立的区域又均是沿边、高山阻隔的交通不便地区,因此区域内的集市市场基本是没有的。以坝洒农场为例,虽然建场初期其附近的南平、田房、白石头、龙树脚等地区,人口相对集中,且是粮食主产区,但当地居民却很少种菜,其食用蔬菜主要是野菜和竹笋,也不进行交易。农场建立后,农场职工开始种植蔬菜,由于对其土质不熟悉,刚开始的时候产量很低,品质也很不好,不过农场职工依旧坚持研究当地土质气候情况,提高种菜技术。如坝洒作业区二队,种菜工王福生经过多次摸索创造了年产蔬菜 110624 斤,超额 125.7% 完成任务被评为农场的劳动模范,同时内地来的农场工人还带来了各行各业的技术,填补了少数民族的手工业空白,这些技术主要有种菜、养猪、榨糖、榨油、烧石灰、做砖瓦、铁木竹器的制作、缝纫、副食品加工和土墙房屋建筑。其中以房屋建设为例,当地居民主要用竹笆茅草建房,内地来的人称之为"三怕房":怕风、怕雨、怕火,此类房屋四面透风,有的人在山上捅了马蜂窝,蜂群可以追到家里,晚上还经常会有蛇、虫、蚂蟥之类的骚扰。农场建场之后,湖南支边工人在农场推行土墙建筑技术,建起土墙房屋 40000 多平方米,更在后来组建了基建队和砖瓦厂,开始推行砖木结构房屋,另外,道路的建设也是建场初期的重要工作,由于云南地区山高水急,历史上交通阻隔,村寨之间的来往都相当困难,生活物资的运输就成为农场的极大问题,建场初期运输物资的道路基本都是顺着相对平缓的河沟走,来回一趟费时十天半月,涉水十余次，农场建成之后，职工们便开始开山筑路并建设简易桥梁，这些最初的道路和桥梁很快便成为农场自己以及附近村寨进出、交流和物资运输的动脉。

虽然国营农场最初建立的任务之一是进行军队自给自足的垦荒发展以及国家计划商品种类的生产，但对于云南边疆区域极为不发达的商品经济而言，农场慢慢发展成为附近村寨集市贸易的最佳地域。最初农场职工只是在生产之外养三五只鸡或鸭，或是生产队养一两头猪，供自己食用，且最初周边区域商品经济的落后，工业以及肉禽蛋等商品十分紧张，基本上工资、粮食、基本生产资料都要靠上级部门划拨，副食则主要为粮食和地方野菜，每月到地方集市日，农场职工赶集采购的物资也相当有限。随着内地职工的逐步增多以及内地所带来的各种生产技术的提高和推广，一些农场逐渐出现职工出售自己生产的富余产品的小摊位，这种方式一旦出现就发展相当迅猛，一两年就在农场周边形成了相当规模的集市贸易，快速地取代了原先乡镇所在地的不定期的农贸市场，从经济条件和规模而言，此时的农场集市有三类：第一类以黎明农场为代表，黎明农场的农贸市场位于农场场部右侧，在长约200来米的路两边，设了一些简易的铺面和摊位，一直延伸到农场外部的公路边缘，每天黎明时分在通往农贸市集的路上，农场职工和各族群众肩挑筐背各类货物进入市场，主要为鸡鸭鹅蛋、蔬菜、部分肉类以及一些山林野味，如竹鼠、野鸭、马鹿等，热带和亚热带水果较多，每天进入市场交易的可达上千人次，大多为当地居民，也有外地采购的，主要的农贸交易范围达到景洪等滇南地区。第二类是以东风农场为代表的农贸市集，东风农场农贸市场直接位于农场场部，其初期集市上为村寨居民用以交换的水果和禽蛋，没有肉类和鱼类，气候在发展过程中内地职工与民族兄弟互通有无，开始逐渐出现肉类、豆腐、米、粮、杂货，甚至还出现成衣和医疗摊，并形成了天天交易的集市贸易，形成一个可连续交易地域。第三类是以弥勒东风农场为代表的农贸市集，东风农场建场之前其乡镇府所在地朗才村有一传统农贸集市，定期赶集，已延续四十余年，东风农场建场之后，由于开拓了交通，该集市逐渐转移到场区中心的东风街，初期交易以禽蛋、蔬菜等少量品种为主，赶集期由原每周一次，逐渐发展为周四、周日两天，有适逢节假的赶集日参加贸易的还有来自昆明和附近县城的人，平时农场职工与附近居民也逐渐形成了以个体摊点的常年贸易。至此，国营农场建场之后在农场场部及其附近区域也都形成了自己的集市，只是其规模大小、距周围村寨的远近各有所不同。

四 国营农场的社会认同形成

从当时的国际形势来看，中华人民共和国成立以后，百废待兴，国际的封锁禁运以及紧张的战争备战状态，使得屯戍尤其是边疆屯戍需要加快发展，维系边疆的社会稳定与经济发展基础。中央人民政府组建并且扩大国营农场，希望能够以生产型的准军事力量控制边疆区域、维持边境安全，消除国家整合初期的无序与混乱，进而重塑新的社会运行秩序，获得区域整合和社会稳定。

（一）政策设计与国营农场定位

屯戍制度的具体实施，依靠的是国营农场实体。这一阶段以中央的屯戍战略为指导，以已经建成的农场为载体，开始构建针对这个实体结构与功能实现的一系列政策。这一阶段中央出台了中发（62）628号文件《国营农场领导管理体制的规定》，针对国营农场的体制与管理形成正式的权责界定。由于该条例主要是为了整顿国营农场发展中的无序状况而制定的，其初衷是重新调整中央与地方在管理农垦组织上的权力分配，恢复集中管理，因此《国营农场领导管理体制的规定》（以下简称《规定》）中对国营农场权属界定较为详细，从生产计划到经营管理，从物资划拨到产品处理，从职工生活到后勤事业均有细致明确的权属分配。首先，界定体制归属和经营主体，《规定》第一条："国营农场是全民所有制农业企业，应该按国营企业的管理原则管理。国营农场的生产计划权、产品处理权、资产管理权、人员调动权集中于国家所指定的管理机关，实行统一领导，分级管理"；其次，界定了各地域国营农场的领导归属，《规定》第四条："新疆生产建设兵团、东北农垦总局所属的国营农场；广东省的海南、湛江、汕头，广西壮族自治区的玉林和南宁，云南省的思茅、红河、临沧、德宏、文山和福建省的龙溪（包括同安）等地的橡胶和热带作物垦殖场，都是中央直属企业，由农垦部直接管理，'四权'① 属于农垦部"；第三，规范国营农场的物资供应与使用，《规定》第十条："国营农场所需要的由国家统一分配的物资（统配物资和部管物资），统一由农垦部归口申请，平衡分配，报经国家计委、经委及有关部门分别下达，由省、市、自治区组织订货。"② 可见，这个阶段的屯戍制度设计以经济发展为主旨，明确了中央对于国营农场的直线管理控制，以生产物资和产品处理为两条主线，实现国营农场层级管理的权限划分。进一步来说，以《国营农场领导管理体制的规定》为依据，中华人民共和国成立初期对于天然橡胶种植的重视以及现实军事生产的需要，直接促成了国营农场的形成与发展。一方面对国营农场的资金来源、产品经营以及品种等事务，均有详细的规定，明确了国营农场的权属划分和权力运行体制，对国营农场这个载体作为边疆嵌入空间的巩固与发展设计了基本架构和运行动力；另一方面就政策设计的社会融合价值而言，组织管理体制的政策设计是一种典型的国家本位政策范式，以国家需求为出发点，所构建的制度载体——国营农场的组织结构，事实上是以国家当时社会主流结构为范式的。毋庸置疑，主流的结构范式，也就是计划经济单位制形式的层级组建，有利于国家在当时的政治经济情况下获得有效率的管理和发展，而从边疆区域的视角来看，却有着另外一种意义：为边疆区域原有惯习空

---

① "四权"指生产计划权、产品处理权、资产管理权、人员调动权。
② 《中央关于转发〈国营农场领导管理体制的规定〉的批示》，中发62（628）号，1962年11月22日。

间提供了一种新的农业生产经营组织形式，并以正式制度构建出这种组织的发展空间。

基于政府政策对国营农场的明确构建，以国营农场为实体所组建的农垦系统此阶段已经开始以各种国际国内的交往方式，获取这个生产经营载体的身份确定。以云南为例，与中华人民共和国成立之后其他地区农垦系统的规划一样，云南农垦系统的组建首先体现了国家政治与经济利益统一的强烈要求，这种性质也构成其产生后维持运作的根本基础，因此，这一时期云南农垦具有相当浓厚的国家代表性与准军事性色彩。所谓国家代表性，是指农垦系统除了最初作为一种国家建构性组织，具有一定的政治权威和强制力，对边疆区域而言，还在吸纳与整合社会力量方面体现出一些独到的优势。国家代表性体现为对外和对内两个方面：对外而言，指的是农垦作为国家某种领域的代言人，以国家的名义参与国际交往，对当时来说，主要是社会主义阵营的各种相互交流事务。具有代表性的有：1956年11月，戴渊赴越南参加该国橡胶种植规划，并获得奖章。1957年3月，新城青年农场杨一堂代表志愿垦荒队到苏联莫斯科出席垦荒积极分子大会。1957年5月25日，云南省农垦局接待越南人民军后勤总局代理局长邓锦江少将一行6人来云南参观军垦农场，江洪洲向其介绍了云南军垦农场的情况，并陪同到嵩明牧场参观。1958年7月6日，越南人民军军垦代表团来云南，参观了潞江、双江、勐省、宾川等农场。1958年11月16日，云南省农垦局组织赴越南办展览，展品有橡胶类、虫胶类、咖啡类、甘蔗类、稻麦类、肉类等实物和图片。1959年10月1日，越南代表团参观红河公社，并赠非洲鲫鱼1.5万尾，由林玉保往越南接运回红河公社放养。1960年云南省农垦局局长江洪洲到缅甸考察参观。1961年3月10日，越南农场部邓金红副部长及老街省委书记一行14人到河口参观橡胶生产情况，了解农场经营管理经验，并要求在种苗和技术上给予支持。1961年4月14日，国务院总理周恩来与缅甸总理吴努在热带作物研究所四号林地举行两国首脑会晤。

5月，越南总理范文同到槟榔寨大队参观，并要求在橡胶技术上给予支援。7月11日，彭名川带领中国云南农业参观团赴缅甸参观，带回了缅甸生产橡胶、热带经济作物的一些资料及红皮香蕉、马切苏芒果、人心果、菠萝蜜、红毛丹、山竹等种苗。1964年9月，农垦部组织赴柬埔寨学习，吴维松参加考察天然橡胶的生产、科研情况。对内而言，则指的是云南国营农场通过对边疆区域当地社会的保卫与服务所产生辐射效应，赢得了该组织在当地社会存在的合法性基础，并逐渐发展壮大。这主要体现为20世纪50—80年代农垦对边疆社会经济建设的巨大投入：1960年10月，思茅地委决定由农垦抽调3000余人突击修筑昆洛公路勐混至打洛的最后40公里，至年底完工，勐腊五场也承担了修筑勐腊至勐捧的公路。1963年4月4日，云南省农垦局通知热作所和思茅农垦局帮助景洪县曼厅乡的集体农场种橡胶100亩，种植后国家每亩补助30元，分6年拨给，由热作所负责技术指导。

所谓农垦的准军事性，则是指云南农垦在区域安全保卫与稳定中所发挥的独特作用，主要体现为云南各农场对境内外反动势力的军事性打击。20世纪50—60年代，国营农场的建立弥补了边防部队和地方政府保卫力量不足的问题，而且从地理来看，云南农垦下属大部分国营农场建立的位置大多处于边境一线，除了植胶的经济生产任务之外，还兼具国家戍防和保卫边疆和平的任务，其中，又以歼击土匪、残余匪特为多发任务。如1958年10月9日，东风农场二队队长杜朝金率民兵40名，配合部队围剿蒋军残部。1959年3月2日夜8个境外残匪窜入弄巴营业所抢劫现金，女营业员徐学惠与匪徒搏斗被砍断双手，匪首向境外逃窜时，被陇川农场下放军官王天林当场击毙。1961年1月，思茅垦区派出精干民兵2000余人支援部队为中缅两国勘界扫除障碍，历时2个月，肃清了盘踞国境的国民党残余部队。

由上可见，这一阶段通过正式的政策规范与国营农场作为屯戍制度的实体代表而产生的各类政治、经济和准军事行为，将国营农场作为国家自上而下制度构建的范式单位空间呈现于边疆社会民众面前，并且通过不同的功能实现行为明确展示了单位载体的意义范畴，使得边疆民众获得有关国营农场的清晰认知。

(二) 功能作用路径探索

继边疆民众对于国营农场的认知之上，国营农场需要当地社会对之形成更深入的了解和认同，才能进一步发挥国营农场对地方的影响与作用。与农垦系统带有的政治形成背景相比，国营农场自构建起，其经济战略的意图更强，只是这种经济性仍是以国家战略需要为主要指向，商业经济性营利最初并未被纳入生产经营的目标范畴。从国营农场成立之初的成员来源来看，其成员组成尤其是领导者基本是军队、兵团的复员军人或是国家委派下放的干部，在一定程度上，他们既是国家权力的代表者，又是农场的经营管理以及生产者，这种双重角色的统一，有利于国营农场组织既不脱离国家控制，又能维护战略生产性的效益，从而很好地实现国家战略规划。事实上，云南国营农场成立之初就发挥这样的作用：

一是带动地方农业并扶助地方经济的国家整合。国家通过组建国营农场嵌入区域发展展示不同的生产经营方式的结构，并在经济领域借助国营农场这一组织载体，致力于边疆农业发展方式的效应扩展，推动农业现代化发展，以促进和带动地方经济，实现地方经济整合与国家认同。解放前，云南虽然在民族商贸以及境外贸易方面有所发展，但农业经济发展水平非常低。中华人民共和国成立之后云南在非常短的时间内完成了经济和社会制度的跨越，但其存在的先天性不足也是显而易见的：农业生产工具、技术落后，经营规模小、效益低、品种落后。这些事实表明当时云南的经济发展中，原有农业经济形势的滞后性是一个较大的障碍。而中央政权也意识到，如果没有有效的经济组织形式来介入当地的发展，那连基本的经济发展都很难做到。从长远来看，长期的经济落后，也会不利于区域的稳定，更难以实现有效的国家认同。从这个角度说，国营农场系统作为一种由国家创建和支持发展起来的国家权力组织,其组织宗旨一开始就是维护国家边疆安全与稳定、提供必需战略物资以及发展边疆经济,充分发挥组织政治、经济、社会等方面的功能,为边疆农业的发展提供各种服务。例如,在作物种植方面,云南国营农场各部门一直积极开展相关作物的可行性论证、检验检测和技术培训,及时施行政府的方针政策、法律法规,传递市场信息、新技术、新工艺、新动态和新经验,推动相关技术革新和进步,尤其是为农业现代化中的机械化提供了相当重要的条件,以20世纪60年代的机械化操作耕耙为例,如表3-3所示。

表3-3　　　　20世纪60年代云南国营农场垦区拖拉机
作业项目及工作量情况

单位:万标准亩

项目 年份	开荒	耕耙	播种	运输	拔树	其他	工作量
1961	6.45	33.98	0.74	12.78	12.53	12.50	78.96
1962	2.28	26.99	0.88	17.93	7.12	11.02	66.22
1963	1.33	26.58	0.66	23.39	3.31	9.99	65.26
1964	2.85	22.91	1.13	20.42	4.48	9.61	61.46

资料来源:云南省地方志编纂委员会编:《中国省志　卷三十九　农垦志》,云南人民出版社1998年版,第228页。

到20世纪70年代左右,机械化的项目也有了比较大的提高,比如机械插秧、水稻收获、烘干、场上作业等。以1976年为例,耕地机械化程度为59.76%,机械播种、插秧占8.12%,机收面积占粮食作物播种面积的5.19%,机脱面积占当年脱粒面积的37.81%,橡胶林地耕种5278亩,占当年总面积的1%。农业机械化的发展在促进区域经济发展,带动农业现代化的同时,稳定了边疆区域,为地方区域的进一步发展坚定了坚实的基础。

二是维持地方稳定并获得地方社会的认同。无论从历史还是现实环境来看，云南国营农场创建、运作所产生的影响是多层次的，从经济到社会领域，从中央到乡镇，国营农场所发挥的作用得到了广泛认可。由于历史上云南特定的地理环境和中央王朝"分而治之"政策，云南不同地区、民族间的政治、经济、文化发展不平衡的特点十分突出，表现为分割以及发展不平衡的经济立场、行为理性的有限、民族认同的预期程度不同、信息沟通的极不顺畅等，这使得边疆的初期整合不能仅仅依赖于分散的族群行动者的自我管理以及政府部门的强制权力管制，还必然需要寻求一种能够充分反映和满足宏观权力主体（政府力量）和微观权力主体（地方民族管理）的共同需求，能从多方面涉入民族区域并能体现国家利益需求的组织载体。从这个角度，国家对边疆区域的整合战略选择了国营农场。而事实上，对于当时经济困难、百废待兴的国家整体情况而言，云南国营农场在涉边地区社会经济领域的确发挥了重要的综合性功能：对当地经济尤其是农业经济及其科技的辐射带动，对区域安全和社会秩序的维护与构建，并且以前两者功能为基础，最后实现区域对国营农场以及国营农场所代表的中央政府的认同，顺利完成区域整合。同时，这一特殊的混合功能又是政府部门以及别的社会或经济组织所无法实现的。

第四节 场地二元的体制嵌入

从制度设计的视角来审视，制度的最初设立是为了特定问题的解决。要使制度为实施者所采用和为受众所理解与接纳，先要顺应特殊时空阶段的具体需要。同时，制度如果想要成功地确立自身完整的运行机制，除了国家的强力支持之外，还必须具有极强的自身资源动员和聚合能力。根据上述新中国屯戍制度建立的内容和功能分析，可以探寻制度尤其是嵌入型制度的设立和推行中一些特性。

一 场地二元体制的形成

从历代边疆治策中可以发现，中华人民共和国屯戍制度设立的一些理念与中国王朝时期开拓边疆和移民实边的思路具有连续性，也与历代屯防政策的效果部分相关。同时从社会主义建设理论指导看，国营农场的设计也与社会主义社会当中农业集体化这一发展路径相吻合。因此，具有中国社会主义特色的屯戍制度兼具中国历史发展经验和先进科学理论指导，有着鲜明针对性和目的性的制度设计典型。而除了制度设计之外，屯戍制度的具体实施路径也具有相当的灵活性。鉴于中华人民共和国成立初期边疆社会的特殊历史地理情况，尤以云南这样多民族杂居的区域为典型，原住民族所形成的惯习场域与国家统一的主流秩序之间有着相当的距离，而要在极短的时间内实现国家与边疆的有效政治连接和经济联系，屯戍制度的通道构建就体现为场地二元体制的形成。这种嵌入型的制度二元体制主要体现为两个层面：一是集体化农业经济对原有小农经济生产方式的嵌入；二是国家制度实体建构对边疆少数民族原有关系结构的嵌入。

于集体化农业经济对原有小农经济生产方式的嵌入层面，回溯民国末期，尤其是国民党统治末期整个国家的农业经济状况可以发现，国民党统治时期的农业政策和农村管理体制，不仅破坏了原有封建体制下地方乡绅的宗族统治，而且在国家官吏的派遣和农业税收方面，破坏了中国传统农村具有的家庭农业结构，破坏了国家经济赖以生存的小农经济基础。这一点在杜赞奇对于中国华北农村的经济分析中有着极为详尽的描述。从这样的经济状况中所建立起来的中华人民共和国，虽然用土改作为基本手段，相对广泛地保证了农民生产资料的获得，但对于已经满目疮痍的国民经济体系来说是收效甚微的。更何况在冷战的格局中，美苏两大阵营的工业化发展，也是中华人民共和国所面临的一个相当严峻的现实，如果承袭过去小农经济的发展模式来慢慢恢复农业国的经济发展，就很难从军事和经济的发展中获得国家生存的基本保障。因此，国营农场就以国家直接的体制设计方式，自上而下地嵌入各个区域，国营农场通过计划性指令获得生产任务下达和物资调拨，使其与当地村寨的资源获得之间并无直接性利益冲突，这为国营农场建立起了较为扎实的集体农业发展的前期基础。另外，将集体农业的建构模式放到了当地小农经济生产范式当中，分开实行对地方生产的地方性管理与对国营农场的国家统属管理，也有效避免了嵌入实体与原场域群体之间的矛盾和冲突。更为重要的是，这种经济范式的嵌入，形成同一区域空间中不同的经济生产经营范式的和谐共存，为中央实现对边疆地区少数民族经济发展渐进治理提供了着力点，成为这个阶段新中国边疆经济建设的一项重要举措。

于国家制度实体建构对边疆少数民族原有关系结构的嵌入层面，20世纪中期，中国边疆社会无论从地理和历史层面来看，其利益都是复杂多样的，社会经济的发展状况也参差不齐，封建领主通过分封建制来实现对于所辖土地和民众的管理以及税赋征收，原始社会公社形式的共产共有社会结构也存在。然而比较明确的是，基于历史和地理状况，各不同少数民族群体大致都具有一个共同的特征，即村寨中人与人之间的关系都以村社集体的惯例规范为标准，而群体与外界的接触也多由村社作为中介进行交流。可以说，在这些群体中，人与人通过村社完成资源的分配和生产，甚至通过村社来建立和维系与他人和与外界的联系，这使得云南边疆少数民族社会中的村社这一介质显得非常重要，例如，至今为止对于西双版纳的很多地名溯源表明，该地区人们提到土地时，一般是以寨名来附指该寨所属的土地，也同时意味着在这个区域居住的群体身份识别。根据这个逻辑，在这样的场域关系中嵌入新的实体，很难一开始就以个体交流的形式进行接触。在原有观念意识中，惯习场域中的群体更容易接受以群体村社为代表，或者以单位实体为代表的交流与协商。以对原有惯习的尊重为前提，将国营农场形成为嵌入群体的实体代表，使之作为区域中与其他群体相同身份的群空间构成来进行交流，事实上是使场域中的民众认识和接纳新的嵌入空间的有效方式。

二　场地二元体制的特点

屯戍制度设立之初就带着明显国家设计痕迹，这种设计使其经费来源、管理机构的设立以及服务的目标都带有极强的国家意志。国家意志隐含于经济性的生产组织，必然使其凸显为极其复杂的多元性。不同领域制度功能的逐一界定细致地描述了这种复杂中的层次性。

从政治层面上，中央对于屯戍队伍"生产队、战斗队、建设队"的定位，明确勾勒出屯戍系统有着政治、经济、文化等多重功能。各国营农场的人员最初均来自军队转业官兵和下放干部，这些人员作为经济实体的运行代表者，又作为屯戍制度的实际的执行者，在当时的政治经济环境下，身份的多重性体现了国家政治经济利益的统一要求，并成为国营农场经济生产和经营的根本基础。国营农场系统的经济生产在很大程度上是国家对于经济恢复的计划性设置结果，同时，各国营农场还担负着明确的屯垦戍边任务。中华人民共和国成立之初，无论是边疆还是内地，各种反动势力通过不同的渠道对社会主义国家和经济建设进行骚扰和破坏，各县所设置的农场及时弥补了军队力量和地方治安力量的不足，以民兵的形式为国家的边疆戍防和治安维稳贡献着力量。可见，虽然以农业企业来明确定位了国营农场，但它所带有的政治性和准军事性嵌入色彩显而易见。

从经济层面，屯戍国营农场对于农业作业集中化和规模化的示范效应也是其创立的主要目标，这种农业集体化作业淡化了分散种植中所存在的技术差异和资源浪费，淡化了个体种植之间的冲突和矛盾，整合分散的劳动力量，通过集体劳动来实现规模化生产的效应，有利于节约劳作和交易成本。因此，自各地国营农垦体系建立之日始，各地州城镇和农产品集贸市场大多都依赖于国营农场的农业商品，来维持和进行基本的农产品贸易，并逐渐成为新中国农业发展的基本力量。

从社会层面，国营农场的建立为各区域的社会发展提供了基本的公益性服务，这一点在边疆地区尤为明显。边疆地区的国营农场除了自身的经济建设任务之外，还担负着团结当地少数民族群众，帮助少数民族区域发展的任务。云南各地州国营农场均地处少数民族聚居区，农场建立之后，担负着帮助各少数民族发展，做好团结少数民族的工作。各农场大力发展了驻地周边的道路交通建设、区域经济建设，大力发展与当地少数民族的经济贸易往来，国家和地方政府也往往通过在农场设立资金扶助项目来推动农业技术的发展，培训当地少数民族生产作业技能，以使之获得更快的发展。在农场职工与当地少数民族村寨群众交往的过程中，不断扩大信息和传播科学文化知识，间接增强了各民族群众的国家认同。尤为值得一提的是，基于对边疆经济稳定与发展的期待，不同区域国营农场实体的建设，将统一的、计划性的生产方式以制度示范的形式展现于各边疆区域，这种展示的内在机制在于通过机构设置、生产合作和生产经营的层级管理形成具体的生产经营范式，将之作为一个国家生产范式的模板，展示于不同民族的生产实际中，通过各种制度辐射影响周边的生产耕作方式。更为重要的是将不同的生活方式、耕作规律、农作经验和国家倡导的方式辐射到周边，以发挥制度的同构影响来达成对少数民族区域经济发展的典型示范。

总体而言，就集体化农业经济对于原有小农经济生产方式的嵌入而言，中华人民共和国的屯戍制度将农业集约化规模化生产的方式方法直接引入广大小农生产方式盛行的农村，这比用理论形容和解释更容易让农民获得直观感受，农业生产合作是如何进行协商经营，如何合作生产，甚至于对该经济形势未来如何发展都给出了一个鲜明的答案，国营农场发展的效益也给分散生产的农户带来直观认知。就国家权力对于边疆少数民族原有关系结构的嵌入影响，则更多体现于边疆少数民族区域。边疆少数民族区域由于原居少数民族的长期生产生活，形成了既有的关系结构和风俗习惯，并由于历史地理影响而各具特色。中华人民共和国的屯戍制度确立的国营农场带着国家建设意向，以实体的形式嵌入原有的民族聚居关系网络中，以实体的形式将国家计划经济的发展方式以及层级管理的单位制结构呈现给当地群众，这种国家建设方式的现实表达方式，为当地少数民族更快融入国家经济发展体系，以及很好地理解和认识国家政权建设提供了有效的现实模板。

三 制度的嵌入路径

制度的运行可以使其效力所到达的社会秩序体系得层级，可以有力地说明其维系方式的效果。梳理对于边疆社会融合的研究中，族群社会的惯习传承延续以及不同时期国家管理政策的变化是两类较多研究路径。将两类研究进路综合起来放在族群社会的分析当中，可以看到，从政策运行层面来看，尽管中央行政机构分工明晰或者说中央政策有极强的强制推行效力，但是中华人民共和国成立初期边疆社会的重要基础——村社结构和族群精英的群体权威在短时间内难以发生动摇。在此基础上，"嵌入型制度"这一概念的引入，似乎可以进一步拓宽对于社会基层权威构成体系作用路径的理解。事实上，制度的文化影响、制度的经济影响，都将以制度的作用路径得以表达。从这一点而言，对新中国屯戍制度的嵌入路径进行分析，是边疆社会融合嵌入型制度研究的重要内容。

制度的嵌入首先需要具有合适的制度载体，而且这个载体中的群体有着自己的群体结构与文化观念，其空间构成与共场区域的其他群体空间有着明显不同。屯戍制度的嵌入由国家政权体系中政治经济需求以及当时国家边疆发展的实体塑造为综合构成，具体到地方社会，则需要考虑到所嵌入区域的宗教、社会、文化等方面的关系状况及其结构类型。这些惯习形式既有以关系横向连接为基础的宗族关系扩展，如婚姻圈，又有以传承为主要目的的关系传递，如教育继承体系。值得一提的是，在法人类学当中，以事件为主的解决体系，如纠纷及其解决，一直是研究的重要路径。因此，单个事件的发生及其解决也能够很有力地佐证制度权力的发挥。当然制度所切入的这些社会网络还存在许多非正式关系，如血缘关系、事件中利益的受损者以及宗教信徒等，这些关系在村寨这个系统而言，相对封闭且目的单一，却与其包含的社群关系联系紧密。面对这样的复杂性关系网络，制度很难依靠一般惩罚性执行的方式来获得效果，而以具体的空间载体来实现制度功能。同时又由于这个空间载体为了完成制度的任务赋予，需要有一套与制度执行向配套的生产运行方式，因此，这个载体可以吸纳适宜于这个系统需要群体进入，形成自己的结构特点和文化社会秩序。这种从空间到群体的嵌入，可以极大缩短制度开始推行所需的认知时段，减少新制度嵌入的被排斥可能。

制度的嵌入还需要所构建的制度载体形成行动实体，能够与原来区域中的群体按照惯习进行权威的交流与对话，且能够明确表达自己的行为目的与行为能力。20世纪50年代边疆社会的村寨场域中，国家政权、村寨整体以及族群精英的关系共场并存。将对于正式制度与非正式制度的理解对照于这个场域的运行，可以发现嵌入的制度载体在这个场域当中的行动能力，事实上与其在场域中可以获得的地位紧密相关。通过这个制度载体本身的行动可以使嵌入的制度不断深入原场域的政治权威和利益获取，并且在这个不断嵌入的过程中，各种社会因素能够通过相互的碰撞、对峙与权益庇护，获得深入的相互认识与理解。据此，国营农场的建立首先从经济上表达了其明确的目的及行为能力，由于社会主义大农业的建设，国营农场建设作为特殊时期的生产建设单位，拥有一定自主的辖区，具备相对完整政府职能，设置了包括政党、行政、司法、纪检、教育等多项功能在内的管理机构，垦区之间虽生产内容各异，但生产管理和生产资源的配置几乎一样。从国家经济建设的需要来看，该制度在各地实施的一致性，有利于极大地协调有限资源的全国性配置，为农业生产的恢复和发展打下坚实的基础。从系统发展能力来看，云南国营农场明确为中央直属垦区之后，实行人权、财权、物权、生产计划权由国家计划确定的统一制度安排，则其团场经济高度集中，能够最大量地将国家提供的生产资料进行充分利用，显示出极强的组织和生产能力，很快便成为区域生产发展和运营的主要实体。

制度的嵌入最后需要获得场域网络的了解，这种了解旨在能够遵循场域中原来惯习的认可标准，虽然还远远达不到认同的地步，但这是嵌入过程中减少排斥和形成接纳的重要前提。惯习场域并不能仅用宗教体系或是亲属体系来进行概括，它是由族群中大小不同的团体基于血缘或是利益关系而交织成的一个网络结构，客观而言，这一网络似乎已只是一个客观存在，它仅宣示了其中每人的身份归属，但实质上，这种地方社会网络是地理区域和族群层级构成的村寨社会及其政治参与的坐标呈现。族群的社会组织结构，由于其中的关系及其各种形式相互交叉，同时非正式的人际关系在各个群体之间又起着相当重要的横线连接，因此，很难识别出其权威中心的所在。不过，对于权威核心的识别有迹可循的是，村寨中的权力趋向于集中在人际交往频次密集的区域或层级上，也就是说，高频次的交往预示着权力的扩展。以长时段族群内部交往的联系来看，这种高频次的点也在不断进行移动，如从族群的一个姓移到另一个姓，或是由村寨的某一个范围移至另一个范围，而移动的重要后果之一就是村寨中，某一个权威的兴起的衰落甚至一个村寨的兴起和衰落。对于制度，它是合法性获得的正式表述，制度权威的实现需要获得这个网络的认同，制度所追求的目标也必须通过网络中的人及其人与人之间的传播来承认和获得其必须的影响力。场域中的制度嵌入，确实需要获得意识观念上的权威认可，但获得的途径有二：一是被场域中的权威核心认可，二是自己发展成为某领域的权威中心。屯戍制度的嵌入显然用的是第二种方式。按照上述惯习场域的运行逻辑，屯戍制度通过国营农场的建设，形成了一种在有限资源供应情况下的集中组织生产，这种生产方式在边疆区域首次体现了较好的生产效益，同时也展现出较为先进的技术和规模化生产。如前所述，当屯戍制度作为中央政府的系统化设计实施时，所囊括的生产实体和与之关联的部门涉及多方领域，能够集中化地提供给国营农场大量的生产和交易的信息。这些集合了生产、贸易、政治等诸多方面的信息集，又可以持续地形成有利于科学化和规模化的收支系统，来支持国营农场各层级的生产经营活动。至此，国营农场在生产领域和信息领域所体现的引领性，逐渐产生权威效应，从而能够更为顺利地获得场域的认可和接纳。

第四章 云南屯戍系统的边疆融合

中共中央十一届三中全会以后，秉承改革开放后国家发展的总体指导思路，中国整个社会开始步入社会主义市场化进程。屯戍农垦系统亦采取了一系列深化企业内部改革的重大措施，以促进企业经营机制的转换，把企业从计划经济的束缚中解脱出来，推动企业按自主经营、自负盈亏、自我发展、自我约束的新机制直接面向市场促进发展。在经济管理体制层面，云南农垦在经历1974—1978年的管理体制探索之后，开始启动了企业化的改革，80年代的企业化改革和90年代的集团化改革共同构成云南农垦在20世纪后20年的改革主线与发展规划。各地州国营农场的社会融合探索也不断深入，在不断加深国有企业改革的同时，为周围地区的少数民族社队提供技术指导与经济帮扶，还致力于拓展适宜于本区域的各类场地建设实践，为国营农场这个嵌入型空间在场域内的继替与融合探索新的路径。

第一节 国营农场经济体制改革建构

1978年7月的全国农垦局长会议，开始屯戍农垦企业扩大自主权的重大调整转型讨论，1978年12月中共中央十一届三中全会以后，全国各垦区进一步开展经济体制改革，云南农垦亦步入改革轨道。贯彻"对内搞活、对外开放"的方针，实行一业为主、多种经营的方式，使农工商运建服各领域的经济获得综合发展。此阶段在巩固、提高橡胶生产的同时，云南农垦充分发挥各农场不同区域地理气候的资源优势，有针对性地发展热带、亚热带经济作物，推动了工业、商贸、运输、建筑、服务各种产业的迅速发展。其后，随着社会主义市场经济体制的逐步完善，各国营农场根据市场需求开始逐渐由单一种植橡胶向开展多种经营转移，由单纯生产原料向依靠资源和市场发展加工业转移，由按国家计划提供产品向依据市场需求和遵循价值规律发展商品经济转移，大大提高了农垦的经济效益和社会效益，并逐渐形成生产、加工、销售一条龙，农工商运建一体，生产、科研、教育紧密结合的大型经济实体，成为云南区域社会经济发展中的一个重要组成部分。1996年云南农垦系统在企业化的基础上开始集团化改革，通过国有资源结构的战略性重组增进农垦企业的市场竞争能力，改革持续到2009年底，继而进一步推出了属地化改革方案，将深化改革的关注点放在对系统各层级的利益分配的调整层面，各农场划归所属地州管理并明确其法人资格，力求能够改善各生产单位的经营绩效。梳理国营农场经济体制改革发展的过程，同时也是探索国营农场通过引领所在地区农业发展而进一步加深与当地社会融合的过程，作为边疆社会重要的稳定和发展力量，国营农场对于未来边疆的和谐发展具有重要的价值和意义。

一　国营农场发展概况

云南农垦自20世纪50年代组建之后，逐步发展成以总局为领导，下辖滇南、滇西南部7个地州（市）境内近40个国有农场，其中26个主营和兼营天然橡胶的规模化农业企业。"文化大革命"十年中，云南国营农场虽然作物种植和基础建设在维持和进行，但其生产经营多年来长时间持续的无效率管理状态已经非常严重。其间，20世纪60年代曾经贯彻以联产承包责任制为中心内容的"经营管理十六条"被当成"修正主义"路线加以批判。生产管理体制虽经历了几次权力下放，但是并没有触及多年来对农场包揽过多、管理过死，以及企业自主发展问题。于是，在高度集中的计划经济体制下，职工完全按干部的指挥进行生产，对企业的经营不负直接责任。企业对上级资源划拨形成依赖，对生产经营盈利与否不负直接责任，企业亏损由上级负责，生产资料的获得与生产效益无关，形成企业主管机关对企业的生产经营大包大揽，生产计划按指令下达，产品销售按指令上交等不良积习，都严重束缚了云南国营农场作为企业的发展。

随着国家政治经济发展战略的转变，农垦系统也开始反思企业生产几乎陷于停滞的问题，国营农场以贯彻1965年农垦部党组扩大会议精神以及国营农场经营管理制度十六条规定为依据，在政治领导管理体制变化的同时，坚持橡胶和规划性农作物的生产与发展。1978年11月，国家农垦总局在北京召开全国农垦工作会议，部署各垦区尽快把国营农场办成农工商联合企业，实行生产、加工、销售一条龙，并在各省、市、自治区领导下，由农垦部门归口管理。同年12月5日，云南省农垦工作会议传达了全国农垦工作会议精神，印发了南斯拉夫《贝尔格莱德农业联合企业初步调查》，决定创办农工商联合企业。1979年开始，云南省农垦依据地缘优势，加大了与东南亚国家之间农作技术与经营的交流。1979年3月，云南农垦总局派周仕峥赴泰国考察热带经济作物栽培技术，派潘华荪考察橡胶生产与胶园更新技术。4月，云南省农垦总局成立土壤普查领导小组及办公室，动用400余人，历时近8年，耗资50万元，完成了38个农场、2个试验站共280.8万亩土壤的普查工作，至1987年3月验收，基本查清了垦区范围的土地利用现状和土壤资源的类型、面积、理化性状、生产性能、障碍因素和生产潜力，为进一步建设垦区、发展热作生产提供了科学依据。

1979年前后，根据十一届三中全会的精神，农垦的发展思路有了一个大的转折。1979年7月，国务院转发《关于尽快把国营农场办成农工商联合企业的座谈纪要》（国发[1979]183号）提出："把国营农场办成农工商联合企业，是办好国营农场、加速农业现代化、逐步缩小三大差别的一项重大措施,也是解决城市副食品供应问题的一个重要途径"。继而规定了以国营农场为基础创办的农工商联合企业的所有制性质,以及相应的权力,"联合企业是独立核算单位,自负盈亏,在遵守国家政策法令和完成国家计划前提下,有独立核算自主权,有因地制宜决定生产布局和措施权"。1979年9月,云南农垦总局决定在黎明农场试办农工商联合企业,生产胶、粮、茶和肉食品,并积极发展农林牧副渔和其他经营,实行产供销一条龙,黎明农场改名为黎明农工商联合企业公司,下辖8个分公司,分公司下辖若干专业队、厂,场为基层核算单位,同时试点的还有弥勒东风农场、陇川农场。农工商综合经营方针的贯彻,为农垦经济的发展开辟了广阔的前景。云南农垦贯彻中央"改革、开放"的方针,对国营农场的领导与管理体制进行了改革,主要是简政放权和扩大企业自主权。从1979年起,云南国营农场的经营方针逐步转入农工商运建综合发展的轨道,加速了原料生产型向生产加工型的转移。以相应统计数据来看,这一阶段云南农垦工业产值每年以17%左右的速度增长,和全省工业产值增长水平基本同步,同时,整个农垦系统的种植科技和农产品贸易也获得了大发展:一方面,加强和扩大了对作物种植科技科研的关注,橡胶的种植、收割技术有极大突破,并且频繁与国外进行交流,扩大了农垦国营农场的技术优势与影响。1979年9月,云南省农垦总局派王正国、黄泽润随中国农业代表团赴马来西亚考察橡胶、油棕生产技术和科研状况。10月,省总局派王科率中国茶叶考察组赴孟加拉共和国考察茶树栽培和制茶技术。1979年快速凝固制胶工艺获省农业科技大会奖。1980年3月,勐腊农场六分场定为"云南热带作物现代化综合科学实验基地"。9月,总局派杨少斧赴日本进行作物生理(冷害与冻害)考察。9月10日,彭名川带队,率领云南农垦各分局和农场主要领导四十余人,去黑龙江、广东垦区学习考察包干制、责任制的经验,对云南农垦的改革起了促进作用。11月,彭名川、吴维松、牟道庸等参加了农垦部承担的联合国粮农组织委托赴斯里兰卡考察植胶状况的项目。1981年3月，总局及热作所、设计院、各分局试验站、各农场协同完成"抗寒植胶技术推广"成果，获国家科委、国家农委农业科技推广奖。1982年10月，总局获橡胶树在北纬18°—24°大面积种植技术国家一等发明奖，同获此奖的还有广东、广西、福建等省的农垦局及华南热带作物科学研究院和热作学院。1985年热作所关于诱导幼龄橡胶芽接树矮化和提早开花的研究获省政府科研二等奖和农垦部科研二等奖。同年，总局与华南热作研究院协作，研制成帽舌状橡胶割面油毡防雨帽，《云南省热带作物种植业区划》获国家区划委员会三等奖。另一方面，加强了对外的经济和科技的交流与合作；1980年9月15日英国尼普顿公司派员到大渡岗茶场考察谈判，后于1985年3月、6月又两次到农场谈判茶叶贸易。12月，由高扬、吕清、向东升一行15人赴马来西亚进行友好访问。1981年6月25日，联合国粮农组织亚太地区小胶园更新基金委员会顾问、橡胶专家、马来西亚籍华裔林保罗来西双版纳考察橡胶，并在热作所做学术报告。1985年3月20日，英国尼普顿公司勃加德在省农工商总公司人员陪同下，到大渡岗茶场考察。3月27日，澳大利亚畜牧考察团一行6人到大渡岗茶场考察。6月18日至10月10日，英国利华公司两次到大渡岗茶场考察。同年12月，泰国橡胶考察团来热作所考察，并交流了经验。

二 国营农场改革的政策指导

国营农场的各领域发展，离不开相应的政策系统支持。中华人民共和国成立之后严峻的国内外形势使得中央采取了高度集中的计划体制进行国家治理，同时国家采取了一系列强有力的政策指令，构建全国性的农垦系统以实施边疆稳定与防戍任务，并对其所设置的各级国营的农场生产经营和组织管理实行层级资源划拨和计划管理体制。这种制度对于恢复中华人民共和国成立初因政权更迭而备受冲击的边疆政治经济秩序十分重要，但是过于集中的管理也抑制了组织本身生产经营的主动性与积极性，难以推动国营农场企业营利的功能发展。到改革开放之初，中央根据国内外局势的变化，迅速拟定了国民经济发展的新战略。正是在此背景下，全国农垦管理体制也进行了深刻的制度改革，1979年从中央到地方，相继出台了一系列政策文件，以此打破国营农场生产经营的僵滞状态，明晰单位实体性质与目标。

1978年十一届三中全会召开，工作重点转移到经济建设上，并对国民经济实行"调整、改革、整顿、提高"的八字方针，在此方针的指引下，同年颁布了国务院国发［1978］20号文件《国务院关于批转全国国营农场工作会议纪要的通知》，重新划定农垦系统的管理权属，为了加强对全国国营农场的领导和管理，国务院决定成立国家农垦总局，对黑龙江、新疆、广东、云南四个垦区，实行农垦总局和省、自治区双重领导，以省、自治区为主的体制。此后，1979年先后发布国家农垦总局关于试行《橡胶栽培技术规程（试行草案）的通知》《王任重副总理对〈关于云南省西双版纳的开发利用问题〉的批示》《农垦部关于颁布〈国营农场工作条例（试行草案）〉的通知》，开始推进农垦体制改革。在省级层面，双重领导体制下省的作用开始凸显，1980年以后云南省相继出台《云南农垦企业扩大自主权的暂行规定》《关于农垦扶持社队发展橡胶生产的贷款试行办法的通知》；继国营农场转型农工商联合企业之后，1983年云南省农垦农工商联合企业总公司出台了《关于体制改革后若干问题的请示报告》等重要的原则性文件；云南省农垦总局也出台了一系列具体规章制度，有省政府批转农垦总局的《关于在国营农场内部兴办职工家庭农场的报告》，省农垦总局制定的《加快云南农垦企业改革的实施方案》《云南农垦总局胶园更新技术暂行规定》等。其中，1979年的农垦部颁布的《国营农场工作条例（试行草案）》以及1980年根据国务院国发［1980］226号文件《国务院批转国家经委关于扩大企业自主权试点工作情况和今后意见的报告》而制定的《云南农垦企业扩大自主权的暂行规定》，第一次就农垦系统的性质任务、管理体制和基本制度、经营方针、经营管理等方面做出了详细的规定，继而又明确根据中央精神提出扩大农垦企业的自主权，成为探讨和研究国营农场重大调整转型的关键性政策依据。

1979年《国营农场工作条例（试行草案）》[①] 开篇就明确了农垦组织改革的指导思想："把工作重点转移到社会主义现代化建设上来，为加速国营农场的现代化建设努力奋斗。"将生产经营效率的提高明确作为国营农场发展的主要目标，也仍然再次强调了国营农场屯戍职能的重要性，"国营农场要发挥既是生产队，又是工作队、战斗队的作用，地处边疆的国营农场，要坚持'屯垦戍边'的方针，建设边疆，保卫边疆。"简而言之，该阶段国营农场经济生产与社会发展的功能同样重要。当然，两者也是相辅相成的，经济生产功能出现问题，必然会影响到国营农场戍边功能的发挥，同时也无法在边疆区域的领域发展中起到关键性的引领与推动。这也佐证了，这一阶段的政策以橡胶种植技术规范和国营农场的生产经营管理体制调整划定为主。《国营农场工作条例（试行草案）》的第一个部分再次强调了国营农场的性质："国营农场是社会主义的全民所有制企业"，并根据中央政府对于企业改革放权的原则"以粮为纲，全面发展，因地制宜，适当集中"，规定国营农场的建设发展的目标规划是："分别建成为国家可靠的商品粮食、工业原料、出口产品和城市、工矿区副食品的现代化生产基地；保证完成和超额完成国家计划，不断地提高土地利用率、劳动生产率、商品率和资金利润率；积极采用先进技术和科学的管理方法，努力培养人才，在实现我国农业现代化的过程中起示范作用，充分发挥全民所有制的优越性。"根据这一原则，详细规定了国营农场十一个方面的改革，共四十条，分别涉及：（1）国营农场的性质和任务。以社会主义的全民所有制农业企业为国营农场单位性质界定，国营农场的土地林地、矿产水域等都属于全民所有生产

---

① 1979年8月1日，农垦部关于颁布《国营农场工作条例（试行草案）》的通知。

资料，国营农场的职工属于工人阶级享受国家职工待遇，坚持国家"屯垦戍边"方针，并有计划地发展加工业，以建成农工商联合企业为发展目标。(2) 管理体制和基本制度。外部管理方面，国营农场实行统一领导、分级管理的管理体制。农场管理部门统一管理国营农场企业性质的所有事务，地方党委或者上级农场管理部门党委领导国营农场的党务工作，地方政府负责国营农场政权性的工作；内部管理方面，国营农场实行农场和生产队的两级管理和两级核算，个别规模大的农场可以实行三级管理和三级核算。农场实行党委领导下的厂长分工负责制，厂长、副厂长负责组织实施生产和建设方面的业务；农场建立技术责任制，设立相应的技术职称等级。建立党委领导下的职工代表会和职工大会制度，审议表决农场发展以及与农场职工利益相关的重大问题。(3) 开荒建场。通过精心勘测与规划，按照基建程序进行相应综合规划，以农业现代化为目标开垦垦区和农场附近的荒地。(4) 经营方针。国营农场根据国家的需要和当地的自然条件，因地制宜地实行一业为主、农林牧副渔等多种经营的方针，鼓励垦区和大型农场有计划地实行生产资料的供应和生活服务的社会化，同时可以大力发展畜牧业和渔业，加大植树造林的力度。以"围绕农业办工业，办好工业促进农业"的发展思路，重点发展农、畜产品加工工业和为农牧业生产建设服务的工业，在国家产品计划完成之外可以有计划地生产销售自己的产品。(5) 农业机械的使用和管理。国营农场要加快农业机械化的步伐，实现生产过程各个环节的精细化，加大农机具的管理和修理服务，严格执行各类机务规范标准作业。(6) 科学研究与教育。国营农场必须将科学研究与生产实际相结合，实施科研人员的职称考核；加强科研和开展科学实验活动，通过垦区的科研所和农场的实验站开展群众性科研；发展各垦区的大专院校、中等技术学校和中等师范学校，办好农场的中小学和师资培训，增设农业课程，有条件可以办中等专业学校，加大职工的文化和技术教育。(7) 经营管理。国营农场和各级管理部门依据经济规律，发挥经济手段，严格实行经济核算和经济责任制，国家与企业之间、企业内部核算单位之间实行合同制。国营农场在完成国家下达各项任务之后具有经营的自主权，为充分发挥基层生产单位的积极性，可以对生产队实行定包奖的制度。根据国家长远规划所制定的年度计划，搞好合理统筹及与地方的密切协作，加强国有农场的财务管理，健全财务会计制度和经济核算制度。一定时期内实行农场财务包干，利润用于扩大再生产，亏损不补。加强物资管理和物资工作的计划性，减少物资供应的中间环节。加强产品的质量，实行定员定额制和岗位责任制。(8) 各尽所能，按劳分配。按照各尽所能、按劳分配的社会主义分配原则，国营农场实施计时工资加奖励的制度。根据生产和工作的需要，也可以实行计件工资制。相应实行的奖惩制度，包括精神奖励和物质奖励，物质奖励作为劳动报酬体现按劳分配、多劳多得。(9) 职工生活福利。职工生活福利主要涉及食和住。办好职工食堂，同时办好垦区和农场的医院和生产队的卫生室；有计划地建设职工宿舍，改善职工居住条件。保证安全生产以及保证劳保工作，使职工生活福利逐年有所改善。(10) 场社团结。国营农场和人民公社是社会主义农业经济的两种形式，应该相互支持，共同发展。双方发生纠纷时，应在地方党委的领导下，从有利于发展生产和团结的原则出发协商解决。(11) 政治工作。农场政治工作的基本任务是宣传、动员和组织群众为实现四个现代化而奋斗，政治工作必须坚持社会主义道路，坚持无产阶级专政，坚持共产党的领导以及坚持马克思主义、毛泽东思想。将政治工作结合经济工作一起做，在生产中和群众中及时进行宣传和教育。要搞好党的建设，搞好各级领导班子的建设，加强职工队伍对于革命精神的学习和教育，加强对工会、共青团、妇联和民兵等群众组织的领导，并充分发挥其作用。

由上可见，国营农场改革的制度化规范条款规定极为详细，涵括了农场工作的各个层面。其中，基于社会主义市场经济的迅速发展，国营农场在实际生产经营改革过程中对于扩大自主权的需求不断增加，还专门界定了国营农场在完成国家计划前提下的经营自主权："有权因地制宜地决定种植计划、生产技术措施、经营管理方法；有权支配自有资金，兴办集体福利事业；有权根据农场主管部门的规定，制定对职工奖惩的具体办法；有权拒绝接受任意安排的人员；有权拒绝任何不合理的社会负担，拒绝任何单位和个人随意向农场抽调人员、设备、材料、资金和摊派各种费用。"不过，显然这个规定过于原则，在经历较长期计划经济管理之后的国营农场并没有很好地深入理解和把握自主权的范畴与运用，1980年12月14日，云南省农垦总局根据国家对于扩大企业自主权的精神指导，出台了《云南农垦企业扩大自主权的暂行规定》，当中，专门对扩大农垦企业包括国营农场的企业自主权进行了非常明确和细致的规定。（1）计划自主权。按指标的分类来分类实现计划指令的完成，第一类是具有命令性和强制性的指令性计划指标；企业必须保证完成。第二类是具有建议性和比较性的指导性计划指标，可以由企业根据实际进行制定，并且上报主管部门备案。第三类为参考性计划指标，需要企业根据市场需要和自身的生产条件来进行经济性生产，企业有权自行决定。（2）生产自主权。企业可以因地制宜地选择场地和品类进行生产，包括采用适宜的生产技术规范、选择与多种经营相适应的种植计划和生产经营管理方式，以及接受来料加工以及与外企业和社队进行的经济联合生产活动等。（3）利润留成资金使用的自主权。按照所制定的各农场的利润留成比例和留成办法，根据国家政策、法令和计划限额，留下一定数额的企业利润，按一定原则自主使用留成资金。（4）产品销售的自主权。企业在保证完成国家计划任务和供货合同的前提下，除橡胶外，有权销售超产的产品、自己组织原材料生产的产品和试制品，还有权根据国家的价格政策，对一些利润过高和供过于求的产品，以及超储积压物资，实行浮动价格，向下浮动。（5）工资支付形式和奖励办法的自主权。企业有权在国家工资总额限额内，遵照按劳分配决定具体的工资支付形式。工资支付形式有计件、计时、评工记分、基本工资联产浮动等。(6)机构设置和人员配备的自主权。在定员、定额、定岗位的基础上，企业有权决定企业机构设置和人员配置，有权招工考工、择优录取和对职工进行奖惩，还可以制定管理定额和作业定额，对橡胶和其他热带作物实行长期固定的生产责任制。(7)购销的自主权。国营农场可以根据加速资金周转的原则合理储存物资，按计划开展物资购销。建立物资采购责任制，自主选择所需物资，实行购销合同制。(8)保护企业财产的自主权。除国家和省、市、自治州人民政府的明文规定外，企业有权拒绝任何单位和个人向企业的不合理费用摊派及物资调用，有权对企业的闲置设备进行处理。(9)民主管理。国营农场实行职工代表大会领导下的场（长）长负责制，农场职工代表大会选举场长，场长全面负责农场的行政生产工作。(10)农场和分局可以制定下属生产单位的自主权给予，以调动基层生产单位的积极性。

以上述重要框架性规定为基础，这一阶段云南农垦系统功能改革的制度规划大致可以分为两类：一类是国营农场自主权的拓展，包括财务和农场运行：(1)实行财务包干制度；1980年，省财政改变过去统收统支的办法，对农垦实行财务包干。"六五"期间实行不交不拨，自求平衡；"七五"期间实行定额上缴，超基数分成，即以年实现利润5000万元的基数，上缴1500万元，超基数部分上缴10%。总局对所属企业实行3种包干办法：盈利农场实行定额上缴，留存部分按比例建立生产发展基金和职工福利基金；微利农场实行不交不补，自滚"雪球"；亏损农场实行定额补贴，限期扭亏。总局为了扶持粮食生产，从上缴利润中提取粮食生产扶持金；1988年开始，从橡胶销售收入中提取生产扶持金，用于扶持贫困农场发展生产。财务包干增强了企业活力，提高了企业适应市场经济的意识和能力，基本上解决了企业吃国家"大锅饭"的问题，为企业的发展创造了良好条件，在大幅度减少国家投资的情况下，农垦生产规模仍然有较大发展。"六五"和"七五"期间，全垦区固定资产投资10.48亿元，其中国家预算内投资 2.47 亿元，占 23.5%。企业自筹投入 4.56 亿元，占 43.5%，使用银行贷款 3.21 亿元，占 30.6%。（2）兴办职工家庭农场：1984 年开始，国营农场内部试办职工家庭农场，实行大农场套小农场的双层经营体制。根据不同作物的特殊情况，各单位采取不同的承包办法：对国家投资大、周期长的橡胶实行联产量、联技术计酬的承包责任制，对水稻、甘蔗、茶叶等粮食经济作物实行土地承包、自负盈亏、上缴三费（土地费、管理费、利税）的办法，对工副业和服务行业采取核定基数、包干上缴的办法，这一改革冲破了国营农场长期沿用的大包大揽、生产者不承包经营责任的做法，基本解决了职工吃企业"大锅饭"的问题。几年来，小农场对大农场的依赖性逐步减弱，自我投入的积极性有所提高，自主经营的能力普遍增强。（3）推行承包经营责任制：从 1985 年开始，总局对分局、分局对所属企业开始了第一轮承包经营，承包经营责任制成了垦区经营管理的主要形式。进入"八五"后三年承包时，垦区把经济效益的增长作为考核重点，把效益年递增率定在确保 30%、力争 40%、奋斗 50% 的较高水平上，并建立了竞争机制和激励机制，使承包制更加完善。

另一类则针对屯戍领导管理体制进行的改革，主要目标是简政放权，扩大企业自主权。内容包括：（1）1980 年 12 月，总局根据《国务院批转国家经委关于扩大企业自主权试点工作情况和今后意见的报告》精神，制定了《云南农垦企业扩大企业自主权的暂行规定》。"规定"对企业的计划生产、利润留成、资金使用、产品销售、工资支付形式及奖励办法、机构设置和人员配备、物资购销、保护企业财产等方面给予了一定的自主权。（2）1983 年 6 月，省农垦总局贯彻国务院关于"尽快把国营农场办成农工商联合企业"的指示，经省委、省政府批准，成立省农垦农工商联合企业总公司，保留省农垦总局的行政名称，总公司（总届）两块牌子、一套人马，对所属单位行使政府职能和企业管理双重职责。六个分局成立农垦分公司，保留农垦分局的行政名称，职责与总公司（总局）相同。总公司（总局）

仍由国务院主管部门和省双重领导，以省为主，归口省农牧渔业厅；财政在省，基本建设投资和统配物资由国家农牧渔业部直供。（3）1984年11月，总局召开全省农垦工作会议，根据党的十二届三中全会制定的《中共中央关于经济体制改革的决定》精神，制定了《加快云南农垦企业改革的实施方案》。"方案"就进一步改革农垦管理体制、简政放权、搞活企业等问题做了具体规定。在管理体制上规定，总公司（总局）、分公司（分局）和农场实行"三级管理、逐级承包、分级经营"的管理体制。总公司、分公司和农场在行政上是上下级关系，经济上通过承包合同联成一个整体，还具体规定了总公司（总局）和分公司（分局）的责任和权力，核心是简政放权，把生产经营等自主权真正给企业。具体规定了企业享有八个方面的自主权：（1）在确保完成国家计划，按承包合同承担经济责任的前提下，有权根据市场需要组织生产、加工和销售；（2）在保证完成上缴利润的前提下，按照上级批准的资金使用比例，有权安排使用各项专用资金和利润留成，有权向企业外投资；（3）有权根据需要规定机构设置和人员编制，有权向外招聘各类专业人才。在上级下达的劳动指标内，有权招用合同工；（4）有权决定企业内职工劳动报酬的形式，有权对企业职工实行奖励（包括给有特殊贡献的职工晋级，但每年晋级面不得突破职工总数的3%）、惩罚、辞退直至开除；（5）有权决定100万元以下（含100万元）的建设项目，报上一级备案；（6）本着平等互利、搞活经济的原则，有权采取多种渠道、多种形式的对外开放，开展各种经济交往和联营协作；（7）有权择优选择供货单位，直接签订合同，直接进货；（8）有权拒绝对企业的一切不合理摊派和额外负担。总体来看，这一时期通过改革管理体制对农垦企业简政放权，政策使得国营农场扩大了自主权，增强了生机和活力，从而有效调动了企业生产经营的积极性，促进了农垦经济的快速发展。

20世纪70年代末，国家根据时局变化调整了发展战略与方针，屯戍制度作为国家农业发展的基础性制度，其制度功能亦有所变迁。这种变迁最直接地体现于国营农场这个制度载体。因此，相对于国家对于农垦体制宏观性的制度指导之外，此时对国营农场的各方面政策规定都极为细致且具有极强的操作性。《国营农场工作条例（试行草案）》（以下简称《条例》）的出台标志着自1962年施行的《国营农场领导管理体制的规定》的结束。《条例》提出扩大国营农场自主权，使得经济体制改革引入了市场因素，提出了扩大农场生产经营自主的诉求，这促使云南农垦在整个20世纪90年代中期以前能够获得一种相对快速的经济发展，在生产效益、功能拓展以及职工福利方面取得较好的成绩。《云南农垦企业扩大自主权的暂行规定》则依据国家政策精神分解了农垦企业（包括国营农场）每一方面自主权的范围与实施，肯定了农垦组织在计划、制度、人事、财务、资金费用等方面的自主权，初步对组织与政府之间的管理关系进行了划分。虽然从改革后期的角度来看，此时扩大国营农场生产经营自主权的政策所划定的自主范围和程度都有所欠缺，如20世纪90年代末云南国营农场的改革中较大的问题仍旧是政企与社企权责不清，但这个政策及其后续一系列相关政策的实施，确实打破了计划经济对企业自主发展的多方限制，为整个20世纪80年代国营农场生产经营效率的提高和农垦经济的快速多样发展提供了目标指引和制度保障。从制度的社会融合作用层面来看，这一阶段兴办职工家庭农场和推行家庭联产承包责任制等举措，朝着落实组织自主权的方向不断前进，同时也预示着屯戍制度由国家本位向市场本位演进的努力。而政府作为具有公共性代表的政策制定者，不仅需要从营利角度进行思考，而且需要兼顾社会整体或区域的稳定与发展。因此，由国家建构和修改的国营农场改革政策，在经济发展的改革宗旨之下，处处隐含了对于国营农场边疆融合的期望。

三　扩大生产经营自主权的企业化实践

云南省与越南、老挝、缅甸毗邻，云南农垦的下属国营农场大多位于接壤的国境沿线，不少农场甚至处在对外来往的交通要道上，随着国家对外开放政策的扩大，不少地方已被辟为国家级、省级开放口岸，扩大生产经营自主权议程也随之提到日程上来。

根据1979年的《国营农场工作条例（试行草案）》，1980年1月10日，经云南省农垦总局上报，省政府批准试办的农工商一体化的联合企业黎明农工商联合公司成立。方针是：生产胶、粮、茶和肉食产品，并积极发展农林牧副渔和其他经营，实行产销一条龙，为西双版纳市场和旅游业提供一定数量的物资。同时试点的还有弥勒东风、瑞丽、陇川3个农场。3月7日，总局作出关于设计院实行企业化试点的决定。会议后，总局向省委报告提出：自1980年起，有盈利的农场提出利润的6%支援社队发展生产，具体分配为：地（州）得1%，县2%，社队3%。这笔钱纳入地方财政预算，作为机动财力。7月18日，省政府批复同意成立云南省农垦农工商联合企业总公司。[①] 8月11—15日，农业部党组召开扩大会议。会议决定：对西双版纳等地的自然资源采取保护开发并重、坚持国营与社队经营两条腿走路发展橡胶、国营农场以生产橡胶为主实行多种经营的方针。逐步建立适合垦区自然特点的新的生态平衡和经济结构，积极发展多种形式的经济联合，使国营农场沿着农工商联合企业的方向前进。1980年9月10日，决定在黎明农场试办农工商联合企业。1980年12月6—20日，总局召开全省农垦工作会议。会议定下1980年生产建设计划要求，作出贯彻国务院关于农垦企业实行财务包干的暂行规定。12月14日，云南省农垦总局制定了《云南农垦企业扩大企业自主权的暂行规定》，"规定"对企业的计划生产、利润留成、资金使用、产品销售、工资支付形式及奖励办法、机构设置和人员配备、物资购销、保护企业财产等方面给予了一定的自主权。

[①] 云南省农垦农工商联合企业总公司，1981年元月正式营业，1983年6月改称云南省农垦商业公司。

1981年1月15日总局颁发扩大企业自主权的8个暂行规定，继而在农场中具体实施。先是国营农场规模调整，1月，勐养农场四分场和版纳分局直属林牧场合并组建大渡岗茶场。3月，勐腊农场分为勐腊、勐醒、龙茵①3个农场。5月，弥勒东风农场化肥厂全盘无偿地移交给云南省化工厅。紧接着，开始自主经营的放权。6月1日，省农垦转发东风农场和社队联营橡胶的办法。联合的形式之一是代加工，利润返回社队，即农场承担民营橡胶的胶乳加工，或只收加工的成本费，或按每公斤1.4元收购胶乳，民营的胶线胶头加工只收工本费；形式之二是合股经营，即由生产队出土地、劳力，农场出资金、种苗、林木，统一经营、统一核算，林权归双方所有，收益后按股分红。同时，规定了不同作物的生产经营体制，并下放作物生产权。1981年6月10—23日，总局召开分局长座谈会。会议纪要规定：橡胶、咖啡、茶叶及养殖业，一般都承包到劳；水稻、甘蔗等短期作物，有的承包到队，有的承包到组，实行经济合同制、联产奖、联产工资（按10%浮动工资）的办法。少数工副业及服务业试行计件工资。1982年4月30日，云南省政府批复关于农垦分局成立农垦农工商联合企业的报告，5月，景洪农场企业整顿试点开始。1983年1月10—20日，总局召开农垦工作会议，会议总结了农垦系统发展30年的情况：现有职工13万，总人口24.4万，生产干胶14.4万吨，产粮豆70余万吨，食糖9.92万吨，茶叶2160吨，咖啡285吨，胡椒100吨。耕地20万亩，橡胶林地86万亩，茶果咖啡园9.2万多亩，养鱼水面1.05万亩，大小牲畜14万头。国家累计投资8.8亿元，现存固定资产净值4.7亿元，制定了翻两番的经济规划。10月5—15日，总公司召开企业整顿汇报会，指出：要彻底摆脱苏联国营农场的模式，国营农场内部，要把职工家庭用多种经营形式联合起来形成有机的经济联系。可以搞承包，可以搞产前产后服务。农场划给职工一

---

① 1983年12月，龙茵并入勐腊农场。

部分土地承包，大拖拉机、收割机也可以包到户，承包一定的面积，这也是专业户。土地交报酬，租用拖拉机收费。产后的储运、加工、销售由国营农场组织，也可以包给个人。第一是家庭承包，第二是专业化的经营。农场与各专业户之间，通过经济合同联系起来，成为专业户的经济纽带，这样农场搞活了，也可以说是"大农场套小农场"。农场都得变成公司，不光是搞生产管理，还要学会搞经营。同年12月3日，省委办公厅、省政府办公厅转发总公司党委《关于体制改革后的若干问题的请示报告》，规定：农垦农工商联合企业总公司是社会主义全民所有的经济组织，总公司既是企业性质，又是政府职能的经济组织。全省农垦系统所有企业事业单位都是它的组成部分。联合企业的职工，是我国工人阶级的组成部分，享有国家职工的待遇。总公司仍坚持由国务院主管部门和省双重领导，以省为主，归口省农牧渔业厅。基本建设和统配物资由国家农牧渔业部直供。以此为基础，12月15—26日，总局召开全省农垦工作会议，重点讨论联产承包到户责任制和试办家庭农场问题。

四　云南农垦农工商运建综合经营

由于内外环境的影响，农垦自建成以来只搞农业的观念严重束缚了农垦经济的发展。到1979年为止，云南国营农场仅有一些为农场建设和职工生活服务的砖瓦、石灰、碾米、榨油、小水电、机械修造、制糖等项目；较大的企业只有1958年建立的机械厂，1961年投产的陇川农场糖厂，1970年建成的一师制药厂，1971年建成投产的黎明农场糖厂、沧江橡胶厂，1973年建成的"四〇一胶鞋厂"，1974年建成的弥勒东风农场化肥厂和1976年建成的德宏州芒市民族橡胶厂等。改革开放与云南农垦实行农工商运建综合经营成为农垦经济发展中的重大转折。

1979年7月，国务院将尽快把国营农场办成农工商联合企业作为一项重要改革目标，指出："把国营农场办成农工商联合企业，是办好国营农场、加速农业现代化、逐步缩小三大差别的一项重大措施，也是解决城市副食品供应问题的一个重要途径。"同时还对国营农场的性质、任务和经营方针作出明确规定："以国营农场为基础办的农工商联合企业，改变单纯生产原料产品的状况，实行生产、加工、销售一条龙，是农工商综合经营的社会主义全民所有制经济组织。"农工商综合经营方针的确定，为农垦经济的发展开辟了广阔的前景。从1979年起，云南农垦的经营方针逐步转入农工商运建综合发展的轨道，从而加速了原料生产型向生产加工型的转移。到20世纪80年代中期，云南发展工业产值每年以17%左右的速度增长，和全省工业产值增长水平基本同步。

（一）农工商运建综合经营具体制度建设

从农垦系统内部的具体制度建设来看，1983年4月，云南省委同意农垦总局实行经济体制改革，改变为经济实体，并正式于6月颁布云办发〔1983〕29号文件《关于农垦分局机构改革的通知》，确定了各农垦分局改为"云南省农垦农工商联合企业总公司"下属的分公司，成为经济实体，同时保留"农垦分局"的行政名称。9月24日，公布《关于体制改革后若干问题的请示报告》，明确了"农垦农工商联合企业是社会主义全民所有制的经济组织，总公司既是企业性质，又兼有政府职能的经济组织，全省农垦系统所有企事业单位都是它的组成部分"。以及"总公司和各分公司的任务，是领导和管理全省农垦企业在重点发展橡胶生产的同时，积极发展农、牧、渔、副业产品及其产品加工，为国家的四化建设服务，为城市服务，为垦区服务，为出口服务，为边疆各族人民服务。同时，坚持'屯垦戍边'的方针，发挥好生产队、工作队、战斗队的作用"。1984年1月30日，省政府批转总公司《关于在国营农场内部兴办职工家庭农场的报告》，国营农场内部试办职工家庭农场，实行大农场套小农场的双层经营体制。根据不同作物的特殊情况，各单位采取不同的承包办法：对国家投资大、周期长的橡胶实行联产量、联技术计酬的承包责任制，对水稻、甘蔗、茶叶等粮食经济作物实行土地承包、自负盈亏、上缴三费（土地费、管理费、利税）的办法，对工副业和服务行业采取核定基数、包干上缴的办法，这一改革冲破了国营农场长期沿用的大包大揽、生产者不承包经营责任的做法，基本解决了职工吃企业"大锅饭"的问题。在政策实行过程中，小农场对大农场的依赖性逐步减弱，自我投入的积极性有所提高，自主经营的能力普遍增强，至6月底，全垦区国营农场有2.9万户、4万名职工建立了家庭农场。

（二）国营农场种植承包的实施

1985年3月5—11日，云南农垦总局召开分局长扩大会议，以"增百致富"为中心，讨论国营农场产业结构的调整和兴办职工家庭农场问题。同年4月9日，总公司党委上报《关于云南农垦国营农场经济体制改革的意见》，"意见"叙述了云南农垦的历史和现状、地位和作用。然后提出：橡胶农场不下放，内地短期作物农场归地方管理；实行政企分开，农场彻底企业化，调整利益分配，解决条块关系及农场与地方的矛盾；继续保持由国家农垦部门直供的关系。从1985年开始，云南省农垦总局对分局、分局对所属企业开始了第一轮承包经营，承包经营责任制成了垦区经营管理的主要形式。进入"八五"之后，垦区把经济效益的增长作为考核重点，把效益年递增率定在确保30％、力争40％、奋斗50％的较高水平上，并建立了竞争机制和激励机制。承包经营实施当年，家庭农场达4.45万户，承包人口达11.91万人，纳入劳动力7.61万人，占职工总数的61.9％，占直接生产工人的83％。承包以后，家庭农场大多数职工增收，同时一些农场也存在大量减收户。

此外，以1985年初胡耀邦同志的视察讲话为指导，云南农垦开始关注到民营橡胶的发展。1985年2月24日，省委办公厅印发《胡耀邦总书记到云南视察工作时有关国营农场体制改革的重要讲话记录摘要》，胡耀邦同志对国营农场、华侨农场和地方农场工作讲了以下意见："国营农场不能和当地群众争利，华侨农场要进一步办好"，

"橡胶农场将来要彻底企业化，实行独立核算、自负盈亏、国家收税，不然农场的'大锅饭'，再继续下去不得了，只有用专业承包来解决"，"农场的行政人员要减少，要搞好农场的经济改革，农场的问题要专门研究解决"，"如果经济改革不解决农垦局、林业局的问题，农村的改革就搞不彻底"，"我主张橡胶也让农民来竞争"。

（三）国营农场加工业和第三产业的发展

与农作物种植相比，20世纪70年代末以前云南垦区的工业虽有一定基础，但规模小、起点低、发展慢且效益差。按照云南省农垦总局制定的"稳定提高农业，大力发展二、三产业"的宏观指导原则，20世纪80年代之后，云南垦区从三个方面着力加强工业的发展：一是各个层次全面兴办工业；国营农场借鉴上海、江苏垦区大办二、三产业的经验，积极寻找开发项目和吸引外部资金投入工业建设。二是加快对老企业产品的革新改造，扩大其生产规模，提高相应产品档次。较大的企业有：云南农垦总局机械厂、云南省热带作物机械厂，较大的改造项目有：昆明联谊橡胶厂年产300万双胶面胶鞋改扩项目，大渡岗茶厂年产3500吨精制茶技改项目，黎明、陇川糖厂扩改项目，景洪农场沧江木材厂扩改项目等。三是开发重点工业骨干项目，培育新的经济生长点，加快建成和投入生产了一批项目，如芒市制药厂、昆明精细化工厂、勐醒电站、勐醒农场水泥厂、遮放水泥厂、盈江农场柚木加工厂等。因此，从20世纪80年代到90年代，云南农垦的工业产值有了大幅增长，据统计，以1979年云南农垦垦区工业产值3034万元（占工农业总产值1.38亿元的21.96%）计，1988年，垦区工业产值达到1.11亿元（1980年不变价计，下同），比1979年增长266.5%，初步奠定了屯戍农垦系统的工业基础，各门类所创产值顺序为：食品加工3074.6万元、橡胶加工2582.52万元、饮料酿制1219.21万元、机械制造852.42万元、电力708.85万元、建材579.55万元、金属冶炼489.7万元、医药388.26万元、修理373.52万元、塑料制品165.16万元、皮革毛皮制品157.47万元、饲料加工141万元。1979—1988年，主要工业产品均大幅度增长，其中，白糖增长319%；胶鞋增长53.3%；精制茶增长31倍；发电量增长372%；水泥增长248%。同时，由于农垦系统在围绕资源办工业的基础上，开始注意以市场为引导发展工业。到1993年底，全垦区工业企业（含场办企业）达到134个，工业总产值3.98亿元，其中，大中型企业4个，产值1.44亿元；独立核算企业21个，产值1.97亿元，形成了初具规模的18个工业门类、近百种工业产品。

与此同时，云南农垦的工业发展还充分利用了国营农场所具有的原料优势，主要从如下两个方面进行发展：一是加快发展橡胶加工业。从20世纪50年代开展橡胶种植以来，云南农垦的橡胶生产以原料生产为主要产品，在云南省提出大力发展"两胶"，即橡胶种植、橡胶加工方针的指导下，农垦开始重视和加快橡胶工业的发展，除原有生产能力外，在南湖橡胶厂新上高级冷粘旅游鞋生产线，扩大德宏民族橡胶厂的规模及品种，在东风农场新上乳胶制品生产线1条，在昆明新投产联谊橡胶厂1座，主要生产胶面胶鞋。此外，随着第一代胶园更新期的到来，将橡胶木材列入开发行列，利用橡胶木材木质细白、木纹美观的优点来制作高中档家具。1985年建成河口农场木材厂，1990年又在景洪农场、东风农场建成木材加工厂，生产胶合板、板方材、地板条、家具等。此外，加工提炼橡胶籽油用于化工、食品、医药等方面。二是转向垦区自有农副产品的加工增值。根据资源和农产品优势，农垦系统加快了食品饮料工业的发展，其中，执行中国联合国计划开发署咖啡合作项目，建成焙炒咖啡加工厂1座，1984年建成橄榄坝果品厂，1987年建成昆明联谊食品厂，引进美国自动化生产线，独家生产风味土豆片，还相继建成陇川农场光相罐头厂、蚂蝗堡农场罐头厂。

这一时期，云南农垦还开始大力发展第三产业，各农场将具有优势的第三产业作为新兴产业加以发展和推广：一是旅游业。云南农垦许多企业处在国家级或省级的旅游景点区，旅游资源十分丰富，以此为契机，90年代之后先后成立了以原三叶饭店为基础的云南省农垦旅游总公司、西双版纳绿桥旅游开发公司、德宏农垦旅游公司、云南省农垦旅游总公司瑞丽分公司等。这些公司利用丰富的、独特的旅游资源和全省几条旅游热线，集食、住、行、游、购于一体，积极拓展旅游业务。如西双版纳农垦分局组建的绿桥旅游开发公司自1992年8月成立以来，逐步扩大了规模，相继成立下属的旅行社、饭店、旅游汽车服务公司、旅游购物中心，1993年又投入330万元进行改建。1993年，位于德宏州瑞丽市的农垦旅游分公司先后新建鹿城大酒店、勐龙沙宾馆、农场"二招"等4个中高档饭店。同时，由于昆明至西双版纳，昆明至瑞丽，昆明经西双版纳至老挝、泰国、缅甸等国内国际旅游线路的开通，旅游业发展势头强劲。二是边境贸易。云南农垦有22个农场地处中越、中缅、中老边境线上，其中15个农场位于国家级和省级边境开放口岸，区位优势十分突出。云南省政府提出"打开南大门，面向东南亚，从东南半岛走向亚太地区"的经济发展战略后，这些农场抓住机遇，充分利用边境口岸的优惠政策和发展动力，积极拓展边境贸易。如1984年2月8日，德宏州人民政府批准德宏垦区建立滇西农工商边境贸易中心（分局）和华福（陇川农场）、盈丰（盈江农场）、裕民（畹町农场）、振华（瑞丽农场）5个商号，在边境开展小额商品贸易，至1993年底，全省垦区已成立边贸公司（商号）37个，实现营业额6361.19万元。为推动边贸的发展，1993年，在各商号（公司）独立经营的基础上，形成云南边贸的活跃力量，在昆明成立了云南农垦边贸总公司，垦区边贸体系正在形成。其中，孟连农场边贸公司与缅甸联合经营珠宝玉石取得很好成效，1993年又合资到思茅兴建高等级的金凤酒家；河口农场华侨公司在越南老街省与越方合作新建新坡华侨商店。三是商业贸易。基于其地域和人员优势，云南农垦的商业贸易大多成为当地经济发展的支柱产业。据1993年统计，云南农垦全垦区共有商业、服务行业营业单位1313个，其中商业1017个，饮食业187个，服务业109个；拥有固定资产6900.14万元，其中商业3438.81万元，饮食业196.04万元，服务业3265.29万元；从事商业、服务业的人数3969人，全年销售（营业）总额达2亿元，纳税额494.25万元，实现利润536.03万元。

综上可见，在搞活流通、提高边疆地区贸易面的扩大整体经济效益方面，农垦供销公司一直发挥主渠道作用。随着农垦商贸全方位展开，各农垦生产企业直接进入市场，在各大中城市建立自己的销售网络，扩大出口贸易。不仅带动了边疆经济的发展，而且为地方经济的出口贸易发展构筑了较好通道。

第二节 国营农场的场群融合实践

与其他地区的国营农场不一样的是，云南、广东、福建等地的屯戍制度以及国营农场设立从一开始就带有较强的经济色彩。1951年8月政务院第100次会议所表述的西南屯戍系统构建的宗旨，明晰了农垦国营农场所代表的政治经济立场："橡胶是重要的战略物资，帝国主义对我们进行经济封锁，为保证国防及建设需要，必须争取橡胶自给。"云南农垦及其属各地州国营农场的筹建过程与国家对橡胶资源的战略需求息息相关，因此，在1956—1970年，国营农场的设立主要选择适宜橡胶种植的地区，且在设立初期，农场很少种植经营咖啡、茶叶等经济作物，工作任务以橡胶种植为主。20世纪70年代中期，云南的国营农场体系布局初具规模，场部的生产生活基础建设也已基本完成。与中央改革开放战略指导相应，国营农场通过联产承包到户责任制和家庭农场政策的推行，加快了农副产品的种植加工发展，促进了农垦多种经营的发展。基于屯戍体系前期建设所累积的技术、资金、人力资源优势，此阶段国营农场在管理体制改革的政策指引下，释放出极大的生产发展潜能，成为边疆地区农业经济发展的引领者。这对同区域接受了市场经济发展观念引导的各少数民族民众来说，是一种触动，同时也展现了国家有组织的规模化农业生产优势，对农场区域周边的村寨形成强烈的吸引。

一 基础设施建设

云南地处北纬21°8′32″到29°15′8″，东经97°31′39″到106°11′47″，全省的地形北高南低，大部分河流为南北流向，滇西地区为横断山脉纵谷区，境内高黎贡山、怒山及云岭这些高大狭长的山脉与怒江、澜沧江和金沙江等河谷的大江纵横交错，形成的河谷多为深切式的南北走向狭长空间；滇东地区为平均海拔约两千米的高原地带。全省从西北部到东南部海拔逐渐下降，平均每公里递降6米。区域内分布着许多大小不等的盆地和高原台地，西南地区俗称"坝子"，全省共有这样的盆地1400多个。这样的地理环境使得交通极为困难，云南各少数民族多居住于不同的盆地，相互间处于相对封闭状况，并逐渐形成生活惯习甚至语言文化有相当差异的族群分布。单纯从云南的语言来分，就大致可以归属为汉藏语系、南亚语系以及下属的4个语族、11个语支。同时，历史上由于中原战乱以及王朝的扩张，中原族群进入地广人稀且交通不便的西南山区躲避，外来民族不断流入云南。此外，自元代开始在云南推行的屯田制也带来大量中原移民，这些都促进了该区域经济文化的发展。中华人民共和国成立以后所建立的国营农场，在大力发展边疆经济的同时，致力于对边疆区域的各类生产生活基础条件进行改善，推动工业、商贸、运输、建筑、服务等各行业的发展，兴办的各类公益事业，如公路、桥梁、电站、通信、影视、教育、卫生等，都使当地各族群众直接受益。国营农场建场初期，其职工来源大多为成建制的军队转业人员，与当地村寨以及民众的交流方式主要是思想动员和宣传，一方面向群众宣传科学卫生知识，破除迷信和落后习俗；另一方面教群众学会精耕细作，使用肥料。随着内地支边移民的规模化进入，农场开始设置专门管理与周边民族村寨事务的部门——从1974年开始，云南各地国营农场开始增设民族科，通过开展各种形式的场群共建活动，来处理场群关系并帮助少数民族村寨进行基础建设。随着国营农场与周边民族村寨交流与互动的不断深入，交通运输、通信服务等公共基础设施的落后严重阻碍了双方的共同发展，成为农场场群、场社关系中首要面对的问题。

  云南各地州国营农场通过与"共建"社队、挂钩单位普遍制定共建公约的形式，帮助村寨规划建设，解决群众用水、用电、医疗卫生、子女读书上学的困难和开展文化娱乐活动等问题，其建设对象主要可分为三类：第一类是村寨群众生产生活的必需设施。20世纪80年代的云南边疆村寨，群众的日常生活条件还相对落后，各地州农场大力帮助兴建和改善水电供应。根据对1988年之前的建设统计，西双版纳分局下属各农场为村寨打水井129眼，架设高压线路176.8公里，安装照明线路62.7万米，使299个村寨共2.77万户群众用上了电灯，其中，黎明分场共投资30余万元帮助当地修路、架设高压线路，为乡政府安装水管等。1970年，临沧分局所属农场电站建成后，开始为靠近线路的近百个村寨供电。其中，孟定农场向镇康县投资200万元，支援地方修凤尾河电站，又为贫困的福荣山区架设专线，无偿为河外区南棒寨架设了自来水管，将山泉引进竹楼。1981年，西双版纳东风农场架设电灯线9700米，向附近36个村寨送了电。同年，陇川农场还垫支经费，为附近40个村寨架设输电线路23公里，使1146户社员用上了电灯。1982年，红河分局金平农场向银行贷款（利息由分局负担）75万元给金平县兴建金河三级水电站，1984年建成发电。第二类是道路、桥梁等物资运输的必需基础设施。基于云南特殊的地理历史情况，交通设施极为落后，导致相应的生产建设所需物资难以运输，是农场对当地基础设施建设的重点对象。德宏分局从1960—1985年的25年中，共拨出专款259万元，为当地修公路、桥梁，架设输电线路，修建水库、水塔。1985年，金平农场又投资3.5万元，为当地田头村架设长42米、宽2米，能过手扶拖拉机的铁索吊桥1座，解决了群众出门就趟水的困难。1954—1988年，西双版纳分局各农场为当地架设钢绳吊桥15座，仅1982年内，便为村寨修筑钢筋水泥桥13座，修路

39.5公里，修水沟6590米，架设电灯线13.5公里，支援水泥电杆16根。仅1981年，西双版纳东风农场就无偿帮助附近村寨推房地基2500平方米，推道路13公里，帮助运送货物1万吨公里。为了解决群众吃喝的困难，景洪农场四分场还帮助附近村寨修了一口具有民族特色的水井，改变了这里长期饮水不卫生的状况。陇川农场丙寅分场耗资7000多元，为附近顺帕傣族村寨修筑水塔一座，解决了两个寨子的饮水问题。第三类是文化娱乐等改善村寨群众精神需求的基础设施。除了物质生活外，各农场还非常关心附近村寨的精神生活，大力支持村寨文化娱乐建设。据不完全统计，1970年以后，在邻近乡、镇修建电影院、文化站、组织文体表演等大型活动中，国营农场都在人力、物力上给予大力支持，仅孟定、勐撒、勐省3个农场近几年捐助的现金就达17.7万元。西双版纳黎明农场七分场同拉祜、哈尼、布朗、傣族等12个村寨开展"共建文明"活动后，分场建起电视接收台，覆盖面积为半径10公里。文山分局的健康农场1985年元月投资3.5万元，在平坦生产点建成1座50瓦机差转台，除本场各队外，使附近4个区、100多个村寨的群众都能收看到电视节目。1985年，金平农场为田头、曼丈、纳埂村寨无偿安装室内外电灯线路，支援3万元为金平县修建电视接收站。与此同时，农场自己所建设的文化设施包括电影、图书、体育等，都开放为附近民族群众服务（见表4-1）。

表4-1　　　　1979—1986年西双版纳垦区利润提留地方金额

单位：万元

年份	金额	年份	金额	年份	金额
1979	467	1982	354	1985	237.70
1980	301	1983	390.13	1986	320
1981	622	1984	301.88	合计	2993.71

资料来源：云南省地方志编纂委员会总编：《云南省志》第39卷，云南人民出版社1998年版，第431页。

此外，国营农场的职工本着民族团结建设的基本精神指导，在日常生产生活中常常努力克服自身存在困难，尽力帮助附近村寨。例如，1981年陇川农场附近有部分村寨群众口粮发生困难，农场便主动拿出699584斤粮食借给群众渡过难关。瑞丽农场四分场十三队与弄岛公社雷弄大队的景颇族一队是近邻，1979年，天逢大旱，栽插大忙时一队断了粮，不得不向农场十三队求救。恰好遇上十三队口粮也非常紧张（该队是橡胶队），为了解决群众的困难，十三队党支部决定向职工借钱到瑞丽和畹町买大米3700斤，并在职工中一家一户凑了一部分粮食，送到一队群众手中，景颇族群众十分感动。该农场四分场一队附近的拉相寨群众，还把农场一队的职工食堂看成自己的食堂，每逢劳动回来不愿做饭或一队改善生活时，拉相寨的群众便端着盆子到一队食堂打饭打菜，逢年过节农场一队分鱼时，也要送给拉相寨。

据统计，从1980—1984年，全省总共从国营农场利润中提取6%作为地方发展生产的资金共计1683.3万元，其他支援地方建设的款项共达2607.5万元。以1990年统计数据来看，整个国营农场系统上缴云南地方财政税金2.96亿元，利润返还地方2724万元，支持重点工程建设1亿多元，支持发展民营橡胶无息借款1563万元（见图4-1）。

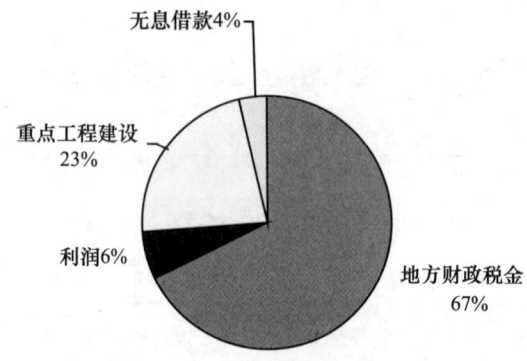

图4-1　1980—1984云南省农垦上缴利润分配比例

通过农场的建设帮扶，各国营农场所在村寨区域的基础设施建设获得极大的改善，物质生活条件的提高使得相应的思想意识获得极大的提高，场群关系的发展也开始向文化建设迈进。共同建设社会主义精神文明的"文明村""文明队"活动，以村规民约的形式开展起来，得到少数民族村寨群众的深入认同。

例如，1984年4月，景洪县的勐龙、小街乡镇党委和西双版纳东风农场党委共同研究制定了《关于开展"场群共建文明村"活动的决定》，把良好的场群关系进一步推向物质文明建设和精神文明建设一起抓的新阶段。决定把"共建活动"分为四个阶段进行：第一阶段，进行宣传动员；第二阶段，共同努力把生产和当前中心工作搞上去；第三阶段，深入开展"五讲四美三热爱"活动，治理脏、乱、差，改变村容村貌，结合开展五好家庭活动，使社会风气有一个明显好转；第四阶段，建立健全各种组织和各类责任制，有计划地开展共产主义思想为核心的政治教育，开展学文化、学科学和各种有益的文体活动。同时，还规定了"共建文明村"的八条标准：（1）村容、村貌改观，清洁卫生搞得好；（2）村风、民风有转变，社会治安好；（3）坚持四项基本原则，认真贯彻执行党的路线、方针、政策，和党中央保持一致好；（4）有一支建设文明村的骨干队伍，经常活动好；（5）思想政治工作坚强有力，坚持共产主义教育好；（6）建立了夜校、青年之家、文化室，开展文体活动，学习科学、文化知识好；（7）建立和完善了生产责任制，生产有发展，人民生活有提高，物质文明建设好；（8）领导班子坚强，基层组织健全，两个文明一起抓得好。例如，农场四分场六队与勐龙镇曼景烈村曼坡寨开展"共建"活动以来，六队党支部专门派出两名技术人员蹲点在曼坡寨，一边指导生产，一边帮助培训技术力量，使曼坡寨的橡胶很快发展到142.6亩，开割52亩，仅橡胶一项每户平均增收100元。与此同时，精神文明建设也取得很大进展，村容、村貌有很大改变。群众还主动派人为农场看管胶林，大大减少了损坏胶碗及伤害胶树的现象。① 基础设施建设有效地巩固了民族团结的认识，云南地区各农场还制定了"遵纪爱群公约"，利用民族节假日开展各种民族团结的活动，当地村寨群众也愿意与农场职工交往，文化交流使农场职工和民族群众和睦相处，互让互助，社会治安得到有效维护。

二 民营橡胶政策

民营橡胶发展是国营农场边地建设中极为重要的一项举措，也是我国早期对于边疆扶贫与开发方式的有益尝试。天然橡胶的种植最初源于国家建设的需要，且由于环境、技术等一系列条件限制，仅限于国营农场的技术试验与后来的规模化种植。橡胶种植与加工技术的逐步完善，使得边疆地区民众开始了解橡胶发展的经济效益，并产生了通过种植橡胶改善生活条件的强烈愿望。不过，鉴于当时橡胶生产及其技术的保密性，对民营橡胶发展的帮扶是由国家率先以政策的方式进行有步骤的推行。

关于民营橡胶的发展在国家发展步入正轨后不久就提上了中央和省级的议事日程。在国营农场规模化育胶植胶之后大约十年时间，1965年，广东省委向中央提出"关于进一步发展天然橡胶生产的请示报告"，针对已具备的种植条件提出了积极扶植人民公社发展天然橡胶的建议。1965年4月3日，农垦部党组对于相应的橡胶种植发展民营化问题做出正式批复，出台《农垦部党组关于发展民营橡胶问题的意见》，这是农垦部在广东农垦所提意见的基础上，广泛征求国家计委、财政部和农业部的意见而进行的正式制度安排。农垦部首先明确了对于人民公社发展天然橡胶思路的支持，并对于计划经济体制下民营橡胶发展进行定性：在继续发展国营橡胶生产的同时，积极扶植

---

① 以上数据材料来自1985年8月18日《关于加强民族团结密切场群关系的汇报材料》，收录于《云南省志 卷三十九 农垦志》，云南人民出版社1998年版，附录第十三。

人民公社发展橡胶，作为人民公社多种经营一部分。其发展意义在于：不仅能够在国家少投资的情况下更多地为国家提供天然的橡胶原料，而且可以增加公社收入，有利于巩固集体经济。明确目标之后，紧接着就提出了发展的基本原则，即民营橡胶的发展必须要在公社现有土地规划范围内，根据宜林地和劳动力的具体情况，在不影响粮食生产、不占用粮食耕地的条件下进行规划建设。考虑到橡胶种植等诸多方面的技术需要，意见提出"应在有国营农场地区发展社营橡胶"，而只有民营橡胶有了与国营农场相应的联系协作和技术指导，才能获得发展的保障，且也有具体规模的规划：到1970年前可以发展40万亩。由此，根据上述对于社营橡胶也就是民营橡胶的原则规定，农垦部对于社营橡胶的发展提出了明确的布局与安排：（1）在管理体制上，社营橡胶的生产应由地方进行负责。由于天然橡胶的育苗、种植、收割和制胶等一系列过程都需要相应的技术保证，且有着相应的品质要求，因此，社营橡胶需要同社队所在地附近的国营橡胶农场进行挂钩联营，有利于按照已经规范的各类橡胶技术规程的要求，在橡胶的种植、收割和加工制胶等方面技术向植胶农场学习，也有利于为了合理使用制胶设备并保证干胶质量，以及减省社队生产成本，而与附近的国营农场制胶加工厂或相关的加工业进行合作，提供生产原料，由已经成熟的工业体系进行后期加工与制作。据互利原则，公社还可以通过与农场订立合同，将自己的产品与农场产品统一由热作产品公司按国家牌价收购，减省公社另建加工厂的成本支出。（2）计算民营橡胶的亩产价格。由于当时还处于计划经济时期，农垦部对于社营橡胶的投资进行了较为详细的估算，认为与现有国营农场相比，民营橡胶的利润较高，因其节省了两方面的成本投入：一方面，按照国营农场的种植生产经验进行成本核算，橡胶从开荒育苗到定植抚育成林，作业过程中所需的劳动力及其相应的工具材料费用大约占100元，加上与种植相关的间接投资，如相应的厂房、运输加工储存等硬件设施的基本投资，均摊入植胶成本，每亩的成本大约需要

260元。当然，由于国营农场的摸索建设当中存在着经验不足而损失浪费的成本，一些农场相应的基建费用高达每亩400多元，外加国营农场职工的工资一般比公社社员较高，因此间接投入可以减省相当比例。另一方面，社营橡胶的后期加工技术包括物流建设等方面都可以依靠附近的国营农场来合作解决，因此社队不需要进行产房、设备、物流等硬件设施的投资，也能够大大降低成本。由上，"根据保质保量，勤俭办社的原则及当地公社社员现有的报酬水平来经营，一般每亩投资约有50元即可"。（3）基于国家计划经济的宏观发展规划，对于社营橡胶生产的支持也应从财政预算和任务计划层面有所体现。社营橡胶的生产应该由地方提出规划和投资预算，通过采取信贷投资的办法予以支持。财政部门和银行按照由地方核定的生产任务来贷款，贷款种植的橡胶割胶之后由国家收回贷款，强调"不应从国营橡胶农场的利润中解决，不要把国营农场的利润同人民公社的橡胶信贷投资混在一起"①。虽然政策对于国营橡胶农场的责任介入有了较明确的规定，但由于其后国家社会建设发展及"文化大革命"而被迫中断，民营橡胶的发展由于国营农场管理体制变化以及生产建设目标的转移而陷于停滞。直到改革开放之后，民营橡胶的发展才又被提到边疆区域发展的重要议程之中。事实上，在民营橡胶的发展过程中，鉴于种植投资的专业性，以及国营农场在天然橡胶种植加工专业领域的引领性，地方社队的民营橡胶发展过程中国营农场一直承担着主要的扶植与发展责任，这在1981年的关于农垦扶持社队发展橡胶生产的贷款的政策规范中有着极为详细的表述。

1981年9月15日，根据云南省委［1981］3号文件《关于改善场群关系，加强民族团结的意见》规定的精神，云南省农垦总局、中国农业银行云南省分行、云南省社队企业局联合研究制定和发布了《关于农垦扶持社队发展橡胶生产的贷款试行办法的通知》，意见中

---

① 《农垦部党组关于发展民营橡胶问题的意见》，1965年4月3日。

提出扶植民营橡胶发展的总规划是"农垦部门根据社队定植橡胶的当年计划，按每定植 1 亩橡胶扶持 50 元的标准，一次拨给当地农业银行，由农业银行以长期无息贷款形式扶持植胶社队，待有收益时逐年偿还给农垦部门"。并具体设定了贷款发放的步骤与方法。首先，从总体资金层面来看，扶持社队发展橡胶的生产贷款是由云南省农垦总局委托农业银行进行发放，这种贷款属于定期无息贷款。贷款的资金来源，是由云南省农垦总局从包干利润留成资金中提取的。这些资金必须用于农村集体所有制中的生产队、生产大队或相应的社队企业。贷款的对象是自然条件适宜种橡胶并且已经试种成功的社队，只要自愿发展橡胶生产但欠缺资金投入的，且所欠缺资金的用途为 1981 年开始新定植橡胶的定制费用及其抚育管理费用，就可以通过申请社队橡胶发展贷款。贷款期限为 10—12 年，德宏、临沧、思茅、文山地州可相应延长一年。贷款的回收由国营农场和农业银行共同负责，协商督促收回。从总体职责设计来看，虽然社队民营橡胶贷款事宜以银行的贷款为主要资金支持，但只是由发放单位界定，纵观规定中包括贷款的发放和归还、种植计划和贷款分配，贷款的手续和发放贷款的使用和检查等各个详细条款，农垦总局和各地州国营农场在其中所担负的责任和义务相当多。其次，明确了贷款资金来源由云南省农垦总局从包干利润留成资金中提供，贷款的归还则需要各方协商确定之后，在规定期限内由当地国有农场和农业银行共同负责督促收回贷款。从上述资金提供以及回收规定可见，这是由农场的利润分成抽调以资助民营橡胶发展，银行只是收支管理单位而非资金提供单位。同时，在实施过程中，由于资格审核、贷款数额、贷款期限等过程环节中国营农场全程参与并作为专业审核的主要代表，因此，相应的贷款收回任务大多最后着落于承担职责的国营农场，农场的角色在此过程中既是出资者，又是审核者以及保证者，承担着相当多的职责，抑或说，农业银行的长期无息贷款事实上是国营农场的利润再投，这与 1965 年颁布的《发展民营橡胶意见》有着根本不同。再次，在申请贷款所需的相应种植计划和款额分配方面，规定贷款程序需要社队种植单位持公社介绍信，向县社队企业局和县农业银行提交发展现状的计划和贷款数额。不过在实际操作过程中，县社队企业局和县农业银行一般是以社队附近的国营农场为主来进行审核，提出审核意见，并会同上述三方单位汇总编制计划，最后分别上报主管部门。省社队企业局负责将全省社队发展橡胶生产计划及需要的贷款数提供给省农垦总局。省农垦总局在会同同级的农业银行之后将扶持社队发展橡胶生产计划层层下达，直到公社和银行营业所。在这一步骤当中，对于相应发展总规划和亩数以及给予的各社会发展数额都由云南省农垦总局做出详细规定，而非各级银行部门。同时在资金方面，贷款的资金总额[1]必须由农垦企业总局一次划拨给银行，银行不做任何垫付。其中，西双版纳州由农垦分局在总局下达指标内进行资金垫付。换句话说，虽然三方部门都有介入，但是具体的职责和相应的资金支持都是由国营农垦农场系统来完成的。最后，对于贷款的使用和检查。贷款办法提出各农垦分局和橡胶农场应设置专门的机构或专人，配合当地农业银行和社队企业局共同管好用于发展橡胶的专项贷款，积极帮助社队进行橡胶生产的选地规划、品系配置和定植管理、技术指导。为保证技术环节到位，每年12月由县社队企业局、县农业银行和国营农场三方共同对用款社队的具体橡胶生产情况进行全面检查，每年3—4月检查一次橡胶管理情况，检查结果以书面分别上报。此中，单独规定了各农垦分局，每半年应向地州人民政府和省农垦总局对社队橡胶种植现场的生产情况以书面汇报；而各地州的农业银行将专项贷款的收支情况上报省农业银行的同时，抄送地州农垦分局一份，且省农业银行每年2月15日左右将专项贷款收支情况送省农垦总局。[2] 梳理这个程序，可以明确分析出贷款后的使用和检查及其相应的过程当中，

---

[1] 按1981年起新植橡胶一亩50元的标准。
[2] 抚育管理费用包括橡胶林地开荒、种苗、肥料、工具以及生产人员劳动报酬等。

对于社队橡胶生产的技术、方式、品系选择等所有的步骤来说，整个过程当中相应的银行系统和社队企业局事实上都是对情况的概括和资金收支监督，主要的责任承担者为以国营农场为主形成技术和资金的负责方。

正是对于民营橡胶发展社会功能和意义的正确认识，使得国家先后在两段不同发展时期进行了针对性的政策推行，也正是政策中程序办法的细致规定，使得相关的管理部门对民营橡胶的发展形成了共识与合作，也使国营农场得以获得并运用制度合法性，以优势生产为主导争取周边村寨民众加入共赢的生产和获益过程，扩大国营农场的周围社会资源支持获得，促进边疆民族经济的蓬勃发展，为加深和巩固边疆区域的场群融合提供了制度路径。

三　农作技术培训

根据中央对于民族团结和边疆社发展的精神指导，以及国营农场所具有的农业技术优势，对于各类农业种植技术和种类的培训，是国营农场场群融合的重要实践方式。

（一）民营橡胶种植与技术培训

以技术的教授和交流为基础，为了帮助当地群众脱贫致富，国营农场加强了对地方民营橡胶产业的扶持。按发展状况可分为两个阶段：第一阶段从20世纪60年代中期开始，在村寨进行橡胶试种示范，使民众初步了解橡胶种植方式。西双版纳的省热带作物研究所、景洪农场等单位自60年代初开始就有组织地派出技术人员、民族工作干部去帮助附近的曼景兰、曼么等村寨种植橡胶。国营农场从规划土地、开垦梯田、提供种苗、定植橡胶、抚育管理直到投产割胶，从人力、技术到各项生产工具等，均无偿提供支援，为群众性的种胶起到了样板示范及推动作用。此阶段帮助群众种胶计约5万亩，由于"文化大革命"的干扰破坏，损坏了一部分，据乡镇企业局1978年统计，实存2.63万亩，当年产干胶近300吨。临沧垦区1966年就派出了35名技术人员组成工作组在耿马、沧源、镇康等地帮助发展民营橡胶，工作组先后设立了21个试种点，从选地、规划、开垦到定植、供种全程指导，帮助三个县培养芽接割胶等职工3732人，培训割胶辅导员、植保员、制浆员等152人，提供橡胶苗木180.7万株，橡胶种子33.2吨，高产优质芽条18.86万米，甚至还为地方植胶割胶。第二阶段自党的十一届三中全会以后，民营橡胶归口由乡镇企业局管理，云南省委、省政府确定的发展方针是：在我省的边疆民族热区，在林业"三定"的基础上，大力发展以民营橡胶为主的热带、亚热带经济作物，让边疆的兄弟民族同国营农场一道，走共同富裕的道路，不仅经济上真正富裕起来，还要实现边疆政治上的安定团结。特殊扶持政策包括：（1）种植技术扶持。根据云南省委、省政府要求，各地州国营农场在技术上应对民营橡胶进行全面、有效的扶持，包括植胶、制胶技术和科技、管理人员的培养、提高等。国营农场认真执行扶持政策，从种植帮扶和技术培训两方面进行当地民营橡胶的发展工作。西双版纳的省热作所等单位从20世纪60年代初、临沧及其他各垦区先后于60年代中期，都不间断地派出技术人员或帮助地方培训民营橡胶发展的技术人员。"六五"期间，云南省财政安排专项培训费委托云南农垦举办以橡胶为主的专业技术培训班，为各地（州）培训了技术骨干2000多人次。云南农垦主办的省热带作物学校为地方输送热作中专生数百名；农垦总局、分局、农场有关技术经验交流的各种会议也多次邀请各地区民营橡胶主管人员参加。通过上述各种方式，大大提高了民营橡胶的技术和管理水平。（2）资金的特殊扶持。云南省委、省政府云发［1981］3号文件确定，农垦每年从盈利中提取6%（1986年后改为7%）的资金，交地（州）财政扶持民营橡胶的发展。同时还确定，新发展橡胶种植成活验收后，每亩由农垦补助有偿无息贷款50元，待有效益后逐步偿还。这一阶段为扶持民营橡胶，农垦从利润中提留地方2993.71万元，每亩有偿贴息贷款50元共2700万元，两项合计为5693.71万元。此阶段民营橡胶共发展

54万亩，累计已达到56.6万亩（见表4-2）。①

表4-2　　　　1981—1985年西双版纳垦区扶持民营橡胶情况

单位：亩、万元

年份	项目	总计	版纳	临沧	德宏	红河	思茅	文山
1981	种植面积 扶持资金	32276 161.38	22000 110.00	7306 36.53	2000 10.00	500 2.50	470 2.35	—
1982	种植面积 扶持资金	48200 241.00	21500 107.50	12700 63.50	9000 45.00	4500 22.50	300 1.50	200 1.00
1983	种植面积 扶持资金	50737 253.68	23259 116.30	17000 85.00	4087 20.43	1105 5.52	5286 26.43	—
1984	种植面积 扶持资金	27910 139.55	19500 97.50	—	—	—	8410 42.05	—
1985	种植面积 扶持资金	155732 778.66	100832 504.16	36007 18.04	3847 19.24	4612 23.06	10434 52.17	—
总计	种植面积 扶持资金	314855 1574.27	187091 935.46	73013 365.06	18934 94.67	10717 53.58	24900 124.50	200 1.00

资料来源：云南省地方志编纂委员会编：《云南省志》第39卷，云南人民出版社1998年版，第432页。

从上述数据可见，国营农场通过帮助边疆地区的各民族发展以橡胶为主的热带经济作物，使得80年代全省边疆大约200万人脱贫，民族关系日益和谐稳定。同时，这些工作对于区域尤其是村寨社会，有着相当广泛的认识影响，例如，笔者在实地调查中曾问到"国营农场对当地经济与社会的作用"时，19.3%的村民认为是"重要的经济带动与社会稳定"，65.6%的村民认为是"较好的经济辐射与社会治安"，15.1%的组织成员认为是"有作用，但也有矛盾"，如图

---

① 根据云南省地方志编纂委员会编《云南省志》第39卷，云南人民出版社1998年版，第420—430页，以及西双版纳农垦分局的部分资料综合。

4-2所示。

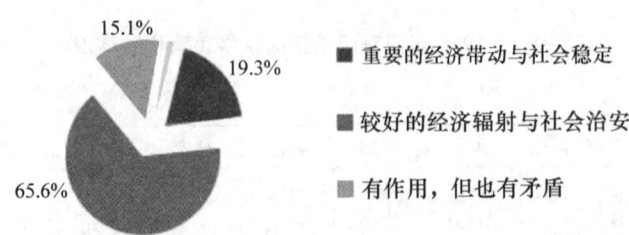

图4-2 农场对当地影响问卷认识

资料来源：根据2009年问卷统计数据，作者自行整理。

其中，位于西双版纳的农垦热带作物研究所于1964年成立了民族工作组，先后帮助允景洪和基诺公社种植橡胶1500多亩，建立了一座橡胶加工厂，并且帮助培训傣、哈尼、布朗、基诺等民族的植胶和加工技术工人上千人，使这些地方的经济状况有了明显好转。东风农场从1981—1983年为大勐龙和小街两个乡镇培训了各类技术人员共869人，并向两个乡镇提供胶苗42万株，芽条22600米，胶碗、胶刀、磨石、胶舌、胶桶5700件，价值约11万元。为了进一步和民族经济紧密相结合，加速民族经济的发展。东风农场一分场11队和小街乡叭罕黄村进行了联营发展橡胶的试点。叭罕黄村出土地，农场11队出资金技术，效益利润按三七分成，大头留给社队。联营当年共分作121亩胶林，农场按合同，付给叭罕黄村7986元，占该村当年现金收入的52%，除种苗费外，获得纯净收入3630元，占该村现金分配额的28.6%。在双方试点的带动下，1982年，农场十五分场的24队分别与小街乡的波河村、坝卡村联营种植橡胶300亩。农场11队和叭罕黄村又增加联营种植85亩，这样联营的橡胶面积达507亩，三年中东风农场为联营支出46000多元，有效地支持了村寨社队的生产和生活。在东风农场的大力支持和支援下，1981—1983年三年中，勐龙、小街两个乡新定植橡胶19000多亩，相当于1980年以前15年定值总和的三倍多。老橡胶树的开割也出现了伤树下降产量上升的好局面，干胶产量由1980年的100多吨上升到1983年的190多吨，将近翻了一番，橡胶收入万元以上的村寨达到20多个。此外，不少国营场的橡胶加工厂尽量为社区群众提供方便，尽量使社队群众多得利益，除收取少量的手续费外，把利润全部返还给社队。东风农场仅1981年就帮助附近两个公社加工干椒34.16吨，收购胶乳84027公斤，每斤比过去提价0.4元，使群众多收入33610元，代加工8.7吨，每吨仅收成本费330元。利润全部留给社队。在各级党委政府的重视和倡导下，国营农场从各个方面对于地方经济尤其是民营橡胶的大力扶持，使得全省民营橡胶得到了迅速的发展。据不完全统计，到1984年云南省的民营橡胶达18万亩，相当于1979年前的五倍多，并有近5万亩投产开割，大大增强了社会的经济实力，提高了社员群众的收入水平。[①]

总之，为了扶持社队发展民营橡胶，国营农场除无偿供应大量胶苗和芽条之外，云南农垦系统每年都要派出大量的技术人员，帮助社队规划土地，并从开荒、育苗、定植、管理到投产割胶，每道工序都有农场的技术人员及工人进行帮助。仅1984年，西双版纳所属各国营农场就扶植村寨人民公社橡胶苗28.6万株，芽条1.16万米，派出测量规划人员124人，帮助社队规划林地；派出芽接工141人，帮助芽接胶苗；帮助退地139亩，无偿支援胶碗10415只，胶刀360把，帮助培训胶工313人。从1980—1984年，全省总共从国营农场利润中提取6%作为地方发展生产的资金共计1683.3万元，支援地方发展民营橡胶的无息贷款达761.7万元，其他支援地方建设的款项共达2607.5万元。以上三项合计5052.5万元，占实现总利润27345万元的18.4%。到1990年，根据统计数据，整个国营农场系统上缴云南

[①]《关于加强民族团结，密切场群关系的汇报材料》1985年8月18日，云南省地方志编纂委员会编：《云南省志　第39卷　农垦志》，云南人民出版社1998年版，第810—814页。

地方财政税金2.96亿元,利润返还地方2724万元,支持地方重点工程建设1亿多元,支持发展民营橡胶无息借款1563万元。

(二) 短期农作种植

除了帮助社队发展民营橡胶外,一些以短期作物为主的农场,也采取多种办法尽力帮助附近社队发展生产。这些短期农作物大致可以分为三类:一是水稻、谷物等粮食作物。1974年,弥勒东风农场将本场水稻良种417-12推广给弥勒前哨公社,种植4000余亩,平均单产达450公斤;1975年后,路南、泸西、易门、通海等县推广种植20多万亩;到1985年,农场共外调良种1000多吨。1980年后,该场还将直杆桉推广到弥勒、建水、泸西及个旧等县市,提供种苗30多万株。二是农林牧副渔等副业。1982年,西双版纳的各农场帮助推鱼塘39个,支援小猪种256头,肥猪63头,耕牛67头,黄牛62头。其中,东风农场为了解决附近民族群众吃、住、用、行等方面的困难,1981年底低价卖给群众菜牛63头,生猪68头,山羊53只,无偿地帮助推鱼塘33亩,帮助打谷子40万斤,还专门划出一部分橡胶林,让群众修枝打柴,后来怕群众修枝容易伤树,便由农场派人修了枝送到社员群众家里。在社队群众生产生活出现困难时,农场都能主动进行帮助,如盈江农场芒永丰分场看到附近4个生产队生产生活存在困难,便从1981年起派出人员深入群众中进行帮助,在农忙期间,分场借出17000多斤稻谷,帮助缺粮社员解决生活困难,并四处奔走,帮助4个村寨购买化肥6吨,帮助社队组织好中耕管理。年底,4个队都获得了增产,社员平均口粮普遍提高了200多斤。拉冉生产队过去每年有三四个月缺粮,10个工分值才0.39元,1981年在农场帮助下,全队人均口粮可达到800多斤,工分值也上升到1.40元,帮助少数民族村寨实现家有余粮,户无欠款。虽然之后贯彻了责任制,村寨经济发展情况逐渐有所提高,但社员群众仍然没有忘记在困难时期国营农场的帮助。三是经济作物的种植。基于云南区域特殊状况,国营农场普遍选派熟练掌握农作技术、有一定组织能力的干部组成民族工作队，在当地县委和公社党委的领导下，以包干到户的方式帮助附近村寨发展生产，同时，国营农场把包干指定村寨当年生产的好坏作为工作队员计奖考核的依据，收到了很好的效果。1981年陇川农场包干了16个村寨，年底村寨获得大丰收，社员平均收入由上年的147.27元增加到220.29元。其中翁秀寨子的两个傣族生产队，甘蔗亩产由原来的两吨左右提高到五吨多，社员平均分配收入比原来增加了157.28元，有7户社员分配收入上千元。国营农场还无偿地供应社队甘蔗种苗，派技术人员传授技术，使陇川地区甘蔗生产迅猛发展。

四 教育卫生发展

教育与卫生是人们日常生活离不开的两项公共服务，同时也是群体或个体之间进行交流的通常路径。国营农场的教育和卫生发展过程，伴随着周边村寨民众对教育与卫生的不断理解与认知，是场群关系建设中公共服务社会融合的日常路径。

（一）教育带动

农垦系统的教育发展与相应农作物培育的需要以及国营农场本身职工家庭发展需要息息相关。早在20世纪50年代中期，随着国营农场的规模化建设及其种植发展的扩大化，需要的劳动力资源急剧增多，为了培养适应于农场生产经营的管理干部和技术人员，农垦系统开始了专业化的教育培训之路。1953年2月下旬，云南垦殖局开办了垦殖干部学校，校舍借用中国科学院昆明植物分类站的房屋，同时分专业招生，其中测量专业招收256人，垦殖、气象、病虫害、土肥、统计五个班共招生424人。1956年5月云南省农业厅热带作物局干部训练班成立，1958年改名为农垦干部学校。这两个培训系列的建立标志着，此时的教育是以建立针对国营农场农作物种植，尤其是植胶育胶等专业项目而开设的，其学生来源是由学校进行统一招生。

到50年代后期，随着各国营农场大量人员的进入，农场职工的婚姻家庭逐渐增多，部分国营农场职工的子女已经逐渐达到入学年龄。此时，由于农场自身条件的简陋，大部分职工子女就读于附近县镇小学。不过鉴于云南少数民族地区当时地广人稀，初建的大部分农场距离市镇较远，且以当时的条件来说，许多国营农场职工子女都是内地支边或移民后代，与边疆区域少数民族学生之间存在着语言和生活习惯差异较大的问题。至20世纪60年代初，大批湖南支边移民充实国营农场，职工的子女急速增多，当地小学教育资源有限。为解决相应教育问题，国营农场陆续开始兴办职工子弟小学。当时农场小学条件比较简陋，校舍为简易茅草房，自印教材，有的连桌椅板凳都十分紧张，多从职工中挑选有文化基础的人作为教师。在兴办农场教育初期，基于教学条件的极端困难，一些农场先后办过复式教学班，如1958年东风农场就曾经办理一至四年级的复式班一个，之后才正式开办分年级的职工子弟小学。学龄教育创办的同时，从1960—1962年，各国营农场以扫除文盲为主要任务的职工业余教育也有较大的发展。1963年9月，云南省农垦总局召开了全省国营农场的人事宣教工作会议，会议上重点讨论了职工子弟中小学、农业中学和业余教育的建设，并由此形成了一系列的文件。提出国营农场教育的中心任务就是要"扩大小学教育的普及面，适当地发展全日制中学，积极举办农业中学，在巩固提高现有职工子弟小学的基础上，根据需要建立一些小学和简易小学，争取在35年内每个场都有一所完小"[①]。此时云南全垦区有小学79所，教师274人，在校学生5584人。最后于粉碎"四人帮"之后，才稳步进入教育发展完善期。自1977年始，国营农场开始努力建设稳定的师资队伍，教学管理得到完善和加强，1980—1985年，垦区的各类学校获得了体系化的完善和发展，一些小学和中学分别获得农垦部的先进学校奖励，部分教师被评为全国农垦先进教师。1985年，景洪、东风、坝洒、陇川农场中学及景洪农场红龙

---

① 云南省农垦局《关于国营农场办好职工子弟小学的意见》，1963年11月。

厂十一分场学校被评为全国农垦系统教育先进集体，12位教师被评为全国农垦先进教师。而农垦教育从20世纪60年代初发展到80年代，20余年间已经初具规模，据统计，1985年云南农垦有中小学校298所，教职工4850人，学生6.1万人。

垦区义务教育体系的发展，同时也形成了垦区对周边地区教育的带动。20世纪80年代到90年代，为了解决民族群众子女上学问题，国营农场所属的中小学除了培养自己职工子女之外，还兼招本地区其他附近村寨的孩子，民族群众子女在农场学校就读的学生达数千人。有的村寨由于离城比较远，也愿意将孩子送到坐落于附近的国营农场子弟学校接受教育，农场学校也向当地村寨群众开放，低费或免费接纳群众子女入学。全省垦区1970年后每年平均接受当地学生500余人，其中，少数民族较多的地区，还设置了专门的少数民族语言与汉语同教学的双语班。以西双版纳为例，至1985年各农场学校共计招收民族学生1192名，有的农场还专门设置了傣语班。此外，值得一提的是，多数国营农场所属学校的教学质量比当地学校较高，虽然没有数据可以说明，但在访谈调研中可以发现，当地许多中年群众对于20世纪80年代和90年代的国营农场的教育印象颇深，因为与当地的政府或城镇中小学相比，当时国营农场的教育质量明显要好一些，不仅体现在升学比率，而且体现在良好的学习氛围。以西双版纳地区为例，由于傣族佛教传统以及农作安排和村寨惯习的传承，该地区的适龄儿童入学率以及相应的升学率长期以来都处于较低水平，男孩到一定年龄便会进入寺庙进行学习，学习内容以佛经为主。甚至部分家庭的孩子认识一些字或简单计数之后便不再接受更多的教育。国营农场小学和中学的建立，将国家义务制教育内容完整呈现，也将国营农场中小学孩子的学习认识与氛围带入同辈群体，对到农场上学的孩子形成较大的带动，既是学习内容与体系的认知扩展，又逐渐使当地同年龄的受教育孩子学习意识改变。

另外，垦区还有中等专业教育、干部教育和职工教育三类教育类别，其中干部教育以干部、财会人员、技术人员、专业管理人员的培训为主；职工教育从一开始的扫除文盲到之后的各种专业训练班，一直以职工文化和技术的补充教育为主；发展较为专业化的是中等专业教育，1960年，云南省热带作物技术学校在景洪城里开始招生，当年招生80人；1983年成立了云南省农垦总局农业广播电视学校。这两所学校的教育为以社会招生为基础进行的职业技能性教育，不仅为农垦系统输送人才，也为当地的农业技术发展培养提供了人才。由于边疆教育发展落后，少数民族学生进入各类专业教育受教育人数较少，而相应的农作发展又需要一定的技术，因此，农垦国营农场开办的中等专业教育，对于上述地区专业人才和相应技术人才的培育起到了极重要的作用。一些村寨的民众参加农作的技术培训之后，对于农作物种植技术和农作推行方式有了较好的认识和实行，这也为20世纪80年代之后整个云南边疆少数民族地区的文化素质教育以及专业知识的提升提供了重要路径。反过来说，当地民众对于国营农场很多技术性的学习期望，也获得了相应地可以进入参与和学习的途径，这也使得边疆民族民众通过对国营农场先进技术的向往、学习和接受，发展出对于国营农场生产生活方式的接纳，进而形成相互沟通意识的改变和认同。

（二）医疗卫生帮助

医疗卫生也是国营农场为边疆地区民众所接纳与认同的重要途径。农场建场之初，边疆民族地区缺医少药的状况十分严重，依据当时边疆地区的有关记录，如1949年德宏地区只有9个医务人员、6张简易病床以及少许的医疗器械和过期药物。当地的少数民族群众一旦得了病，一般常用方式或是以世代相传的土法进行治疗，或是邀请本地的巫医进行巫术祈祷和药物服用。农场经常派卫生人员到村寨帮助群众防病、治病，因此，"摩雅"（医生）成了最受群众欢迎的人，卫生工作成为接近村寨民众的最有效途径。

国营农场一开始都建立在人员稀少、毒虫遍地的丛林之中，恶劣的环境以及繁重的体力劳动使得疾病频发。当时农场职工一旦生病，必须要走几十里山路到县城或是州府医院去医治，往往耽搁时日久，造成病情恶化。1955年4月农垦第一个医疗卫生机构黎明农场卫生所建立，所里设置了简易病床20张，有医师、医士各2人，药剂士1人，护理人员7人。之后，潞江军垦农场建立了卫生室，蚂蝗堡农场成立卫生所。1957年8月，云南省农垦局河口医疗所成立，设简易病床40张，1958年该诊疗所更名为红河人民公社医院，成为云南农垦建立最早的医院。之后，随着大批下放军官和复转军人来到国营农场，先后有勐养、橄榄坝、陇川、勐省、弥勒、孟定、盈江、景洪、东风等农场开始设立卫生院，配备简单医疗器械开始诊疗。兵团时期，国营农场根据云南省军区颁布的卫生法规制订了兵团卫生工作计划，大量新建了卫生机构的医疗仪器与设备，同时培训了部分知青充实农场卫生队伍。1970年，通过上海静安区中心医院等八家医院的支边医务人员充实与支持，开始组建了云南生产建设兵团一师医院和三师医院，相应地各类卫生工作人员和医务人员都得到大量的补充。1984年以后，云南农垦改革推行多种形式的岗位责任制和合同制奖惩制度，实行五定一奖和与经济效益挂钩的经济技术责任制。大力培训各类医疗医师人员，开展防疫人员培训班、护士培训班以及选送卫技人员外出培训，当地提高了国营农场医务工作的技术和业务水平。据统计，到1985年，云南省垦区有各级医疗单位1179个，其中总局、农场级医院31个，农场分场卫生所127个，生产队的卫生室1021个，共有病床3447张，医务工作者4228人，医技人员3510人。有的农场防疫站4个，其他各农场也有1—3个防疫小组。其中，规模和力量较大、设施较全的是，位于西双版纳州景洪县允景洪镇的农垦第一职工医院，地处德宏傣族景颇族自治州潞西县芒市的第二职工医院，地处河口瑶族自治县县城的第三职工医院。

伴随着国营农场医务系统的建设，农场始终坚持为当地的少数民族群众提供便捷的医疗服务。由于交通不便，地处偏僻村寨的民众较难得到及时医治，更多地求助于附近国营农场的医疗系统。而国营农场也担负起了边境区域民众的救死扶伤工作，一些农场医院为了更好地为当地群众进行诊疗，还要求医务工作者要能够掌握多种民族语言。例如，西双版纳东风农场的医护人员基本上掌握了傣族、哈尼族的日常生活用语，各科室的标识牌都有汉傣两种文字标识。20世纪70年代还吸收了六名初中文化的当地少数民族青年在职工医院从事护理工作。有的农场医院为了尊重少数民族的生活习惯，单独设立民族病房。根据1985年的统计，西双版纳垦区各国营农场就为少数民族群众共计治病门诊21万人次，住院1.76万人次，其中免费治疗5000人次，抢救危急病人2972人。其中，黎明农场自1982—1985年为少数民族门诊治疗3.97万人次，住院2259人；橄榄坝农场1985年接受少数民族住院955人，门诊2万人次。德宏垦区遮放农场职工医院，门诊和住院人次统计中，当地少数民族就诊分别占23.1%和44%。就全垦区的就医人数统计平均来说，当地少数民族群众在就医中一般占20%以上。一些边境农场的医院还对境外人员开放，如瑞丽农场每年还会接收一定数量的境外边民就诊，当地少数民族群众、境外的边民和农场职工三者的人数各占30%左右，1982年曾为边民治病1.21万人次，32年累计10万人次以上。梳理上述发展过程，农垦的医疗系统从缺医少药发展到三级医疗网络健全，医疗卫生初具规模，医护人员的素质不断提高，医疗手段和医疗设备不断完善，为垦区职工本身也为当地的少数民族群众的健康起到了积极作用，相应来说，这也是当地民众接纳国营农场的重要出发点之一。

除医治诊疗之外，防疫也是云南边疆地区一个重要卫生建设重点。因为垦区所建立的国营农场大部分都在瘴疠之区。当时对于云南区域的瘟疫和瘴疠传说非常之多，事实上当时偏僻村寨和农场的瘟疫流行也非常可怕。一些农场在建场初期由于蚊虫传染以及瘴疫之祸，传染病流行，发病率极高，死亡率也不低。据记录，1956年，金平农场二作业区的钩端螺旋体病发病率高达80%。1960年，东风农场

2000余名职工中疟疾的患病率达到24.4%。为了防治各类传染性疾病，各农垦分局和国营农场都开始建立卫生防疫站，以防治为主进行相应的清洁卫生运动，清除蚊蝇滋生场所。防疫发展过程中的疫病防治主题侧重不同，20世纪50年代主要是针对疟疾和钩端螺旋体病，60年代为鼠间鼠疫。1983年之后，陇川、瑞丽、盈江、东风等四个农场相应成立防疫站，其他农场有1—3人的防疫小组，规模较小的农场有人兼管防疫，通过设置专职的防疫机构和防疫人员，开展食品卫生监督和水质检查。卫生防疫工作刚开始时并不为当地群众所接受，农场遂以内部防疫工作为主，同时以农场相应的疾病暴发和疾病控制与消除过程为实例，对应当地区村寨民众的健康状况进行防治教育，也在农场本身防治的同时给周边的民族村寨群众做好相应的宣传和知识普及，并且发放相应的防疫药物，增进了丛林生存地区少数民族群众对于卫生清洁和疾病防治的认识，逐渐理解和配合接受相关的预防医疗工作。

第三节　国营农场的场地融合路径

屯戍制度是以维护国家边疆稳定、促进社会经济发展和发展边疆农业现代化发展的意义而获取其合法性地位而存在。从1950年第一个国营农场的成立，到20世纪80年代改革开放初期，云南省已建立起一个完整的国营农场体系。综观云南国营农场的组建及其发展过程，作为一个地方惯习场域中外来"嵌入型"的单位空间，从建场开始的生产生活相对封闭式展现，到通过不断的经济带动和技术交流来深化与当地民众间的关系，功能角色和发挥方式的不同既体现了社会融合不同阶段的需要，又显示出这个空间载体对社会环境的不断适应。对改革开放后云南国营农场场地关系建设的回顾与反思，是全面认识屯戍制度边疆社会融合的关键环节，同时也提供了对社会融合的嵌入型制度路径区域实施的有效样本。

一 安全与稳定的实现方式转变

国营农场最初组建的目的主要是代表国家稳定边疆区域，是国家权力的延伸。也可以说，根据云南国营农场成立的过程，从其成立背景、经费来源和领导构成等条件分析，国家对农垦的角色设计与发展规划，不折不扣地表明了其政治主导性。而各地州国营农场成立之后的相当一段时间里，一方面，国营农场生产与发展的资金大部分依靠国家拨款和转移支付收入，由于其经费来源于国家，这就天然决定了国营农场必须围绕国家战略指导作为根本的生产发展目标；另一方面，国营农场开拓与初期发展的人力资源支持主要是兵团的复员军人、国家委派或下放的干部以及转入生产的成编制的军队，他们承担了农场的开荒和初步工作生活条件构建的工作，同时也是隐形的国家意志代表者。这种双重角色的统一，有利于农垦系统按照国家意志进行生产经营规划，稳定边疆社会经济，又利于以其准军事性质代表国家履行防卫和治安职能，维护当地社会秩序，从而能够以相对低的成本获得相对高的社会效益。应该说，在当时的政治经济环境下，国营农场的这种集中角色设置体现了国家政治与经济利益统一的强烈要求，这是其产生和运作的根本基础。另外，农垦组织历年来所担负的一系列屯垦戍边任务也很好地实践着国家边疆安全保卫这一角色。梳理农场自建成以后在边疆区域所发挥的保卫与稳定功能：云南农垦所属39个农场，有20个农场位于接壤的国境沿线，不少农场又处于陆疆口岸的交通要道上。20世纪50—60年代，农场的建立弥补了边防部队和地方政府保卫力量不足的问题，在其国家戍防和保卫边疆和平的任务中，以歼击土匪、残余匪特为多发任务；70年代，主要配合公安部门和当地驻军捕获走私、越境偷渡、畏罪潜逃、行凶杀人等犯罪分子。其间，云南农垦组织还经历和参与了3次重大支前参战，分别是1961年7月，隶属思茅农垦局的景洪、东风等农场，选派2000余名民兵配合部队扫除中缅边境障碍作战；1979年2月的对越自卫还击作战和收复老山的战斗，有河口农场1605人、金平农场512人、天保农场240人等直接参战。因此，就其成立选址及其在发展历史中所留下的保卫边疆事迹，都非常具体地说明云南农垦在边疆区域社会中所体现出的政治性，或者说是以准军事的组织形式，形成边疆安全与稳定的长期维系力量。20世纪80年代以后，随着国际局势变化和周边国家关系缓和，边境一带的军事性武装冲突大为减少，国营农场的准军事功能需要大为减弱。但这也并不意味着国营农场的政治功能减弱，而是这种政治功能体现的方式改变了。随着国家战略的转变和区域发展需要的转变，国家与地方社会都需要大力推动经济的发展，以经济发展来解决人民生产生活问题，并以经济为路径带动其他领域的发展，满足人民日益增长的物质文化需求。因此，国营农场政治功能的需要虽然不变，但其发展方式已经从军事化的保护转变为经济发展的引领。

政治的稳定性是云南国营农场的另一大融合特性，主要体现在为周边村落和民族提供服务、提供教育和医疗的影响力、协调当地的各种社会关系等方面。从理性层面理解，云南国营农场除初建之时中央直接统属管理以及军事获得了一定的政治权威和强制力以外，如果要在多民族的边疆区域获得接纳，还需要在整合社会力量方面显示出一些独到的优势。由此，提供发展性和服务性帮助成为国营农场主要社会功能确立的目标，也成为其赢得当地社会合法性的基础。国营农场几十年的成长过程，就是一个服务意识不断增强、服务领域不断拓展、服务能力不断提高的过程。以西双版纳为例来理解云南农垦社会功能的实现过程：据1986年的不完全统计，西双版纳垦区各农场历年来也尽力帮助周围群众发展生产：累计划给地方群众已垦林地8130亩，水稻田8653亩，菜地2214亩，甘蔗地3924亩，短期作物地6578亩，养鱼水面5694亩，果园和其他耕地2.87万亩。共无偿援款58.35万元，农场贴息为群众贷款936万元，派出技术人员4100人次，提供橡胶种苗282.68万株，提供芽条30.25万米，开梯田

1.83万亩，定植橡胶4.8万亩，培训芽接工2402人，割胶工1.68万人；在基础建设方面，专为299个村寨架通送电线路442公里，提供水泥电杆3324根，免费送电71万度。为139个村寨打了水井。安装自来水管3.8万米；在支持地方群众发展教育文化卫生事业，为村寨小学建校舍520平方米，为村寨小学修公路183公里，安装自来水管1038米。各农场学校招收民族学生1192名，有的农场还专设了傣语班。类似的案例在上一节中也有着极为详细的数据证明，这似乎看起来与国家对于贫困地区的扶助方式极为相似，但梳理农场进行帮助的路径方式，就会发现两者具有极大的差别。其一，资源分配方式差异。国家政策的扶植方式是以国家统一划拨资源固定，如资金衣物、校舍修建、建筑原料等，作为统一的规划分配，其分配方式是以全部资源平均到户进行相应的平等性资源划分，是一种自上而下的资源划拨。而国营农场为主体进入村寨的这种扶助则体现了另外一种方式，即在了解不同村寨甚至不同家庭对于技术或者相应发展种植需要的情况下，进行有针对性的帮助。如有的村寨发展落后是由于交通不便，则农场提供的是修建公路；有的村寨土地资源非常丰富，所缺少的却是技术指导或相应的农作资源，则农场提供的就是种子或技术培训。显然这是一种自下而上的需求性扶助，按需提供相应的帮助。其二，社会融合的效力差异。国家政策的扶贫方式，但都以政策的出台、资源的集中以及相应各层级行政部门的部署为主，分配则参考各村寨的个人申请和村寨对每户的状况评价，资源分配过程中时间紧、任务重，各层级部门一般采取预定时间地点进行集中式的物资发放，之后，较难进行双方深入式的交流以及进行一些困难问题的深入剖析。而国营农场的这种扶助方式较容易建立起以个人交流，或是通过技术指导而形成的中长期相互走访关系联结。其主要路径从群体认知走向了个体层面上的深入了解，有利于将农场优势资源与需要帮助的对象之间紧密联系起来，形成具有极强针对性的实效发展。

1980年胡耀邦视察西双版纳时，强调了边疆地区民族团结和场群关系重要性，同年，云南省委、省人民政府下达了《关于改善场群关系加强团结的意见》，明确了农垦各级干部对于加强民兵工作、改善场群关系的认识及指导原则，包括：第一，党的民族政策必须坚决贯彻落实；第二，民族群众的利益必须兼顾；第三，当地党委和政府的领导必须尊重；第四，农场的工作必须从边疆各民族的特点出发，一切工作的归宿都必须有利于边疆稳定，有利于民族团结，有利于和兄弟民族一道走共同富裕的道路。随之，云南农垦加强了国营农场和谐场群关系的工作力度。全省农垦在6个农垦分局及地处边疆的32个国营农场当中，建立健全了民族工作科（又称群农科群工科），在这些农场的分场配备了专管民族工作的干部，一些生产队还设立了兼管民族工作的联络员。这些管理干部设置的任务是经常深入周围的村寨，了解村寨干部和群众对农场的意见，处理场群、场社之间出现的一些矛盾。他们经常走村串寨，召开民主座谈会做大量的工作，成为农场各社群社队群众之间增进团结和友谊的桥梁。以西双版纳为例，该地区分布着十余座规模较大的国营农场，到20世纪80年代中期，西双版纳各国营农场有专职民族干部63人，长住公社村寨的民族工作干部31人，景洪农场采取场社、场队挂钩的办法和附近的19个公社84个大队707个村寨直接挂钩，派工作队深入社队做民族工作。这一时期与50—60年代的民族工作有所不同，需要解决具体的土地纠纷，由于工作要求细致，不仅要懂政策而且要摸清问题的原因，能够做出切实的解决办法。国营农场对于民族工作的重视，使得民族工作一直是场群关系工作的重要内容，对恢复和改善改革开放以后的场群关系发挥了重要作用。

可见，20世纪80年代以后，随着国营农场本身经济发展以及农场实体在当地惯习社会中的嵌入认知积累，农场所担负的政治安全与稳定的职能虽然没有变，但其相应的实现路径却发生了一定的变化。以经济的引领和扶助为主，其所包括社会融合的实现方式，也从原来群体对群体之间的那种权威式相互认同，逐渐转入了个体日常生活的交流和经济帮扶的现实途径，或者说日常的交流从群体与群体之间已经慢慢深入个体与个体之间，这是社会融合的一个关键阶段。但随着帮扶这种途径或者说农场对周边村寨的这种帮助效果的不断体现，尤其是对于民族团结的巨大促进作用，反过来又促进了国家政策或者说屯戍制度对这种融合方式的重新认识和强调，也更加巩固了嵌入融合路径的效能。

二　技术引领与资源扶助

　　国营农场自建场以来所累积的多年经验教训，使得各级领导者深刻地认识到帮助发展民族经济，走共同富裕的道路是国营农场边疆嵌入的根本着力点，也是搞好与少数民族之间场群关系的重要途径。因此，各农场都尽量地从人力、物力、财力和技术上大力扶持和帮助周边社队发展生产，大力扶持民营橡胶经济，帮助少数民族群众发展农业生产。与其他农垦不一样的是，云南、广东、福建等地的垦区设立从一开始就带有较强的经济色彩，1951年8月政务院第100次会议所表述的农垦组织行动宗旨，明晰了农垦所代表的政治经济立场："橡胶是重要的战略物资，帝国主义对我们进行经济封锁，为保证国防及建设需要，必须争取橡胶自给。"云南农垦的筹建过程与国家对橡胶资源的战略需求息息相关。因此，1956—1970年，国营农场的设立主要选择适宜橡胶种植的地区，且在设立初期，农场很少种植经营咖啡、茶叶等经济作物，工作任务以橡胶种植为主，这从农场的经营项目及其规模变化中可以充分说明。

　　与此同时，橡胶的实地种植收割过程呈现出相对严格的技术要求。首先，在种植橡胶的时候，在选种育苗以及相应的土壤病虫害防治等方面需要极强的技术。具体而言，对于橡胶的种植只有一套相应的技术体系。大致分为四个阶段：一是栽培管理，包括幼树栽培、大田抚管和病虫防治。二是抗寒植胶，包括品系使用、寒害调查和抗寒措施。三是割胶规范，包括试割取样、经验积累、增产保树和高产稳产。四是制胶工艺，包括制胶方式方法的工艺流程和主要产品的规范改进。由于国家对于天然橡胶的需要，中国从没有橡胶一直到从国外引种橡胶，其中的过程除了对种苗品系各种病害的研究之外，也包括相应的环境和技术的相当长期摸索。以云南的天然橡胶种植为例，自1951年，云南省农林厅组织以蔡希陶为首的调查组对金平调查野生产胶植物开始，到全国橡胶会议上对云南野生赛格多、大叶鹿角藤等产胶植物以及三叶橡胶树情况的汇报，之后林垦工作会组建滇西调查队考察保山、腾冲、盈江、瑞丽等地域的产胶树种，及至对于中华人民共和国成立后仅存橡胶树的保护与研究，后于1952年按照研究结果，开荒进行巴西橡胶和印度橡胶的育种、赛格多育种和印度橡胶与赛格多的插条等一系列过程，经历了从开辟云南植胶区，到对于区域可以种植橡胶的肯定、宜植地理位置的界定、开垦荒地的十大工序，发展成熟橡胶种植的各种细节规范：种植的株距行距的间距规范、种植的辅助材料使用、间作胶园的绿肥覆盖方式、橡胶幼树生长状况、橡胶植株部位的病虫害及其防治、橡胶生理病害和虫害的防治、橡胶抗寒品系的选择，以及开割标准、割胶天气、每日割胶时段、产胶规律、割胶制度、割胶方法，直到生产管理等，都有详细的规定与技术规范。规律总结和技术的不断提升，使得云南橡胶的种植和产胶都慢慢步入成熟阶段。根据云南省农垦的统计，1979—1993年14年是云南农垦割胶史上最高产量的时期，橡胶事业步入比较成熟的阶段，并发挥出良好的经济社会和生态效益。这个时期全垦区新增橡胶面积46万亩，总面积达到111.67万亩。由于有了较强的前期规划、品系选择和后期的系统的技术保障，云南成为天然橡胶高产稳产地区之一。1993年，全云南垦区开工面积88.8万亩，总产干胶8.25万吨，平均亩产干胶93.2公斤，成为全国亩产干胶最高的植胶区。同年，西双版纳垦区新投产植胶地开始大面积割胶，平均亩产超过100公斤，进入世界高产行列。从植胶理论来说，早在1977年印度橡胶局第88次会议就提出，世界上最重要的橡胶种植地区限于赤道以南10°

或赤道以北 15°的热带地区。云南生产性种植区从最南端北纬 21°9′的勐腊县到北纬 24°59′的潞江坝，平均海拔从一百米左右的河口到一千米左右的德宏，国外学者普遍认为这些地区不符合巴西橡胶的生产发育习性，是植胶的禁区。虽然云南垦区理论上不符合这种植胶条件，但在党和政府的带领和农林技术专家相应的艰苦奋斗下，专业学者们详细调研云南独特生态环境、不断制定完善详细的技术规程、试验累积品种栽培技术规律和合理应用综合抗旱技术措施，云南的垦殖事业在天然橡胶规模化种植以及割胶和产胶方面都取得了极大的成功。这是早期国营农场职工以及相应科学技术人员的共同努力结果，其中最主要的两个因素起着关键作用：一是科学技术的发展以及其指导下的详细和完善的措施制定；二是国家在克服种种困难的情况下，通过计划经济体制以资源划拨的方式，对农垦农场植胶事业的不遗余力的支持。总体来说云南植胶的成功，源于早期对于国营农场当中技术发掘和统一资源全力支持，包括人力资源和物资资源。简言之，云南区域的天然橡胶种植是一项需要较大技术与资源前期投入的项目，它在较短时间内获得成功，与国家的全力投入与支持息息相关。而民营橡胶的发展显然不能够依此路径，但却能够获得先期技术资源的支持。

将国营农场橡胶的种植扩展开来，我们不难看出在 20 世纪 80 年代之后，云南农垦各国营农场在自身橡胶种植发展势头极好的基础上，对于周边村寨的扶持或者说相应的社会融合践行，其实在很大程度上是以橡胶为主要路径完成的。这种扶助民营橡胶的方式，不仅是农作技术的传播，在很大程度上也是物质资源的帮助。上述的各种扶植技术和资源供给，表明了一个重要的问题：周边村寨对于橡胶种植的效益已经产生了共同认知，但真正能够进入或者是自己完成植胶割胶等一系列过程，不论依靠村寨的力量以及村寨中个人的力量来说都是远远达不到的。在这个发展层面上，村寨要发展橡胶经济，或者说想种植橡胶而参与到橡胶经济这个产业中来，仅是技术这一项，就必然需要国营农场的技术帮助与指导。当然，由于生产资源的薄弱，还需要相应的资源帮助，这一点与国营农场刚开始发展时国家对农场发展的扶助是同类需求。于是，从社会融合的路径来说，在早期国营农场兴建之初，对于橡胶的试种和橡胶的管理以及割胶等各种程序，就已经不仅仅是作为一种展示和农作系统嵌入边疆这个区域，它是作为一种技术系统或者是生产资源的提供系统嵌入边疆空间，当这个空间区域及其成员理解、接纳并开始想学习它时，它就开始发挥辐射性的带动功能，帮助周边民族村寨的民众学习自己的农作发展方式，并作为区域发展的一个经济引领核心，源源不断地提供技术与物质保障。

事实上，云南国营农场橡胶种植的影响与效用远远超出了初期的政治预期。国营农场所倡导的垦殖行为集中化与组织化，农业科技的扩大辐射效应，在20世纪后半叶引导和帮助了云南边疆区域农业的大发展。于农业劳动的组织层面，分散的农业种植之所以会组织起来并进行相应的集体行动，是为了分享个体行动无法实现的潜在净收益，如在技术、资金、市场等方面以及外部环境的博弈中的无能为力，使得专业组织成为个体拓展技术、市场甚至制度空间（比如行业协会）的有力依靠。可见，作物种植的规模化是为了分享组织效应并实现共同利益。因此，云南国营农场对区域农业现代化起到了两个重要作用：一是浓缩了原有个体分散种植中存在的技术等差异，淡化单个种植户之间的市场需求差别，以便将分散的农户力量整合起来，实现集体行动；二是种植个体解决具体的实际问题，以农场的整体力量解决个体问题，从而赢得个体的尊重和认同，扩大其合法性基础。就此而言，国营农场的组织特性，不仅在于获得经济现代性，对于当时的政治经济状况而言，更在于依靠规模效应以大量节约政府与企业、企业与企业、企业与社会之间市场交易成本，以便较大限度地提高经济规划的成功概率。从这个角度来看，无论是政策生成还是组织所面临的环境形成，国营农场都是边疆农业自身需要以及现代化发展要求的代表性产物，这种需要对于国家以及边疆区域的稳定与安全是内在的、本能的和自发的，也是区域经济与国家经济整合的重要通道。

三 利益纠纷的协商解决

在改革过程中，市场经济发展影响不断扩展，边疆地区的少数民族群众对于土地和林地资源的认识不断深入，一些与国营农场邻近的村寨，对于历史发展过程部分林地荒地的归属问题开始与当地农场产生矛盾和纠纷。这些纠纷主要可以分为这样几类：一是农场建场时部分的占用的，且没有明确划界的村寨土地；二是在农场发展过程中所开垦的农场与村寨之间的荒地，这部分土地本身没有明确的归属，按照谁开垦谁使用的原则被开垦后划入农场，一些村寨认为是属于自己村寨荒弃的土地；三是部分村寨原先比较认可国营农场的生产建设方式，整村寨并入农场，改革开放后看到对于农村和少数民族的各类优惠政策，认为在农场待遇不如村寨，又要求整体村寨及其所属土地从农场中退出。

对于纠纷的解决，国营农场基本都遵循着国家团结少数民族的政策精神，协商处理。以国家政策为主要依据，相关的处理方式规范来源于1979年8月1日的《国营农场工作条例（试行草案）》，条例第十章专门对此进行了相应的规定："第三十三条，国营农场和人民公社是社会主义农业经济的两种形式，应该互相支援，共同发展。农场应在良种、先进技术和农业机械化等方面积极帮助人民公社，但不得无偿地将全民所有制的生产资料转为集体所有。第三十四条，国营农场土地与周边人民公社土地、互相'插花'（形容互相混杂），影响统一规划，如社员自愿，农场基础又好，经省、市、自治区革委会批准，可将一些社队划入农场，实行统一领导，独立核算，自负盈亏，所有制暂时不变。第三十五条，国营农场与人民公社等单位在土地、水源、草场、森林、矿山等方面发生纠纷时，应在地方党委领导下，从有利于发展生产、有利于团结的原则出发，协商解决。过去划过界的，应维持原来的界线；过去没有划界的，应当由农场的主管部门同当地政府协商划定界限。"

紧接着，1983年9月24日，云南省农垦农工商联合企业总公司党委作出了关于体制改革后若干问题的请示报告，报告中对于农垦企业的性质任务和经营方针，及其领导和经营管理体制都进行了汇报，同时专门汇报了关于民族工作和场社团结的各项工作。重申了党和国家对于少数民族尊重的政策，认为农垦系统的各级单位组织除了教育职工执行民族政策、尊重当地少数民族风俗习惯外，还要把帮助当地民族发展生产、改善生活作为自己的重要任务，从生产技术及必要的人力物力上扶持社队发展生产，但也强调了物质资源提供中：不得无偿地将全民所有制的生产资料转为集体所有，必须转让时需坚持等价交换的原则。不过，在实际工作中，为了维护民族团结，贯彻党和政府在边疆工作的原则和精神，一些与当地少数民族的矛盾尤其是土地纠纷的解决，大部分是以国营农场与当地村寨的友好协商以及农场的相应让步为主要结果。

对于以上的历史遗留问题，各国营农场根据政策，本着主动承担责任、尽量照顾群众利益的原则，对不同的遗留问题进行分门别类的处理，主动登门征求意见，在弄清事实的基础上，积极消除场群关系中存在的隐患，农场对于"文化大革命"时期一些"左倾"行为承认错误并赔礼道歉，对于一些涉及土地、林地等实质性财产问题核定数额并予以经济赔偿，有土地争议的，尊重民众意见主动退让。以西双版纳地区为例，仅1981年一年，西双版纳所属农场在与当地村寨协商中，就赔偿损失18799元，赔偿耕牛十头，调整农田农地2311亩，调整胶林468亩，梯田75亩。其中，东风农场的相关领导亲自走访了附近的六个村寨和八个生产队，调查听取意见，召开社队干部参加座谈会，妥善解决与三个村寨的土地纠纷问题，主动调整耕地1219亩。橄榄坝农场组织总场和分场两级民族政策检查组，对附近勐罕公社九个大队84个生产队进行走访，认真解决农场与这些村寨间存在的矛盾，例如，村寨生产队原有62亩共1800株胶林，过去由于无力管理造成荒芜而交给农场,农场经过多年培育又恢复了正常割胶,为照顾群众利益,农场主动将这些胶林无偿归还生产队。从1979—1984年,据统计,云南农垦各国营农场主动退出耕地48319亩,胶林13722亩,农场付出的经济赔偿达10万元以上,基本上解决了历史遗留的土地争议问题。

从生产和经营收益层面来看,国营农场对于农作种植具有一定技术和资源的优势,不过当这种优势被普及和传播之后,新的矛盾就又回到农作基本资源——土地的占有这个根本问题,场地社会融合的关键转变为土地重新合理分配的问题。应该说,随着社会经济的发展,土地作为稀缺生产资源必然是争夺焦点,此时,土地权利及其额度的明确界定,就成为之后双方的进一步合作与发展的核心内容。

四 改革与流动

从20世纪末到21世纪初,全国农垦系统基本步入新的改革阶段。云南农垦也不例外,在社会主义市场经济不断深化的市场竞争过程中,国营农场的场地融合已经不仅限于国营农场这个单位空间嵌入当地惯习空间的排斥与融合问题,对于农作生产经营管理体制的改革,使得国营农场产生了部分被分流人员,如1993年的减员增效改革,1996年的云南农垦集团化的改革,以及2009年的属地化改革。改革所带来的人员流动随之带来了农场本身沟通交流范围的扩大,农场人员与本地区、其他地区,甚至与境外不断产生各种联系,国营农场的场地融合路径渐趋多元化。

以政策发展为脉络,党和国家做出将工作重点转移到社会主义现代化建设上来的战略决定之后,国营农场的整顿与改革也提到日程上来。1979年8月1日《国营农场工作条例》第七章第二十八条中明确提到:国营农场必须严格实行定员定额制和岗位责任制,其中最主要的是减少非生产人员,各基层生产单位都要实行定额管理,按定额考核劳动成绩,实行定额定员和改进管理后,对多余的劳动力根据实际情况广开生产门路，妥善安排从事农田建设、植树造林、工副业、工程建筑和服务性的工作，把有劳动能力的在场职工家属组织起来参加集体生产独立核算、自负盈亏。其后，更具体规定了农场的经营方针：国营农场根据国家的需要和所处地区的自然条件，因地制宜，有针对性地实行一业为主、农林牧副渔等多种经营的方针，鼓励垦区和大型农场有计划地实行生产资料的供应和生活服务的社会化。[①] 从国营农场本身的组织功能来看，社会的多元化发展格局要求增强组织的专业性，不同类型的组织都必须要尽可能明确其服务对象与发展路径，以赢得对象群体的支持。相对而言，将过多职能集于一身的组织容易产生功能混乱和目标不明等问题，这也成为国营农场继续发展的最大障碍。鉴于此，自20世纪80年代逐渐推进企业化改革之后，云南农垦改革的主要内容转向对传统的资产管理和集权控制等资本组织形式的改革，通过调整传统的国有所有制结构，逐渐适应市场经济并转化为相应市场主体。1993年的减员增效、1996年的集团化、2002年的二次创业和2009年的属地化政策都是云南农垦对经济资本发展改革的反复探索。

改革的主要目的无疑要对低效的管理制度和生产经营制度进行修正与创新，期望变革之后，能够提高国营农场的生产效益和发展能力。因此，以生产效率的提高为目的，20世纪90年代末这段时间，学术界对国营农场改革的研究大多是将国营农场作为企业性质，确切地说是国有企业的改革来进行讨论，致力于对其管理的效率及其生产的成本收益对比，做出统计模型或数理化分析来分析问题所在。不过，从社会流动的角度来看，1993—2009年的这几次改革，现实中产生了国营农场的职工下岗以及富余劳动力分流的问题。对这个问题的研究关注，大多数人将之与农村劳动力打工以及边疆少数民族地区劳动力流动相混而谈，但实际不然，国营农场的下岗富余流动人员在

---

① 《国营农场工作条例（试行草案）》，第四章第十二条。

流动的选择上具有阶段性。刚开始在改革中被分流出去的人员，由于未能深入认识改革的目的与发展趋向，对于农场重新招工或者是以其他方式重新获得职位的期望仍然相当大，因此其流动的范围或者说下岗之后的再就业范围，仍选择在农场或者农场附近的州县城市，相应地从业选择也仅限于个体经营，如小饭馆、小杂货店和电器维修等。1996年云南农垦集团化改革之后，各分局农场定员定编，分流人员增多，家庭农场式作业也不断产生出富余劳动力，与此同时，全国国有企业的改革浪潮也使得国营农场许多分流人员已经对下岗有了比较清晰的认知，在经济发展的促进下，这部分被分流人员开始向内地或是延边的一些城市流动。当然，由于内地许多大城市经济发展良好以及所需人力资源的数量较大，劳动力在这些城市也能够获得较大发展空间，因此，无论是内地的农村还是边疆的村寨，青壮年劳动力涌向中心城市，掀起了"打工潮"。农场被分流人员同样也跻身于其中，他们和周围村寨的部分青壮年劳动力向着东部的大城市集中，从事以体力劳动为主的一些"打工"职业，如建筑、修路、密集劳动所需的手工加工和流水线生产等。当然，由于这些行业与农场原需的农作技术性需要差异甚大，农场流动人员在职业选择和从业路径方面与其他打工者几乎一样，没有什么特色的发展空间。不过最大的差异之处在于，农场流动人员在城市的打工经历，为他们积累和扩展商业经营的认识，在这一点上，农场人员本身对于国营农场现代化规模生产和经营方式的经验基础，使之能够较快发现发展平台。由此，早期外出打工的一些农场流动人员或说有一定发展意识的农场人员开始回流到农场，逐渐进入从事跨境务工和经营。这一流动趋势到2009年属地化改革前后，大量富余劳动力和买断工龄人员出现时，借助内地城市经营方式进行边境贸易就已经成为农场流动人员的优势选项。

2009年云南农垦国营农场的改革，改变了农场的管理权属，农场管辖权被划分到所属地方政府。改革中，有的土地资源相对少的农场承包到户的资源难以维系家庭生活，有的农场依照当地政府规划将农场土地转卖为其他用途，买地的开发商则按年限或者一次性付款的方式，给予国营农场职工工龄买断现金补偿，这些都产生出大量富余劳动力。补助的资金对于失地农场职工来说，较难维系失去农场工作后的持续性生活来源，需要寻找新的生计方式。此时，被分流的农场职工部分外出务工，另一些通过听取早先被分流农场人员的打工认识和经验也开始进行跨国经营。此外，值得一提的是，在前期的打工过程中，许多农场打工人员意识到，虽然大城市所形成的许多经商和经营理念使他们开阔了眼界，但其自身的种植技术或者说农作技术优势，无法在大城市务工中获得认可，加之考虑到农场所处的地缘优势，与中国西南边境相邻的几个东南亚国家又都属于农业国，农场的农作技术可以获得跨境优势。现实层面，西南边境跨境族群之间相互的交流一直比较频繁，风俗习惯与国内同族大致相同，民族惯习差异不大，这些都使得农场人员在这块惯习场域中长期交流所形成的民族和谐关系有着比较大的发展优势。因此，在与周边城镇、村寨的民众相互交流以及深入接触过程中，农场的富余流动人员也逐渐摸索出进行跨境务工和交易的路径。早期的流动人员基本上通过三个路径进行跨国经营：一是国营农场本身所承担的一些跨国种植项目。如云南农垦与老挝、缅甸等国合作的橡胶替代种植项目等，出境承担项目建设的农场人员深入了解当地各类发展条件之后，提供给同场的被分流职工，并为相关人员的跨境务工和经营提供参考意见，部分提供可经营条件。二是国营农场人员与附近村寨民族的和谐团结关系，给农场流动人员提供了新的跨境务工经营路径。农场对当地少数民族的指导和帮扶，使得农场人员所具有的技术和其他专业技能获得了村寨民众的认可，当这些村寨民众的跨境亲属和朋友遇到一些种植或生产经营困难时，村寨人会辗转向农场人员请教，甚至邀请农场人员到对方所在地进行指导和帮助。这也有助于农场人员了解对方区域内的生产经营情况，为其实现跨国务工或经营的重要路径。三是后期跨国务工经营发展的很多农场人员，是基于前期跨境流动人员的带领，或是基于与前期跨境流动人员有着各种地缘和单位的关系，相互帮助到境外进行发展，有的直接为生产经营发展较好的前期跨境流动人员打工或兼理事务。

与国营农场分流人员流动的发展相对应，该阶段的场群融合与前一阶段出现了明显的差别，即以个人交流为基础建立的关系网络成为农场流动人员从事务工和经营中比较主要的影响因素，而且这种关系发展已经不限于农场空间与当地场域空间，互助发展关系实现了延伸，也就是原来属于各自空间交往范围的血缘、亲缘或者地缘帮助关系，开始向不同的空间范围延伸，形成一种以个人为节点的联系交流的纽带。以国营农场流动人员的关系发展为例，其外出流动的过程中所借助的关系渠道事实上是以流动人员在农场内与农场其他人之间的原有关系，或者是在其与周边村寨的民众交流中，个人通过代表农场进行相应的帮扶或者是交往而形成"人的认可"，基于个人技能、职业、特长等为主的个体识别形成。此时的社会融合，突破了之前空间嵌入式的群体认知与代表型交流，将融合的对象载体从群体分解到了个体。而嵌入式空间中的个体成员通过延伸的关系纽带，根据自己的需要选择流动目的和流动方式，群体符号式的嵌入空间被打破，个体交流得到极大扩展。因此，随着云南区域社会经济的变迁，民众各方面的发展需求日益增加，以及农场与当地社会之间场群关系的极大变化，需要建构国营农场与当地社会的新型场群关系，以获得新的社会影响力。

第四节　嵌入型空间的继替与融合

国营农场作为中华人民共和国成立以来边疆少数民族经济社会稳定与发展的一个重要有机体，因军队成建制转业而构成，因内地移民聚居而发展，形成具有特定规范性关联关系社会行为载体，构成了社会学意义且极有特殊性的公共空间嵌入。身处其中的移民群体在相对封闭的环境下，依其原有惯习所形成的空间秩序对当地原住少数民族产生极强的影响，研究其嵌入从规范演示到深入融合的过程，可以从文化结构的角度深化对未来边疆软治理的路径认识。

一 国营农场的嵌入型公共空间构建

公共空间一词首见于哈贝马斯对于市民社会公共领域的研究。哈贝马斯在城市社会的分析中提到，随着大众教育普及和出版媒介发展，以城市聚居为基础的市民阶层有着极为特殊的公共交往网络及其交流组织方式，这些交流组织途径所构成的聚居群体关系网最终形成为该群体的公共领域，构成现代城市标志。据此视角，对于领域结构的研究能够较直接地追踪到政治权力的发展路径，因为"公共领域的产生与政治参与的兴起紧密相关"。就特定社会结构的角度来看，公共领域与公共空间相比，公共空间更为现实地表达了公共领域的交流关系，这种空间框定延展至个体层面，能够追溯空间中的日常联系和组织参与，有助于剖析不同文化结构空间之间秩序的互动与变迁。

相应在国内实证领域，聚居空间构建及其发展研究多为基于城市或乡村社会前提下的空间结构分析，较早的研究对传统乡村空间的人际关系网络及其社会资源的转型发展状况有着大量客观记录，并从中探讨了改革开放后中国村落人际关系的变迁，肯定了村落社会原结构的持续意义，即个体在能够提供亲缘交往和邻里互助的关系网络中，"具有公共交往和民间互助需求的村民在缺少其他外援性制度创新支持的情况下，在他们所熟悉的历史与文化资源中寻求对于现实生活的意义满足"。随着乡村社会空间逐步被卷入现代化进程，村落空间关系的研究更为关注空间结构变迁中原生传统资源的传承与发展，曹海林先生就明确将村落公共空间划分为两个层次来观察，一是以公共性集聚场所如市集、饭馆等为对象，可以了解聚居区内常住人群的特点、交流方式以及思想动态；二是以规则性聚集场所如婚丧仪式、节日祭祀等为对象，可以了解聚居区内制度化活动的组织过程及其活动影响等。实证方式的梳理推动了空间交往研究的不断深入，并据此勾勒出村落社会边界及其空间关系结构。鉴于既有的理论和实证分析，对于边疆区域的研究可以尝试以国营垦区作为观察边疆社会移民聚居性嵌入与融合的空间样本，追溯多元公共空间的共存形式与融合进程，来探析区域的整合路径。

二 国营农场空间的形构与特点

20世纪西南少数民族村寨文化的变迁过程，掺杂了多种文化的渗入与争夺，地方社会中原有公共空间交流路径亦成为文化探讨的焦点，如宗教与仪式，认同与排斥等，使得公共空间的研究颇具场景特性，而区域公共空间的发展历史同时还证明了，国家整合最终有待于区域成熟认同空间的建成。由此，与村寨自然发展过程相对应，国营垦区公共空间无疑更能有力说明整合路径的独特性。

对于西南垦区移民所构成公共空间秩序建构进行描述，源于在特定场域中所发生的社会过程对于权力变革描述的重要性，且在方法层面体现为垦区公共空间的观察不能以当下改革为主要着眼点，而必须以一个构建的历史发展脉络来进行理解。中华人民共和国成立初期的垦区社会是建立在国家资源供给基础之上的职业人员耕种，不具有农耕自给自足的基础，其发展也长期与当地社会格格不入，在这个空间里所生长出的机关干部阶层不仅是国营农场职工与国家之间的联系阶层，而且远不同于乡村社会精英，它是以现代科层系统生长的方式被纳入的，同时又因与国营农场的各种生产、生活活动联系紧密，形成对这个相对封闭空间的完全构建。从这一点来说，此空间的构建一开始就属于工业化初期的作业与结构方式，但由于所处地理环境的特殊性，缺乏工业化作业空间的资源支持和个体自由，所以这种科层形式是以工作阶层权力为主导，且突出每一层参与人的自我精神追求与信仰，这也就不难解释中华人民共和国成立初期的农场建设中，屡屡出现那些感人肺腑、身先士卒的建设事迹。与此同时，由精神支撑的这个空间也对外在乡土社会产生极大的范示影响：

一方面，国营农场公共空间时刻体现着国家资源支持在生产生活诸方面的效力。西南国营国营农场自建场伊始，其生产目的就是为了提供国家所需的战略物资，其有效运作主要依赖于国家的人员调配和资源供给，据之形成单位制管理。由于从劳动力来源到生产类型都按计划进行层级分配，国营农场形成极为清晰的国家资源供给与支配路径，并涵盖几乎所有的生产生活领域，如国营农场成员的工作职位、种植类型，以及个体生活的婚姻家庭、医疗教育等。国营农场成员之间的交往不仅带有极强的生产协作性，而且还有地域来源不同的比较性。在实地调研中，国营农场初建时的状况往往被农场老职工们描述为当时国家政策的动员效果、父辈在家乡生活以及在农场生活的不同，以及同时迁居的老乡们在各农场的散居与交往，言语中体现出当时人们对于国营农场各农场规划以及级别定位的关注，还有人们在中华人民共和国成立初期对于国家建设边疆政治需求的极大热情与支持。因而边疆移民所建构的国营农场公共空间与边疆本土原有民族聚居群落空间形态是截然不同的。由上而下通过计划而形构的生产载体同时也使得国营农场最初的公共空间为国家权力一手构建，并作为国家意志表达的主要场所，空间所具有的政治化人际交往途径反过来不断加强着聚居空间的特殊性和受控性。此时，虽然国营农场对于当地原住民族而言是相对封闭的——生产与生活系统都自成体系——但却将国家单位制的管理方式演示于各少数民族视野中，进而提供了少数民族群体对于国家意义的现实认识途径。在对国营农场周边村寨的少数民族访谈中深刻地体现着这一点，村寨的老人们大多会反复提到农场初建时所带来的种种文化冲击，以及族人们对于国家认知的改变，如景洪橄榄坝L村的老人就谈道："景洪农场建的时候，我们都还小，有亲戚跟农场的人结了'干亲'就经常走动。逢年过节去农场玩还是很想去呢。农场那会儿搭台子演节目，农场人自己演，寨子里也会参加一两个，不过互相讲话不太懂。农场有时会让大人们去看看农场种的地，好像跟我们很多不一样的地方，种的方式也不一样。有时候大人们会讲讲农场咋个分地，跟寨里分地好像有很多不一样。我们小娃娃会到处玩玩看个稀奇，那时农场盖了厕所，对这个东西印象倒是深。不过说到底，那会子寨子里面比较多的说法就是，这拨汉人很好，不咋个来吵寨子，还修个路搭个篷篷，是国家放在这里的人。""国家"一词由此从遥远了解变为近距离交流。

另一方面，国营农场空间构建出新的集体活动与集体仪式，这些惯习养成强化了单位制公共空间的政治表意功能，所带有的国家认同意识对地方社会产生辐射影响。国营农场是自上而下直接嵌入边疆社会中的一个具有既定结构的单位体，个体相互交流的主要依据是以国营农场成员身份为基础的资源分配过程，如职位职级、薪资福利等，其公共空间也天然具有政治意识的主导表达。建场之初国营农场的公共空间主要是集体活动以及集体仪式的构建，集体活动以集体生产经验交流、集体学习、技术培训等形式为主，这对于军队转制人员来说，较为符合其原先活动秩序，对于刚刚脱离原住地亲缘地缘关系的新迁入人员来说，则有利于把个人更快地纳入到新的集体当中，并通过活动建立彼此基于层级安排的可协作关系。而集体仪式就更进一步表达了新的空间关系结构，国营农场的集体仪式可以说是部分集体活动共享化的表达，主要有婚庆、节庆、政治动员等，形式比较简单。以婚庆为例，当时国营农场人员的婚礼先要上报组织批准，条件稍好些的农场可以分到稍大的夫妻房，条件稍差的农场则只有公共的婚房，男女双方在公共婚房结婚后仍各自回宿舍居住。整个过程基本都由本农场或是生产队的人员集体帮助集体参与完成，以组织的名义最后达成集体对于个体关系的公共认可，自始至终都表达着国家政治力量的许可控制。这些获得合法性的途径演绎，对农场周边少数民族村寨的惯习有着一定程度的影响。勐海农场旁的傣寨老人就曾回忆道："50年代那会子勐海农场办集体婚礼，农场的人自己凑几桌饭就成了好几对，跟寨子里比起来差得远了，吃饭（办席）的时间也远没有我们寨子长（傣族一般要在自家办流水席）。后来寨子里有嫁农场里面人的，婚礼都是按寨子里的办，只是去那边（农场）以后按那边的习惯散个糖。寨子里的少多狸（女孩子）觉得农场人勤快，脾气又好，有的还是想找个农场的（结婚）。……影响么，寨子里结婚是寨子同意呢，农场那边结婚是农场同意，都是要大家认得这个事情嘛。不过农场是国家的，应该是他们那种更硬一些吧（效力更大）。后来我们这边也开始有人去登记，开始还弄不明白登记什么，后来想想农场，应该就是要国家认得嘛。"可见，国营农场公共空间所构建的集体活动与仪式不仅有效连接了个体，形成极具特色的空间结构，而且也委婉转达了国家的管理范围。乡土社会变迁研究中曾提到空间社会的转型是以个体对自我权利义务认识为基础的，乡村礼俗到法治社会的转变伴随的是一个从族民到公民身份的转变过程。同理，民族村寨社会空间的转型也是空间中个体对自我权利义务认知转型，这种意识的转变既是个人对应有权利义务的表达，又是个人对自我与国家之间关系的重新建构。农场正是通过空间活动与仪式的形构有效地演示了意识改变的途径。另外，国营农场空间的扩展也从外环境方面构建出经济文化功能空间，实现群体边界的初步交融。以经济交往为例，20世纪50年代建场之后，先后进入国营农场的职工带来了蔬菜等内地农作物及其种植方法，并在农场附近形成或大或小的交易集市，附近的村寨居民则通过蔬菜种植的学习和到农场附近定期贸易等方式，在农场边缘进行着相互的交流与沟通。

国营农场公共空间对于当地村寨社会最为强有力的范示效应应属20世纪50年代末到70年代中期的社会主义改造和知青下乡运动。此期间国营农场成为知识青年下乡的主要接收单位，不仅在文化、生产劳动以及日常生活方面被注入大量不同地域的文化与惯习，形成了西南边疆社会独特的生产生活空间载体，但同时又与国家涉入和控制社会每一个阶层以及每一个领域的特殊政治时期相重合，从而基于时代特色构建出农业领域中的全能主义的政治空间典范。内地人民公社的建立进一步加强西南边疆国营农场对于自身人民公社体制示范效应确立的决心，国营农场职工日常交流公共空间，如集体生产学习、集体文娱以及节日聚会等活动逐渐为单一的政治空间形塑，并仰赖资源获取的政治通道作为发展的主要动力。至此，国营农场已基本形成为国家文明的范式空间，嵌入并辐射影响空间周围的少数民族村寨及其群体认知，其所构建的生产生活过程演示，使得当地少数民族较容易接触和接受国家政权的管理方式。而由于此阶段，社会主义改造形成的人民公社管理方式在边疆地区推行较晚，国家权力对边疆整合较多是通过国营农场公共空间的结构示范来产生效应，这使得国家正面避开了乡土社会公共空间中容易产生的区域受众与村寨固有势力的联合反抗，国家政权的认同感便以曲折渗入的方式慢慢扩大影响，不仅凸显了国营农场公共空间的重要性，而且也因此不断地赋予国营农场各种功能，如维持地方治安、准军事、经济帮扶以及政治宣传等，进一步加强了空间多重功能的叠合效用。

三　国营农场空间的功能继替

多重意义叠加的公共空间简化了人际交往的范围，加强了其中成员的关联程度，形成了较完整的人际关系网络，但也容易强化公共空间的单一导向，且空间内成员由于高度相似的利益诉求也容易引发紧张关系。国营农场空间由最初的生产生活聚合体，整合各种人际交流所建立起的交往联系，形成多种功能空间重合之下以国家权威为核心的公共空间。从空间结构来看，改革开放前政治权力具有比较全面控制和调试功能，改革开放后经济空间的发展，及国营农场内生交往空间自然生长的不足，其现有公共空间开始迅速萎缩。改革开放以后，单一政治空间的主导使得西南国营农场公共空间凸显出以单位控制和层级控制为主，经济社会空间介入不足的问题，因而在其后较长的一段时间里，随着国营农场国家范式意义的消减，国营农场自身的定位及其与当地社会的交流都经历了一些混乱。从此时的国营农场公共空间结构来看，虽然其外生空间功能在逐渐缩减，但空间内的关系网络在单位制撤出之后形同虚设，这使得空间各领域的关系都显现出一定的权力真空。但是，国营农场功能转型的同时，新的结构也在国营农场公共空间中开始孕育，此阶段国营农场公共空间的发展呈现出三类特征。

一是国营农场经济带动功能的实现。由于市场经济发展的需要，促使国营农场公共空间的结构快速转向经济发展，并依此从框架上替代了原先政治为主的资源安排。这种变化一方面推进了国营农场公共空间对边疆管理范示影响的实质化，以20世纪80年代国家边疆扶贫国营农场所实行的经济帮扶政策为例，西南国营农场各农场选派技术人员进寨入户，积极帮助周边村寨发展个体橡胶种植，同时本着不与民争利的宗旨，一些家庭种植的产品由农垦企业承诺收购。诸此种种，较之原先的空间演示功能，国营农场就边疆影响这一层面推进了实质性的一步，即通过经济帮扶直接带入国家政策效应，使农场周围的村寨少数民族在经济发展中深化了对国家的体认，从而加强了国营农场对于当地的影响力量，以经济发展为带动逐渐改变村寨的生产生活方式，同时随着日益扩大的市场体系破坏了自耕农自足的经济基础，再加上国家政策规划的支持，最终将国营农场公共空间建构为国家对边疆村寨经济文化的辐射核心。与此同时不得不承认，由于自建立之初便已形成的多元空间重合及其长期发展，缺乏较为成熟的空间内生关系支撑，西南国营农场公共空间的经济转型是比较脆弱的。通过层级安排所构建的成员之间的互动关系，往往缺乏如乡村社会空间中经常涉及的血缘与人情联系控制。一般来说，传统乡土社会村民与国家和村庄之间形成的是三种力量变换联合的情景，村民通过联合乡村精英抵制国家权力，或者向国家权力进行诉求来反对乡村精英。但国营农场的公共空间一直只具备组织层级的资源分配框架，框架中成员的角色和位置多由其所处的资源分配层级节点所决定，受外部力量的控制较强，内部空间成员所能给予的影响较少。这种嵌入式结构的存在形式显然在不同时期对于村寨社会的影响以及接受村寨社会的影响方面与国家意向有着极密切的关系。在国家发展边疆的规划中，以帮扶资金划拨为基础能够实现国营农场空间的强力经济辐射功能，而一旦国家建设意向完成或相关政策终结，则国营农场空间与当地社会之间很快会还原为经济竞争实体，原先的空间辐射效应相应减弱。如上述的经济帮扶项目，因转业人员和难民安置等历史问题，国营农场本身的生产以及资源分配等方面也存在着一定困难，但对于国家的直线型资金划拨和明确的边疆扶贫项目指定，仍会以划拨人力资源和提供技术支持等方式来履行所担负的国家政权建设功能。不过在国营农场空间功能向经济转型的过程中，这一举措也引发了部分农场人员的抵触情绪，因为被帮扶少数民族村寨所获得的国家政策优惠尤其是惠农利益远远超过国营农场个体职工，相同的种植技术与采割技术一旦被掌握势必形成利益竞争，就会大大削弱国营农场以及国营农场成员本身的竞争优势。同时随着当地少数民族群众对经济发展意识的逐步增强，也开始加大关注自我个体权益的诉求，此阶段开始产生大量当地民族与农场之间土地划分和身份归属方面的纠纷。于这个角度来讲，此时经济转型的发展路径使得西南国营农场开始收缩原有的范式演示辐射功能，转而大力增强生产经营功能，各农场与当地社会之间逐渐转为相对独立的市场主体竞争关系。

二是国营农场公共舆情空间新秩序形成。公共舆情在一定程度上体现了聚居人群所共有的价值观念与行为目标，舆情给空间内的人们相互之间的互动交流和沟通提供了特定的舆论场所，这种舆论空间秩序的存在有助于聚居群体的公共评论形成制度化的表达渠道，事实上公共舆情是对基层民众社会意见的表达，激烈一点的有可能被认为是群体事件的发端，但不能忽略它的另外一个重要功能，即公共舆情在很大程度上是社会道德和行为规范的重要方式，通过公众舆论对区域内部的人的行为的奖惩与观念引导，已形成主流的价值观和共同的行为规范。少数民族传统村寨原有舆论社区空间对本村寨内的人们以及人际之间的交往形成强烈的规范压力，这种压力来自于区域内所有人们所共同遵守或反对的议论，来自于对习俗的继承，使得少数的越轨者或者亚文化很难在这样的空间氛围中继续坚持下去。改革开放之后国营农场的空间中国家权力的退出使得原有政治性空间的建制，或者说运用政治控制手段来加强人际联系的方式发生了极大的转变。空间秩序的转型开始逐步向农场、社区居民点甚至同乡这样的空间过渡。国营农场职工之间的互动关系由于减少原先的重复联系，如人民公社时期经常出现一些集体活动、集体劳作、全体会议、政治学习等，而得不到制度化的加强。随着这些空间中政治权力撤出，在国营农场公共空间中开始产生出巨大的空白。国营农场改革后逐步将原先的生产队聚居改建为居民点式的社区管理，由此形成的舆情空间在一定程度上开始发挥出控制功能，一些个人权利义务范围内如赡养老人、家庭关系等他人很难干涉的事务，在延续国营农场成员原有关系的基础上开始形成，逐渐形成国营农场新秩序规范。由于公共舆论的主要功能在于排斥空间内的个人行为的违规状况，国营农场舆情空间形成有利于维系其聚居社区的稳定与和谐。不过，在改革浪潮中不断经历各种体制探索的国营农场职工，尤其遇到改制性资源分配问题时，其公共舆情空间也会反过来放大许多负面信息。这些信息往往容易汇聚为对某项改革举措的极端情绪，形成群体性事件。

　　三是国营农场空间身份的符号化。空间核心的调整必定与成员在空间情景中的交流有关，在场域描述中共同在场情景对于社会活动的构成分析是极为重要的，也意味着日常活动的过程性与反复性构成了空间发展的制度路径。国营农场原先公共空间在较为广泛的意义上不仅整合了空间内的成员，而且也为附近的村寨居民提供了联系纽带，以帮扶发展橡胶种植民营经济为主要途径，联系的纽带传达了以国营农场为核心的经济发展秩序。改革开放以后，国营农场本身空间功能虽然发生了相当程度的转型，但国营农场公共空间自建构伊始所形成的单位体制，形塑了国营农场成员之间简单而有效的身份关联，也必然形塑了个人对于组织的记忆以及身份关联的强化,最终达成对共同体的认同和凝聚力。这在哈贝马斯关于社团组织的阐释中有着极清晰的描述,即公共空间内生结构的形成除了能够有效地强化成员血缘关系外,更重要的作用在于明晰化成员当下的地缘接受与认同。如前所述,国营农场自建场到改革开放时期,其内生结构虽然一直未能发展为成熟体系,但从单位制归属角度而言,国家权力嵌入型公共空间一直成为国营农场职工对于单位认同的重要情感来源,甚至在改革开放后国营农场职工还经常将生产队、农场作为自我归属的指称,很多农场人更以生产队的名称来指代自己的居住地以及身份,"生产队和农场"这两个词成为国营农场成员共性的认同标志。从身份的角度,国营农场构建与发展过程中,通过制度化管理与控制塑造了国营农场公共空间中成员交流与沟通的惯例,并通过固化其间频繁的交流与高度的行动关联,逐渐形成了国营农场公共空间成员的共体意识。随着这一意识不断发展,在国营农场经济转型和聚居空间形成之际,国营农场成员身份归属的符号化越来越明显,不仅成为改革中资源划分和社会保障的标识,同时也成为当地民众对于改革方式的比较对象。

四 空间融合

西南边疆区域长期的发展过程中,因其特殊地理历史条件形成了不同民族差异共存的社会结构形态,国营农场的建立可谓是一种全新社会空间的嵌入。就少数民族村寨原有空间来看,既有以庙宇为中心的宗教性空间,也有以族性为中心的血缘空间,更有不同信仰和地缘特征所构成的劳动空间、生活空间和交流集会空间,这些空间已经在当地构成了原生的社会网络和人际交往渠道。而边疆国营农场自建场伊始,其建构就是以军队成建制转入垦殖为主要结构形式,有着与当地社会所不一样的单位制社会样态。所谓单位制社会空间亦可表述为多元公共空间重叠为单一空间的一种特殊结构,在这种多元合一的社会空间结构中,个体的交流圈基本以其所属单位为主要阈限。相对于当地社会原有的交流空间，国营农场所构建出来的这样一种层级管理空间产生着极强的范式演示影响，即国家权力通过国营农场所构建出的单位空间而体现在个体生产生活的各个方面，能较完整地实现国家意志，这种社会结构尤其是文化交流空间，如有组织的政治学习、生产的集体互助以及技术培训等，成为最初少数民族地方社会对于国家所形成的具体认识。尤为值得一提的是，当地社会原有某一部分乡土公共空间逐渐纳入国营农场公共空间的结构形式，成了中华人民共和国成立以来边疆少数民族区域社会结构变迁的重要途径之一，嵌入国营农场空间所演示的公共空间秩序，自然地促进了地方社会对于主体文化的接受与认同。改革开放后，国营农场通过对于周边村寨的经济帮扶，同样完成了经济范示空间的功能转型。

　　回顾国营农场在西南边疆的融合进程，边疆区域因其特殊地理历史条件形成不同民族差异共存的形态，中华人民共和国成立之后国营垦区建构出嵌入区域社会的一种空间结构。该公共空间以军队成建制转入垦殖为基本框架，以层级控制方式将国家权力贯穿整个交流网络，呈现为与当地社会原有惯习所不一样的社会样态。国营垦区这种嵌入式移民公共空间对所处边疆区域形成极强的范式演示影响，成为最初少数民族群体对于国家具体认识的对象样本。继而在其后发展进程中，国营农场公共空间结构形式辐射影响并逐渐改变了少数民族村寨原有空间的沟通路径，形成双方和谐共生的公共空间。融合式公共空间的重构为当代西南边疆治理提供了提升边疆软治理能力的重要途径借鉴。未来国营农场公共空间需要进一步完成从经济范式演示到文化范式演示的功能发展，在原有政策扶持与产业发展的带动下，通过公共舆情空间的培育来形成新的信用资本体系，构建蕴含伦理道德规范等社会信用的文化公共空间，以提升边疆软治理能力。

第五章 云南国营农场的融入式发展

21世纪的云南国营农场所面临的首要问题，是在社会主义市场经济体制不断深化过程中如何获得新的定位和发展，以及随之而来的国营农场与当地的融入。如果说前一阶段国营农场的发展源于国家资金与技术的大力支持，不仅经济发展具有相当优势，而且通过经济帮扶力度的扩大不断形成社会影响，那么，在21世纪的发展中，国营农场的这种优势逐渐失去，农场企业化的改制以及橡胶种植技术普及化，也使其原有的社会影响在不断缩小。面对区域社会的融入要求，国营农场亟须解决两个重要的发展问题：一是自身在社会融入过程中的定位，二是融入的路径探索与选择，这成为国营农场21世纪的探索与发展的主线。

第一节 国营农场的属地化改革

随着社会经济发展，国营农场的技术与资金优势发展式微，国营农场与所在区域的场地融合也逐渐发展到个体层面的交流，农场在场地融合的层面逐渐失去了群体交流的介质功能。此时，无论是经济功能还是社会融合功能，国营农场都需要找到一个新的发展突破口，而这个突破口首先体现于经济功能的转型。由此，云南国营农场这一阶段首先进入了属地化改革，不仅在权属管理方面出现较大变化，而且也是农场社会功能变化的深入探索。

一 云南国营农场的属地化改革探索

云南国营农场系统原属于中央直接管理和资金划拨单位，后改为省与中央共管、以省为主，属地化改革则改为由农场所在地的县市政府行使管理权。国营农场权属层层下放的过程，伴随着其作为企业实体生产经营自主权的不断扩大，国营农场的发展重点也随之逐渐转移到自身生产经营管理体制探索上来，至此，国营农场发展与当地社会经济发展双轨并行的问题就凸显出来。与20世纪整个国营农场的发展状况相反，21世纪随着国家惠农政策以及沿边开放的逐步推行，边疆区域的社会经济迅速发展，而此时的国营农场却恰恰面临发展的极大困境，一方面经营管理不善，出现生产经营的亏损；另一方面在社会融合过程中，农场不再具有对当地经济帮扶和技术引领的绝对影响力，农场职工在改革中逐渐失去国家工资拨付的身份保障，而又无法像当地村寨民众一样获得相应的土地确权和各类政策优惠，产生了极大的抵触情绪。因此，这一阶段属地化改革的实践探索过程遭遇到了不同的困难。

（一）改革针对的主要问题

改革首先针对的是20世纪末以来云南国营农场系统自身的生产经营困难和问题。可以从数据分析和判断入手，来对云南农垦系统21世纪之初的经济发展困境进行初步理解。

1. 行业经济发展相对滞后

从近十年的统计数据来看[1]，2005—2012年，云南农垦的生产状况比较稳定，系统生产总值呈逐年增加之势，在绝对值上表现为缓慢上升的变化，但到了2012年左右，云南农垦的生产总值有所回落，当年生产总值只达到2010年左右的水平（见表5-1）。

---

[1] 摘自中国农垦经济发展中心2011年于中国农垦信息网所发布的全国农垦统计数据。

表 5-1 2005—2012 年云南农垦生产总值与云南省地区生产总值数据统计

单位：亿元

年份 生产总值	2005	2006	2007	2008	2009	2010	2011	2012
云南农垦	20.0944	22.1356	26.9606	25.0397	25.7855	36.8064	37.51677	35.7583
云南地区	3461.73	3988.14	4772.52	5692.12	6169.75	7224.18	8750.95	10309.8

资料来源：根据中华人民共和国农业部农垦局编《中国农垦统计年鉴》2005—2012年数据整理；云南农垦总局 2005—2012 年云南农垦总局统计信息部提供数据整理。

数据分析可以发现云南农垦发展所面临的两个问题：一从区域经济发展的角度来看，以生产总值为标准，云南农垦与本地区生产总值的增长幅度并不能保持同样的增长幅度，甚至相对地区生产总值而言，云南农垦的生产值增长幅度是减慢的，如图 5-1 与图 5-2 对比所示。

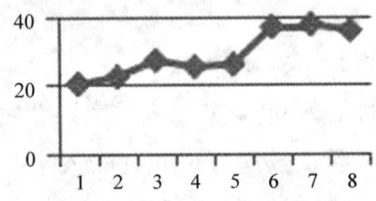

图 5-1 云南省地区生产总值发展趋势

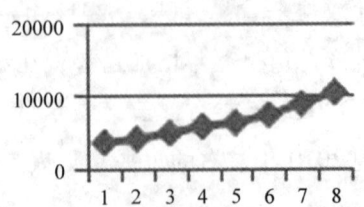

图 5-2 云南农垦系统生产总值发展趋势

二从行业经济发展的角度来看，云南农垦系统生产总值占地区生产总值的比例也相当低，如图5-3所示。以2010年发展较好年份计，所占份额为0.51%，此后还在逐年减低，就云南这样以农业种植为主且主要靠农产品进出口贸易发展的地区来说，这个比例尤显其发展的滞后情况。

通过上述的数据比较，可以初步得出这样的结论：第一，从时间发展的纵向来看，云南农垦的经济总量近几年获得了持续增长，2012年达到了357583万元，但是相对云南地区生产总值来说，其增幅相对缓慢；第二，2012年正值云南农垦属地化改革全面实施的第二年，产值的下降证明改革对农垦系统的生产有一定影响；第三，从相对比例的横向比较来看，云南农垦的经济总量在全省GDP总量中所占比例逐步减低。更进一步，从云南农垦系统生产总值占省内生产总值的比例来说，2005年云南农垦生产总值还占地区生产总值的0.58%，而到了2012年，云南农垦生产总值占地区生产总值的比例却已经下降到了约0.35%，这从一个侧面说明了农垦系统对区域经济的影响力有所下降。

2. 系统管理体制不顺

中华人民共和国成立初期，从管理体制上曾经将国营农场作为准军事化单位组织来对待。20世纪80年代各地农垦企业化改革之后，农垦系统的文件中经常称自己为"垦区"，用"总局""农场"之称来区分系统内部各层级，农垦职工属于"单位职工"，多称为"农场人"；地方政府则称为"农垦集团"，统计材料上多以"农垦单位"计之。从20世纪80年代至今的改革过程中，农垦职工先后又有"职工""企业职工""农工"等一系列定义，这些都反映了农垦系统体制的特殊性及其改革的复杂性。

从管理体制的角度，过去农垦系统的性质高度混合，作为中华人民共和国成立之后边疆开发的骨干力量，企业、政府、农村、军队这些完全独立的组织形态与职能全部集中于农垦系统，这使其在改革中凸显出组织职能混乱与职工身份模糊的较大矛盾。如同大多数改革开放以前的国有企业，云南农垦长期处于政企合一的职能混合状态，系统内除了生产部门外，还设置了几乎完备的社会职能部门，医院、学校、派出所以及法庭都有，改革后直至 2010 年才开始陆续移交给当地政府；系统外则担负着极为庞杂的政治社会职能，如场群工作就是农垦长期从事的重要任务，农垦下属各分局分场专门设立群工工作部门，帮助当地社会的交通、水电、教育、医疗、安全等建设，还义务帮助当地少数民族村寨发展民营橡胶以获得有效脱贫致富。然而，社会公共部门与企业是两种不同类型的组织，以非营利性公益建设为主要目标还是以营利性生产为主要目标成为组织行为的不同衡量标准，在社会主义市场经济逐步建立与完善的过程中，功能的冲突影响到了农垦系统的生产效率，同时也逐渐显现为改革中矛盾突出的两种诉求：一是农垦系统在改革中的政企职能划分问题。农垦系统从 1980 年企业扩大自主权改革到 2009 年属地化改革，在机关总局这一级别中，始终坚持"一套班子，两块牌子"，这就意味着农垦除了所负的各种政治社会职能外，从组织机构和行政事务来看，整个系统与政府组织的各部门在职能上一一对应，各种行政事务直线式地延伸到各级农场并分配到生产队，可以说，在这个角度上农垦系统同时担负了行政和企业生产指挥两种职能。不过，政府的行政职能是靠税收来支持的，而农垦系统却是缴税纳税的法人主体，职能体制的混乱最终造成农垦系统生产目标不明，甚至部分行政职能依靠系统自身的生产收入来予以维持，这些都极大影响了生产的创新与发展。二是国营农场基层职工在改革中的身份确认问题。国营农场基层职工主要从事两大类型的生产：农业种植和工业加工。在云南农垦企业化改革中，这两类生产单位都被逐步推向市场，工业加工类理所当然开始逐步推行企业管理体制，而农业种植类的改革则出现了比较大的矛盾。农场改革矛盾的主要原因源于农场职工的身份确定问题，原先农场因其国营性质，职工在身份上一直属于城镇户口，享有城镇职工工资和养老医疗福利保障，是过去城乡二元结构中农业从业人员城镇化待遇的特殊典型，但是随着 21 世纪以来中央对三农问题的重视与政策扶持，农民在税赋、医疗等方面保障有了较大改善，相较而言，近年来农场发展趋于缓慢，加上历史负债、社会行政职能等方面支出庞大，使得在同样的生产劳动中，农场基层职工尤其是种植从业人员获得的纯收入比周围自种耕地的村民低了很多，且许多农场由于负债严重而无法缴纳足额社保医保，致使有的农场职工时常遭遇医保卡被冻结，或者退休后要延迟一段时间才能拿到养老金的境况，大大影响了农业种植类职工的生产积极性，成为云南农垦改革中的矛盾集中点。

3. 一线从业人员平均收入相对减缓及其贫富差距拉大

从个体角度看，系统从业成员的生活水平和质量，是衡量系统经济发展水平的重要衡量标准。统计近八年云南农垦职工的平均工资与职工纯收入（见表 5-2）。

表 5-2　　　　云南农垦职工平均工资与纯收入统计　　　　单位：元/人

年份 总量	2005	2006	2007	2008	2009	2010	2011	2012
云南农垦职工平均工资	7983	9796	9970	9481	9736	12342	13716	14636
云南农垦职工纯收入	5399	6442	7825	7019	8310	9571	12137	12364
云南省在岗职工平均工资	16140	18711	20481	24030	26992	30177	35387	38908

资料来源：根据中华人民共和国农业部农垦局编《中国农垦统计年鉴》2005—2012 年数据、云南农垦总局 2005—2012 年云南农垦总局统计信息部提供数据整理。

将云南农垦这些数据与云南省在岗职工的平均工资进行相应比较，从数字上看，云南农垦系统从业人员的平均收入远远低于本省在岗职工的平均收入水平，而且就工资增幅而言，两者间也逐步拉开差距，从 2005 年云南农垦职工平均收入差不多为省在岗职工平均工资的 49.5%，到 2012 年已经降到 37.6%，这也从一个侧面说明了近年来云南农垦职工收入低于全省经济发展的均值（见图 5-3）。

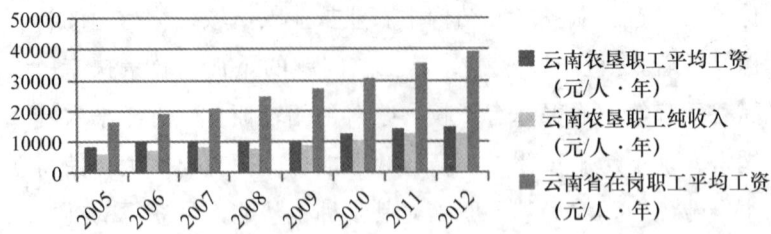

图5-3 云南农垦职工平均工资与云南省在岗职工平均工资比较

当然，上述数据和现状的比较仅是部分情况的数据分析，现实中还存在着许多其他方面的不可比因素，但数据分析与概况描述可以形成一个大致的问题判断：虽然云南农垦的经济总量保持了不断的增长，但从体制改革与行业发展的角度来审视，农垦系统的发展未能获得质的突破。

这些情况反映于当前的农垦发展与改革的现实中，即体现为国营农场未能充分释放其在农业领域的优势，深化区域的融入，反而在经济发展方面存在较为严重的滞后现象，一些经济问题甚至引发了部分地区的群体性事件。显然，在经济全球化和我国社会主义市场经济体制不断完善的大背景下，云南屯戍制度的继续发展需要重新定位并找到自身在经济全球化时代新的生长点。进一步分析，管理体制的改革一直都是农垦改革的核心问题。在现实中，农垦系统这种集公共性和企业经营性、农业分散性和工业集中性于一身的组织特性，使其在运作中存在着许多障碍和矛盾，而这些矛盾最终都以经济的方式表现出来：拥有先进科技和规模化生产的集团化企业所理应产生的效益与现实系统经济总体发展不相符。尤其在经济层面，农场成员个体收益与周边农业个体收益差距拉大，系统内部成员之间所获资源与经济收入差距拉大，从而凸显了矛盾。也就是说，从农业经济的角度看，农垦的优势在于利用农场大面积土地进行成规模化种植，这种农业生产方式理所应当创造出比传统家庭式农业小规模经营更好的经济效益，然而，现实却并非如此。尤其是自20世纪90年代末以来，随着国际市场橡胶价格的提高,农场区域周边乡镇在农场的帮助下发展胶园,学习橡胶种植或采集制成技术,以"民营橡胶"的方式替代一些传统农作物种植,这些民营橡胶产业因其土地林权的自由而迅速发展,总产量快速增长,致富了周边村寨农民的同时又反衬出农场职工收入与生活的差距。这些矛盾的不断累积,也造成进入 21 世纪以后围绕胶农利益冲突的群体性事件不断出现,且在人数和发生频率方面都颇为集中。

(二)属地化改革政策规划

国营农场改革中持续出现的群体性事件,不仅造成了生产经营的不稳定,而且在一定程度上也影响到了国营农场的社会融入进程。因此,云南农垦以属地化政策试点的方式来加大国营农场社会融入的转型探索力度。

2009 年 12 月 30 日,云政发〔2009〕19 号文件《中共云南省委、云南省人民政府关于推进农垦改革发展维护垦区稳定的若干意见》出台①,鉴于前文所述的部分群体性事件,"2009《意见》"主要是以维护垦区国营农场稳定为最主要精神。"2009《意见》"开篇就相当深刻地指出垦区体制以及国营农场发展中累积的问题,"在计划经济体制下长期积累形成的'亦政亦企、亦城亦乡、亦工亦农'和体制不顺、机制不活、效率不高等弊端,导致农垦集团权力过分集中。农场缺乏活力,机构人员臃肿、管理费用居高不下,条块分割、垦地经济社会发展'两张皮'现象突出,垦区基础设施建设滞后、生产生活条件较差,劳动关系复杂,利益分配不合理、一线职工收入少负担重,社保政策不落实、职工合法权益得不到保障,各个利益群体诉求强烈、矛盾纠纷突出、维稳工作任务繁重等矛盾问题,在世界金融危机持续蔓延和橡胶价格大幅波动的背景下更加凸显出来,不及时妥善

---

① 2009 年 12 月 30 日《中共云南省委、云南省人民政府关于推进农垦改革发展维护垦区稳定的若干意见》,文中简称"2009《意见》"。

解决，农垦发展难以为继，民生改善难以为保，垦区社会难以维稳，新的更大的矛盾将会进一步显现。解决农垦历史和现实问题，加快垦区发展，改善垦区民生已成为当前我省一项十分紧迫和重大的政治任务，事关全省全面建设小康社会和民族团结、社会和谐、边境安宁的大局"。据此，文件将改革目标定为："初步理顺农垦总局与集团公司之间、垦地之间、产业公司与农场之间、农场与职工之间的管理体制和经营机制，使垦区基础设施明显改善，职工收入明显提高，发展活力明显增强，逐步建立起政企分开、垦地统筹协调、充满获利的管理体制和经营机制，确保垦区加快发展、民生改善和社会稳定。"

围绕改革目标设定，"2009《意见》"分别从管理体制、经营机制、分配制度、社保政策、保障措施五个方面进行了详细规定：（1）管理体制。管理体制改革主要分为两部分内容，一是分别界定了农垦组织高层和基层的权属：高层：省农垦总局参照公务员法管理，总局实行"定员、定编、定岗"方案，名称重新明确；中层：撤销农垦分局，人员和资产整体划归所在州（市）；基层：农场管理和公共服务人员"定编、定员、定岗"，同时，39个农场划93所在州（市）实行属地管理，原则上撤销分场，县域内规模过小的农场进行适当合并，条件成熟时可撤场建镇或并入周边乡镇。二是农垦集团公司定性，即改革的目的是为了"政企分开"，分开以后，农垦集团应该理顺股权关系、完善法人结构，成为法人实体和市场主体。（2）经营机制。经营机制改革主要针对的是农场一级生产单位，提出"农场作为法人实体"的地位权利义务，强调落实农场层面的生产经营自主权，以及确定职工家庭层面承包方案的可行性，体现"统分结合"的要求，并要求农场加强产业化经营和服务指导，积极发展非农产业。（3）分配制度。农场层面的分配制度可以从两个方面来看：其一，职工承包经营收入。"2009《意见》"提出要"提高农场职工经营所的比例"，原则是"收益大头归职工所得"，农场现有基本农田80%承包给农工，不收承包费，机动田和特殊用地适当收取承包费，同时，生产经营费用和社会保障费用由职工家庭自理。其二，农场管理人员工资。农场从事公共管理人员工资及办公经费参照公务员核定，公共服务人员参照同类事业人员标准核定。（4）社保政策。社会保障改革主要的目的是为了使企业解除长期的社会负担，以利于有效的生产与经营。具体通过这样几个步骤来完成：第一步，理顺劳动关系，清理确认农场现有的劳动关系和经济承包关系，依法办理劳动合同以明确相应的权利和义务；第二步，完善养老保险，农垦企业和职工交纳基本养老保险按国家有关规定执行，其中，又分为2008年底以前参加统筹的职工、与农垦企业解除劳动关系的职工和垦区其他具有城镇户口的居民三类，分别作出具体规定。（5）保障措施。保障措施的规定包括范围比较广泛，原则性与操作性兼具，涉及这样几个方面：组织领导及其责任，明确各部门制定配套改革方案的责任；改善民生，加快基础设施建设，如垦区道路建设、垦区饮水困难与安全、垦区电网改造等问题；增加投入与扶持力度，具体规定了农垦总局、分局、农场管理人员经费核拨方式，垦区退休人员、卫生医疗机构移交的方式，以及农垦工农业发展的优惠政策享有；加强垦区防控体系，维护垦区稳定；加强基层组织和干部队伍建设。

根据2009年《中共云南省委、云南省人民政府关于推进农垦改革发展维护垦区稳定的若干意见》的要求，2010年初云南省委、省政府和省农垦总局联合组织了进一步的调研，根据调研情况及其相应的部门分工，6月6日，云南省人民政府办公厅印发了《关于农场公共管理和公共服务机构编制意见等5个方案的通知》，包括《关于农场公共管理和公共服务机构编制意见》《关于农垦改革发展中涉及人事劳动和社会保障有关问题的处理意见》《关于农垦系统医疗机构移交地方的实施方案》《关于农垦改革有关经费补助方案》《关于加强垦区基础设施建设改善民生的实施意见》五个配套政策方案。之后，云南省各垦区相继开始实施，到2011年12月底，云南农垦所有垦区已经全部进入属地化改革阶段。按照各地州推行的实际情况，改革实践大致可以分为两类：一类是以西双版纳傣族自治州为代表的试点垦区，这类试点区施行了国营农场资源全员承包制，从实施近几年的状况来看，全员承包式改革方式的较大难点在于地州国营农场内部资源尤其是土地资源的划分，以及农场与地方政府之间的责、权、利的明确归属，国营农场自身生产链的断裂等问题，引发历史遗留问题的责任归属矛盾；另一类是西双版纳之外其他垦区，这些垦区的国有农场基本采用调整的方式逐步推进改革，施行的是职工家庭承包经营制，从实施以来的总体情况看，对激活国营农场基层的生产经营积极性产生一定的促进作用，给予了农场相对大的自主权，但由于历史债务和土地收益方面的处理与当地村寨社会有较大差异，农场归并地州后带来大量债务问题，地方政府处理困难，很大程度上影响了农场的顺利融入。

二 西双版纳全员承包制改革实践

云南农垦改革在全国农垦体制改革中一直存在很大争议，其实践也是一个充满矛盾的探求过程。自 2009 年 12 月 30 日云发［2009］19 号文件之后，云南省对各州市农垦系统的权属做了较大调整。在省委、省政府的"属地化"政策指导下，各州市也结合各地特点进行了改革推进。其中，作为试点的"重点"，西双版纳傣族自治州推行了国营农场土地全员承包经营制，即将各国营农场现有全部资源相对平均地按照符合条件的人口数进行划分，按人口均分资源使用权。

（一）改革概况

此次改革，西双版纳涉及 10 个农场，实施标准是将 10 个农场划归所在市县区实行属地管理，农场的经济社会发展纳入属地统筹规划，由所在市县区对农场干部和国有资产进行管理。原则上撤销分场，保留生产队。主要划分情况如下：东风农场、景洪农场（其中一分场、四分场除外）、橄榄坝农场、勐养农场、大渡岗茶场划归景洪市，实行属地管理；黎明农场划归勐海县，实行属地管理；勐腊农场、勐捧农场、勐满农场、勐醒农场划归勐腊县，实行属地管理；景洪农场一分场划归景洪工业园区，并更名为"曼沙农场"，实行属地管理；景洪农场四分场划归西双版纳旅游度假区，并更名为"南联山农场"，实行属地管理。其他涉及的西双版纳垦区原有的机关与直属企业有：分局机关有管理人员49人，在职在岗人员54人，待业人员28人，离休人员13人，退休人员91人，无下岗退职解除劳动关系人员以及长期临时工，分局下属有沧江机械修造厂、绿桥酒店、建筑公司、盛泰房地产、木业分公司和电力分公司等二、三产业，有景洪农场、东风农场、勐养农场、橄榄坝农场、大渡岗农场等，属于发展情况较好的区域。具体情况如表5-3、5-4所示。

表5-3　　　　西双版纳景洪农垦分局直属机构情况

单位：人

	管理人员	在职人员	下岗退职人员	待业人员	临时工	离休人员	退休人员
分局机关	49	54	0	28	0	13	91
沧江机修厂	13	147	74	30	0	2	174
绿桥酒店	22	55	5	4	—	—	46
建筑公司	4	76	56	16	—	2	102
盛泰房地产	14	14	—	—	—	—	—
木业分公司	86	239	148	30	401	0	16
电力分公司	111	528	8	106	0	0	30

资料来源：根据实地调研中西双版纳景洪农垦分局所提供的数据整理。

表5-4　　　　西双版纳景洪农垦分局下属农场情况

单位：人

	在职在岗（医疗）人员	离退休（医疗）人员	征地拆迁争议人员	长期临时工
景洪农场	5004（248）	7231（70）	1564	791
东风农场	7196（284）	4624（121）	—	—
勐养农场	1352（96）	1288（37）	—	—

续表

	在职在岗（医疗）人员	离退休（医疗）人员	征地拆迁争议人员	长期临时工
橄榄坝农场	4049（125）	2624（39）	3	—
大渡岗农场	3614（57）	513（13）	900	4023

资料来源：根据实地调研中西双版纳的景洪农垦分局所提供的数据整理。

西双版纳在属地化改革中，作为试点，率先推行全员承包制。其主要内容就是户籍在农场的人员都可获得土地承包权，具体规定为：户籍在本队，并且在本队居住的；户籍在本队，不在本队居住，但与生产队建立了劳动关系的；户籍不在本队，但在生产队长期居住，并与生产队形成长期经济承包关系的人员均可参与承包经营。户籍在本队，但与其他单位签订长期劳动合同，缴纳社会保险，有固定职业和稳定收入的人员，不列入家庭承包人员范围。距正式退休年龄5年以内的职工，可以选择办理内部退养手续；内部退养期间不参与经营承包；不愿意内部退养的职工，纳入承包人员范围。承包人员达到正式退休年龄时，必须将承包土地退还新农场。

（二）全员承包制推行的具体问题

2010年10月13日西双版纳州农垦改革发展工作会议在景洪召开，会议就全州农垦改革发展工作指明了方向，那就是积极稳妥推进农垦改革发展与和谐稳定确保全州垦区加快发展、民生改善和社会稳定。随后西双版纳州委、政府向西双版纳垦区十大农场下发了《关于西双版纳州农场属地管理意见等6个方案的通知》（下文简称《通知》）。该《通知》下发后，西双版纳各农场高度关注，农场各类群体从不同角度表达了其利益诉求。总体来看，西双版纳各国营农场全员承包制改革明确了可以承包农场资源的人员资格，从政策文件来看是较为详细的，不过在实际推行中各个群体都有着具体的利益诉求，引发出诸多对于权、责、利的承担与归属划定，可以归类如下：

第一，农场生产经营过程中各类群体的利益划分。（1）在职农场职工群体在属地化改革中希望能够重新协定生产与分配之间的比例，包括：要求改革现有农场与职工之间的利益分配方式；改革农场现有承包方案利益比例，如在扣除了企业应向国家缴纳的所有税收外，应按照企业占6成的比例，个人占4成的比例进行分配；改革橡胶分公司过高定产，按照职工平均生产量合理协商定产任务；改革现有家庭承包经营的利益比例51%—70%，建议应该地方政府拿20%，承包户拿80%，只有提高基层种植获益的比例，才能调动一线生产的积极性。（2）农场年纪较大的在职老职工群体希望改革能够分年龄对待，认为在农场前期发展过程中，老职工的贡献与付出较多，在改革中安置在职的管理层人员时，应该有一个年龄段划分，按照老人老办法给予安置，老职工希望能够保留职位直至退休。（3）从内部群体的比较来看，存在政策落实当中各农场具体实施规则的差异问题，如南联山农场和曼沙农场的职工，要求这两个农场应享受其他农场一样的长期承包政策。另外还有一些资源条件比较好的农场，承包制度规定，只要是户籍在农场的人员，统统都分配资源；一些条件比较差的农场则只分配农场从业人员，并提出年满18周岁在外读书或者在外有工作的人员不能参与承包，间接形成系统内的资源分配不公。

第二，对于国营农场内部，历次改革所形成的正式编制内人员与合同聘用人员、临时聘用人员等身份划定，以及与之相应的不同的资源承包标准。改革所面对的群体按照编制内和编制外，或者说正式与临时两种标准，划分开来。一种情况是从业职工承包土地的数量不少于其他人员的两倍，另一种情况是被分流人员另外择业不列入承包人员范围。这在政策实际推行中，形成以下情形：其一，历次改革中的下岗分流人员希望能按照户籍统一标准分配，兼顾下岗失业人员因被分流而造成的就业困难；其二，落户农场，但未能获得改革资源分配人员对于户籍权益的诉求；其三，聘用人员的资源分配诉求。

第三，在国营农场和当地政府之间，地方性政策的普惠范围。由于历史原因，国营农场作为中央以及省直属系统，与当地政府之间存在二元体制结构，两者管理权限相对独立、财政各自运行、组织互不从属。由于各自政策的长时间互不适用，即使在属地化改革期间，对于农场这个特殊空间而言，当地政府的许多地方性惠民政策却仍然没有普及到农场人员。例如，对退休群体的管理方面，按照西双版纳州人民政府西人薪［2004］8号文件规定，给予退休人员三个100元①补贴，但是农场离退休职工没有得到这项补贴，要求应与当地其他人员同等获得政策补贴。又如，对农场被征地拆迁群体而言，征地补偿以及再就业措施不如地方社会，尤其是少数民族村寨，在景洪电站征地中，被征地的原景洪农场六分场十二队居民，认为对征地地面附着物的补偿太低，还不到地方村寨征地补偿的1/4。再如，西双版纳国营农场医疗卫生系统退休人员认为，改革中州委、政府下发的《通知》中提出：医疗卫生机构退休人员由新农场、新公司和属地卫生行政主管部门共同管理和服务，未将医疗卫生机构人员纳入地方管理，这不符合同类单位待遇安置，要求云南省政府将农垦医疗卫生机构退休人员移交到地方，纳入地方管理，享受事业单位待遇。

第四，国家优惠政策的适用。国家对于特殊群体的一些优惠政策，由于农场职工一直以来与地方区域的相互区隔性，导致优惠政策无法落实，因此部分人群提出没有获得应有的同类政策优惠。包括：国营农场残疾人群体提出，国营农场的残疾人与当地的残疾人相比，有部分优惠政策没有被惠及。农垦转业士兵群体提出，农垦系统的转业士兵在被应征入伍时占的是农业户口的名额，但在转业时，却没有享受到农业户口的待遇等。

改革中，西双版纳垦区的多种群体诉求强烈反映出改革矛盾归根结底是源于各群体对改革所带来利益得失的比较与衡量，虽然各群体人员对此次改革精神的理解和领会不一，但基于身份而区别的政策规定，形成了群体的空间内分裂。

---

① 水电补助100元、交通补助100元、清凉饮料100元。

三 河口职工家庭承包制改革实践

在云南省委、省政府的属地化政策指导下,各州市结合地方特点推进了改革。河口农垦位于云南省红河州河口县,属地化改革中该垦区主要采取的是职工家庭承包制,其改革的实施主要是对于农场管理权限的调整,农场内部的承包生产经营方式仍保留上一轮改革的制度规定,河口国营农场发展状况可以代表性地说明属地化职工家庭承包制推行实况。

(一) 改革回顾与现状

河口农垦创建于20世纪50年代,其主产业是天然橡胶,该屯成垦区的橡胶种植打破了橡胶种植禁区的"定论",开创了在北缘纬度21°—25°地区大面积种植橡胶取得成功的壮举,为国家做出了巨大的贡献。河口屯戍垦区1953—2010年属地管理之前为云南省农垦总局领导,实行企业化管理。1958年10月将河口地区国营农场及附近25个农村高级社合并为"红河人民公社";1970年"红河人民公社"改名为"云南生产建设兵团四师16团";1974年改名为"河口农场(总场)";1981年11月"河口农场(总场)"分为四个国营农场:原一、二分场组成河口农场,三、四、五分场组成坝洒农场、七、十、十一分场组成南溪农场,六、八、九分场组成蚂蝗堡农场。2004年云南省农垦总局为了做强做优橡胶产业,实行内部政企分开,橡胶资产进行重组,成立了"云南天然橡胶股份公司河口分公司"。2010年6月,农垦管理体制改革后,2012年5月成立县农垦管理局,各农场变更为河口瑶族自治县××农场。

自中国共产党十一届三中全会实行改革开放的政策方针以来,农村普遍实行了联产承包责任制,农民开始走上了富裕的道路,城市也对国营企业实行了产权制度改革,按照"产权清晰、权责明确、政企分开、管理科学"及"独立自主、自负盈亏、自我约束、自我发展"的改革目标,建立了现代企业制度。相比较下,国营农场始终维持

"一大二公"管理体制，农场的发展逐渐陷入困境：广大农垦职工急切希望改革，由此国家对农垦企业实行财务包干政策。在这种背景下，河口农垦先后经历了三个阶段的国营农场体制改革：第一阶段，从1979—1983年，改革重点为多种形式的生产责任制，从1979年开始，全国垦区先后开始采取"定、包、奖"为主要内容的生产责任制改革，河口垦区推行了任务到组、责任到人、定额计分、以分计奖的管理办法；第二阶段从1984—1991年，改革重点是兴办家庭农场，即大农场套小农场，农场通过经济合同的方式，将产前、产中、产后的服务和家庭农场联系起来，形成大农场管理体系；第三阶段从1991年至今，实行农场一线职工家庭承包经营，具体方式为：林地承包、核算、盈亏和风险"四到户"生产、生活和社会保障费"三自理"，对种植计划、产品收购、技术措施、质量标准、病虫害防治、加工销售"六统一"的职工家庭承包经营体制。农垦管理体制改革后，农场属地化管理，目前沿用第三阶段经营体制。至河口农垦开始全面推行属地化改革，河口农垦系统共有河口、坝洒、南溪、蚂蝗堡四个国营农场，其中，河口农场地处红河与南溪河交汇的三角地带，与河口县毗邻，隔河与越南相望。四个农场共有下属106个基层单位，其中有85个橡胶生产队、9个香蕉种植生产队（自营经济队）、9个归难侨生产队、1个三叶商行、1个汽修厂、1个水厂。农垦辖区国土总面积310.09平方公里，其中橡胶林地面积14.1万亩。

（二）职工家庭承包制推行的具体问题

按照云南省委、省政府云发［2009］19号文件和云政办发［2012］108号文件的部署，河口县成立了农垦改革办公室，专门处理当地国营农场并轨地方管理事宜，自2010年6月开始，县党委和县政府指导当地农场按照"体制融入地方，管理融入社会，经济融入市场"的主体要求，逐步落实"属地管理，产权到场，承包到户"三个关键性步骤，力图通过在改革中创新农垦管理体制来激活农场的生产经营状况，改善职工家庭收入状况。改革至今，从管理体制的撤并重划层面已基本落实政策所制订的主体任务，完成了这样几方面的工作：一是实现产权到场；各农场保留原有生产经营体制不变，完全取得合法的生产经营自主权，以农场为法人实体的生产经营活动不断增多，农场根据自身特点的发展决策得到有效执行；二是农场公共管理、公共服务人员身份确认和竞争上岗工作按规定全部完成；三是按照"三自理、四到户、六统一"的原则，稳步推进职工家庭土地承包经营；四是加强河口垦区管理，成立了河口县农垦管理局，具体负责统筹河口垦区社会经济发展工作，在全面推进农垦改革的同时，仍然将重心放于橡胶、香蕉两大支柱产业的生产经营工作。

依据政策来看，河口国营农场的改革具有延续性，除了农场整体的管理权限下放之外，其内部的承包责任制没有大的变动，对于农场的主业经济十分重视，对于不同群体进行了不同方式的安置，总体态势比较稳定。不过在具体实施中，仍存在一些制约因素的影响。

1. 影响改革的经济与历史因素

对河口农垦改革的经济影响因素可以分为两类：一类是自然气候的客观影响因素；2011年初，河口地区遭受本地区有橡胶树种植史以来最为严重的寒害，河口垦区15万亩橡胶林地全部受害，受害率100%，特别是橡胶中幼林大部分被冻死。受寒害影响，许多割胶生产队2011年全年未割胶，平均职工家庭收入只占正常年份的12%，职工家庭收入不足3000元。此次寒害由于受害面积广，寒害等级高，估计需要8—10年的恢复期，给产业结构单一的农场带来巨大灾难。另一类是垦区农场在发展过程中基于各种原因所负担的历史债务；到属地化改革之前，河口垦区的欠债主要包括：2004年云南农垦内部政企分开，使得主产业橡胶的生产经营上划农垦集团公司，使得农场多年来没有资金积累；2011年农垦体制改革中，云南农垦集团公司下划河口垦区债务37683万元；2011年受严重寒害的影响，新增银行借款1750万元，到改革时，垦区资产负债率高达71%，农场抗寒减灾恢复生产以及正常的管理运行多靠新增银行贷款，巨额的银行借款及职工劳动社会保障支出致使农场负债累累，各农场陷入了收不抵支的资金恶性循环中。农场还有历史性的保障住房建设及危房改造欠款2000多万元。大生产队干部经费、机关参公人员工资600多万元，加上农场机关各项费用开支以及基础设施建设等费用支出，特别是职工"五险一金"的缴纳，管理费用开支巨大，导致产品成本居高不下。这些债务既加重了职工的负担，也降低了产品在市场上的竞争力。归根结底，农垦属地管理改革以后许多历史债务着落在农场账务上，经营中所有的困难和问题需要农场独立解决，原来农垦集团内部资源配置的优势不在，欠债不断增加。

2. 影响改革的制度因素

河口国营农场发展还受到管理权属划分和管理体制设置的影响。从宏观规划来看，农垦系统中的农场剥离存在部分问题，一是由于国营农场长期担负的各类政治社会任务，农场发展的战略定位和发展方向一直没有得到实质性的确立，发展理念的分歧极大影响了体制改革的进一步推进。二是双重责任体系导致历史遗留问题较多，农场负担过重。国营农场属于企业管理体制，但长期以来，农场承担了大量的社会事务，同时，当前农场内部的社会性行政事务仍主要由农场自己承担，因此，农场在发展经济职能的同时，需要承担沉重的历史债务，还要管理大量社会性事务。难以集中精力发展生产经营主业。三是从农垦系统结构来看，农场由于长期处于农垦系统的基层，作为原料生产单位，处于整体产业链的末端，在剥离了上游产业后直接进入市场，很难在短时间内找到市场定位，且由于生产与加工分离，导致生产、加工及销售之间原本一体的经济关系失调，基层生产企业各自为政，矛盾凸显。

从中观内部管理机制来看，国营农场现有的内部机制也显现出较大的问题：一是制度机制不健全。国营农场管理维系着原有体系，改革的关键性制度如机关经费预算制度、资产监管制度、民主决策议程等未能完善，内部各种决策执行机制衔接不顺，监督约束不力，错位缺位的现象较多。二是管理权限模糊，农场与生产队没有明确的经济关系，两者之间权责不清，管理失控、难以监管；农场国有土地的使用和管理缺乏系统的规划和统一的管理，"权属不清、重复确权、私占乱占、土地闲置"等现象比较突出。此外各国营农场系统之间的发展极不均衡，部分农场由于地方偏僻、规模偏小、人力不足、管理水平低，陷入"发展更慢、效益更差"的怪圈。

从微观劳动个体来看，农场职工的个体发展也遇到一些问题。面对改革过程中各种新问题新事物不断涌现，农场干部职工思想观念相对滞后。农场职工存在"一差二低三多"的困境，一差是居住条件差；二低是家庭收入低、自我发展能力低；三多是困难家庭多、特殊群体多、历史欠账多。从就业劳动力的生理条件来看，国营农场一线生产工人老龄化，平均年龄45岁以上，由于工种特殊、劳动强度大、技术要求严格，很多职工不同程度出现腰椎、风湿等方面的疾病，严重影响了农作生产。部分农场由于所在区域生产生活环境艰苦、待遇不高和缺乏发展机会，限制了大专院校毕业生前往农场从事技术和管理工作，后继乏人。

四　属地化改革中的场地融入趋向

基于资金、技术等国家支持收益的减少，国营农场原有主体功能开始出现问题和停滞，但农场的企业化改革与场地关系的融入发展仍然在不断推进。从改革政策到改革实践，这一阶段的政策特点是不断促使进入社会主义市场经济的国营农场直接以实体的形式融入当地社会，成为当地社会的一个经济发展实体，而在改革实践中，国营农场融入当地的过程是相对复杂的，不仅是由于国营农场作为整个云南农垦产业链的末端，长期以来依附于产业链的产品生产收购程序，自我独立发展能力相对较弱，还由于在长期的历史发展过程中，农场作为国家政治社会体系中的多功能执行机构，有一定的成本代价和经济负债。这些都表明，国营农场的当地社会融入不仅是一个经济型企业的发展问题，而且是一个生产实体的社会发展功能重塑，以及在场域惯习空间当中嵌入型制度功能的重新定位。

(一) 全员承包下的场地融入

从实际情况来看，西双版纳属地化改革中全员承包制的推行中确实产生了诸多矛盾。在调研的基础上，结合农场管理人员和各类职工、非职工群体的意见与看法，可以发现其矛盾的根源在于改革中对于不同身份划分及其相应资源分配等次不同的矛盾。因此，从管理体制的角度来看，推进全员承包制度改革的现实矛盾解决，关键在于能够细分不同群体，并根据群体诉求来进行资源分配的维度衡量，尽量保持地方政策的一贯性，使得同类群体的资源获得能够基本维持一致，实现共场空间内的平衡。已有针对性地对现实具体问题的解决方案，有着这样几方面的思考，如政府部门针对改革凸显的矛盾制定相应的中长期发展规划；确认农场不同群体的分类政策，确保垦区的稳定；加大对农场的科技资金的立项投入，培育科技种植和科学化管理条件；详细分析不同农场负债的来源及其责任归属，分类分主体偿还，等等。显然，这只是解决了改革当中所面临的矛盾和问题。对更长远的发展而言，也就是对国营农场社会影响或者说场地社会融入来说，更重要的是需要同一空间中政策以及利益保障方面的一致性效力。

根据上述各群体反映的问题，可以发现多种矛盾事实上指向一个共同点：农场职工在改革过程中强烈地感受到农场和地方之间，甚至农场与农场之间，农场内部不同务工身份的群体之间的差别性待遇。正如上述所谈到的诸多具体问题，在农场和地方这个共场空间中，从国家到地方的一系列政策优惠，如国家惠农税赋减免、对少数民族地区的补助、发展少数民族农业经济，包括地方性的一些对特殊群体，如残疾人、退休职工、文卫工作人员的优惠补贴，都存在着同一政策之下的区别对待。这种资源获得的差别，说到底便是由农场从业人员与地方系统人员、正式职工与临时用工等作为标准进行身份的差别划定。这种划定带来的是各类政策在同一区域，或者同一区域社会资源的差别性赋予和获得。当农场还作为管理体制与地方社会不一致的经济实体单位时，双方各自的政策效用空间与受众均有所不同。但属地化的改革以及全员承包制的推行，打破了农场这个空间的政策隔限。同时，与地方的相关种植生产相比，虽然国营农场所属土地性质属于国家所有，但全员承包制下的承包使用权与地方农村相似，这种将资源赋予个人进行相应农作和发展的方式，使承包经营的农场职工在很大程度上与地方农村的生产和作业有着较为强烈的类化对比意识。当农场的单独政策运行体系被打破之后，农场人员与地方人员在同样的环境条件下作业，但却在收益和负担方面，例如可得收益比例、税负缴纳，和社会保障等形成很大反差时，产生强烈的情绪反应，极大地影响到农场的生产效益和场地融入的和谐。换句话说，属地化改革中全员承包责任制推行的最大困难，在于按户口划分生产和土地资源之后，农场各类群体的人员可以顺利被区域纳入，并与地方社会相应的群体同等获得区域内各类社会保障的同类待遇。或者说，在农场与地方两个空间的交流已经发展以个体为基本单位时，全员承包制加深了这种个体关系发展进程，通过资源划分与承包使得农场人员具备个体生产经营的基础。此时，场地融合事实上是基于个体成员自己生产经营的交往发展，无论从经济基础还是交往方式都具备完全融入当地场域的条件，从而进入实质性个体交往的阶段。处于这种个体式场地融入进程中的农场，其定位也应以区域性的行业指导为主，成为一种生产经营引导性的交流平台或信息获取平台，以期能在当地社会经济发展的各项事业领域重新发挥专业功能。

(二) 家庭承包下的场地融入

对于河口国营农场，属地化改革中采用的是职工家庭承包制，实际推行过程中问题也不少。以实际调研的情况进行综合，除了历史债务普遍问题之外，可以发现其问题的主要矛盾在于改革中农场各项制度不完善导致整体机制运行的不顺，因此，从管理体制的角度来看，推进职工家庭承包制度改革的现实矛盾解决，关键在于农场自身能够从区域社会当中发掘潜在的生产经营空间，并根据区域发展的需要来进行自我功能的调整与整合，切入地方经济社会的特色发展，使农场作为经济实体能够尽快形成地方经济发展的重要力量，以地方为落脚点实现农作项目的外向发展。对既有的具体矛盾而言，可以采取以下几种基本解决方式，如制定并组织实施分类推进现代国营农场建设总体规划，优化发展环境，加快农场转型；进一步剥离农场办社会的职能，稳步有序将农场社区纳入城乡统筹发展管理体系；发挥农场在促进农产品质量安全及其检验标准领域中的引领作用，增强示范功能，拓展发展空间；加强土地资源保护，推进基础设施建设，根据国务院关于国有农场土地问题的相关政策，继续抓好农场土地确权登记；加快在场内部管理机制改革，鼓励职工通过农场土地及资产大力发展公有经济，增加职工收入；农场内部明确任务，专注于生产经营发展，等等。

同样地，上述方式方法属于针对国营农场企业功能加强的现实性思考。从社会融入的角度来看，以职工家庭承包为主要方式的属地化改革，在发展过程中，事实上更偏重于农场在其中的经济实体功能与作用。与全员承包制的改革方式不同的是，职工家庭承包制下的国营农场企业化改革，体现了农场与职工家庭生产之间的较大联系，即期望通过垦区农场内部实行政企、社企分开，使得分开后的农场和社区对外是整体，对内则是既相互独立又相互联系，既分工明确又相互协作，职责清晰。简言之，属地化改革中的职工家庭承包责任制运行矛盾，较少体现为依据从业者不同身份而划定的生产资源差异性承包，而主要集中于农场各个层面相应管理制度的不完善以及管理机制的不顺，导致农场在对内管理和对外衔接的过程中存在的错位和缺位，影响到相应的生产和经营状况。因此，以职工家庭承包制的实施为基础，国营农场对当地社会的融入，体现为个体交往基础关系构筑上的，以农场为主体的经济实体的地方性归并。进一步说，由于在此制度路径下，国营农场各职工家庭的承包生产规划、经营方式和部分产品缴纳，仍然以农场为管理主体进行相应的协调和布局，因此农场仍旧较大程度地发挥着经济统属功能。只是与原先从属于农垦系统的全国性生产规划与指导不同，改革后的农场经济功能的发挥更大程度是与所在区域社会经济发展相衔接，进行相应的基础性生产和行业指导，并且对地方经济发展的方向、领域以及具体方式等提供相应的功能支持。由此，与西双版纳的全员承包制度改革中农场的融入定位不一样的是，职工家庭承包制度下的农场，其场地融入的实现，是以经济实体的方式进入区域经济发展之中的，即通过原先累积的规模化经济发展优势，介入地方的经济规划，成为地方经济发展中国有经济投资与再投资的重要生产力量。

（三）场地融入的需要与动力

回溯国营农场这个嵌入型的空间，从建成到生产发展过程，其经济增长有着社会政治性收益成分，即不仅包括国家以拨款的形式支持生产，还包括早期国家提供资源和市场分配上给予的政府支持，从而使国营农场在专业种植加工等方面有着一定的优先性。由此，国营农场的收益分配不仅是经济性的再生产性收益分配，还有着大量的政治社会性收益分配，如向地方村寨提供技术支持，支援地方基础建设等。随着地方社会经济的发展，以及国家对农村和少数民族的各类优惠政策出台，国营农场技术与资源优势已经不再之时，两者之间实现社会融合的作用重点转变为：国营农场作为一个企业经济实体，同时又是区域历史中长期发挥融合作用的社会实体，其进一步的场地融入目标应如何实现。

云南农垦的属地化改革以制度安排的形式，探索了这个问题的可能性答案。云南省农垦属地化改革的主导思想，是以"国营农场国有土地性质不变、企业职工身份不变"的两个不变为基本前提，按照"行政管理职能社区化、企业管理公司化、土地管理资产化"改革思路，来逐步推进各级国营农场的实体化进程。在这个总体思路的规划下，不同的属地化改革方式直接呈现了，国营农场在场地融入过程当中因制度安排方式不同而形成的不同融入路径。从社会融合的发展状况来看，虽然在此时农场与地方社会的交往状态已逐渐从群体间接触发展到了个体间交流和接触，农场的属地化改革也使得这种个体的交流和接触得到实质性发展，但作为农场整体来说，在农场与当地的融合关系被分解为个人关系的交流时，农场这个空间本身还需要一个新的融入路径。这种融入路径由于各地方环境以及农场所采用的方式不一样而各有特点。西双版纳国营农场的全员承包制使得个体拥有了生产的基础，成为生产主体，并且在生产方式层面上与当地村寨的个体化发展相一致。这种制度的推行在一定程度上虚化了农场在社会整体区域当中的作用，但扩大了个体的可交流空间。由此，这种社会融入更趋近于区域内个体与个体之间交往，形成相应新的社会网络和社会关系，从而以此为路径来实现社会融入。此时的农场，对于当地社会来说，成为一种领域性的平台或者行业的指导者，减少了群体性的约束和管理功能，其社会融入的核心在于对空间内各个群体的平等对待，区域内政策的执行不再以群体身份作为区隔，通过消解身份或者原所属单位的这种身份标识，使得农场整体融入当地社会。

而职工家庭承包责任制的这种融合方式在一定程度上则仍然强调了国营农场的载体效用，该制度所实现的社会融入是以农场为整体作为前提条件的。国营农场需要从整个区域规划的层面切入当地发展，通过其既有经济发展能力获得相应的区域发展空间和区域发展任务，并详细地将相应生产经营的任务分配到生产的基层细胞——职工家庭。因此，农场作为一个总体的生产管理者和分配者存在，立足于所在区域，作为区域力量参与到区域的发展之中，并将相应的任务分配形成其经济实体内的生产构成。这一点来说，与个体经济相比，职工家庭承包制更注重于农场载体内集体经济的发展，以及集体经济对于区域经济发展的支持，其社会融入重点在于，能够实现实体经济和其群体经济的特色发展，能够单独明确其发展的动力和单独发展的空间，从而以群体组织的方式在整个社会秩序当中获得定位，以群体组织的方式获得区域社会政策的平等对待和社会资源的获得。这种社会融入方式往往不是消解，而是通过加强其群体组织力量，以明确的组织化生产获得整体融入。

第二节 国营农场与当地城镇化进程

从融合的角度来看，从最初开始的农场封闭空间一直到与边疆区域各民族共同形成的共场空间，再到个体交流的关系网络空间，本身就体现了边疆社会融合的渐进过程。国营农场空间的嵌入与功能发挥，恰恰可以作为主线来梳理这种融合的实现路径。而在融入的这一阶段中，国营农场的融入却恰恰是以其改革之后的垦区与当地社会秩序之间流动秩序的重塑作为主线的。事实上，除了政策沿革这个路径以外，国营农场主要是以其实体与其他产业之间的联系性来获得空间的扩展。其中比较重要的体现在于，国营农场对于所在区域的城镇化影响。云南大部分地区的城镇化与国营农场对当地交通的建设有着极为紧密的联系，毫不夸张地说，现在云南边疆，如西双版纳、德宏等地区，中华人民共和国成立初期都属于人烟稀少、瘴疫横行的区域，国营农场的建立，从客观上使得这些地区的道路建通环境得到不断的改善和发展。由于交通的便利，大大小小国营农场周围的村寨开始以农场为中心形成集市交易。之后更以农场附近公路的修筑和开通，和已有定期或者不定期的集市贸易为核心，开始发展出相应的集市区域。因此，以现在的边境市镇发展状况进行对比，可以发现许多地方的城市发展是以国营农场或是原国营农场所在地为核心的，且农场所在地周围也是各类设施发展比较齐全的繁华地段，如西双版纳的首府景洪市，现在最繁华的地段以及娱乐建设中心区，原本都是景洪农场几个较大的分场所在地。因此，农场的社会融入尤其是对当地社会的融入，较为重要的体现便是交通的发展及其对当地市镇的形成和促进。

一 国营农场与村寨交通

云南，地处我国的西南地区的云贵高原地带，地形极为复杂，总体上看，其西北部是高山深谷的横断山区，东部和南部是云贵高原，地形落差极大，从西北到东南逐渐走低，西北高东南低，有84%多的面积是山地，高原、丘陵占10%，仅有不到6%稍微平整的坝子和湖泊地形，一些县市的山地比例超过了98%。云南的地貌以云南元江谷地和云岭山脉南端的宽谷为界，全省大致可以分为东西两大地形区。云南东部为滇东滇中的高原，称云贵高原。平均海拔两千米左右，其地形主要是，起伏的低山和丘陵地带。云南西部为横断山脉的纵谷区，高山和峡谷相间，地势险峻。西北部的平均海拔在3000米到4000米左右。西南部地区海拔在1500米到2200米。靠边境的地区地势逐渐缓和，平均海拔为800米到1000米，个别地区在500米以下，属于云南热带和亚热带地区。云南纵横起伏的高原和山地之中，星罗棋布各种断陷的盆地。盆地当中相应地势较为平坦，有河流通过。云南在一平方千米以上的坝子大约有1445个，面积在一百平方千米以上的坝子有49个，其余均为小型坝子。由于地处低纬度高原，地形地貌复杂，因此云南的气候也很复杂。全省气候丰富多样，共有七个气候类型，兼具低纬度气候，季风吹后山原气候的特点。主要表现为气候的区域差异和垂直变化十分明显，降水比较充沛、干湿分明、分布不均。由于地貌崎岖，往往直线距离极近的坝子之间往来也需要翻山越岭，山区村寨对外联系极少，较为封闭，且区域内部以及本区域与外界之间的交通都极为不便。虽然抗战时期为运输物资而修建了一些公路和铁路，但只是连接主城要塞，直到中华人民共和国成立初期，大片山区之地交通仍然十分落后。1949年之后兴建的各国营农场基本沿边境线以及条件相对艰苦地区建场，所处极为偏僻，有的农场由于种植橡胶的需要，所在的位置深处热带亚热带丛林区，生存环境也相当恶劣，总体上交通状况都相当不便。可以通过对云南各垦区自然环境状况的逐一梳理来对其建场初期的交通状况有所了解。

地处滇西南的西双版纳垦区，下辖十个县级国营农场，包括有64个农林分场和779个生产队。垦区位于北热带和南亚热带地域，具有独特的气候环境，光照充足，雨量充沛，土地肥沃，静风少寒。垦区的总趋势是北高南低，形貌复杂，大致可以分为三种类型：大渡岗茶场属山地丘陵，勐醒农场属山地、盆地、河谷兼有地形；勐满、勐捧、勐腊、勐养、橄榄坝、景洪、东风、黎明8个农场基本属坝子（盆地）和山间盆地，场部建在坝子的边沿，部分分场建在盆地、谷地之间，绝大多数分场和生产队建在坝区与山区交界处的低山、丘陵、台地上。同区位的临沧垦区有5个国营农场，194个生产队，地处横断山系南部带状地带，为怒山余脉老别山、邦马山辐射延伸部分，地质构造分别属保山台凹、南汀河台凹及凤庆一双江台凹。地貌类型以溶蚀、侵蚀构造盆地为主，按盆底海拔高度可分为：低盆地（孟定）、中盆地（勐省、勐底、双江）、高盆地（勐撒）。盆内有2—3级以上阶地及多级剥蚀面，环盆多为岩溶中山，以凸形坡为主。山脊与沟谷犬牙交错，谷底深地狭窄，往往成陡坎而渐拓宽，地形波状起伏。垦区土地主要分布在海拔500—1400米。临沧地区河流均属澜沧江和怒江两大水系。由于深受地质结构的影响，水系多数沿着断裂地带发育，有60条支流镶嵌其间。区域内各国营农场均有支干河流经过，流经双江农场的勐勐河和流经勐省农场的南碧河属澜沧江水系，流经勐撒、孟定农场的南汀河和流经勐底农场的永康河属怒江水系。垦区河流水流量随季节的变化而增减，有的河流落差极大，水流湍急。同处于滇西南的德宏垦区地处横断山脉南部，高黎贡山以西，峻岭峡谷相间排列，高山大河平行急下。地势东北高而陡峻，西南低而宽缓，相对高差3193米。全区为山脉河谷盆地交错的山原、盆地。地形开阔，坡度平缓，并常有上新统湖相区第四纪冲积物组成的2—3

级阶地以及阶状平台和丘陵。故在盆地和宽谷两侧均有平缓连片的阶地丘陵带、平坦而宽阔的河漫滩和洪冲平原。垦区下属陇川、瑞丽、遮放、盈江、畹町5个农场和8个分局直属单位，其土（驻）地分布在6个盆地与谷地之间，海拔750—1100米。位于滇东南的红河垦区，下辖河口、坝洒、蚂蝗堡、南溪、金平、弥勒东风6个国营农场和6个中小型企事业单位，205个生产队。垦区地势西北高、东南低、地处西北的弥勒东风农场属于滇东高原区，海拔为1375—1519.9米；位于红河州南部的河口、坝洒、蚂蝗堡、南溪、金平5个农场为横断山纵谷区的哀牢山区，河口县内河口农场海拔高度为76.4—1263米，金平农场为300—950米，分局所在地蒙自县城南郊为1300米。文山垦区所在的文山州属滇东南岩溶高原区，整个地势从西北向东南倾斜，地表广泛露出二叠纪和三叠纪石灰岩。全州大体可分为西部和北部的岩溶高原小区，中部的山原和溶蚀盆地小区，东部和南部的中低山河流切割小区。回龙农场、分局机关所在地属中部的溶蚀盆地区域，天保、健康、八布属东部和南部边沿河流深切割的中低山峡谷区，堂上农场界于东部和北部之间的过渡地带，境内则是中低山宽谷地貌景观。另在天保、健康农场地区有花岗岩侵入，可见高耸穹隆的山地。堂上农场有砂页岩与石灰岩同时出露的区域，出现半土半石型山地的地貌类型组合。滇西南部的思茅垦区地处"帚形"山系南端，为怒山，无量山分支南延部分。地质构造属思茅台凹及凤庆—双江台凹，地貌类型以中山盆地为主，兼有河谷及山地，垦区土地分布在海拔500—1400米。

由国营农场所在垦区的大致地理状况梳理可见，各农场选址地处偏僻，海拔高低相差大，许多农场为垦殖方便相应靠近林地和山间盆地，交通闭塞。由于云南特殊的地形地貌，有的地区农场看似到附近集镇距离直线距离不远，但其间隔山绕水往往要行上几日的路程。中华人民共和国成立初期，这些地区与外界的交通也仅有一两条年久失修的栈道，且区域内物资运输非常困难，主要靠骡马驮运，或有河道的地方可以用小木船运输。部分地区在农场建场之前和建场之后的几年都没有可以进行物资运输的路，只有一条沿河边或是沿山边的骡马道可以曲折通往各村寨。这些靠长期行路者或牲畜走出来的路，有的地段非常狭窄险峻，人行马驮经过都很不方便。有的靠水路运输的地方河道狭窄，坡降较大、水流湍急，只能用一些较大的机动船从城镇运输物资到附近口岸，再靠民用运输的小木船一点一点地运载。而且，从区乡镇机关所在地至各村寨大多也只有羊肠小道和骡马道，有的隔山绕水，有的则需翻山越岭，因此，除骡马运输物资之外，人力运输也是主要的方式，有时道路崎岖坎坷，有时天雨路滑，骡马摔死的现象也经常发生。

国营农场建成之后，一方面基于物资运输的需要，即农场建设需要大量的物资材料，以及农场开荒垦殖任务本身对于各类作物尤其是橡胶育种育苗等的运输需要，另一方面基于农场与周围村寨之间的经常的场群交流和各类经济帮扶需要，交通道路的建设就被提到了重要日程。不过，在国营农场建场初期，国家经济物资匮乏，对于地方相应基础建设投资相应较为困难，因此，国营农场大多以其设立的场部为基本根据点，对其周边的交通状况建设采取了逐步分阶段的发展举措。最初开始利用原有的道路基础，将相应的一些人行小路和骡马道加宽，逐渐随着农场较先拥有各类农用机械如拖拉机、小翻斗车等，开始修建能够行驶中型拖拉机的简易公路，不过，从农场到许多生产队，许多生产生活的物资仍然只能靠人挑马驮来完成运输任务。肩挑马驮的运输方式一直持续到20世纪60年代末，才开始有了马车和拖拉机等机械运输。直到20世纪70年代生产建设兵团成立之后，各农场才开始修建市镇与农场相连接的公路，基本解决交通运输问题。其间，许多农场的公路修建都十分困难，道路施工期间反复遇到涨水冲垮道路，临时修建的桥梁也被冲毁，工程不得不时断时续。有的农场领导发动农场职工，利用下班之后的业余时间义务挑运砖瓦等建筑材料，积极支持道路的修建。一些生产队由于地处偏远，不时遇到塌方交通中断，一年之中有大半年多的时间需要动员职工义务搬运生产生活物资，并将这样挑运粮食肥料等事务作为常规的突击任务。之后，直到20世纪70年代末改革开放之后，随着农场的生产稳定和经济条件转好，开始加大了对场区周边交通状况以及对于周边村寨的基础建设帮助力度。几乎所有的国营农场在帮助地方村寨发展基础设施建设时，率先进行的就是道路建设。当然，到改革开放之后，国家对于边疆尤其是少数民族地区加大基础建设投资，国道、省道、乡镇公路以及村寨之间的乡道村道建设都有了极大的改善，这也在相当程度改变了地方的道路交通状况。不过回溯历史，在地方区域的交通改善与路网建设过程当中，国营农场在物资相对匮乏的年代，对于地处偏僻且难以建设的村寨交通的初始开发，占据了相当重要的地位。道路交通的改善与发展，不仅是边疆区域迅速被纳入国家统一的市场经济发展之内的必要条件，同时，也是国营农场能够加强与周边村寨场群交流与经济合作的基本保障。

二　国营农场与村寨集市

与交通发展相随而来的是，国营农场附近集市的发展。在国营农场兴建之前，边疆地区的各村寨也有着一些集市交易，在解放前封建领主居住市镇周边，有已形成的既定交易区，村寨之间的集市交易相对来说较少，有着固定或是流动的赶集地点，但是由于经济发展相对落后，分工不发达，大多仍以自给自足为主，且许多村寨路途崎岖，交通不便，因而这些集市规模一般都比较小，交易的物品也比较简单、品种单一，多为生活必需品以及手工业生活器皿。国营农场兴建之后，随着农场周边及其帮助下附近村寨的道路建设，以及大量农场职工进入后农场家庭经济的发展，商品经济开始活跃。20世纪60年代到80年代，农场逐渐形成为当地商业交易的核心区。

农场集市贸易是随着商品经济的发展逐步产生和壮大起来的。早先，农场职工不允许自己发展副业，只是养三五只鸡、鸭或一二头肥猪来供自己食用，每逢地方街天，农场职工纷纷赶集，采购必要的蔬菜与副食，因而有"投资靠中央，副食靠地方"的顺口溜。不过，当时边疆民族地区商品经济很不发达，肉禽蛋的生活物资交易量也极少，职工生活十分清苦。20世纪70年代之后，随着农场生产的逐渐稳定与逐步发展，各农场的副业开始兴盛起来。

西双版纳垦区在20世纪60年代初期，副食品基本是实行供给制，到60年代末至70年代初，在无法满足正常的副食品供给情况下，各农场逐渐发展了工副业原材料生产和以满足自食为主的农副产品加工。从20世纪70年代中期起，开始新办了制糖、制茶、制药、发电、机械修配、胶制品等工业。同时，粮油和副食品加工的生产能力也相继扩大，开始由自产自销逐渐转向商业生产。进入20世纪80年代后，垦区的工副业生产完全转向商业生产，并先后增加了水泥、制氨、制氧、塑料制品、编织、果品、罐头、彩印、糕点等生产项目，产品100余种，并建立了销售网点。1985年，垦区工副业生产完成产值2554万元，为1980年的112.06%。就集市贸易来看，20世纪50年代末至70年代，西双版纳垦区各农场在场部及少数生产队建立了商业点，代销少量百货和副食品。进入20世纪80年代后，为促进生产、搞活经济，各场相继投资15万—30万元，兴建了场部商业（服务）大楼，完善了商业管理、采购、保管、销售和财务等机构，经营扩大到百货、五金、针织、饮食、照相、理发、修理等项目，商品达400余种。到1985年，垦区有中心商店10个，商业点287个。1985年，商场营业总额105.9万元，利润3万元。临沧垦区在1968年时，各农场均无自己的商业网点，职工生活用品主要靠邻近区乡代销店供给。1969年，随着生产规模的不断扩大，职工人数的增多，为方便职工群众的生活，各农场在场部建立商业服务点，少数生产队设代销店，经营少量日用百货和副食品。1970年，各团、营均设有军人服务社。进入20世纪80年代后，为了促进生产，搞活经济，实现农工商一体化，各场相继投资兴修商业大楼，完善商业管理,充实采购、保管、销售和财务等机构,经营范围扩大到百货、针织、五金、饮食、照相、缝纫、修理等项目。孟定、勐省、勐底等农场均形成以场部为中心的农贸集市,交易十分活跃。1985年,全垦区有6个中心商店,60个商业服务点。德宏垦区在20世纪50—60年代,为了方便职工生活需要,在农场、分场场部和边远生产队设立日用百货代销点,20世纪70年代先后改为商店。进入20世纪80年代后,充实管理机构,新建商业场地,扩大经营范围,1985年共有商业供销公司6个,商业点53个。同年,为开展边境贸易,经德宏州人民政府批准,5个农场建立华福、振华、盈丰、富民、益民5个商号,发展出6个公司。红河垦区在1969年以前,各农场内仅设置一些代销点,统由当地商业部门经营。1970年师部和各团所在地先后成立军人服务社。1980年农场普遍开始办商店,有的还成立了商业服务公司。到1985年底,垦区有商业(服务)公司7个,商业点93个,经营项目有五金、百货、副食、土产品收购、照相、饮食、理发、缝纫、水果、旅社等。其个体商业也逐年有所发展。文山垦区1970年前,所有商业点都属所在县、区所有。兵团时期,除天保农场因有对外任务,其他产业都由地方移交给农场经营。1975年兵团撤销后县、区又收回,1977年以后再次陆续地转交农场,1980年,回龙、八布也开始自办商店。1981年11月,分局成立商业公司,到1985年,全农垦共有商店6个,形成了一个独立的产业。销售品种在2000种以上,修建了商业楼。全垦区共有3个农贸市场。1958年健康农场建场后,原平坦街的农场市场自动地转移到八哥洞(农场二队),除进行农副产品交易外,还有2家个体饮食店和小杂货摊点。1963年,地方政府在天保农场投资兴办对越南边民开放的农贸市场,1978年关闭,第二年天保农场自办了一个边贸市场。之后,堂上农场也自发兴办了一个。农场职工与当地群众在农贸市场出售自产的农副产品,每街赶街人数由过去的500人增加到2000人左右,重大节日人数可多达5000人以上。思茅垦区于1963年,在江城农场开办商店，后由地方商业系统经营。1970年组建生产建设兵团，各团、营设有军人服务社。1981年，垦区各场办起中心商店或商业公司，有商业点13个。1985年，垦区有商业企业及商业网点20个。

到20世纪80年代，各农场大力鼓励职工发展农副业生产，多余的产品允许进行市场交易。这样，农场部、分场部就出现了职工出售自己生产的农副产品的小摊位，发展势头十分迅猛，一两年时间就形成了相当规模的集市贸易，并且逐步取代了原先乡镇所在地的农贸集市。至1985年，各农场的集市已经十分普遍，有的集市门类已经相当丰富，如规模较大的黎明、版纳东风和弥勒东风等农场。

黎明凤凰农贸市场位于黎明农工商联合企业公司（场部）的右侧，长有200多米，水泥路面，两旁原盖有简易铺面和铁架摊位，一直延伸到昆洛公路的边缘。现在市场与公路相接处，建盖了综合服务大楼、百货大楼和土杂、糕点等门市，这是黎明农工商联合公司先后投资70余万元修建起来的新型农贸市场。每天黎明时分，通往农贸市场的各条路上，农场职工和各族群众肩挑、筐背、车载，涌入市场。刚宰杀的新鲜猪肉、牛肉、狗肉、羊肉堆满案板，鸡、鸭、鹅、蛋、菜摆满市场两旁，间或还有麂子肉、马鹿筋、老熊干巴或野鸭、竹鼠等山珍野味，热带亚热带水果更是垒筐溢箩。竹木器物、头饰、耳花、服装花边等民族手工艺品随处可见，数十家饭店、小吃摊位，一片繁荣。每天进入市场交易的不下一二千人次，有当地的，也有外地采购的，市场成交额上万元左右，农贸市场的产品还远销景洪、澜沧等滇南地区。

西双版纳东风农场农贸市场位于东风农场场部，20世纪60年代中期，农场职工开展家庭副业生产，有少量蔬菜等上集市贸易。"文化大革命"中"小自由"受到批判，集市上只有村寨居民生产的少量蔬菜、水果和禽蛋，肉、鱼几乎绝迹。1980年以后，职工家庭副业产品大量投放市场，形成了以农场为中心，农场和地方、汉族与兄弟民族互通有无的农贸市场。据一个普通集日的统计，有肉案30个，共出售猪牛肉 3 吨；卖蛋 13 人，出售鲜蛋 100 千克；豆腐摊 6 个，售 250 千克；卖蔬菜 272 元，售菜 2.5 吨以上；卖米 88 人，售米 1 吨；售鱼 1.05 吨，卖小猪 17 头，卖鸡鸭 100 余只，另有菜种摊 8 个，杂货摊 14 个，饮食摊 11 个，成衣及衣料摊 32 个，百货摊 19 个，水果摊 13 个，甘蔗摊 17 个。上市品种有 12 个大类，一天成交额为 1.85 万元（不包括农场商店各门市的营业额）。此外，集日之外的平常日期，也天天有集市贸易，其人数、上市物品、贸易额约为集日的 1/4。

弥勒东风农场的农贸市场是又一种类型的农贸市场，建场之前，乡政府所在地朗才村有一传统农贸集市，有数十年的历史。弥勒东风农场建场之后，由于修筑了公路，交通较为方便，集市逐渐转移到场区中心的东风街。当时市场很小，只有禽、蛋、蔬菜等少量品种。1979 年以后，搞活经济的政策使集市贸易迅速发展起来。市场上不仅有丰富的农副产品，而且有猪、牛、马等牲畜市场，街期也由每星期 1 次改为逢星期四、日两天，逢街天，长达 1 公里的场区主要街道摊贩云集，购销兴旺，弥勒县的各商业部门以及周围乡镇的商业企业、个体户都来农场摆摊设点，赶街人数多时可达 3000 人，贸易额约 3 万—4 万元。参加贸易的还有来自昆明及其他县城的人，县交通部门组织班车接送赶街群众，个体出租汽车也川流往返县城与乡政府所在地。平日，市场以农场商业公司所开设商店为主，农场职工与附近村镇居民开设的个体摊点为辅，形成常年贸易，生意兴隆。

国营农场场部及其周围集市交易的发展，以经济交流的方式促进了农场与周边村寨的交流，同时以日常生活的影响加大了相互之间的了解程度，形成农场对于区域经济发展的带动。从空间发展与融合的角度来看，随着交易的活跃与发展，一些农场附近，以农场为中心的乡镇开始形成，在已形成的市镇区域内，农场和一些生产队所在之处，又形成了该城市的重要经济区，农场由此已经形构成为区域的空间核心。

三 国营农场与城镇规划

如前所述，国营农场本身副业和商品经济的逐渐发展，及其附近集市的活跃，农场不仅形成为边疆乡镇的基础，同时也形成城市当中的核心区域。随着不断地改革与生产经营发展，部分垦区的国营农场对周边区域形成了极强的凝聚力和吸引力，21 世纪之后，基于国家对农村城镇化发展的规划与引导，边疆地区开始步入城镇化进程，国营农场在这个进程中不断发挥着关键性的作用。由于之前商业核心区发展的吸引，以及经济交易的活跃，农场及其附近区域基本上都已形成城市重要经济功能区，而且农场本身的民生改革中，职工也开始划片社区化的集中居住，两个条件相结合，农场进而发展成为边疆城镇化建设的重要力量。与此同时，由于农场在边疆区域的经济持续发展支持以及相应的人口居住集中程度较高，农场的经济与交易发展构成城镇化建设的重要基础，各国营农场在当地的城镇化发展建设当中，大都承担着主要规划与建设职责。且事实上许多边疆乡镇的城镇化规划与发展，多由国营农场主导或参与完成，这里以坝洒农场的城镇化建设为例，可以对地方的城镇化发展过程深入了解。

2000 年 10 月，中共中央第十五届五中全会通过的《关于制定国民经济和社会发展第十个五年计划的建议》正式启动了城镇化战略，各省市县逐级开展具有针对性的城镇化建设。河口县的城镇化建设规划为：以正确的定位为基础打造城市综合体，其改革过程首先需要得到当地国营农场的支持。河口县境内分布着四大农场，其人口数量和生产规模都占据县域内相对较大的比例。国营坝洒农场为其中之一，也是生产规模、人口数量、产量产值相对较大的一个橡胶农场，随着体制改革的不断深化和职工自营经济的发展壮大，农场也认识到，实施小城镇建设对坝洒农场经济持续发展的重要意义。作为对于当地城镇化的支持与带动，2000 年 12 月，坝洒委托云南省农业工程研究设计院和河口县建设局规划设计所，共同完成了《坝洒集镇总体规划》，并于次年开始实施。

　　国营坝洒农场场部地址位置位于326国道东侧，从326国道到东面的山脚步步宽约200—250公尺，是一个东南至西北方向狭长的冲积阶地，地势较为平缓，曼来河在西北端穿过注入红河，从326国道到红河边岸有一层海拔150公尺以下的低山相隔，直线距离最宽处不超过800公尺，岸边有平坦耕作土地，宽200多公尺，坝洒五队及原来的老坝洒街都建在这个区域的两端。红河对面是越南的巴沙县，越南边民可以在这里渡河进入中国境内，这里很早就设有边民出入境事务管理机构，改革开放以后被确定为省级口岸。现在每逢集市日（星期天）都有越南边民过境到坝洒从事农副产品销售活动。场内当地民族居民与越方边民有亲属关系的，也可相互过境探亲访友。近年来，双方人员来往日渐增多。从1982年开始，坝洒农场场部经过二十多年的建设，已成为农场内部最大的职工居住地和商业、医疗卫生、文化教育及职工活动中心，具有一般乡村集镇或中心居民点的规模，常住人口429户，2278人。场部基础设施建设较为完善，但因缺乏总体规划而显得散乱。较为系统的是一条100多公尺的农贸市场，已不能满足需要。场区道路也因年久失修已经严重破损。农场场部范围内的建筑物，除邮电电信大楼、原农业银行大楼和农场俱乐部以外，大多为20世纪70—80年代所建，档次较低、质量较差，特别是职工住宅，多为砖木结构的平房，均已破旧不堪。进行集镇建设后，原有的建筑物无论是改造或重建，都不会造成太大的经济损失，且有些建筑物已进入了更新改造的年龄。

　　首先，根据农场的现有状况，坝洒农场首先制定了南门广场范围内小城镇化的规划指导思想：（1）必须将集镇职能由农场管理中心为主，转变为以发展集镇经济的职能为主，将集镇面向农场转变为面向整个地区。使集镇经济有较大的发展，改变目前该片区经济结构单一的现状。以河口县城为依托，充分发挥边境口岸集镇的区位优势，发展边贸和商贸，发展无公害、高附加值的加工业，为河口县全面开发红河沿线集镇经济带起示范作用,为该片区产业结构和经济结构的调整起主导作用。(2)遵循坡地安排住宅,平地低层安排商贸和加工,上层安排住宅的原则,在满足"规范"要求的前提下,尽量使集镇人口规模有较大的发展。(3)加强完善基础设施建设,适应集镇发展的要求,为群众创造良好的工作和生活环境。(4)适应经济结构调整的要求,相应调整用地布局,优化用地结构,实现资源优化配置。(5)将现有橡胶加工厂迁出城区以外,以后进入的生产单位,必须是无"三废"排放、无噪声污染的加工企业,并认真解决好"脏、乱、差"的问题,给群众创造一个安静、舒适、优美的生活环境。(6)适宜集镇用地的土地资源有限,应本着节约用地的原则,紧凑布局,适当加大集镇布局紧凑度、总建筑密度、居住建筑密度、平均层数等指标。由于集镇四周均被橡胶林地紧紧包围,对调节气候、净化空气和维护生态平衡均具有良好的作用。因此,可适当降低绿地面积和绿地覆盖率等指标。(7)为节省投资,凡2层以上砖混结构房屋,原则上予以保留,并合理安排用途。(8)集镇蔬菜等副食生产基地,根据交通、土地资源分布情况,由农场在附近的生产队进行安排。

其次,根据指导思想做出了总体规划。在总体规划设计中,坝洒场部目前总的建设用地17.16公顷,合257亩,规划近期扩大后的建设用地面积为361.95亩,远期建设目标用地为128.8亩,规划总面积510.75亩,规划年限20年。规划近期人口总数3300人,远期人口总数为4100人。规划范围东起原农场办公大楼,西至326国道,北至原车队,南至原粮油加工厂。由于坝洒农场场部所在地区为狭长地形,地势呈东南高,西北稍低,小城镇规划也就按其地势沿326国道线两端展开,以场部为中心进行集镇功能配置,并将场部后面的学校和医院两块用地,也纳入了总体规划。其间坝洒三队经过"花园式"生产队的改造和建设后,也将与集镇相连,成为集镇的一个组成部分。整体规划中,农场还把坝洒集镇以后在边境互市的发展也纳入了建设规划，在场部对面开挖了一条通道，使坝洒集镇与口岸直接相连，为下一步的口岸建设和边境互市贸易打下良好的基础。至口岸的道路修好后，那里有一片数百亩的平缓地段可供边贸市场的开发利用。

最后，具体确定小集镇的布局与实施步骤：第一，功能配置。根据集镇性质与规模对用地结构的要求，结合集镇规划范围内自然地形地貌的特点，集镇将设置住宅、行政办公、商贸、农贸、娱乐、文教卫生、仓储、加工八个功能区。娱乐区内还分为文体活动、公园、垂钓三个小区，提供人工湖在河堤以南，总面积为10890平方米。第二，基础设施建设规划。（1）道路交通系统。坝洒集镇紧靠326国道，集镇内的道路交通均以326国道为依托，主要沟通东西方向的联系。与326国道平行的还有一条集镇中心的主干道，纵贯整个集镇的南北方向。公共设施建筑以场部为中心，按照总体规划一期工程的要求，将完成水、电、路等基础设施建设，便于全面完成一期改造建设目标，作为示范工程，增加招商引资的吸引力，在向南北两端扩展。（2）公共建筑格局。农场场部是整个集镇的中心，功能配置及公共建筑以这个中心向四周辐射，顺326国道向东南、西北方向延伸。东南方向及镇中主干道以东主要为居住区，配套工程有供变电站、医院、幼儿园及公园与文化娱乐场所。总面积为209.85亩，办公区西北为商业区，面积为28.56亩，其中农贸市场为10.97亩。城镇建设工程挖填土方总量45360平方米，第一期投资预计1758万元（五年）。全部工程计划分为近期（五年）、中期（10年）和远期（20年）完成。到2006年，坝洒农场已提前完成了部分中期建设计划，目前仍处于城镇化建设的继续完成阶段。

总体上，以坝洒农场为中心的小城镇建设已粗具规模，建设完成农贸大棚、人工湖、商住楼等功能区建设，正在建设农贸市场，以及小城镇周边的职工自建商住楼。同时，农场在小城镇化建设也为河口县的城镇化建设做出了相当大的贡献，不仅增强县域劳动力转移的接纳能力，也为产业结构的调整贡献力量，例如对口岸优势的建设，从农场小城镇建设地通往越南坝洒县的省级口岸通道开通修建，修建之后将有力促进河口县的小额边境商贸，并体现省级口岸的区位优势。

城镇化是农村人口转化为城镇人口的过程，是在国家工业化进程中必然经历的人口持续向城镇的集聚。我国早在"十一五"规划纲要就明确"要把城市群作为推进城镇化的主体形态"，"十二五"规划再次强调，以大城市为依托，以中小城市为重点，逐步形成辐射作用大的城市群，促进大中小城市和小城镇协调发展。与内地相比，边疆区域由于经济基础不好、劳动力素质偏低和交通相对落后等实现城镇化转变的可用方式限制，很大程度上制约了城镇化的发展。建设部专家不断强调，应从全面建设小康社会的高度来统筹城镇化和新农村建设，按照国家区域发展总体战略，坚持因地制宜，加强对不同地区城镇化的分类指导，促进城镇化与区域的经济发展水平相适应；与区域的人口资源环境条件相协调，促进城镇的可持续发展。参照坝洒农场在地方城镇化过程中的功能可以发现，国营农场的集镇化规划与发展，同时也是当地城镇化建设的有效参与和推动。一方面，国营农场作为大量人口集中居住区，以及区域内的经贸发展核心区，属于地方城镇化建设的重要部分；另一方面，农场规划和建设完成的小城镇样本，可以作为当地城镇化建设的试点和示范，所累积的建设经验和出现的问题，都可以作为地区城镇建设的经验积累，对当地的新型城镇建设提供借鉴。更进一步来看，城镇化是我国现代化建设的一个必经过程，也是我国现代文明的一个重要标志，目前，我国城镇化正处于快速发展阶段，但这其中困难重重、情势严峻，为此，必须找出一条适合我国城镇化的道路。根据十八大"坚持促进社会和谐，最大限度增加和谐因素，增强社会创造活力"的思路，以及"城乡发展一体化是解决'三农'问题的根本途径"的具体方针，各地方国营农场因其区位优势及其所具特性，有利于拓宽边疆社会转型和现代化的路径，是实现边疆城乡和谐稳定发展的可行选择。

第三节 "农场人"及其婚姻圈

国营农场是我国边疆社会组织中的一个重要形式，作为嵌入型经济社会发展的一个载体，其与当代惯习场域群体之间的沟通与交往发展过程，在很大程度上可以由双方空间内个体的婚姻意识与途径转变得以体现。通过滇南地区国营农场职工婚姻的结构为着眼点，分析农场发展不同时期"农场人"的婚姻观念、婚姻选择、家庭婚姻结构等案例，探析农场人婚姻由内部闭合式交流走向开放的过程，可以了解嵌入型空间群体婚姻选择的多元逻辑，明晰国营农场嵌入型空间与周边区域融合的个体基础。

一 "农场人"的形成

国营农场不仅为我国边疆经济社会的发展提供了巨大的推力，同时其内部成员的婚恋范围与婚姻选择的扩展，也体现了嵌入型空间群体的自我认识与空间意识，及其关系交往由封闭走向融合的趋势，为社会融合形成与作用的路径研究提供了样本价值的参考资料。为了更深入地理解其发展演变的规律，需要从基本的概念出发。

首先，梳理国营垦区农场的"农场人"群体形成。"农场人"，从字面意思理解，即指我国国营农场中居住和从业的人员。但事实上，从其历史与特性梳理，"农场人"的含义已远远超出了农场空间的成员之理解，在国营农场的嵌入与融合发展过程中，农场成员已经逐步从外来移民群体被层级结构凝集成为一个具有自身特点与文化的群体，"农场人"形成为一种身份辨识。中华人民共和国成立之后，担负国家屯垦戍边任务的新建国营农场，通过军队成建制转业、政策性移民、知青下乡等不同的方式，大量充实农场建设的人力资源。农场迅速以计划经济体制下的单位层级制结构了规模化流入的各类群体，打破其原有的地域、血缘、亲缘和作战单位等关系，按照计划性生产部门职能要求进行重新关系建构，形成了边疆民族区域中以国营农场为空间标识的群体存在。一般地，国营农场的规模都比较大，有的包括了大大小小十几个分场和生产队，就其内部而言，又可能依据原先不同的民族、地区、部队等来源，留存着日常交流的多个小群体。但无论从属于哪个小群体，在农场建成初期，农场成员的交往几乎都限于农场内部。随着农场生产经营的发展和各类经济技术帮扶的形式的兴起，农场人与周边村寨民众之间的交往从群体慢慢发展到个体，农场人的交往也从封闭慢慢走向开放和交融。其中，能够较为清晰体现出农场人群体认知意识与代际变化就是农场人婚姻关系的演变，从最初的较为封闭的婚姻选择，逐渐地在与外界的交流和融合后，慢慢发生了婚姻观念及其选择上的改变，这种改变在一段时期内不会表现得十分明显，但在长期的积累下则呈现出特定的规律，并一定程度上代表了垦区农场这种特殊形式的组织与边疆社会交流融合的变迁历程。过去垦区国营农场是个嵌入的自我发展空间，随着不断的改革和创新，空间中的农场人越来越多地展开与周边外界社会的交流和合作，其成员个体的婚姻选择也开始从观念上发生改变。

其次，厘清血缘、姻缘与地缘之间的关系。血缘、姻缘以及地缘这三者之间的联系很复杂，但它们构成了最基础的关系纽带。通俗地讲，血缘构成的人际关系泛指因血缘和姻缘联系而交往形成的人际关系，如父子、母女、叔侄、夫妻、姨表、婆媳等。地缘关系是由于人们共同生活，活动在相同的空间交往而产生的关系，如"老乡""邻居""同单位"等，它带有强烈的地方色彩。概括地说，血缘带有继承性，是客观不可更改的联系，姻缘是可以后天人为创造的联系，而地缘则是出于地域聚集与分离造成的。故而三者之间的关系可以概括为，姻缘的结合可以跨越地缘的阻碍，并创造出新的血缘关系。而无论是姻缘、血缘还是地缘，都对人类社会的融合与发展具有举足轻重的作用。就国营农场而言，地缘在一定时期内曾经是垦区农场内青年选择婚姻的主导因素，因为早先在国营农场这个相对封闭的空间中，姻缘的可选择范围十分狭小，只能以老乡或是同单位的工作人员作为选择对象。直至后来交通发展更为便利，空间内外的经济交流开始活跃，农场人才开始以个体的形式与周边村寨的少数民族群众产生了更深入的交流，并且随着农场人的境内外各类流动，年青一代的农场人扩宽了婚恋范围，姻缘融合路径的加入活化了地缘和血缘的交流和融合。

最后，关注婚姻传统的演变和发展，虽然农场人与当地少数民族民众之间的通婚案例一直不多，但这也是族群之间融合的一种路径体现。在国营农场中，从最开始的同乡以及同单位范围的婚姻选择，扩展至与周边村寨少数民族通婚甚至跨境通婚，不仅意味着农场人的地域融合意识增强，而且也意味着农场人作为个体的多元选择意愿加强。当然，在这个过程中，原惯习场域中婚姻和家庭生活等层面的一些习俗和礼节也随着双方交往的深入发生了不同程度的变化：一方面是对传统习俗的坚守，婚姻家庭生活方面的许多习俗习惯有所保留；另一方面是基于男女双方可能存在地域或信仰习俗的差异，在婚礼程序拟定和婚后家庭生活中，双方都在尽可能地相互迁就和包容，形成了一些变迁。尽管不可避免会出现一些矛盾和冲突，但从大的趋势来说，在不断的交往与沟通中，矛盾有可能被消解，还可能激发出新的合作形式，以一种更利于双方婚姻和谐乃至群体融合的方式进行深入和延伸。婚姻的未来需要共同的基础，这在一定程度上体现出双方彼此融合的美好愿望，而婚姻这种小团体内部的融合，也会从婚恋男女双方的关系网络层面拉动国营农场与外界社会的交流，并与周边的村寨民众发生更频繁的交流。借助婚姻关系的路径延伸，农场人这个群体能够以更深入的方式开始其融入外部空间的进程。

二　农场人婚姻关系与选择演变

对从业于国营农场的农场人而言，最初的婚姻选择主要在于可以组建家庭，客观实现农场劳动力的稳定。随着农场的历次体制改革而形成农场人员的不同流动，婚姻也成为可以促进农场人与当地不同民族和其他群体进一步亲密交流的有效途径，通过加深交往加大农场以及农场人的区域融入程度。由此，农场人的婚姻观，从嵌入走向融入，一直有着多元的逻辑影响，诸如地缘、文化以及生活惯习等，都会影响到婚姻的选择。以国营农场空间内农场人的婚姻选择变迁为典型观察对象，分析其不同阶段的婚恋认识与姻亲结合选择，可以从中发现农场人的社会融入特点与逻辑。

(一) 婚姻选择的范围扩展

云南边境一带的国营农场，由于其地理位置的特殊性，地处荒蛮，与外界的交流比较欠缺，所以身处于其中的适婚青年，大多不具备适宜的结婚交友条件，多数都是通过家里介绍与老乡结亲或是本单位的支边女队员。再后来，与周边的少数民族相处日久，少数垦区职工尝试与少数民族结亲，垦区职工的婚姻选择范围才开始有所扩展。

中华人民共和国成立之后，国家为了保证边疆经济的可持续发展和人民必需物资的供应，开创性地提出了屯垦戍边的国营农场建设指导意见，基于此，许多年轻人投入了国营农场生产建设大军中，而由于国营农场地理位置的特殊性以及缺乏与外界足够的交流，此时农场内的婚姻大多数通过父母或是亲戚介绍从老家选取合适的对象完成婚姻的选择。比如，访谈中所接触到的老一辈农场军队转型人员：离休干部W幼年参军，中华人民共和国成立之后响应国家号召来到云南国营农场支援边疆建设。彼时W已经是一个大龄男青年，但当时农场的生活条件艰苦，缺乏可以结亲的女队员，同时由于农场环境闭塞以及语言不通，无法与附近村寨适龄女子产生情感交流。其婚姻主要是通过队伍中的老乡，在老家的附近寻找合适对象，再通过相亲和短暂见面便即成婚。而由于当时农场本身也缺乏支边人员，一般这样的婚姻之后女方就会随调到农场成为农场职工。据W介绍，当时大多数农场内转业展示，几乎都是通过这样的形式来寻找合适的婚姻对象。显然，基于地缘关系的婚姻结合，是当时农场内男女青年结亲的主要方式，也是边疆国营农场初期比较可行和简单的婚姻选择形式。

随着中华人民共和国成立之后社会环境的改善，国营农场的建设也得到了进一步的提升，即农场内的工作条件开始慢慢变好，在国家政策倾斜下支边女队员的数量也开始逐渐增加，这对农场内适龄青年的婚姻选择是一个新的契机。此时农场内的婚姻圈更倾向于单位，同在一个农场内工作的人员，在长期的共同工作和生活中，如果相互有好感，获得双方父母同意后，就可以向组织提出结婚的申请。这一方面促进了国营农场人员婚姻问题的解决，同时也为农场建设增加了动力。如访谈到的老职工 L，年轻的时候就是一名女支边队员，来到农场工作后的她，十分幸运地邂逅了自己的人生伴侣，两人是前后支边到农场工作的，向组织申请结婚后直接将家安在了农场内，携手为农场建设贡献自己的力量。据与之同辈的农场老职工们介绍，这一阶段农场职工的婚姻选择主要仍以单位为界限，同农场或是不同农场之间的婚恋交往居多，此时的国营农场，由于男女比例得到了政策的调整，稳定了农场的正常社会生活，同时也为更多的农场男女青年婚姻，提供了较多的对象选择路径。

从区域环境看，大多数国营农场的周围依傍着少数民族村寨，但农场职工几乎并不与少数民族结亲，造成此种情况的原因是多方面的。一是双方语言存在障碍，由于最起码的沟通交流都会存在问题，自然也就无法发展出婚姻感情。二是各自的生活习惯差距较大。少数民族有许多风俗习惯，而农场职工大多为内地参军或支边的移民，双方生活的观念与习俗迥然相异。三是双方缺乏最根本的文化认可。当时的少数民族，因为自身的文化和信仰，有着自己的生活圈和交流途径，对于农场内的汉族群体，大多仅只为群体层面的代表性往来，而国营职工也有自己从内地村落带来的观念规范，这种文化和信仰的不认可也直接增加了双方婚姻选择的阻力。当然，所有的偏见都会随着了解的深入被消除，在经过长期的相处后，农场青年职工感受到了周边少数民族姑娘的热情和善良，而少数民族也亲眼见证了汉族小伙子的吃苦耐劳，他们相互吸引，有的也逐渐发展出情理之中的婚姻结合，只是这类结合为数极少。

综上，国营农场最初的婚姻选择受到相当因素的制约，诸如语言、信仰、生产方式以及饮食等各方面因素都会形成阻碍，虽然短时间内不可能产生婚姻上的亲密交流，但随着农场扎根后双方交流的不断深入，共同空间中的青年男女相互吸引并以婚姻的形式维系关系，也会逐渐成为对当代社会融入的一个自然选项，而婚姻选择形成后的共同生活过程中，双方的文化会产生深入的交流与合作，区域融入也会进入加速阶段。

(二) 婚姻选择观念的变迁

国营农场职工的婚姻选择范围随着时间推移而逐步拓展，从长时段的发展进行观察，其观念发生着潜移默化的变迁。最初，农场内年轻人的婚姻选择偏向传统，受到地缘和单位的束缚比较多，随着不同地域文化的交流和融合，婚姻选择的基本观念也发生了变化，开始注重自身的感受以及和配偶的精神交流，这些变化与外界的婚姻发展是相一致的。

在国营农场成立早期，人们的观念较为保守和简单，绝大多数农场人比较注重同乡与战友的关系，加上当时人们都羞于表达自身的感情，尤其是长期处于农场种植劳作中的农场职工，他们更多地把注意力放在了农场的生产和建设中，并没有很多时间去思考自己的终身大事。对他们而言，婚姻的选择是扎根边疆归属感的完成，而且在特殊时代的婚姻配偶，强调感情交流和外貌要受到他人的批评，人们更多地会以善良、勤劳、朴素、会过日子等维度作为婚恋对象的衡量标准。此外，对一些支边青年而言，还有着基于父母意见和单位地域的考虑，大家都倾向于选择邻近的，而很少愿意选择地域上相隔较远的，并且由于习俗相隔，也很少会选择其他民族。比如之前提到的W，他的婚姻选择更多是由战友和老乡所提供，他本人并没有掺杂过多想法和意见。这样的择偶观念现在看来过于草率且缺乏一定的感情基础，但结合当时社会现实及主流文化特质来看，却合理且必然，毕竟在当时，无论是经济还是交通运输都比较落后，人们生活的重心在于生产更多的粮食，努力维持生活的温饱，婚姻精神的选择和追求退居其次，且农场人作为屯垦戍边的国家边疆发展代表，身体力行屯戍垦荒的精神，绝大多数人对家庭生活并没有多少要求。

随着社会发展，国营农场内的婚姻观也继续发生着变革。农场内的青年们开始更多地根据自我的需求来选择婚姻。一方面，他们倾向于选择外貌上合心意的，当然，这并不是说一定是貌美漂亮，但最起码开始追求符合自身审美的对象，自我的意愿权重开始增加。另一方面，年轻人也变得更加重视与结婚对象精神上的交流，即所谓的有共同语言与沟通。除此之外，父母的意见以及地域、民族的影响限制也在逐渐减弱，至少对大多数农场青年来说，与农场周边的少数民族青年女子谈恋爱已经没有太多对家庭生活障碍的顾虑，而相应双方的情感发展与家庭发展期望成为重要的结合基础。正是这种婚姻意愿的较大转变，使得农场人婚姻选择圈变得更加开放、包容与多元。

除了以上提及的两点，农场内婚姻观念的改变还体现在女方意愿权重的提升层面。农场初建之时，基于社会文化以及人们的传统观念所限，女性对于婚姻的选择很难充分表达自己的意愿，很多女性也没有办法和男性处于同一维度去进行自己的婚姻对象选择，甚至对于择偶的一些条件标准也大多由男方做出，女方的意见往往会被轻视，导致了当时许多女青年的婚姻观念较为保守，在婚姻的选择中缺乏自信。此外，当时农场内一些青年职工与当地少数民族女性在相处过程中，由于有的少数民族中女性处于家庭较主要行为者地位，农场的男性青年们觉得按照内地传统难以适应，双方的交流沟通也相当困难。之后，随着整体社会开放发展过程中妇女地位的提高，带给了女性更多婚姻选择，女方可以依据自己的真实意愿选择自己向往的婚姻。这种对女性婚恋选择的尊重，为不同民族的婚姻交流提供了更为广泛的基础，也为农场人的婚姻提供了多元平台。

婚姻选择观念的变化是国营农场与当地社会融入的重要表现，在这种群体间交往观念的不断变革中，年轻男女们在婚姻和生活中都具备了广阔的空间范围，这也就意味着，他们需要承担更多来自自身选择的责任和风险。多种可能选择的自由，会给农场内青年们以更符合其主观意愿的对比挑选，但同时也会将婚姻的责任从群体移至个体，因为这已经不是"组织同意"的结果，婚姻的结合都是出于个体自我意愿的抉择，因此加重了双方对于彼此家庭以及关系网络的认识意愿，为进一步地相互融入奠定坚实的基础。

三　婚姻融入的方式变化

在国营农场中，由于成员来源多元，且各群体的前期经历多样，日常的交流与协作基于国家生产建设这个统一目标下得以实现，但婚姻选择却代表着个体交流的一个长期过程，从婚姻的认可到此后的家庭生活，都由婚姻关系中不同阶段的选择而决定。因此，婚姻双方对于婚姻生活的条件考虑，是婚姻完成的重要前提。除了农场第一代职工较为简单直接的婚姻方式，农场第二代第三代都较为注重双方的沟通融合以及生活习惯的协调，认为对于一些细节问题，如婚礼举办的程序、家庭生活中双方生活习惯等矛盾，将伴随着婚姻双方共同的决定过程而产生，尽管场内群体间选择的差异性仍然大大小于场外群体间选择的差异性，但社会发展过程中双方的习俗也在不断相互接近，加之农场分流人员流动范围的不断扩大，婚姻方式的兼容协商成为边疆农场婚姻发展的重要特性。也就是说，此阶段农场人与当地各类群体，或是外地、跨境等婚姻关系的形成中，虽然惯习的差异性依旧为关注点，但不是以排斥或拒绝为解决方式，而是以尽可能的相互迁就为主要方式，这极大地拓宽了农场人婚姻选择的可能范围。

从婚礼程序来看，对于大多数农场人而言，秉承父辈的惯习，婚礼只是作为双方关系确认的一种形式，通常比较简单，到当地民政部门登记以后就是普通的请酒宴客。但对于另一些群体，尤其部分少数民族而言，其婚礼程序需要的过程礼数就比较多。例如，有的少数民族需要请媒说亲，三次行媒；有的有烦琐的接亲程序，还需要定婚约；还有的需要在婚前合男女双方的生辰八字，并请僧侣占卜，从卦象判断二人的命格是否合适，进而还需要拟定拜访接亲日期等，凡此种种，都是结婚送嫁必经的环节。因此，过去有个别农场人与少数民族结亲的，多按照婚后归属来办，即婚后农场一方随居村寨的，按照少数民族的婚礼程序来办，婚后对方随居农场的，在农场摆席请客，早期还可以迁入农场户籍。随着边疆教育和社会的发展，少数民族的习俗风俗逐渐改变，红白喜事的办理也有所简化，同样随着信息的丰富和扩展，农场人也不断扩展对于其他群体的惯习认知，双方的可交流基础不断改善，至此，农场人婚姻无论是内部选择还是外部选择，自婚礼开始就能够以双方协商为基础，兼顾不同的习俗融合进行，在细节实施方面换位思考和包容妥协，这也成为婚姻得以融合和延伸的前提条件。

  在婚姻选择之后，是夫妻双方共同经营家庭生活的。建场初期的农场人对婚姻的观念大多都比较保守，家庭生活相对平静。因为在当时的环境条件以及主流文化观之下，大家认为婚姻的实现是群体努力提供的条件，尤其是在国营农场这样艰苦的环境下，不仅每天的劳作比较辛苦，而且双方对于生活细节以及沟通交流的要求也不太高，尤其农场人早期的婚姻对象大多选择同乡，生活习惯相近，所以结婚后双方虽然免不了也会有磕磕绊绊，但都会在时间的磨合下逐渐妥协相处。而随着婚姻观念变迁和可选择范围的多样化，农场人对于家庭生活有了更高的要求，同时由于婚姻对象的来源较多元，也使得结婚后双方的矛盾与问题显得较为复杂，有的是因为生活习惯，有的是因为经济纠纷，甚至有的是因为各类政策变化影响，不仅体现为文化矛盾，而且体现为利益矛盾，各类矛盾纵横交织。社会转型时期这些多重因素的影响，也造成农场内的小范围离婚。尽管如此，农场人对于家庭生活矛盾的态度依然显得较为宽和，大多仍能协商共处，一些矛盾激烈的，农场内的同乡、同事和亲友也会帮忙劝阻调解。对农场的实际调研表明，一些云南国营农场内职工离婚比例较过去有所升高，这与地方社会婚姻发展状况趋近。值得关注的是，综观此阶段农场人的婚姻状况，其家庭生活过程中的矛盾渐趋多种多样，开始具有社会化、地方化的特点，打破了原先婚姻选择与生活矛盾中以不同群体习惯为主的考虑。这也间接说明，随着和外界社会的交流日益加深，农场人的生活开始融入地方社会，与区域的发展及其矛盾问题关联度越来越强，其观念与行为在开放的信息社会中有着多元的选择同时也受到多元的影响。

综上所述，农场人婚姻关系的选择及其家庭生活方式的变迁体现了个体层面的嵌入融合过程。随着农场这个嵌入型空间整体经济的发展，农场人的婚姻观念与婚姻行为都发生了缓慢的改变。在婚姻选择的观念上，则由保守、传统慢慢变得更加自由、多样和包容；在婚姻选择范围上，从老乡、本单位支边女队员到周边的群体以及境外人员。梳理农场人前后阶段的婚姻选择，虽然对本群体的偏好始终存在，但在相应婚恋过程以及家庭生活中，越来越多地纳入了包容与相互的协商。这不仅体现了现实中农场人的社会融合，也体现了嵌入型空间与外界环境的渐次交融，形成国营农场及其群体社会融入的特色路径。

四 婚姻多元选择的社会融入

嵌入型空间的社会融入过程中，空间成员的婚姻观念与方式是探索个体交往的重要路径之一。以国营垦区农场为例，分阶段梳理农场人不同时期的婚姻选择观念以及形式的变化，可以大致勾勒出农场人婚姻观念由相对封闭保守逐渐发展为包容自由，以及行为选择不断细化和多元的过程，同时也呈现出国营农场内与外界的融合与发展越来越密切的趋势。农场人从观念上打破了相对的空间封闭后，其婚姻选择开始具有多样性，这种婚姻形式的发展与演变，成为了一种关系的纽带，将农场人在区域空间中的嵌入状态衍变为认同和融入状态。同时也印证了社会能够在个体婚姻牵动下，通过创造出更多新的亲缘关系网络，逐步实现嵌入群体的地缘融合。随着社会经济交通的进一步发展，区域社会的融合趋势加剧，不同群体的多样选择发展也越来越明显，多元的社会逻辑下，婚姻也可以具有更多的选择，无论如何选择，都不会改变婚姻具有的促进不同群体之间交流和合作的这一属性。正因为如此，农场人婚姻观念的多元化带动了区域群体之间的融合与发展，且在未来发展过程中，农场人婚姻在现有多元化的基础之上将会更加分化，以多层多样的发展特质加快农场社会融入的实现。以这样长时段的发展结果为参照，既有的农场人婚姻变迁过程体现出这样的迁居群体融入逻辑：

其一，迁居群体的区域嵌入最先体现为群体的自我封闭保护，其个体婚姻的选择无论是意识还是行为，都偏好群内关系的巩固与加强。反之，群内家庭的代际繁衍有利于加强个体与群体之间的关系，有利于系统内的文化传承，但对群体融合有所阻碍。其二，迁居群体与其他群体交往中，婚姻选择的多元化可以有效消解群体身份的隔阂。以双方长期和最频繁相处方式来观察群体关系的变化，是最有说服力的切入角度。婚恋条件的多元化，可以间接体现出不同群体内部及群体之间的沟通交往方式的多类化，从而有力地说明双方的主要交流阻碍所在。如果对于婚姻的顾虑是源于不同群体或者民族的生活习惯和习俗传统，双方交往的最大障碍仍以民族差异为主；如果对于婚姻的顾虑是源于各类社会性问题，如利益纠纷、职业性质、个人经历等，那么，双方交往的最大障碍与地方社会婚恋问题几乎一致，由此也可以得出结论，此时的嵌入空间及其群体从个体层面已经融入了区域社会。其三，迁居群体婚姻的多元选择，是以对婚姻各个环节的包容与协商为基本路径获得的，这也是群体亲缘关系得以延展的重要基础。婚姻是一种双向的选择，农场人婚姻可选择性的多元化，是基于长期交流过程中对对方惯习的了解、认知与包容，也是面临矛盾时的协商退让的累积结果。迁居群体的对外婚姻过程中，可以采用多种多样的结合方式来获得亲缘联系，但只有包容与协商的结合路径，可以使不同群体的平等社会融合得以实现。当然，以多元化的婚姻选择为背景，农场人的跨地域甚至跨国婚姻，也能够以其包容的特质进一步实现跨文化的融合与扩展，这也是农场人在区域社会融合中婚姻选择多元逻辑的发展主脉络。

第四节　融入：流动的秩序演进

社会流动是社会结构稳定的一个重要衡量维度。将国营农场作为一个流动空间进行考察，其群体的社会流动因社会转型、国营农场改革和区域发展而产生，也因制度依赖下权力、财富、身份和地位等因素的影响而产生一些问题，这些问题体现于国营农场这个对象空间，又因这个空间载体原先所有的混合特性而变得更具特殊性。对边疆国营农场的社会流动分别从单位制流动管理、改革开放后的流动形态，以及当前多元化的流动路径三个阶段进行梳理与分析，呈现出身份界定、教育累积、社会资本三类阶段性特点。在总结已有经验的基础上，未来国营农场的发展需要从秩序价值和方法路径两方面进行深入思考和探索，以实现边疆区域空间秩序以及个人社会流动行为的有序化。

一　边疆国营农场的社会流动

现代社会的市场机制与社会财富的再分配机制都是影响社会流动的重要因素，以制度安排对于社会各阶层的流动意愿和流动能力产生不同的作用，可形成不同的流动秩序结构，最终因社会流动的不同路径和秩序影响到人们对于今后社会发展价值的选择和认同。从社会学角度分析，一个社会的平稳及进步有赖于社会中存在畅通的途径并使社会各阶层之间能够形成良性的循环，比较重要的是所有人并不因出生身份而决定发展，而是取决于其才能和素质等自我努力。通过分析个体流动途径可改变社会地位的程度，可以反映某一个区域空间社会流通的路径与秩序的畅通程度，以及这个空间中资源分配结构的合理性，进而认知空间成员的发展意愿与发展动力。

已有社会阶层角度对于社会流动的研究成果丰富，这源于该词所指代的意义具有宽泛的象征空间。以系统竞争的角度可以将之拟化为个人或群体从一种社会地位移动到另一种社会地位，这种移动既有纵向层次的意义，即对于层级之间的垂直型流动，也有横向的转移意义，即从一个领域到另一个领域。从群体结构来看，国营农场本身就包含了较为特定的空间指代，因此，国营农场社会流动指的是在国营农场这个特定的空间里各种群体的分化及其流动形成。一般可以从三个方面来进行更详细的阐释。

第一，国营农场社会流动是国营农场作为社会空间中的人员分层化过程，这种分层化过程首先形成了空间内个体或群体本身社会特征与特质，如社会财富、社会资本、声望等诸多因素的综合体；其次形成了个体和群体之间的关系，以及他们之间横向和纵向的权力归属；最后，解构了原本同质化的社会空间，重组形成一种多元且价值目标不同的空间结构，其中的各类人群组织与其他各区域及其各行业形成相对频繁的流动联系与过程。

第二，国营农场社会流动是整个社会变迁普适性和一般性的局部反应，但又构成了整个社会变迁的一个实证性通道，无论是横向的还是纵向的国营农场社会变迁，最终都反映着整个社会结构变迁的过程，其或快或慢的发展也反映出这个空间的秩序构成，是通过接受外来影响还是依据自己的特点而形成的。

第三，国营农场社会流动本身就在构筑新的空间结构，也是新的社会分层与社会形态的前期基础性因素。在社会转型期，国营农场社会流动从经济层面而言，是对社会资源进行重新分配的一种新方式，这种新方式关联着原先各利益相关体的社会地位。从这个变量切入，空间中不同群体对于资源的重新占有以及不同阶层对于权力的重新分配情况，都可以成为社会变迁较为明显且具有可观测变量，因为以国营农场社会流动为度量标准，一方面可以突破基于既有已定格局而对资源分配或社会关系形成的定式思考，重新审视关于阶层边界的划定标准。另一方面由于可供观察的新的群体和阶层的形成，其流动路径遂成为新的空间发展及其与外界交流的主要表现形式。

从微观的个体行为者层面进行观察，国营农场的社会流动除了指个体生活的外环境以及资源占有情况发生变化外，还可以采用微观和动态的角度进行分析，包括个体的社会角色变化、社会地位升降及其身份所附加的资源支持等因素来阐释国营农场社会流动的对象状况。进一步说，国营农场的社会改革与发展虽然受到诸多繁杂因素的影响，但是追踪以个体职位所带来的权利义务及其变动痕迹，可以形成社会多元变迁或层化流动的重要衡量维度。在一定程度上，相较于宗族、家庭等血缘词汇来说，现代原子化的社会职业逐渐成为个体之间可以被贯彻和可以被比较的基本元素，这个元素不仅相对稳定，而且与个体的财富、权力、声望等有形和无形的社会资本相联系，作为个体发展现实基础和基本保障的有效测度。正如有的学者所指出的那样，"支配人生计者支配人命运"[①]，在西方社会流动的研究中，对于现代社会职业、地位的实证调查占据极为关键的位置，因为职业地位在个人所受影响的各因素中最能够体现个人社会资源获得的程度，并且在个人社会地位的建构中起着主导作用，具有很强的自致性色彩，与个人的能力直接相关，较少受先赋性的直接干扰。同时从发展的角度来看，职业也决定了一个人在所处空间中社会关系获得和社会关系的可用度。因此，对于现代城市或是人际关系变得较为分散的空间来说，职业往往成为观察空间中个体或群体流动状况和方式中最具操作

---

① [美]罗伯·F. 墨菲：《文化与社会人类学引论》，商务印书馆1991年版，第189页。

性的衡量标志。值得关注的是，本书对于国营农场社会流动的阐释不仅建立在其具体职业的分类和改变之上，而是以一个较为抽象的概念，如技术水平高低、劳动密度大小、传统分工和现代分工来进行基本的流动归属，从而勾勒出流动和流向的大致图谱。

国营农场社会流动是边疆社会实地观察和测度分析的重要维度。首先，合理的国营农场流动及其秩序形成有利于边疆社会资源的优化分配。随着市场经济的扩展，合理资源配置成为整个社会发展的基本动因，国营农场作为一个经济单位，如果其流动能够产生相对有效的资源配置方式，保障社会资源与人的能力相匹配，则可以提高边疆社会经济资源的使用和运行效率；其次，合理的国营农场流动可以形成特色的激励机制，良好的社会流动途径就意味着社会竞争之间的主要途径是通过合理的优胜劣汰而进行的，这种优胜劣汰本身是对人们能力和劳动付出的物质回应，它可以让有能力的人凭借自制的因素而流入不同的阶层，从而将个人努力形成个人发展的关键因素，对个体的生活发展目标产生积极影响；再次，合理的国营农场社会流动推动边疆区域的整体发展，顺畅的流动途径可以多元化地设置出个体改变自身地位的机会，有利于实现人们在资源获得与资源产出之间的合理配置，较大程度地利用资源进行再生产；最后，多元阶层的形成促进了边疆社会的和谐整合。合理的国营农场社会流动实际上为群体与群体之间、个体与个体之间提供了足够的空间介质，有利于缓和情绪的爆发和社会冲突，能够包容各种群体的思想和行为。这种流动最大的优点是有利于冲破有身份所形成的资源分配壁垒，使不同的个体以自身努力为核心要素削弱先赋性的身份资源标记，从而释放社会不同阶层之间的冲突压力。达伦多夫就曾提出"如果流动增加组织的团结就不断为人们之间的竞争所取代，人们投入到阶级冲突中的能量就会减少"[1]。以

---

[1] R. Dahrendorf, *Class and Class Conflict in Industrial Society*, Stanford: Stanford University Press, 1959, p. 222.

社会整体角度来看，个体或群体的流动频次和流动范围可以反映出个体或群体的交往意愿与交往程度，其路径选择也可清晰反映既有社会框架的被认可度，量度社会现有制度的合理性。值得关注的是，流动往往还能表达出社会协作的程度，因为交往本身就有利于削弱个体或群体对自身利益的过度偏执，进而有利于弥合社会各种群体和不同阶层之间资源争夺的裂痕。当然，国营农场的社会流动因社会转型、国营农场改革和区域发展而产生，也因制度依赖下权力、财富、身份和地位等因素的影响而产生一些问题，这些问题体现于国营农场空间，又因这个空间载体原先所有的混合特性而变得更具特殊性。一是由于国营农场原先单位制准军事管理的组织特质，现有社会流动容易受到原先资源占有和制度沉默成本的限制，在改革过程中，资源既有的获利群体往往容易把国营农场社会流动制度规范作为已得利益的变相保护手段或是竞争排异的一种排他性制度运用，除了竞争选拔之外，许多制度在制定的时候便已将原有既得利益者们已有的身份和权力设置了默认保护，如国营农场改革中对于不同岗位流向的划分，实际上压缩了能够通过竞争性流动向上进行提升的空间，这也容易引发社会流动过程中的不公平与腐败问题。二是国营农场社会流动改革以鼓励竞争为标志，但是一些无序竞争较多发生在弱势群体身上。弱势群体无法从中得到一种制度性的维护，滋生了许多新的社会问题，这在国营农场胶农与乳胶收购过程中定价者之间的博弈有着充分体现。三是在现代市场经济发展的影响下，个体所获得的社会流动机会及其所拥有的流动能力等方面，事实上多与其家庭有着极其密切的关系，而原生家庭所具有的财富、社会关系等因素大都与个体的努力和能力相关甚少，无法体现个体特质，且一些向上流动的途径也未能依照个人能力为基本标准进行选拔。四是国营农场社会流动大致现状形成了以原有岗位和家庭地位为标志的新的社会分化和社会分层，这些分化和分层不断拉大差距，并且反过来又影响到社会的正常运行。

二 边疆国营农场的社会流动发展过程

将国营农场作为一个流动空间进行考察，其中群体的社会流动因社会转型、国营农场改革和区域发展而产生，也因制度依赖下权力、财富、身份和地位等因素的影响而产生一些问题，这些问题体现于国营农场这个对象空间，又因这个空间载体原先所有的混合特性而变得更具特殊性。

（一）单位制管理下的国营农场社会流动路径

中华人民共和国成立之后至改革开放这一时期，国营农场一直处于单位制的管理之下，其社会流动的制度依据表面上多为国家政治任务或是政治动员分配，实际上是基于政治命令以及制度安排的固定结果。国家通过户籍、福利、城乡划分、教育等一系列制度区隔完成了社会空间的划分，个人的工作、职务、地位都是由国家直接分配形成，个人可选择性非常小。国营农场作为国家单位的典型代表，个人拥有的流动机会比较少，也比较复杂，社会流动渠道带有强烈的政治性色彩，即由于国营农场人员在进入国营农场之前的身份是经过挑选的，且以当时的观念来看具有阶层代表性，加之由于特殊的空间地理条件，个体与当地或与外地之间进行流动相当困难，进而在当时形成了国营农场的流动以上级指令为主的特点。身份化的流入机制与极其封闭的流出控制，更甚者由于边疆极端缺乏人才，在当时的情况下，作为唯一普遍化的社会流动渠道——教育——在国营农场中也被相对的封闭了。国营农场将教育分为两种方式：一种是建立了国营农场本身相对封闭的教育体系，从小学到大学，国营农场的职工子女在国营农场接受教育，最后又流回到国营农场中去；另一种是响应国家政策的号召，将以地区为划分的可受教育名额以行政命令的方式让渡给地方，虽然间接限制了国营农场人员受教育的机会和流出的机会，但实现了对于流动渠道的有力控制。这种被人为强化的空间分隔使国营农场不能被简单界定为一个单位概念，它实质上还附加了资源身份和国家意志等许多隐含的内容。国营农场的职工由于这段特殊的经历,对于本身被赋予的工人或是农民身份显得尤为关注,这实际上也就使绝大部分国营农场职工形成职业观念以及职业种类的认知差异。

在这种单一的再分配制度下,对于身份划分而引起的外部人员与国营农场之间的人员流动包含社会地位和资源空间的双重改变。这种资源和地位的改变与改革开放之后所形成的农民工不一样,国营农场特殊的定位使其外部的人流动到这个空间中可以获得新的社会身份,这种社会身份的获得带着所有单位制下对于物质资源和社会地位的双重内涵,它可以实现所从事职业与所拥有的社会身份直接性的发生转变,如从农业人口向非农业人口的转变,从自耕自种到获取国家工资供应的转变,从农民到职工身份的转变。通过这些转变,个体可以被纳入国家统一分配的福利体系,这也是国家制度力量的巨大影响,其中也反映了国营农场社会流动最初对于国家权力的高度依赖。

(二) 改革开放后国营农场社会流动形态的变化

20世纪70年代末的改革开放是中国重要的经济复苏期,同时也引发了中国社会结构的巨大转型,在这种转型中原有社会阶层受到极大的冲击并产生了活跃的流动。这个时期的国营农场同样也受到改革的冲击,农村所实施的土地承包责任制展示了对于个体农业经济快速发展的力量,这对国营农场既有作业方式而言,是对其所从事农业发展经济的一个重要示范。国营农场在家庭联产责任制的实施方面也加大了力度,这种农业生产方式的改变所引发的最直接后果就是被原本低效的农业种植束缚的大量劳动力由此解放出来,因此与20世纪80年代的中国农村一样,国营农场产生了大量的富余劳动力,但与之不同的是农民形成了大规模的农民工涌向城市和发达地区,而国营农场基于单位制的束缚和相对滞后的制度改革,被释放出的富余劳动力在是否可以完全脱离原有职业保障方面显得犹豫不决。此时国营农场被闲置人员面临比较大的困境是,在遭遇"分流"的同时,不得不在是否能够作为一个自由流动的个体身份中徘徊,这使得他们在某些方

面错失了初期市场介入的机会,这使得改革开放后的国营农场社会流动呈现出以下几个方面的特点:

一是改革开放之初城市化过程中,因产业结构升级而产生的社会资源再分配空间以及快速的城市化过程而带来的技术化工种和专业化职业位置,造就了巨大的社会上升空间,职业层次的多样化并以教育为度量准入的标准给予了人们向上流动的途径。但对于部分国营农场人员而言,由于前期可获教育资源的限制很难进入到这个链条中去,相应地,能够具备相对完整教育体系的国营农场则由此给国营农场个体造就了较为良好的介入政治和经济空间的途径。以河口为例,由于国营农场第二代子女相对当地少数民族人员而言,所受教育更为系统,接受能力也比较强,在所调研的人员中,进入当地政府工作的人员多为国营农场第二代子女。以西双版纳国营农场为例,由于长期对于国营农场子女高考名额的限制,国营农场第二代子女回流国营农场,并在改革中下岗的人员较多。能够流入当地行政机关和其他领域的人员较少,这也使得西双版纳国营农场改革中人员的分流成为一项主要困难。

二是代际间可继承的社会位置产生竞争性相对减少。由于市场经济对于国营农场影响的逐渐增加,原先单位体制下带有明显福利色彩的代际顶替制度基本被废除,这种制度的废除对于城市而言给予外来人口以极大的工作空间,而对于国营农场而言,这一制度虽然只延续到了20世纪80年代末,但由于封闭空间中对于身份的执念,却使得国营农场子女在当时来说仍然较少走出这个空间,很多人仍然期待着原有制度的恢复,以实现工作的接替。然而随后国营农场经济发展的相对萎缩和减员增效的实施,而进一步加剧了国营农场人员的分流。随着改革配套政策的逐步深入,国营农场劳动力进入城市的空间无形中被压缩了。

三是限制流动制度性因素的减少速度远落后于农村。20世纪80年代以后对于农民工在户籍、身份、教育等制度方面的限制都开始放松，计划经济和户籍制度所形成的城乡二元制不仅成为学术研究的热点，也成为中国改革的重要区域。社会地位的获得途径更多地向竞争性流动转变，再分配体制转变为市场机制和国家力量的二元介入，在农村税制改革之后的一系列针对三农问题的改革，农村劳动力能够获得的流动机会和资源使用权方面更显丰富，同时，国营农场职工对于身份所附加的相应保障制度改革陷入反复纠结，对于自己身份的确认及其社会保障待遇的落实的诉求，在较长时间阻碍了其积极参与流动。此外，部分被分流人员对于国营农场改革中资源分配的质疑很大程度上束缚了其流动的脚步。紧随其后的属地化改革也对不同职位人员进行了明确的待遇划分，这在国营农场空间内较大程度限制了个体流动的机会和渠道，缩小了社会流通空间。

四是分工的细化和分层化这种重要的现代社会发展趋势，国营农场作为集种植与加工业于一体的经济单位，机构分化式的发展是一个必然趋势，结构分化意味着职业种类和职业层次的多样化和多极化，多元分级的分化结构有利于刺激成员的流动欲望，此时教育作为其中关键因素，实际上再次体现出对整个分配系统的重要影响，能够与此相对应的国营农场专业与培训教育则还远未能够达成产业升级对之的基本要求，这也大大限制了成员个体的社会流动空间。

（三）多元化路径的国营农场社会流动

现代社会的发展证实了体力劳动和脑力劳动之间社会距离的变化，而近年来讨论比较激烈的有关"二代问题"的研究也表明阶层边界更加趋于清晰化与固化。国营农场的社会流动在这一点上也逐渐与社会其他领域逐渐相通，20世纪90年代学历渐渐成为国营农场招聘以及实现流动的一个客观指标，这个客观指标背后不仅蕴含着个体家庭对于优质教育资源的争夺，而且家庭本身拥有的社会资本和价值资本在这个竞争中越来越凸显力量。因此在上一阶段流动中国营农场原有社会阶层对于前期物质和社会资本累积的不一样，导致现代化进程中不同家庭成员的社会流动方式、路径的多元化以及差距的拉大，在这个过程中，国营农场的社会流动体现出明显的群体分层特征，大致有以下几类：第一类，对于原先领导干部家庭而言，大部分此类人员在国营农场改革中大都获得了制度性的保障，部分人员更由于国营农场国有资产经营方式的改革，而得到了原始的资本积累，奠定了进行再生产与更大分配积累的空间，因此无论是从财富还是社会交往圈来看，这部分人员在国营农场未来发展中基本居于流动的上层，能够更多地把握到国营农场的财富、发展状况和国营农场部分生活空间的人员结构，能够较好的利用不同人员的专业与特点，为其提供有利的发展条件。第二类，技术人员和原先的场区管理人员，这部分人员在国营农场改革中也获得了参公管理的政策关注，由于其关注的部分具有相当的专业性，尤其是技术人员，基于其长期有国家在相关领域所进行的专业化培训，使其掌握了较为前沿或精细的技术专长，这部分人员对于技术的浸淫使得在农业种植和农业经营管理等方面为市场所倚重，其流动的途径多为兼职或能够得到专业化的雇用，其子女受其影响，通过高等教育途径外流的较多，从国营农场本身的流动和子女发展状况来看，处于国营农场社会流动的中间状况。第三类，国营农场基层生产人员和管理人员，这些人员在第二阶段中被分流和下岗的较多，最初由于劳动性质所限，如割胶、胶水加工等经营的特殊性，基本上虽然下岗但仍在国营农场从事相关的辅助性劳动，并未出现大规模的流动。在相应市场因素的影响下，由于收入逐渐减少而被迫开始向外流动，这部分人向外流动的主要流向大多倾向于像农民工一样向发达地区和城市流动打工，但事实上由于其技能和所受教育的限制，在城市空间受到较大限制，而相应由于跨境种植类的项目发展及其人员相较于境外相邻人员的素质优势，跨境务工开始逐年增加，不过由于在流动过程中资金财富和社会资本累积的有限性，部分人员在这两种流动中，都受到极大的限制，很难获得向上流动的空间。

从制度改革的途径来看，由于中国建设过程以及制度安排的特殊性，再分配体系向市场过渡是社会发展的必然趋势，从这个背景来说国营农场社会流动还存在极大的滞后性。尤为值得关注的是，与农村社会所发生的人员流动相比，国营农场甚至有点社会流动还未能充分发展，其空间结构就已经再次被固化，这使国营农场空间中的社会流动与其他领域的社会流动相比存在一定的差异，而且国营农场各阶层的社会地位仍然受着这种制度性安排的极大影响。以一个经济性的经营实体来衡量市场因素使得对于这个经营体中人员的选择必须兼有教育、市场、能力等多方面的因素要求，并且对其流动性和流动通道的市场化要求也远高于其他领域，因此国营农场社会流动合理秩序的形成是国营农场发展与改革的一个关键性问题。

三　社会流动与国营农场的社会融入路径

社会空间的结构确立首先需要确定的核心是组织框架的构建价值，一般而言，组织的角度存在这样几种价值追求：一是官僚层级制自上而下的权力分配和晋升限制，依此强调等级观念和对命令的遵从。二是扁平式的权力结构模式，强调效率与目标的优先性。三是事务组项与日常分类部门管理相结合的权力结构，强调的是经营绩效与业务稳定的统一。"分析任何一个社会系统的主要基点是组织的价值模式，价值模式决定系统对其所在的情景采取的基本取向，因而指导个人的参与活动。"[1] 国营农场社会的初始建构发端于军队组织的转制，其在边疆社会的发展以国家权力的强制动员来解决所需的建设资源，根据国家的分配指令而迅速形成的相互关系结构格局，计划和行政的动员由此显得十分必要，这种模式在发展中形成的流动后果就是权力所有者或国家权力的代行者对于社会资源和信息容易形成垄断，缺乏合理的阶层分化与社会流动。这一时期流动的主要准入指标是国家政策的各项规范，因而身份作为获取资源的关键条件显得尤为重

---

[1] ［美］帕森斯：《现代社会的机构与过程》，梁向阳译，光明日报出版社1988年版，第18页。

要，依此标准国营农场向上流动的秩序基本形成军人、干部、工人以及20世纪80年代后的知识分子为选拔序列，渠道十分单一。社会流动理论认为越是封闭的社会，整个社会能够维持的流动渠道就越少，社会成员对于自己角色的宿命感就越重，个人自主性的缺乏使得个体很难获得向上流动的动力，因此社会的僵滞性就越来越强。而社会的文明进步从根本上就体现为合理流动秩序结构中社会成员流动渠道的畅通，且这种流动所根据的价值判断标准能够极大地体现个体努力，最后形成有序社会流动是合理社会发展的重要标志。按照这个标准，对照国营农场自改革开放以来的社会流动状况，其组织功能发展的最大困境在于未能形成有序社会分层和客观的社会流动渠道，随着市场经营所要求的多元化和灵活性，国营农场职业分工也将日益复杂化，职业分化的结果必然引起社会流动再趋活跃，此时如果国营农场的发展依然无法建立适合自身发展的秩序标准，国营农场作为经济体的竞争和发展力势必受到极大的影响。

（一）流动的社会秩序价值

国营农场社会流动的合理秩序需要系统的制度和价值来支撑，在一定主流评判标准前提下，制度的主观目标与客观构架之间需要达成相互支持才能形成稳定的秩序空间。一般来说社会流动秩序的主体目标意指在一定组织内的流动个体对自我能够获得社会地位与资源的预估，而客观的构架则是指该空间在有序的制度之下通过所提供的流动渠道能够使流动者所达成的实际社会地位。流动的秩序结构主要就体现为主观目标和客观构建之间的差距与张力，以及在流动过程中所能够提供的整合这两种需求的价值基础。国营农场社会流动秩序形构初期所确立的改革制度设想，对于边疆社会发展情势认识不足，流动个体的意愿与实际劳动价值评估有所偏差，导致在市场体制深入的过程中，资源配置的结果与个体期望包括其实际所得相距甚远，加之国营农场劳动者因身份改革所限，其介入市场时段的滞后，国营农场流动者尤其是基层生产者在资源二次分配中没有获得身份和社会地位的可发展基础，逐渐在流动中被边缘化。这样一来这些群体在发展的过程中越来越感到自身权利的被剥夺，弱势感累积并形成集中的无序性表达，往往发生冲击既有的社会秩序的群体性时间和集体上访等，危害社会治安，也会导致人力资本等资源的损耗，从而浪费大量社会成本。社会史对于社会在发展与稳定层面的研究表明，制度构建就是形成有序社会流动的最现实通道，如对中国科举制的评述中，学者们认为，科举制度形成了中国古代社会上下层之间流动及其秩序标准，其明确的用人考量机制可以有效摒除身份带来的流动障碍，形成优于同时期其他选拔制度的评价系统，从而设计出相对明确的社会群体或个体流动纵向流动的路径。鉴于此，对于空间的良性运行而言，合理选拔制度与流动渠道的设计是促进社会的繁荣发展与良性流动的重要方式，是替代传统社会子继父业生产经营方式的关键环节。一个社会空间的基本权力结构，由身份来决定，还是由每个人后天的契约交换来决定，是社会流动路径最基本价值衡量的标准。只有当空间的整体制度评价从注重先赋地位向注重自致地位转变时，社会流动才能形成现代化的有序流动模式。

（二）流动的社会融入路径

"有序性是社会秩序最本质的表现。"[1] 作为一种空间社会流动的主要依据，设立合理的标准或者明确的社会选择量度指标无疑是引导个体流动并形成空间整合的有效中介，当然重要的是，这种标准应该具有制度化的可评判性和持续性，并且能够将个体的能力素质外化为可量化的评判维度，尽量减弱身份对社会资源获取的影响，使个体的特质与不同组织的目标相匹配。从这一点来说，专业教育或职业技能都无可厚非地应成为一个重要的测量维度。因为关于受教育程度和职业能力评判的标准是相对客观的，并且能够对特定空间中个体的需求形成及时的反映，系统本身还可以通过逐渐改变教育内容和培训方法

---

[1] 吴铎：《社会学》，高等教育出版社1992年版，第358页。

来引导个人的主客观能力发展，促进各阶层和群体达成价值建构共识，提升空间整体框架的认可度，间接减少空间内越轨行为的产生。从可操作性来说，在多元的因素影响国营农场社会流动的背景下，虽然教育只能成为其中一种较为关键的影响因素，但显然其客观性能够增强其中人员对本身努力的关注，以及把自己与国营农场的实际需要结合起来。从这个意义层面可以认为，国营农场社会流动序列中如果以教育的经历及其所获得的专业资格来作为主要的区分衡量条件是可行的，且这种正式教育的评判应该是根据国营农场生产经营特点而形成的一种教育体系，包括高等教育、职业教育、经营教育以及后续化培训等一系列教育资质的不同权重体系。

国营农场作为一个由国家建构的特殊秩序结构，其流动的变迁过程为社会流动路径分析提供了典型观察对象，国营农场的人员流动问题也成为实证边疆社会融入的重要样本，且国营农场社会流动过程及个人认识的观念变迁，也都与社会发展的活跃度息息相关。随着市场发展以及社会联系网络的不断变化，日益原子化的社会竞争逐渐加重了技术与知识的含量，必然导致教育这个流动通道的日益强大。面对未来的变化发展，利用制度路径来构建合理的社会流动渠道，使其秩序结构的基本逻辑遵从发展的主流倾向，不仅可以实现边疆国营农场改革的深入进行，而且可以使空间内成员的流动行为有序化，增强其社会融入度与市场竞争力。

第六章　嵌入型社会融合制度的功能实现

　　嵌入型社会融合制度的维系与作用，是通过这样一系列的类属化行为形成和巩固的：嵌入空间以正式制度的权力支持为基础，通过群体代表的形式与原来区域中的群体按照惯习进行交流与对话，以空间载体为行动实体明确表达自己的行为目的与行为能力；继而经由反复强调主流的社会结构与社会文化来支持自身的存续，并以突出的某项功能获得区域引领话语权；延展群体中的个体交往类属范围，通过将群体统一结构内化为个体资源获取的制度通道，于群体层面和个体层面的多元化路径实现融入。

　　以屯戍制度及其所构建的国营农场体系的发展，来佐证嵌入型制度的社会融合实现过程，可以清晰勾勒出该类型制度的功能特点及其作用路径。自1951年至今的边疆巩固建设过程中，屯戍制度及其所建构的国营农场体系已经走过了六十余年的发展历程。云南屯戍国营农场在中国西南边疆盘龙河至大盈江畔的广袤边境区域，以及边疆经济政治文化等领域，产生着多方面深远的影响。其作为西南边疆地区南下北上、东联西出的交通要道，是我国与东南亚连接的经济文化交流中心，特殊的地域特点和重要的战略区位在整个国家安全体系中占有重要位置。中华人民共和国成立至今，云南屯戍制度的建设对于恢复和稳定边疆社会秩序十分重要，这不仅指国营农场的垦荒先锋们在云南边疆这片尚处荒僻的区域，在社会稳定、经济发展和农技发展方面的卓越贡献，更为重要的是，屯戍制度作为嵌入型制度的样例，所能够展现出的该类制度特点及其社会融合功能的作用路径，能够为社会发展过程中制度的主动设计与实施提供有益的经验。

第一节　嵌入型社会融合制度的构建特点

嵌入型社会制度的构建首先需要对其实施区域的社会经济发展状况及区域群体的交往惯习有深入的了解与认识。云南屯戍制度的实施区域是中华人民共和国成立初期的西南边疆，由于地理历史等影响因素，区域社会关系较为复杂。从宏观理论层面，马克思以生产力和生产资料占有作为社会发展基本状况评判，和韦伯对于国家与社会关系的层级分类，两者均着重于国家政权的控制能力，社会结构观察也多将地方精英以及基层官僚看做国家政权的附属物，对我国民国时期国家基层权力制度的控制力，以及边疆区域的社会结构等局部样例的详细情况论证较少。孔飞力与黄宗智两位学者对此做出了补充，更多关注民国以及晚清时期中国内地农村的乡绅阶层，其观点主要将县域以下乡村级的士绅视为国家政权与乡村社会的中介力量，认为乡村精英和士绅具有双重作用，对上维系着国家政权对地方力量的控制，对下又是乡村社会中豪强代表和利益诉求的渠道。因此，士绅阶层在王朝中起着极大的平衡作用，将国家需求与乡村的地方利益综合平衡起来。相应地，这种观点也被引入边疆社会的研究之中，对于民国时期边疆村寨的既有研究表明，边疆少数民族族群内成员对于族群领导者和族群精英的信赖与长期人身依附关系，形成了当时内陆地区地主经济崩溃以及实现社会现代化的进程，国家权力对于边疆的控制方式仍然比较接近于封建王朝的羁縻制或是吐司制的特点呈现。早期国家政权初步深入少数民族区域是以与族群精英及其首领代表式谈判的方式进行，而其后国家政权的制度设计与建构，在很长一段时间也基本是以嵌入的方式来实施与推行的，这与区域原有的民族杂居所形成的复杂经济文化状况密切相关。

一 制度的建构过程与主体

对地方权威代表中介功能的批判，随着学者们对于边疆区域历史研究的深入而逐渐增加。以区域中群体与国家关系的结构来看，群体首领或是说其精英阶层随着群体惯习以及国家政权与之联系的渠道不同，与国家政权之间的关系形态也各有不同。由此，群体精英阶层本身的分化程度，及其在国家与地方群体（族群）之间的作用途径和影响程度，都成为区域整合研究的争论焦点。从更为广泛的视角来看，国家与边疆社会的整合机制不仅应该包括族群精英层控制之外的国家所尝试与族群建立联系的各种渠道，而且应该包括在各领域的沟通交流中国家影响力的表达及其他因素。即使在族群村寨社会的个体交流层面，国家的影响可能也不仅仅表现为主流文化的濡化，这可以通过观察国家政权机构或是代表着国家政权的某一些引导意义的机构与基层村寨社会的联系与沟通来获得新的认知。现代法理意义上的国家政权，是法律的行为规范与意向的权威象征之集合，因此国家的重要职能之一就是通过权力的保障来承认行为和规范的合法性，而且在这一层面上，国家职能所体现出的各类奖励与惩罚制度体系对于其民众都具有极为重要的意义。相似地，地方族群精英或领袖在惯习场域中的非正式制度权威也有同类作用。当一种发展导向通过某一类正式渠道来树立目标时，对普通民众而言，国家政权的制度网络以及行动体系已经获得确立。从制度的体系形成及其在宗教仪式或组织中的作用能够看出，中华人民共和国成立前边疆区域的原有经济社会发展都严重依赖权威象征的代表实体以维持惯习秩序，同理，这种群体代表性也使惯习制度成为国家和地方权力协调与衔接的可能。事实上，20世纪中期新中国对于边疆区域的政权确立过程中，极为尊重原有惯习场域既有关系的存在，国家政权在尽力维持不同族群以及族群之间原有文化网络的同时，建立了新的沟通渠道，在不破坏既存关系的前提下将政权范式系统嵌入村寨关系网络，形构了新的社会融合途径，这也应该是 20 世纪后半叶国家与边疆社会之间关系的重要转折。由此，国家层面的制度设计以及制度嵌入的功能发挥，成为边疆社会融合的可观察路径。制度通道强调的是对群体系统中权力赖以生存的秩序及其合法性的阐释，它是群体争夺各种稀缺资源的明示条件，同时也是权威与不同层级合法性权力所展现效力的介质。从民族文化层面来理解，符号意义下的权威崇拜影响到民族群体内部的不同秩序形成，其成员和群体的利益被融进群体主流结构的过程也成为秩序形成的重要通道，如果国家政权想确立新的权威，那么这种权威建立的渠道必然是在既有的社会结构网络之上，且尽管对于制度的描述仅是现象的范畴描述，但可以客观观察到历史的累计与变迁过程，也可以观察到这个过程中矛盾的产生与变化。

从客观规律的角度，制度的形成和衍伸不以人的意志为转移，本质上是社会生产力的发展水平与社会发展阶段的适应。就长时段的历史而言，它的产生应该是一个自然和历史需要的发展过程，不过在特定的历史阶段，以及特定的环境需要之下，具体的制度是可以被设计的，其内容和形式也可以被建构，且建构过程当中的规范与程序的设计，很大程度上取决于其设计主体的主观认知。不同制度主体基于不同的价值评判和思维模式，可能设计出不同的制度，同样，不同的主体也会用不同的方式去实践制度。抽象地说，制度被设计的主体是人，然而现实社会中的人总是被所处的环境与经历所限制，因此，制度主体也可以说是由客观认识与主观意愿相结合，在秩序结构化中发挥不同作用的群体或者个人。按其作用载体形式，通常可将之分为民众、政府、精英、利益集团等。鉴于中华人民共和国成立初期屯戍制度的设计与建构，重点讨论建构中涉及的两个关键主体：民众和政府。

(一) 民众

长时段的历史通常证明了民众在制度构建中的根本性作用，因为，广大的人民群众是历史的主体，同时也是物质财富和精神财富的创造者，是变革社会制度的决定性力量。宏观理论的推演也表明了民众作为主观与客观综合体对于制度衍伸的决定性地位。恩格斯这样总结民众在制度发展当中的主体性，"历史是这样创造的：最终的结果总是从许多单个的意志的相互冲突中产生出来的，而其中的每一个意志，又是由于许多特殊的生产条件，才成为它所成为的那样。这样就有无数相互交错的力量，有无数个力的平行四边形，由此就产生出一个合力，即历史的结果，而这个结果又可以看作一个作为整体的、不自觉地和不自主地起着作用的力量的产物。因为任何一个人的愿望，都会受到任何另一个人的妨碍，而最后出现的结果就是谁都没有希望过的事物。所以到目前为止的历史总是像一种自然过程一样地进行，而且实质上也是服从于同一运动规律的。但是，各个人的意志——其中每一个都希望得到他的体质和外部的、归根结底是经济的情况（或是他个人的，或是一般社会性的）使他向往的东西——虽然都达不到自己的愿望，而是融合为一个总的平均数，一个总的合力，然而从这一事实中绝不应作出的结论说，这些意志等于零，相反地，每个意志都对合力有所贡献，因而是包括在这个合力里面的"[①]。

但就长段历史当中的不同阶段和微观行为来看，民众的作用体现并不那么直观，因此在一定的时空截面上，民众的作用事实上体现为时空场域中的群体概念。特定场域的群体，是指游移到场域中的，或者在地域内长期居留发展的血缘族群、有组织群体以及自然散居人群，各类群体都遵循着响应的行为原则和规范。如果将民族作为群体的组织界定的话，那么按照中华人民共和国成立初期云南边疆区域的民族分布状况，民众大致被分为了大大小小以民族为符号的各类群体，这些群体按照自己的族群惯习和族群结构聚居在一起，并且与其他族群形成不同类型的交往。可以这样形容，在这个大的边疆区域空

[①] 《马克思恩格斯选集》第4卷，人民出版社1995年版，第697页。

间当中，散居着各种小的群团组织，其所形成的关系网络对正式制度的需要并不强烈，或者说，对场域内关系的规范性建构需要不高。因此，对于外来的针对场域秩序结构的制度安排有着较为排斥的群体反应。进一步说，在外来的制度安排当中，无论是区域的自治，还是国家政府机构的各类政策设计，对于当地既有的民众或群体关系而言，都是属于被设计的制度嵌入型建构。这种建构，无论与当地的实际惯例能够接合得多么紧密，但由于对本地原有关系结构一定程度上的改变或规范，而容易受到一定时间的或多或少排斥。且这种外来的正式建构制度的实际运行效果，主要依靠的是当地民众，制度的实施过程中不断结合原有的惯例而有所改变，甚至有的制度会形同虚设，为既有的惯例所替代。从制度的效果实现角度来说，对于这种惯习场域的嵌入，制度主体更想实现的是，即使按照制度主体认识所建构的规范及价值与当地场域的惯习相距甚远，但仍然能够有效地实现制度的目标。以民众作为制度主体来看待嵌入型的制度，为已有认识与惯习所限，其需求意识甚少或几乎没有，群体针对个人意志的表达以及对于制度的价值判断都没有形成明确改变的合意，因此，嵌入型的制度首先需要为民众所了解和认识。在不改变群体意愿和原有空间关系的前提下，新制度为场域民众所了解和认识的有效途径，除了相应的宣传之外，还有共存式的实施示范，而通过制度实际运行的展示，可以更为切实地使民众理解并接纳新制度的内容与价值所在。

(二) 政府

从社会学的角度来看，政府也是一类社会组织，只是这类组织不是自发形成的，而是由社会推举并且获得每一个人所交付的部分权利，可以代表群体大多数的利益。所以，作为制度建构和变迁当中的重要主体，政府一般有这样三个作用：一是强制性制度的设计与保障作用。政府具有其他任何的组织所不具有的权威和暴力，保障它能够以低于别的组织或私人组织的成本来完成相应的社会秩序的规范，如产权的界定保护，以及各种行为的正当性、合法性的确认仲裁，同时，还可以组织合法的群体性行为，例如综合协调公众意愿，实现规模经济等。与自然形成的制度相比，政府只有认为制度预期收益高于制度的自然形成，才会进行主动的制度构建。二是具有最高层级的奖惩决定权。制度设计内容中政府所提供奖惩机制的重要作用是无可替代的，因为与社会群体或者个体相比，政府所提供预见性的制度环境以及各种争端的解决程序中，天然就附带了对于不同类属行为的奖励和惩罚，且能够以合法的暴力使用为基本保障。诺斯是这样界定的，"国家作为第三种当事人，能够通过建立非人格化的立法和执法机构来降低交易费用，既然法律的发展是一种公共产品，他就能随之带来具有重要意义的规模经济。既然交换的基本规则已经确立，那么，只要存在法律机构，谈判和行使的费用会不断减少"[①]。简言之，凭借强制力，国家在制度构建和制度变迁中，可以最大程度地降低组织成本和实施成本。三是协调社会利益。改革是一种公共选择，制度建构也是一种公共选择，社会发展公共性机制的选择权理论上属于所有群体和个人，在不同的群体愿意与否以及选择何种集中的过程当中，政府充当了相应利益的协调者。从表面上看，似乎所有的政策和决定都是由政府来作出的，不过政府的政策制定并不是简单地与某一群体的利益诉求相联系，而是坚持多方利益综合并使其能够相互协商的结果。换句话说，政府的政策制定并不完全是一种强制，在更多的时候它更是一种协商，即政府引导各个群体对其利益诉求进行相应的综合、谈判和妥协，同时，在这其中不断地供给相应的制度和政策平台，使其交易或者关系得到最大限度地协调。当然由于历史环境不同时期的影响，政府也有自己相应的利益诉求，于是在政治规则的制定当中，政府有时会以自己主观意愿来影响规则的内容和规则的实现。

屯戍制度的构建和实施，就是一个非常明确的政府主动建构的行

[①] ［美］道格拉斯·C.诺斯：《经济史中的结构与变迁》，上海三联书店1995年版，第39页。

为。屯戍制度始于新中国第一代领导人对历史屯边战略思想的借鉴，其体制建设结合中华人民共和国成立初期具体的经济政治现实以及国家边疆战略规划，是一项边疆社会秩序恢复和民族和谐关系构建的重大边地实践。因此，屯垦体制自产生就担负着两个基本战略目标：一是新权力的巩固；二是边疆经济的恢复。中国共产党领导的垦戍建设可以追溯到抗日战争时期，毛泽东同志于1939年在陕甘宁边区为打破日军的封锁，开展了轰轰烈烈的大生产运动，在"自己动手，丰衣足食"的号召下，创建了边区根据地的首个共同生产式的农场——光华农场。几乎与此同时，王震所率领的120师359旅开展了建设南泥湾的运动，确立了以农业为第一，工业与运输业为第二，商业为第三的发展方针，为封锁条件下的农业区域发展树立了模范。以抗战时期各根据地的生产建设为模板，"1947年，东北各省率先创办了一批国营农场。……新中国成立后，以毛泽东为核心的中央人民政府根据抗战经验和国际国内形势需要，开始兴办以人民解放军转业官兵为骨干的屯戍国有农场"[①]。1949年始，为了巩固政权和恢复面临崩溃的国民经济、稳固边疆以及安置大量转业军人，中央人民政府、人民革命军事委员会筹划组建全国性的农垦系统。1951年政务院发布《关于扩大培植橡胶树的决定》确定在华南地区建设以橡胶种植为主的经济型农场。1949年9月29日，中国人民政治协商会议发布的《共同纲领》提到："中华人民共和国的军队在和平时期在不妨碍军事任务的条件下，应有计划地参加农业和工业的生产，帮助国家的建设工作。"[②] 同年12月5日，毛泽东签发了《中央人民政府人民革命军事委员会关于1950年军队参加生产建设工作的指示》："人民革命军事委员会号召全军，除继续作战和服勤务者而外，应当负担一部分生产任务，使我人民解放军不仅是一支国防军，而且是一支生产军，借以

[①] 农业部农垦局：《全国农垦基本情况》，《中国农垦》2015年第12期。
[②] 中共中央文献研究室：《建国以来重要文献选编》（第1册），中央文献出版社2011年版，第1—11页。

协同全国人民克服长期战争所遗留下来的困难，加速新民主主义的建设。"① 出于建立社会主义大农业的方向定位，中共中央在 1951 年 12 月 15 日发出的《关于农业生产互助合作的决议（草案）》中提到："国营农场应该推广每县至少一个至两个国营农场，一方面，用改进农业技术和使用新式农具这种现代化大农场的优越性的范例，教育全体农民。另一方面，按照可能条件，给农业互助组和农业生产合作社以技术上的援助和指导。"② 翌年，政务院发布《关于1952年农业生产的决定》："各县在可能范围内尽量地办起和办好一两个国营农场。……保证超过当地农民的生产量，以国营农场的优越性，对农民进行集体化的示范教育。"③ 1952 年 8 月 22 日，政务院财政经济委员会颁布了《国营机械农场建场程序暂行办法》，明确规定："国营机械农场是社会主义性质的农业企业，系由政府投资在国有大面积的土地上，采取最进步的科学农业技术及新的工作方式，利用机械耕作，进行集体劳动，提高产量，降低成本，完成国家和人民所给予的生产任务；并以启发引导个体的小农经营，走向机械化、集体化的生产道路。"④ 同年 8 月 9 日，中央人民政府农业部通过的《国营机械农场经营规章》中规定："国营农场的任务是：（一）以先进的农业生产方式和农业科学技术，显示出农业机械化、集体化生产的优越性，向农民示范，并具体帮助农民走上集体化道路；（二）建设社会主义农业企业，增强社会主义经济领导作用。"⑤ 政策制度建立的同时，国营农场的实体创建工作也几乎与此同步。该阶段创办了六类国营农

---

① 农业部政策研究室、农垦部国营农业经济研究所、中国社会科学院农经所农场研究室编:《农垦工作文件资料选编》, 农业出版社 1983 年版, 第 19 页。

② 中共中央文献研究室:《建国以来重要文献选编》（第 1 册）, 中央文献出版社 2011 年版, 第 56—59 页。

③ 中共中央文献研究室:《建国以来重要文献选编》（第 3 册）, 中央文献出版社 2011 年版, 第 64—67 页。

④ 农业部政策研究室、农垦部国营农业经济研究所、中国社会科学院农经所农场研究室编:《农垦工作文件资料选编》, 农业出版社 1983 年版, 第 59—60 页。

⑤ 同上书, 第 70 页。

场:"国家农垦部直属的中央国营农场,省市自治区直属的地方国营农场,人民解放军总后勤部直属的国营农场,公安部直属劳改农场,中侨办直属华侨农场,以及少量直属于不同政府机关、军队、社会团体、国有企业的农场。"① 由此,根据社会主义计划经济原则,借助国家强制力量,中华人民共和国建立了层级不同、战斗建设方式不同、具有地域特色的准军事化性质国家屯戍体系,并通过这个制度的系统化来引领和推动边疆农业经济社会的发展。

由上可见,屯戍制度的设计主体是国家政府,且此制度及其行动载体国营农场的建构也有着明显的区域嵌入型。嵌入型的制度,或者说以政府为主体进行建构的嵌入型制度本身带有极强的符号意义功能,在其最初嵌入这个场域当中的时候,它是代表着某一群体或者代表着某类权力的运行,体现的是某类权力对该地区实施影响和所采取行为的范式代表。具体而言,行为实体或者说制度在这个区域中的行动载体建立起来的时候,至少在当地民众的意识当中,新构建的这一结构组织及其执行者代表了某类权力,有着相应的身份符号。再具体到边疆区域,由于无论地理交通还是历史文化都相距甚远,边疆区域当中的民众难以接触甚至无法获得与国家核心空间的大规模频繁交流,因而在此区域所构建的具有国家符号代表性的秩序结构或者秩序系统,往往会被当地民众看作具有国家权力代表性或是国家秩序建构的缩影,而区域内各类群体对于国家或者主流社会系统的认知,往往就源于对区域内嵌入进来的制度及其行动载体的认识和理解。可见,从主体建构意义上,嵌入型制度的特性首要在于其设计能够鲜明地体现出制度所规划社会秩序的符号代表性,明确设定制度的意义系统与目标,并清晰展现其行动载体的运作方式。

---

① 韩朝华:《新中国国营农场的缘起及其制度特点》,《中国经济史研究》2016年第1期。

二 规则与行为制度化

嵌入型制度本质上来说是被设计的，设计的过程应该是一个主观能动的行为，而不是一个消极被动的行为，因为任何现实制度存在的本身，都是主体能动创造和建构的结果，同时，建构制度的主体又根据自己的价值尺度和判断目标，来不断变更、调整和重构制度。"不仅制度的结构包含有重要的人格决定，而且即使是最好的制度……也常常在很大程度上依赖于相关的人，制度好似堡垒，它们得由人来精心设计并操纵"[1]。随着人类社会的不断发展，制度的这种建构性或者人的能动性设计，因其对社会具有明确的指导性，而越来越成为主要的制度形成方式。所以，制度从根本上的衍生虽然是依据客观规律的，其形成受不以人的意志为转移的客观因素影响，但是，在制度能否发挥作用以及发挥作用的具体路径和方式等方面，制度主体的现实认识程度与程序设计的合理性均对此有着极强的影响，并且也具有着自我价值判断和目的达成的强烈引导。

因此，在嵌入型制度的构建过程中，较为明显的是，制度可以被建构和设计的特质，并非由制度发布者所体现，而是由制度主体，广泛意义上的社会群体，根据资源获取和社会发展等不同的需求，对制度进行主观意愿认识的合理设计和规范要求。诺斯这样形容，"制度是为人类设计的构造着政治、经济和社会相互关系的一系列约束。是人类设计出来的形塑人们互动行为的一系列约束"[2]。而西方制度学派也有学者认为，在人类社会历史上能够实现制度成本和收益较好效益的，大多数是精心设计而成的制度。

制度被建构和设计的最核心基础，是基于人类的理性可以主动认

---

[1] [英]卡尔·波普尔：《开放社会及其敌人》第1卷，中国社会科学出版社1999年版，第237页。

[2] [美]道格拉斯·C.诺斯：《制度，制度变迁与经济绩效》，上海三联书店1994年版，第64页。

识制度的运行规律，并且据规律设计出相对理想的制度模型，以及按照制度模型的程序安排实现发展的全部过程。政策制度被设计出来之后，可以运用相应的政府或者是管理手段进行自上而下的推行。从这个逻辑可以看出，对于制度设计主体性的强烈支持，来源于群体信息有限理性的可比较与选择性。即尽管人类的理性还没有能力能够获得完全的总体的对历史规律的把握，而且对于制度执行的系统性及其自上而下操作的程序性步骤，也没有细致的把握，但是与自然演进的规范相比，能够通过相应的经验积累和比较，设计和确立较为科学且较为合理的制度，还是人类力量范围内可能做到的事情，特别是当整个群体或者组织有着明确的价值目标或者行为针对性时，制度建构相应来说是保证其顺利达成目标的重要保障。例如，如果以制度理性为主导来看待屯戍制度的设计，屯戍制度要达到的目的很明确：屯垦戍边包含着制度的两个功能目标，一是政治稳定的需求，即对于边疆地区的稳定维系和国家认同；二是经济开发的需求，屯垦是一个农作经济功能，借由规模化群体开荒垦荒的方式，来发展农作物经济以实现基本生活自给，甚至形成区域中的较大规模化耕种，发展相应产业经济。在这样的目标之下，制度功能实现及其步骤程序就显得非常重要，且其设计的系统化及配套制度考量，也都以这两个系统构建为契机。同时，无论是生产发展，还是相应的社会功能设计，屯戍制度都必须以行动载体的构建来实现相应的社会融合功能和经济发展功能。应该说这一制度的系统化设计都必须达到以下效果，不仅要突出适应于区域环境的农作品种与发展方式的经济发展，而且在发展的同时要得到当地其他少数民族或者其他群体的理解和支持。这一描述性的目标必须通过制度所支持的各种路径设计来获得达成，或者说从最初国家的单位制计划经济的体制结构来说，嵌入型制度的设计具有极大的优势，即其最初构建的资金支持源于国家，物质支持源于国家，国家在相应的经济领域和社会领域中与区域族群发生关联的交流和行动，都可以通过屯戍制度所构建的国营农场作为区域行动载体去完成，而且屯戍制度还以主观设计的形式，为各个区域行动体提供了明确的职能规则与行为规范。不过，制度在构建之后的发展变迁过程中，有可能与其既定目标有所偏离，因为人具有的理性是有限的，虽然人类得以发展的前提便是其主观性的发挥，但也必须要以抽象客观的规则为前提条件，同时尊重客观规律。而对于人类社会，起作用的这些制度"恰恰是因人们的理性不足而人们又要把握错综复杂之现实的详尽细节而渐渐学会使用的一项工具"①。因为在很大程度上，制度的最终建构大多数是社会发展秩序需要的结果。

以辩证的观点来看这个问题，制度是主体对客体本质和规律有目的地进行思维创造的产物，它的构建完善事实上依赖于对象本身的发展状态和被认知程度，同时，也依赖于主体的认知能力和主体的行为能力。制度主体的认知能力在于主体对客体本质和规律的认识，以及对其客观经验的累积量。主体认知能力的深入程度，往往规定着主体对客体本质和规律能够揭示和把握的程度。而客体本质和规律的被把握程度，又往往体现了主体能够认知和发展客体的能力大小。以屯戍制度为例证，在屯垦戍边区域需要及其可行性已基本明确的前提下，作为屯戍制度的构建主体，其认知程度和行为能力的大小，对于能在多大程度上获得有意义的制度建构起着决定性的作用。此时，作为中央政府，其经验累积的越多，能够参照和对照的制度越全面，其认知能力越高。而主体的认知能力越高，也就是构建屯戍制度的主体政府的认知能力越高，对屯戍制度实施对象客体的本质和规律揭示程度越高，所建构的屯戍制度也就越具有客观有效性。尤其对于嵌入型制度的构建或者说屯戍制度的构建而言，不是简单的自然秩序发展结果，从长时期的实践来看，是对区域内各种事物一步一步不断认识的结果。当然，制度主体在特定的历史时空只能把握到客体一定层次的本

---

① ［英］哈耶克：《自由秩序原理》（上），生活·读书·新知三联书店1997年版，第81页。

质和规律，不可能彻底的认知事物的全部，不仅如此，对于被设计出的制度而言，作为一种存在，尤其是嵌入一定场域的实体存在，更强烈地表示出的是一种嵌入型的封闭状态，较少影响到区域的原有关系。嵌入型制度需要诉诸于单独的解释系统来进行描述，以特定领域的功能解释，或者说是以相应的认同宣传，使其他群体获得对制度的认识。语言文字描述一般被理解为媒体式的宣传，或者是政府的具有正式效力的解释。而屯戍制度另辟蹊径，其解释系统是以制度在不同地域构建的各类空间实体作为行动体，来进行实体的运行示范，从而将所要达到的目的以及建构空间的制度秩序，以现实的群体组织及其生产生活应用方式展现于区域中其他群体之前。重要的是，这可以有效避免在沟通中由于语言解读错位，而形成的对于制度的误解与顾虑。

当然这里要再次强调的是，于嵌入型的制度而言，主体对于不同场域的群体知识结构、思维方式、价值观念以及情感意志等要素的认知，是嵌入型制度架构当中非常重要的影响因素。主体的选择性和创造性成为相应制度创建的重要决定力量，这也使得每一次制度的设计或者说制度的构建，都具有着时域和地域相对性局限，例如，若制度设计主体需要在一定的时空框架内解决一定的问题，则其针对性的制度目标设计大多会以该时空背景作为主要参照维度，可能难以关注或兼顾到制度的长期效果。同样地，由于所获得信息受到的时空限制，往往设计者无法预测到制度在长时段的时空发展中，其功能影响的程度，及其在区域制度网络中的功能效用，并且无法判断是否会偏离预定目标，是否在长时段中能够实现别的价值目标。因此，制度的建构在一定程度上说具有时空的限制，也具有制度设计主体的理性局限。而对于嵌入型制度来说，这种时空限制性显得更为强烈，且其设计者的主观理性的影响权重较大，制度设计或是初建之时，能够较快实现嵌入运行的路径方式，更注重于规则与行为的制度化。

三 制度化的正式结构

按照制度产生的路径来划分，可以将制度分为内在和外在两种类型，两种制度类型按其表现形式又可以分为正式制度和非正式制度。屯戍制度是以外在的正式制度表现形式而存在的。人类社会各领域都存在正式制度与非正式制度之分，正式制度是指社会明示的一系列行为奖惩的法律法规等规范形式，非正式制度则是一定区域内被默认的潜在不同的规则、规范和契约，从宏观的法律框架到细微的契约构成，两者通过规范人们的行为方式不同，形成社会的不同类秩序，并且共同经由一系列的制度规则构成制度的层级结构。在制度的研究中，对于正式制度和非正式制度的区别这个基本的类属化归并，诺斯是这样界定的，"制度可分为正式制度与非正式制度：正式制度是指人们自觉发现并加以规范化的一系列带有强制性的规则。正式规则包括政治及司法规则、经济规则和合约。这些规则可以做如下排序：从宪法到乘法与普通法，再到明确的细则，最终到确定制约单个合同，从一般规则到特定的说明书。非正式制度包括行为准则、伦理规范、风俗习惯和惯例等，它构成了一个社会文化遗产的一部分并具有强大的生命力。非正式制度是正式制度的延伸、阐释或修正，它是得到社会认可的行为规范和内心行为准则"[①]。在现代社会当中，正式制度总是和国家或者国家权力联系在一起，同时，它又与正式的组织结构紧密相关。在现实层面上，制度与国家权力的连接是保证制度实施的最有效方式，因为这同时也保证了对违反制度进行相应惩罚的合法性暴力运用，扩展开来说，正式制度的实践或者实施往往是通过正式结构来实现的。正式制度形构了正式的组织结构，从内到外，从组织每一个成员所应履行的责任，一直到结构每一个部分相互之间的关系和

---

① ［美］道格拉斯·C. 诺斯：《制度，制度变迁与经济绩效》，上海三联书店1994年版，第64页。

协作权限,再到正式结构与外部结构或者其他组织群体结构之间的关系和交流,都是制度业已以明确的规则规范和程序进行的规定。因此,正式制度的出台与相应正式机构的建构,决策的做出与执行的载体形成,事实上应该是同步的。

  正式的结构,不仅是社会组织关系网络当中的产物,而且理性化的正式结构有利于反映对于社会存在的共同理解。从组织的程序来看待这个问题,正式的组织结构中很多的职位、政策规划程序、公众意见、组织支持等,都经由相应合法的制度路径以及教育系统得到强化和行为的一再规范。这类正式的结构和制度,体现了与具体制度的密切联系,高度理性化的现实行动力,是强有力的违规行为制约和实现制度规则的重要行动单位。正式组织结构有两个关键性的特征:其一,正式组织结构是理性的、非人格性的规定,其所遵从的制度,把不同的社会目标分解为技术目标,并且用一种类似规则和程序的方式,理性地追求这些技术目标;其二,组织的新功能设计是高度制度化的,在某种程度上可以防止个人和参与者的随意决策参与,因此,正式组织所做的行为被人们理所当然地认为是合法的,且被认为是基于正式制度指导而实施的。于是在一定程度上,正式的结构形成是高度制度化的表现,同时又得以从正式制度那里获得合法性,并且理所当然地运行和发挥这种合法性效用,例如,在合法性正式组织当中,专业程序和技术方式被不断精细制度化。

  将这个特征对照嵌入型制度的建构来说,嵌入型制度本身是属于制度主体建构和设计的制度,因此,它的制度体系和规范形成,本身就是属于正式制度系统。这种系统发生作用和开展运行的必要前提就是,必须要形成针对制度执行的明确对应式正式结构。国营农场,正是屯戍制度嵌入特性下所需要的正式结构。理论上说,载体是制度的作用形式,有什么样的载体就有什么样的作用形式,如果没有制度载体,便无法把握制度的实际运行。制度的载体,是具体的且可感知的,最普遍的形式,就是表达制度和运行制度的结构实体。通过具体的运行和绩效构成，将与之所对应的制度的具体特征，以及规范以可以被了解和可以被运用的方式表述出来。一般来说，制度最基本的载体是人，例如，对于群体历史与惯例的传承口述，巫师和首领对于行为规范的一再重申。但是，这种载体对于制度的传承或者制度运行来说，具有极大的局限性，或者说，有着相当大的不确定性，个体记忆量的多少以及解释方式都不同程度地影响到制度的实际实施。于是，以一个正式的结构，也就是规范组成且很难在短期之内变动的结构，来完成相应大量记忆承载和系统的惯例执行，就能够相对获得前后一致的稳定运行和践行经验的有效积累。由此，这种制度化的正式结构的客观存在与日常运行，可以避免两个制度实施的缺点：一是按照个体利益有意无意地改变制度的某一些解释；二是突破了承载者的能力限制。以载体性质反观制度的构建与运行，不同的载体形式呈现了不同的制度形态，例如，以各类法庭为载体的制度就呈现为法律形态；以权力机构为载体，制度就呈现为正式制度形态；以意识形态为载体，制度就呈现为价值观念的差异类属形态；以个体或社会群体的交流为载体，制度就变成了相应的契约、规章和规范。同时值得关注的是，作为嵌入型的制度，尤其是确认的正式制度来说，要将其特质和运行方式进行完整的、具有国家权力保障的、以及能够较全面实施既定功能的推行与完成，除了正式组织的建构之外，还必须保证各制度载体的功能实现统一协调。可以说，屯戍制度本身形构了相应的正式结构来完成维稳戍边的目的和使命，而这种正式结构的形成，反过来又体现出载体建构过程中对于制度目标与功能的具体化及其规范确立。同理，对于屯戍制度的这种嵌入特性而言，制度化的正式结构形成，是其在嵌入和参与的过程当中，能够正常和完整运行的一个基本前提条件，这也是其后在所嵌入的关系场域中，制度发挥影响和作用的主要实施和行动实体。

四 制度的路径依赖

制度构建是制度主体主观认识和客观状况相结合的路径引导，它必须要发生在一定的物质环境基础之上，并反映出一些历史发展的规律性现象。对于制度的所隐含的先期经验积累，路径依赖也许是现今对于制度发展进程比较重要的基础性讨论，也是西方经济学派常用的描述制度演化的一种理论。1990年，经济学家诺斯提出制度依赖理论，最基本含义主要是指，制度的发展演化一般会受到以往制度已形成的状态环境影响，或者说，受到以往制度已构建出的既有条件所影响。除了外界环境的影响，制度的构建与自我发展，事实上通常会受到自我增长机制的影响，它会不断地固化已有的自我发展路径。偶然的制度中断可以使另外一种新的方法被使用，但从大部分的情况来看，如果没有发生大的环境突变或是外力介入，制度会用在实际运行过程当中不断靠近或是进入既定的轨迹。如果轨迹发展的方向朝向或无限接近于既定目标，那么会获得制度不断的巩固和优化；如果轨迹偏离甚至反向于既定目标，那么制度可能会不断地沿着这个轨迹走下去，但被锁定在一种无效的制度循环状态之中，纠正或者改变这种制度的偏离，是十分困难的。

将制度的这个特性具体化，由于嵌入型制度受到所嵌入空间的各种行为规范和关系的影响非常明显，就其本身性质来说，嵌入型制度的建构初衷又受到制度构建主体原有的价值观以及目标偏好的影响。因此，当它实际进入惯习空间之后，其功能作用的发挥，事实上形成为两类制度依赖，一是形成过程中，制度建构主体自身受所经历制度环境而形成的经验认识；二是实施过程中，对于嵌入场域的正式与非正式制度的既有样态的理解，两者共同体现了对于不同的社会系统的制度依赖。

首先，在嵌入型制度的演化中，既有制度网络起着很重要的作用。人们过去某一方面的选择有可能决定了现在所有的选择可能性。制度的创新或者建构，看起来是主观选择的结果，但它事实上受到了政治需要和历史选择等各方面影响。原有制度所形成的社会关系状态，对于制度的选择和人们的观念形成偏好，而且也限制了对未来发展的可能性。

　　其次，选定的制度在制度的发展过程当中还会自我强化，嵌入型制度初始的方向目标和运行方式选定非常关键。如果制度的初始运行有所偏差，那么在其持续的发展过程中，由于制度自我强化的这个效应，制度将越来越远离原本的目标，就如刘易斯所描述的那样，"一旦制度开始变迁，它们就会以一种自动强制实施的方式进行下去。老的信念和制度在变化，新的信念和制度彼此之间，以及新的信念和制度与相同方向上的未来变迁之间都逐渐变得协调一致"①。在此，嵌入型制度由于其作用空间与周围空间相对隔离，影响范围相对集中，制度的学习效应比一般制度更强，或者说制度运行过程的自我强化程度更深。因为一旦制度被选择并主动嵌入运行，嵌入空间内的组织和个人会去适应它，并且通过各种组织内或者组织外的学习，加强对于现存制度资源获取及其维系发展能力的巩固。当然，这种集中的载体能力增强，反过来加强了现有制度的运行方式，形成整个系统的初始样态维护。进而，嵌入型制度为嵌入载体各方提供比较稳定的预期，这些相同的预期被各方所认知和认同之后，又反过来加强了民众对于这个制度按照当前规则持续下去的期望。因此，制度得以再加强并且持续下去，制度的受益者必然会力求巩固现有的制度，以便持续从中获益，而相应的排斥和阻碍制度的改变或者其他方式的运用。

　　最后，嵌入型制度具有极强的可追溯性。由于制度是保护利益的屏障，因此最初所选择的制度在各种利益回报递增，以及回报机制固定的情况下，形成了自我强化的路径。马克思的形容非常准确地描述了这一切。"人们自己创造自己的历史，但是他们并不是随心所欲地创造，并不是在他们自己选定的条件下创造，而是在直接碰到的、既定的、从过去承继下来的条件下创造。一切已死的先辈的传统，像梦

---

① William Arthur Lewis, *The Theory of Economic Growth*, Chicago: Richard D. Irwin, INC. 1955, p. 146.

魇一样纠缠着活人的头脑。"① 进一步说，嵌入型制度的创建或是变迁，不仅仅是一个具有着历史累积的发展过程，它的变化和构建还有着相应的因果累积特点。一方面，从历史发展的长时段来看，嵌入型制度如何发展变化都取决于现有的实施状态细节，而这些细节反过来又是从前状态的结果，最初的一个细微的差别，可以形成一个差别巨大的结果，这是一个复杂的系统演化过程。另一方面，嵌入型制度在与外界空间进行关系沟通时，相应的制度约束会因外界环境状态而有所变化，这种变化与外界环境关系之间有着相应的因果联系，且由于两者共场与互动的存在，因果联系相当紧密。

第二节 嵌入型社会融合制度的作用方式

制度的效用发挥，一般来说涉及两个层面，一是制度实现作用的能力，二是使作用产生影响的方法途径。以能力而言，本身是对制度载体行为表征的一种描述，它是由事物本身的物质性或者精神性所决定的能力和功用。在现代西方组织学当中，功能一般与结构相关联，亦可以理解为，系统内部的结构关系能够相应的反映出其状态情况及其与各个部门的协作程度。从能力实现程度来说，也就是各个部门配合之下的组织目的实现中，整体系统功能可以发挥的程度，这种功能是系统可以影响环境或者说从环境中获取资源以达到目标的能力体现。以作用产生的路径和方法而言，系统有了可以达到目标的能力，则必须通过一定的路径和方法来实现相应的目标，方法的采用不仅影响到目标实现的效率，同样也影响到系统本身能够影响环境的能力，因此，这种作用的发挥事实上既与其内部的结构方式相关，又与其外部采用的方式路径相关。

同理，嵌入型制度的作用发挥是一个内部结构和外部路径相互影

---

① 《马克思恩格斯选集》第1卷，人民出版社1995年版，第585页。

响相互作用的统一系统，也是内部和外部作用方式结合起来所呈现的载体行为能力。嵌入型制度能力的发挥，一方面，在于其载体组织能够获得的社会资源状况。载体的社会资源获得意指制度载体存在的社会合法性所在，这种社会合法性是社会各类主体对载体的认可、支持的程度以及共存的关系网络形态。作为制度功能运行的组织，其建立与发展必须具备社会合法性，这也是组织运作和发展的最根本的资源依赖。社会合法性的产生基础可以是传统、可以是特定利益的追求，也可以是共同的利益所在。国营农场作为屯戍制度运行载体组织的产生，就是国家出于对特定利益的追求而出现的一种制度安排。对于在边疆设立的国营农场来说，由于边疆民族生活习俗和社会惯例与内地有所不同，要取得当地民众的认同，不能依靠政府政策设置这一单纯的秩序规定，还需要使制度承载实体与当地民众拥有共同利益，即对调整其自身系统目标和行为规则能够达成共识，并且相信与载体组织之间存在或者合作行动，能够带来自身的发展和经济效益，那么制度载体在本区域就具备了最基本的合法性，这个组织也就具备了最本质的生命和最强烈的发展动力。由于云南农垦所属农场绝大多数地处少数民族聚居地区，民族关系的处理关系到国营农场的生存与发展，因此，场群关系以及场地关系①一直是农垦组织的产生和发展所需的重要社会资源。这就是国营农场一项比较特殊的职能：场群建设。另一方面，嵌入型制度能力的发挥还在于其载体对于作用空间的功能细分和效力把握。在空间场域当中，理论上每件事物都有与其他事物或大或小的联系性，在这个系统中采取的任何行动，应该会引起每个人的关注，根据这个逻辑，处于同一场域空间当中，如果每件事物或每个行动对每个人的影响都会被考虑到，那么所有的矛盾也会被解决。然而现实的制度却很难遵循这样的路径去解决问题，至少不是一开始就

---

① 场群关系：指农场与当地群众的关系；场地关系：指农场与当地村寨、政府之间的关系。

这样发挥作用的。制度中的许多规则，本质上是一种手段，用来把系统和空间分割成相对独立的领域和空间。例如，不同群体身份的形成，就是这样一种经典的基于地理空间和群体特征的分割方式，即把大范围的空间分割成许多小的空间识别单位。同时，在相同的空间当中，基于不同的关系和关系网络还存在不同的空间分割，如内部不同的分工结构形式以及专业化合作原则。由此，对于嵌入型空间的成员而言，归属于不同合作方式结构当中的人员也可以被划分为不同的群体，形成相对独立的工作内容以及规范集合，这可称为身份识别。而且空间中不同类别的劳动分工，往往会制造出不同职责领域间的明显分割，各自承担局部的责任归属。不同类别的规则，倾向于在各自领域内独立地向前发展，从而使得不同的劳动规划和选择，或者说对专业的选择、专业方式的采用，不仅面临着一系列不同的性质与规则的空间构建，而且还伴随着在那个空间领域中继续发展出有操作性的相对稳定的一系列具体规范。因此，在嵌入型的空间当中，通过制度实现对其效用的功能细分和效力把握就显得十分重要。

一 确定对象界限

制度最基本的功能是确定界限，也就是以制度所形成的秩序与其他秩序之间的空间范畴辨识。从这一点上来说，以什么样的维度为标准来区分界限是值得商榷的，有的通过地域分割，有的通过群体划分，有的则通过不同体制的效力范围。新制度主义学派对此的定义较为抽象，即某一类成本收益范式的效用空间，其最大的特点是将制度界限明确标示为可量化的秩序范围。更为直观一点说，制度的界限是通过一系列的规则和规范为人们的活动划定空间，在制度效力空间内的个体或群体必须遵守行为的允许和禁止规定。同时，这种制度界限分为两个层次，一个为个体层面的，是指成员个人的权利与义务范畴及个人空间内的行为约束；另一个为群体层面的，是指以什么样的秩序来结构或是延续群体的存在，以及在此群体中应遵循的关系交流和行为规范。诺斯是这样界定的,"制度是社会游戏博弈的规则,是人们创造的、用以限制人们相互交流行为的框架"①。

从区域嵌入的意义上来说,制度在大的区域范围内又划出了一个小的空间边界,建构了所划边界内的嵌入空间。换言之,制度规定的既是一种行为边界,也是一种空间秩序,这条边界划定了人们作为空间共同体所共认可的,能够在界限以内行为的秩序方式。因此,除了通常意义上所认为的制度空间,那种对个人行为秩序的规范及其相应的规则、日常生活秩序和各种内在联系的网络,从嵌入这个角度来看,制度更划出了一个两种不同秩序系统的嵌套场景:嵌入型空间与原有空间两者作为一个共场存在,各自运行着不同的系统体系。屯戍制度就恰恰在边疆惯习场域中构建出了这样一种单独划出的空间范围,这个空间范围在国家主流秩序的框架中划出了国营农场的载体组织存在场域。在这个空间中,所有的行为方式以及规定的社会秩序,事实上是国家主流社会秩序结构的一个缩影,国家按照当时主体社会所构建的单位社会结构和计划经济体制为范本,同样在这个空间中,嵌入了相同的秩序系统。

从基本制度构成来看,制度在所嵌入的空间中,通过资源获取方式、个人权利义务,以及所获取资源所有权、使用权的界定,可以形成一一对应的发展动力,促使个人加大投入,增加获益机会以及空间内的社会收益的增大可能。从成本效益比来说,"有效率的组织需要在制度上作出安排和确立所有权以便造成一种刺激,将个人的经济努力变成私人收益率接近社会收益率的活动"②。依照当时国家的经济体制基础,在国营农场这个空间当中,系统地构建了基本生产资料——土地的国家所有,国营农场对划分到的土地拥有相应的各类使

---

① 北京大学中国经济研究中心:《经济学与中国改革》,上海人民出版社1995年版,第2页。

② [美]道格拉斯·诺斯、罗伯特·托马斯:《西方世界的兴起》,华夏出版社1989年版,第1页。

用权，对土地使用权的界定，在其后一系列改革当中进行了更加明晰一系列确定。土地使用权一旦界定，就同其他权限一样，有权利也有义务，且权利使用也有限度，拥有了相应的资产权利，也就意味着开始了划定了使用限度，这就是权力的相对性。当然从制度的约束力角度，如果超越了规定限度，那么就意味着对于权力的滥用，制度反过来必将运用相应惩罚措施进行约束。这一点与原对象场域当中所存在那种惯习的制度作用方式是完全不同的。制度及其系统的完整构建，借助两种方式明示了现代社会法律约束人行为的路径，一是通过意识形态说服人们进行自律；二是依靠外部权威和国家暴力强制执行，一般在制度明示的情况下，以自律的方式遵从相应的制度规范，是社会遵循普遍约束和发展的常态。由此，在一个惯习场域当中，嵌入型制度率先需要通过建构其效力范围内的行为规范和遵守方式，来确立可以实施影响的范围。

紧接着，在这个嵌入的空间当中，制度作为个人行为的框架，规定人的行为与活动的秩序安排。以习俗形式出现的制度，可称为道德和伦理规范，成员依靠它来进行相应的行为评判，而以民事或刑事条例、法律文件、政策等形式出现的制度，具有相应的强制性，通过对于各领域的明确行为规范，使人的活动处于各种制度监控之中，制度由此确定和限制了人的选择可能。更确切一些，以屯戍制度所构建的单位体系为例，国营农场这个单位由部门组成，将相应的职能分别组织形成层级系统，各个部门有其明确的制度规范和职责权限，由此便形成了一个严格的各司其职的组织架构。同时，基于制度建构主体对嵌入型制度所提供的支持，制度在确定界限的时候，还需要能够给成员以相应的生产生活和发展空间，提供空间存续所必需的资源供应，以突出空间在场域中促进社会生产力的不断发展的存在合理性。更具体一点，屯戍制度所构建的那一种庞大的人力物力投入以及规模化的生产发展，使得国营农场初期的兴建能够呈现为一个相当有效率的组织架构形态，并以制度也就是屯戍制度和国营农场的空间划定为界限，确定了该空间在原有场域中与其他空间所不一样的运行和特点，从而明确国营农场的存在合理性，并形成各自相对独立的系统。

拓宽到制度的场域交流来看待制度的空间界定，以村寨社会作为分析对象，制度作用界限规划路径更为明晰。这种分析的线索首先可以切入对于所研究对象较为清晰的关系范围的探索，边疆村寨空间交流中，集市体系是一类关键的制度路径，这对理解调查对象周围的经济联系与环境状况十分重要。显然，以集市为主要关系圈来分析，民国时期在边疆的国家建设中，小到村寨大到国家政权的组织建构，对村寨民众的生活和相互关系的影响几乎是无效的。应该说，直到解放初期聚居坝区的少数民族村寨中人们都并不十分确定村寨的界限范围，本民族的聚居在很大程度上是为了获得确保土地的安全力量以及相互生活的群体帮助。在不断的族群争斗中，村寨不断地改变着自己的界限，有的族群甚至集体搬迁来获得必要的生活资料。但是，村寨之间的集市交易的内容与地点等，能够较为清晰地表现出不同村寨当时的生产生活状况，以及势力影响范围。同理，对于屯戍制度嵌入场域之后的空间交流情况分析，就如追溯村寨集市的发展与变迁所展现出来的那样，国营农场与大小村寨之间的关系活动可以以集市为观察切入，同时其规模与时间的变化也展示了嵌入型空间的影响范围。集市交流路径的意向性的约束与实际需求将会制约或促进某些空间关系的发展以及关系的变化，也由此在空间界限研究的基础上引入空间交流的制度通道分析。

二 形成运行秩序

在确定对象空间之后，制度接着开启了另外一项功能进程，形成运行秩序。人类社会的秩序与自然存在的自发秩序形成有着根本的不同，因为人类社会秩序带着主观建构的色彩在里边，是生成的而非既成的；人类的社会秩序则是由人在实践活动当中摸索并创造出来的，是人通过主观意识创造形成的，是人生存和发展群体性的根本条件和要求。由于客观环境影响和需求的不同，人类的社会秩序也多种多样，千差万别。不同的群体，由于利益和需求的不同，所形成的社会秩序有的也相距甚远。不同秩序形成不同生活方式，"秩序在人类生活中也起着极为重要的作用。大多数人在安排他们各自的生活时都遵循某些习惯，并按一定的方式组织他们的活动和空闲时间"[①]。不过总体来说，尽管社会秩序的表现方式迥异，但其主要的作用是同样的，就是维系人类社会正常运转，只不过运转的方式有所差异而已，正如布罗姆利指出那样，"没有社会秩序，一个社会就不可能运转。制度安排或工作规则形成的社会秩序，并使它运转和生存"[②]。

据此来看屯戍嵌入型制度的运行秩序形成。国营农场的区域嵌入，使得边疆区域由制度介入构建出两种不同的共存性社会关系，原有的惯习场域是一种多元分化的秩序形态，以相对落后的生产生活物质状态为基础，个人的存在与生产以群团的存在为基本条件。个人以群体为中介来作为个体能够与外界进行联系和获得生存的基本条件。区域中主体之间的关系，不是个人而是群体，群体之间通过谈判和协商来形成区域的关系网络，同时也支持着个人的生存和发展。这种多元在一定程度上指的是，群体的多元以及群体需求的多元，也是秩序的多元。即客观存在于区域当中的各类不同群体，无论所处区域属于一样或是不同的秩序结构，都有着自己的秩序需求和目标，因而对秩序的期望或实现是多元的。以国营农场为载体的小的秩序空间，则是另外一种秩序状况，是一种层级的分类秩序。这种秩序是单位制的明显特征，即将对象空间中的每一个运作职能都形成层级结构。层级结构之中，部门以及相应制度所形成的秩序，成为成员必须遵守的规范；个体严格地按照所赋予的职能和责任进行生产运作，并且依据所属不同部门之间的协作来产生相应的生产生活合作。这种秩序规范能

[①] [美] 博登海默：《法理学法律哲学与法律方法》，中国政法大学出版社1999年版，第223页。

[②] [美] 布罗姆利：《经济利益与经济制度》，上海三联书店1996年版，第55页。

够将大量的人员集中在一起，有效率地进行规模化生产运作。至此，通过屯戍制度，两种不同的空间秩序被结构起来，在同一场与空间当中形成不同的相对独立的系统，各自完成自己的生产和生活运行。

此外，总体的社会秩序作为秩序内各群体的衔接与交往方式，为成员提供了生产生活和谐与稳定的条件与共同生存的可能性。而对于新嵌入的空间而言，制度通过运行秩序的安排形成了嵌入空间与惯习空间之间的联系合作，同时鉴于两个空间的秩序结构差距较大，且在相互认知甚少的情况下，屯戍制度在两者初始合作与沟通中起到非常大的作用。依照正式制度的通常运行方式，屯戍制度通过相应正式文件的各类宣传，使得场域当中的原有群体能够理解空间嵌入的必要，以此为基础，当制度构建的载体以空间形式嵌入的时候，就能够较为容易地协调两个平行空间之间的竞争关系，使之通过多次代表性沟通，而在实际协作过程中达成空间和谐，并且以更加细致系统的规范制度路径，为成员在区域的资源获取中提供合作的框架。由此，嵌入型制度不仅形成了其规范空间内的秩序，更重要的是，它还需要在这个过程中提供嵌入型空间与原本空间之间进行交流的渠道，从而为两者的合作创造条件。屯戍制度的运行过程表明，从空间嵌入之初开始，制度作用的重心就转到了双方的交往层面，力图通过构建群体之间的相互关系规范，减少了信息成本和不确定性，尽量减少阻碍合作的意识因素。

三　提供规划预期

制度，在相应构建了秩序之后需要为所构建的空间秩序提供稳定性保证，使得人们在行动之前能够知道，根据制度所提供的路径可以获得什么样的资源，可以采取怎样的行动，以及大致的结果会是怎样的，这是制度的一个重要稳定性功能，提供规划预期。当然对于嵌入型空间而言，这一点也是非常重要的，这个预期起码可以展示出，嵌入的新空间通过怎样的方式生存发展，以及新空间嵌入之后双方之间的关系状态。

一方面，通过提供预期，双方首先可以获得信息的交流。对嵌入型空间而言，制度的沟通作用事实上是在两个空间之中搭建了相应的信息交流平台，使不同群体可以对其他群体之间的目的和行为做出较为准确的判断和理解。在此过程中，借助制度所提供的信息交流平台，不同的群体双方可以确定自己的行动，即使不存在行为的历史经验参照，也可以通过相应的程序和规则，指导具体的行为目标以及行为程序，按照制度所设定的方向进行，有步骤地进行发展。同时，借助制度平台所提供的信息，双方可以预期对方的行为以及能够判断对方的行为目的。嵌入空间的群体在区域内的沟通交流中，势必要与他群体之间发生互动联系，甚至与陌生的群体发生相应的交往。所以在考虑自己所采取行动的时候，能够获知他群体的确切信息和目的十分重要，因为只有在知道对方行为和目的时，才能避免可能的误会或是冲突，能够对对方的行为作出适当合理的反应，从而实现双方的合作与协商。经济学家刘易斯对人的行为判断是这样的，"作为不断重现的情况 S 中的行为者人群 P，其行为的规律性 R 在且仅在以下情况下成为行为准则，而且在 P 中这是一种共识，即在任何一种 S 的场合下，P 的成员：(1) 每个人都遵守 R；(2) 每个人都希望其他人遵守 R；(3) 每个人在其他人都遵守 R 时也心甘情愿的遵守 R，因为 S 是一个协作问题，对 R 的一致遵守是在 S 中的一个协作性均衡。……协作性均衡是一种'组合'，如果其中任何一个行为者单独采取与众不同的行动，不管是他本人还是其他人都不会得到好处"[①]。这里的 R 就是制度，S 是重复出现的行为互动过程，它被看作协作问题。在上述的逻辑推演中，刘易斯没有直接谈到对他人行为的确认，只是强调了制度作为规则赖以成立的条件，强调只有遵守规则才能在互动过程中达到协作性均衡，但从中不难看出个人、他人及其与制度的联系。

---

① [美] 布罗姆利：《经济利益与经济制度》，上海三联书店1996年版，第51页。

由于违反制度对双方参与者都没有好处，通过制度的规定和重复行为的经验，个人可以正确预期他人的行动，减少防备成本。正如拉坦和速水提出："制度提供了对于别人行动的保证，并在经济关系这一复杂和不确定的世界中给予预期以秩序和稳定性。"① 将这种对个人行为的假设和预期推广到群体层面，也可以形成群体对他群体行为或交流结果的预期推断。对他群体行为的预期和判断，同样是以制度作为规则依赖的成立条件，强调遵守规则，才能在互动过程中双方达到协作平衡。还可以推演出个人或者群体与制度之间的另一类反面联系：由于违反制度造成信用缺失而形成双方的猜疑和冲突。因此，通过制度的制定来重复和反复确认其行为经验，可以正确的保证双方群体的行动能够被制度所约束。

另一方面，通过提供预期而形成相应的激励和约束。制度对行为的规范，或者说，对允许行为的鼓励和对不允许行为的约束，事实上是通过激励机制来获得的。以激励的方式，使得组织群体或者个人能够自觉地理解和明晰行为边界。群体凝聚和组织形成的意义就是为了构建一个可持续的、相对稳定且长期存续的秩序规范。不过嵌入型制度作为特殊的制度类别，从一开始就非常明确地界定了自己的目的及其相应的实施程序和实施载体。以屯戍制度为实证，基于国家发展资源种植的需求，对于制度所提倡的各类行为给予支持，农场垦荒以及技术发展被国家所奖励，反之，相应的破坏行为被国家所惩罚。由此，通过制度规范，规定了成员甚至区域其他人员的行为方向，改变原有的偏好，影响个体和群体的选择，这种制度奖励所提供的预期，减少了人们在经济活动当中的不确定性和风险，降低了信息成本和交易成本，最重要的是，当嵌入型制度平台在区域空间构建的时候，它将制度所划定的那个空间与制度外的空间，通过制度这个平台进行相应的信息交换与合意达成，减少了冲突与矛盾。同时，基于对国营农

---

① ［美］布罗姆利：《经济利益与经济制度》，上海三联书店1996年版，第53页。

场相应行为支持的制度激励，也将嵌入这个空间的目的明确展现出来。

四 营造系统环境

在社会环境层面，制度不仅为社会的生产、交换、分配、消费的一系列客观过程，提供了一个大致的行为框架，而且为社会的各种力量的预期选择达成提供了合作，为双方差异的沟通设置一个调整机制。由此，制度事实上构成了宏观的社会与微观的人之间，能够相互协调和发挥作用的一个规范性过程和结构，并以这个制度构建的框架为主，为人们行为的动力规范及其独立存在的形式，通过营造相应的中观环境和空间得以实现。以制度为基础的合作可以通过利益各方的有效协调与约束而减少冲突和降低交易成本，这种协调作用是通过制度本身作为信息平台、提供监督实施机制和界定清晰每一个人的权利而实现的。没有对于外界他群体他人的信息，人们无法做出相应的判断和合作行为。显而易见的是，在与其他群体交往过程中，如果让个体或群体都去接受他人的或他群体的信息，其成本是相当高的。因此，在群体沟通当中，制度的存在如具体的行为准则管理准则等，可以使信息的获得简单且便捷。在制度明示行为可选择空间之内，交易双方可以迅速地做出相对正确的判断，迅速地达成和解或综合协调，以避免不必要的矛盾和冲突，造成更高的争夺成本。依次类推，当逐渐确立起来的行为规范逐渐变为人们所接受，形成群体所遵守的法律法规或者群体交往所遵守的规则时，规范系统便依据在不同范围和不同程度的惩罚权力保留，成为人们所共同遵守的惯例行为，进而按照这种规则制度所设定的程序和方向，进行反复的行为试验，之后这种制度就变成了制度效力范围内人们生活的必然方式。由此，长期反复地遵照制度规定的多次行为，最后塑造出制度的固定样态，及遵照制度的生活方式、生产方式和交往方式。"制度为人们提供了一定的行为模式，社会或团体力图用这些行为模式去模塑其成员；而社会化团体的成员则通过自己的行为去认识、验证、实践这些行为模式,当他们接受了这些行为模式和行为规范并付诸实践,以至在任何同类场合都以这种模式行事时,这套行为模式即被制度化了。"① 当制度发展进入到相对固定的样态时,事实上制度已经完成了对于运行路径范式的选择过程。这个过程包括,制度引导下生产方式、生活方式和思维方式的形成,通常这些方式会在制度的引导下,逐渐被形式化、规模化和常态化,人们原本的生活方式有可能在这个社会化过程中发生改变。因此,群体产生某一种社会化的主要渠道往往是基于制度安排基础上的社会化,这是对新空间结构是或者嵌入空间进行界定和融合的重要路径和方式。

对人的选择来说,人本身具备多种选择的可能性,在理论上,人的选择是自由的,但是在现实中,一定区域内的不同群体或者族群,其生活方式生产方式和价值观往往是一致的,也就是群体反塑了个人的选择和个人的意识。由此形成区域内多种类社会秩序之中较为一致的惯习网络,而这种形塑的过程关键在于不同群体、不同区域和不同人群当中的制度交流或者制度延伸。制度为人们的行为提供了类属化的模型,不同社会群体和族群,用已遵从的模型去形塑其内部成员的意识和行为,从而让社会成员通过对照制度来认识、实践和验证自己的行为,接受这些制度的约束并且付诸实践,且在类似的场合进行同类行为的时候,可以用惯常的方式进行应对。露丝·本尼迪克特的描述更为深刻:"个体生活的历史中,首要的就是对他所属的那个社群传统上手把手传下来的那些模式和准则的适应。落地伊始,社群的习俗便开始塑造他的经验和行为。到咿呀学语时,他已是所属文化的造物,而到他长大成人并能参加该文化的活动时,社群的习惯便已是他的习惯,社群的信仰便已是他的信仰,社群的戒律亦已是他的

---

① 《社会科学大词典》,中国国际广播出版社 1989 年版,第 315 页。

戒律。"①

　　与一般性制度相比较，嵌入型制度对于环境营造的能力及其效果更为重要，因为，其他制度的实施对象是区域内制度受众这个普遍性群体，该群体在制度实施以前，大致已经有着相同的或相等的经验和惯例，以及几乎等同的既有制度认识与接受。但嵌入型制度在此却有极大的不同，它所面对的环境是一个小环境和一个大环境，由于共场的客观存在，大的环境相对来说对小的环境具有更大的影响，或者说大环境中，惯例的固定与存续方式事实上影响着同一场域的嵌入型空间。嵌入型制度在其划定的空间之内，不仅需要形成自我的社会秩序，而且还必须在这种社会秩序之上提供相应的环境氛围，将这个环境与其他环境相对区隔开来，能够完整地形塑制度所划出的空间，形成这个空间独特的文化结构等独立系统，从而能够行使制度所赋予的功能达到制度的目的。换句话来说，如果嵌入型空间不能独立形成和不断加强自己的环境氛围，受到大空间环境或者别的环境的影响概率较大，其初始环境与外环境趋同，那么有可能制度所想要形成的社会秩序，或者是想要达到的行为目的就会失败。由此观之，屯戍制度对于国营农场空间环境的界限划定，以及空间内成员的迁居移入，成为嵌入型屯戍制度的作用方式选择，或者说通过这几项功能的发挥，使得嵌入型社会融合制度及其所建构的嵌入型空间，在这个大的区域环境当中能够发挥作用，并且能够一步一步地接近并达到所确立的目标。与此同时，屯戍制度所构建的国营农场，在其嵌入地方过程中通过移民的方式成功营造了独特的系统环境，并使之顺利运行。

第三节　嵌入型社会融合制度的文化形成

　　文化与制度的关联十分紧密，有的时候可以形容为相互之间的代

---

① ［美］本尼迪克特：《文化模式》，生活·读书·新知三联书店1988年版，第5页。

替表达。例如，制度的形成背后所体现的客观规律，在很大程度上就体现为群体或者区域长时间的文化现象与结果，就如同对于惯习场域的研究一样，它是以文化表达的一种非正式制度，或者说这种既有的关系或者交往方式，本身就是以一种非文本非正式表达的制度存在。同样的制度，虽然表达的意义是相同的，但是它在不同区域不同的文化氛围当中去执行的时候，制度的被阐释和制度的运行方式都有较大差异。可以这样来描述，文化的流传体现了现在的制度规则，而被现实执行的制度又恰恰加固了某一种文化理念或者改变了某种文化理念，但它最终的顺利运行或者传承都体现为其所引导的文化理性和价值选择。

一 制度的意识表达

美国新制度学派学者诺斯对于制度的阐释中，将文化意识作为制度形态的一种，他以意识形态的方式来解释制度实施过程中的搭便车现象，认为在制度发展过程当中，即在制度影响范围内的成员群体之中，个别人会不承担制度的义务，却可以享受制度的权利，这样，这些人的行为会使相应的制度功能发挥受到极大的影响。个体主观意识的最明显表现，在此所发挥的影响便是社会成员为使个人利益最大化，采取纯粹的利己主义行为，下意识地故意回避社会义务或者故意违反社会规则。认为这种"对成本与收益的个人主义计较肯定将使欺诈、逃避义务、偷窃、袭击和暗杀到处泛滥"[1]，并由此造成"无效率产权"。此后许多学者在研究制度的时候也提出，制度成员在执行或接纳制度时存在极强的主观意识，而各种主观选择的合意，便有可能综合形成为制度意识。就如行为实体那样，制度意识指的是制度践行过程中的一种主观意志性，表现为制度在客观规范系统之上的偏好

---

[1] ［美］道格拉斯·诺斯：《经济史中的结构与变迁》，上海三联书店1991年版，第12页。

选择，当然，这种意向性选择说到底是由制度主体完成的。制度的价值意识偏好，在制度实施中起着非常重要的作用，虽然意识不仅属于规范性的选择，也属于惯习的某一部分，但它往往可以由共同意识流形成一个成员所认同的潜在规则形态。社会中所普遍存在的那种潜规则，或者是群体主流文化，乃至对于越轨行为和违规行为的价值判断和惩戒举措，都可以被归为是制度意识的文化反映。

西方新制度经济学派的意识形态理论，倾向于认为在制度产生和变迁的过程当中，各类意识形态处于非正式规则系统的核心位置，而且由于意识形态可以完全取得指导性的思想价值优势地位，因此能给予制度非常强有力的支持。在成本和收益的评测方面，"意识形态是减少提供其他制度安排的服务费用的最重要的制度安排"[1]。马克思则早就将意识形态的社会影响，以阶级为基础进行了宏观描述，他在德意志意识形态分析中是这样界定意识形态的，"统治阶级的思想在每一时代都是占统治地位的思想。这就是说，一个阶级是社会上占统治地位的物质力量，同时也是社会上占统治地位的精神力量。支配着物质生产资料的阶级，同时也支配着精神生产的资料，因此，那些没有精神生产资料的人的思想，一般地是受统治阶级支配的。占统治地位的思想不过是占统治地位的物质关系在观念上的表现，不过是表现为思想的占统治地位的物质关系；因而，这就是那些使某一个阶级成为统治阶级的各种关系的表现，因而这也就是这个阶级的统治的思想"[2]。参照上述有关意识的形态阐释，制度意识事实上有着这样几个关键的要素，它本身是一种思想观念，而且是一种在一定社会结构基础上形成的思想观念，能够反映制度运行的客观环境之中人与人之间的关系。同时，这种思想观念不是个体或某一群体的思想观念，已经扩展成为制度所有受众以及社会集团的思想意志，代表了某一个阶

---

[1] 卢现祥：《西方新制度经济学》，中国发展出版社1996年版，第22页。
[2] 《马克思恩格斯全集》第3卷，人民出版社1960年版，第52页。

级或者某个社会集团的价值认识。在此，制度意识不仅限于纯粹的一种理论指向形态，且有着非常强烈的实践改造能力。它所代表的阶级或者群团，会为了价值判断所指引的目标诉求而采取行动来实现意识表达。在这个层面上，意识形态反过来表达了制度，具体而言就是表达了制度基本内容和目标，而制度也通过成员群体的意识综合来表达其自己的偏好，进而通过这样几个方面来体现自我意识。

其一，人生活在一定的群体当中，群体意识的表达往往被接纳为人们个体意识的诉求，制度通过主流的意识来表达其局部或是部分的目标追求，嵌入型制度对于这种主体意识的构建更为强烈，需要通过意识的加强而突出整个制度主体的强烈价值判断。一般意义上，个人通过认识自我的意识形成来界定自己的自我存在，同时，意识形态也通过群体合意的形式宣称群体的存在。这种观念的系统性使得制度通过群体辨识制度意识范围的所有个人，并通过价值观的形塑赋予之群体身份。这种界定，不仅使个体接受了制度的意识灌输，而且使个体在形成一定群体当中主体范畴意识的同时，形成了自己对这个意识的自觉维护行为。这样的制度意识事实上是，意识形态通过相应的制度，而对其主体自身的一种塑造。嵌入型的制度，更需要加强嵌入型主体这种意识形态的制度标识。由于嵌入型的主体与同一场域中的其他主体相比，有着相当不同的职能特质，因此在其所从事的生产生活当中，意识形态必须要将主体或是受众的这种生产生活，给予特殊意义的赋予以及界定，使之能够保留意识到自己的特性并形成与目标诉求相一致的文化传承。从主受众体来看，成员在各类生产生活的过程中，并不觉得既有秩序的认同是灌输的，同时还有着对于坚持自己方式方法的独特意志。能够接受制度的意识表达的个体往往并不会感觉到已接纳的意识会对自己形成强制，信任自己作为独立主体的行为选择，从而把一些自我能够体现道德精神、动力精神和想象，综合形成精神动力，并依据此继续巩固相应的制度价值追求。这时，基于意识对于行为引导当中所体现的这种重要作用，意识形态的形成或者意识的约束就成为行为主体与环境能够达到一致的一种节约成本的有效工具。通过集体化和成系统的世界观，构成关于是非善恶美丑的若干价值的判断，以及对于个人或者群体未来行为的规划，降低了因在群体当中未形成一致同意而要消耗的信息费用与谈判费用，由此，意识形态本身就已经可以形成为一种行为方式。这种行为方式，通过给人们提供相应的文化价值一致性，约束人们的行为决策，使之相对于群体行为而言更为经济。个人的行为受到这些主流的习惯准则和行为规范的协调，就会显得容易获得群体的一致赞同。因此，嵌入群体就是通过这样的高度一致的制度意识表达，能够在嵌入型空间当中形成一致性的行动，提高嵌入空间的行为效率，也提高进入空间的凝聚力。对于嵌入的制度而言，这是行之有效或者进行行为的一个文化意识基础。

其二，由于意识形态是通过达成一致来实现行为的，因此，制度的意识表达能够修正个人的行为，减少或者克服在集体行动当中可能会出现的搭便车行为，及其机会主义的意识偏向。嵌入型制度的意识表达，在社会普遍意义上已经不限于是对人们一致性的要求，而是要建立交往的信任系统，以减少区域内各方的交易成本。由于制度意识的方式所表达的修正方式极为宽泛，不仅指对于违反制度规范所受到的惩罚，还包括一些社会越轨行为或者相应的社会另类行为所受到的群体谴责和集体压力。制度意识的表达有效地抑制了各行其是，加强一致性的形成，有利于提高成员对于本群体的忠诚度，以及社会公德伦理道德等标准的效用评价，也可以有效地在社会中减少个人的越轨和侵害行为，进而适应的制度在构造相应的信任系统、减少交易成本等方面，不断产生更为强烈的要求。因为嵌入型的制度空间或者群体，在很大程度上呈现为一个小的系统场域与大的外环境进行交流沟通，相对来说，所承受的不同文化惯习和空间压力更大。此时对于嵌入的空间而言，尽管它的文化和结构新建时间不长，传承的历史积淀不足，机构建设不完善，以至于存在着一定的脆弱性，但与嵌入型制度的意识表达要构建的那种信任空间，所需要的社会资本却大大地降低，群体内人和人之间的关系摩擦，或者说是相互的利益冲突较少，极大地减少本群体内可会发生冲突和持有不同意见的可能性。此时，嵌入型空间通常以群体的形象或者说以新建的制度载体形式，来与外界传承日久的关系场域进行初始性的沟通和交流，一旦接触到较为固化的外界行为系统，若与嵌入空间内群体成员的主流意识不相符合，个体或群体会自动地甚至积极主动地维系空间原有的意识状态，使这种意识通过制度表达形成一种稳定的组织结构，避免产生对于原有空间的质疑。嵌入型制度在意识表达的时候，能够集结起所有意识的统一表达，是其空间形成、空间嵌入以及空间稳固的重要基础。

其三，制度意识的表达还具有动员和激励的功能。制度意识的表达在一定程度上能够强化群体或者个人对于制度的信心以及支持热度。就这一点而言，制度的价值及其意义在于追求一个被勾勒的愿景，而要达到这个愿景，则需要每个人包括群体的一致性努力，因此制度需要相应的激励性来对其行为进行不断的刺激。嵌入型制度在运行方面的表达，也同样要比一般性制度明显，而且所需要的制度激励也较高。一方面，嵌入型制度必须要对群体内所有成员的信心与热情，能够实现较为彻底的激发，坚定其在嵌入空间中达到制度目的的决心；另一方面，制度应该对这个愿景，也就是其全体成员所必须努力达到的愿景做出阶段式的划分，阐释每一个阶段具体的实现可能性，并且以更有说服力和细分目标的方式进行阐释，以获得成员的支持意愿为出发点对其行为进行规范，甚至以短期内的利益牺牲为代价获得愿景实现。当然从实践经验来看，制度所形成的这些目标，或者说制度本身在这个空间中获得成功的一个重要条件就是，它必须能够有一个较为科学和合理的，对目标勾勒和对于世界解释的体系。以实施过程来说，制度系统的所有层面，包括内容与程序，都必须以这个合理性的目标为核心，每一步安排能够对群体做出合理性的解释。这些合理性包括：一是科学性，为了使整个制度的表达有效率，而且能够实实在在地明确收益，必须符合相应的群体或者个人对于世界或者对于收益的经验与感受，成为一种对世界，尤其是对所属系统生产和经营方式的合理解释。二是全局性，在整个意识形态当中，成功的意识，尤其是对于世界美好的成功愿景，必然会成为一个现实目标布局的基础。人们可以对一个合理构造的世界达成共识、认可并接受相应的践行性目标划分。三是包容性，由于文化的内涵本身就是多类多样的，因此，相应的制度意识表达必然是开放的，要有助于减少集团和群体之间的摩擦和冲突，并且有利于多方间相互合作以及在某一领域当中的共存与发展。四是灵活性，由于制度在实际实施过程中受到各种主观因素和客观因素的影响，因而对于同一目标的达成，不同主体所选择的路径不同。制度必须能够在意识表达的过程中符合人们对于外部经验、生活经验的知识积累，依此保持运行当中的灵活及其与地域情况的相符，才能得到成员持续的认同与支持。相反，如果制度的意识不能表达上述的这一些客观情况和影响要素，那么意识形态或者制度的意识表达就会反过来成为现有制度的一种阻碍因素，或是在这个制度所构建的空间中，由于意识表达的不切实际而造成其成员对于制度的不断质疑和抗拒。

二 文化制度化

制度本质上是一种文化，同时作为制度本质来说，它能够将相应文化形成一种秩序规范，以说明和阐释文化。制度与文化之间的这种关系，许多著名学者对此早已作出各类论述，例如美国著名经济学家凡勃伦就认为，制度和文化在现实的社会运行当中密不可分，制度事实上体现为思想惯习等的适应性产物，他提出，"制度必定随着环境的变化而变化，因为就其性质而言，它就是对这类环境引起的刺激发生反应时一种习惯方式。而这些制度的发展也就是社会的发展，制度实质上就是个人或社会对有关的某些关系或某些作用的一般的思想习惯；而生活方式所构成的是，在某一时期或社会发展的某一阶段通行的制度的综合,因此从心理学的方面来说,可以概括地把它说成是一种流行的精神态度或一种流行的生活理论"[1]。正式制度和非正式制度都是文化当中的一个部分,两者均是随着人类社会的历史演进,在生产生活和交往中自然演化形成的,包括风俗习惯及至价值观念意识形态等文化的约束和文化的主流引导。其中,非正式制度有一个重要的部分,即习惯的行为和惯习的关系,这种尊重文化传统和价值观念引导而形成的行为规则,具有一定的结构稳定性。当形成人与人之间的不言而喻且共同遵守的规则时,便形成了非正式制度的惯习场域;而当稳定的结构被认为必须由全体成员强制性遵从,并要对外示范相应的规则秩序时,便形成了正式制度。在这个层面文化的意蕴比制度要更为深厚。因为文化,"被定义为'一代一代的继承,或者通过对知识、价值和其他要素的教诲与模仿来影响行为'。文化提供了一个语言为基础的概念框架,用以破译于呈现到你大脑中去的信息"[2]。从某种程度上说,如果将文化定义为人的意识和价值倾向,那么制度就是对这种价值判断的一种外显表现。

如前所述,嵌入型的制度在所嵌入的场域之中,本身就属于一种文化介入,相对于原场域所具有的文化网络,这种嵌入型制度无论是制度本身,还是其所构建的嵌入式空间,事实上都承载了一种与原社会秩序所不同的文化环境、文化特质,以及文化传承。因此这种嵌入型的文化不得不依靠制度来表达,或者说,为了能够使这个文化保持其原有的价值观和价值判断,并且使这个文化能够在空间内维持,它首先需要各类制度进行保证。屯戍文化的形成以及屯戍制度的构建,就是一个很好的例证。国营农场构建之后,基于规模化橡胶种植或者其他各类农作物种植需要,先后进入了三类人员,按顺序来看,首先是 20 世纪 50 年代大批的军转干和就地屯戍部队,接着是 60 年代大

---

[1] 秦海:《制度范式与制度主义》,《社会学研究》1999 年第 5 期。
[2] [美] 道格拉斯·C. 诺斯:《制度、制度变迁与经济绩效》,上海三联书店 1994 年版,第 50 页。

量的内地招工和移民，以及70年代的大批下乡知青。20世纪70年代之后，知青回城，国营农场陆续开始进行当地招工。从这个过程来看，国营农场所构建的嵌入型空间当中，其文化的阶段性发展是非常明显的。20世纪50年代大批的军队转业人员和部队建制的开荒转业，具有强烈的国家建设性文化氛围，这在一定程度上使得当时单位制的组织建构相对来说较为容易，因为军队成员本身比较适应这样的运行体制。在嵌入空间单位式层级制构建完整的时候，国营农场开始接纳大量的移民群体，由于空间中已经初步形成了单位制交流结构，个人之间的交流以及相应层级统属关系，不仅体现于组织结构，而且也成为整个系统文化的初始特点。之后进入的移民，以及下乡知青都陆续进入这个组织体制空间，逐渐融入已形成的文化氛围。到20世纪70年代，由于建设兵团建制的实行，使得这种组织结构及其文化结构，巩固形成为稳定结构。反过来说，国营农场大单位制文化自形成开始，就以制度化的形式逐渐重构了各类移民群体带来的地域文化，军队精神文化、内地移民文化以及边疆建设的国家价值判断被单位层级结构所综合，又反映到现实的组织结构当中去，通过制度结构巩固了其自身内核特质。由此，屯戍制度形构了屯戍文化，屯戍文化支持着屯戍制度及其所建构的国营农场的发展，并且更新和加固了屯戍制度。

以上述文化和制度相辅相成的过程为例，可以看到嵌入型的社会融合制度不仅构建了嵌入型的空间，而且也带来了嵌入型的文化传统和文化结构。这种文化惯习与原有的惯习空间当中的文化意识传统是截然不同的。为了在嵌入型空间中将相应制度的目标和价值能够完成和贯彻，且该空间文化的相对独立性也必须保留和传承，因此，通过文化的制度化可以将之形成为一个具有标识性的群体身份标志，从而使得相对独立的文化得以维系和巩固。对于嵌入型的这个空间而言，其正式的制度内规范或者文化进化的规则不但与文化有关，而且相应的正式制度、外在环境或者制度设计也与文化有关。弗洛伊德曾经指出"人类的决定问题在于,他们的文化发展能否并在多大程度上控制住他们的进攻性和自我破坏的本能对他们的集体生活的干扰"①。这在群体意义上,外来的文化进入一个场域时一般有两种文化反应,一是融入当地文化,二是保存自己的文化,并且能够使其与周围的文化避免冲突。国营农场的文化嵌入,选择的是一种嵌入方式,要保持群体文化的传承独特性,同时又避免与当地原有文化的冲突,除了暴力保障的条件之外,能够发生较重要作用的也就是文化的制度化巩固。当某一种正式表述的价值观念和意识形态,成为这个群体所明示的秩序规则时,在很大程度上也就在本区域内宣誓了这种文化存在的正当合法性,以及相应的群体保障性。在空间的相对隔阂与保护之中,嵌入型文化得以相对稳定的实施和延续,得以保留自己的结构关系和行为方式,同样也得以以非正式和正式的各类方式展示于他群体的面前。

三 制度的文化执行

对于制度内涵的研究表明,越来越多的学者认为制度不仅体现为规范条文以及相应的内容解释,在更大程度上,它是具有深厚文化支持的一种运行方式。制度在制定之后的执行方式及其效果,在很大程度上都依赖于外部文化环境以及制度本身的文化内涵对这个制度的支持程度。英国学者哈奇森将这个制度文化执行过程进行了比较细致的分解,"制度具有这样几个方面,(1)伴随着关键的信息反馈,所有的制度包括代理人之间的互动;(2)所有的制度都是具有大量特征化的和共同的观念的日常惯例;(3)制度维护共同的观念和预期,而且被共同的观念和预期维护;(4)即使它们既不是永恒的也不是道德的,制度相对具有耐久性、自我强制性和永续性;(5)制度融入了价值和规范的估价过程,特别是,制度增强了它们自身的道德合

---

① 弗洛伊德:《文明及其缺憾》,安徽文艺出版社1987年版,第37页。

法性"①。由此可见，无论制度本身的形成，以及制度确定后的运行当中，都融入了价值和道德的因素。也就是说，虽然制度执行的主体及其受众均是个体或群体的人，依赖于人的主观选择，并且由人进行使用，但是又并不以人作为完全的主体，个人的选择和使用方式都是由其内心原本具有的价值观念所决定的，制度的运行过程也都伴随着相应文化的巩固与支持。制度被选择以及被运行的有效性，也是由各种文化因素所支持和抉择的，它有赖于文化各个部分之间有机整体的彼此的配合，就如康芒斯指出的那样，"我们可以把制度解释为集体行动控制个体运行"②。更具体地分析，制度即使是作为一种积极的选择或者作为一种群体关系，如若其难以构建出区域或群体的文化关系或者文化观念，那么也会形同虚设。著名学者马克思·韦伯曾举例说明，从历史文化积累方面，中国没有产生资本主义经济社会关系，其根源在于文化特性与西方的不同。韦伯详细研究了西方的多方面文化传统，认为欧洲历史上的各类宗教伦理和文化复兴主义，对于资本主义的产生有着极为重要的支持作用。而相应地，在同一时段的中国没有相应的文化支持，因此，资本主义制度在西方国家萌芽产生，而同时代的中国虽然在社会中产生了一些初始的资本主义生产方式，但整体政治社会结构却没有能发展为资本主义社会形态。可见，制度变迁与文化的演进，或者制度的产生与文化的基础是相互紧密联系的，所有制度的产生过程，都在极大程度上受到相应文化因素的影响。

按照这样的要求，能够获得现实效用的规则，或者说制度所依靠的文化运行过程，可能存在着这样一系列基本条件要求：通过制度初始运行试验各种实效可能性，经过较长时段的不断探索和试错，累积形成对于制度能够运作良好，并且获得区域认同的相关经验。由此，总体对于区域需要和区域发展的目的是明确的，但具体制度的实施方

---

① 秦海：《制度范式与制度主义》，《社会学研究》1999年第5期。
② [美]康芒斯：《制度经济学》（上），商务印书馆1962年版，第89页。

式，例如乡规民约的惯例综合，还是自上而下政策建构，则是制度主体的主观选择，且在这种选择中内置者主观主体在过往历史当中所累积的类属经验和价值判断。简言之，文化各种发展之目的是确定的，但文化对于制度的这种约束并不必然，也并不只有一个唯一的结果可以选择。文化发展与制度发展的一致性，指的是在文化发展的各种规则当中，与理性制度建构的方向是一致的，而不是一个单方面断层的制度建构。屯戍制度的选择与构建，显然与中国历史上边疆地区的屯防治略有着文化关联，同时也与中国共产党在抗日战争时期和解放战争时期，为了解决军队的物资供应而进行的开荒生产运动相关。虽然从制度确立形式来说，其相同之处在于都是由中央政府决定，并且由政府自上而下层层实施，但究其根源也可以发现，这个制度是作为整个社会秩序系统当中，文化的不断发展过程中所衍生出来的。可以说，虽然屯戍制度代表了整个国家经济发展的需要，且以单位制的结构方式获得嵌入空间的稳定建构，但其在边疆区域的维系与发展，一定程度上也基于已有边疆文化领域当中，能够接受或者依据过去的经验和习惯能够理解这种空间嵌入的文化认可。尽管规则秩序的性质决定着行为秩序的安排，但是事实上，并非任何一种规则秩序都可以产生相应的行为秩序，只有合适的或者恰当的秩序才能满足集体的需求，集体才愿意遵从并约束其行为。同理，对于嵌入型的制度而言，其最初的构建和运行实现，是由其主观选择者的价值判断，以及自成体系的文化形成与支持作为基础的。嵌入型制度以所建结构承载不同群体文化在空间内的融合，并且形成文化的制度表述，同时，制度也通过内部文化构建和外部文化的理解来支持制度的实际运行。至此，制度的文化执行表现为，在所构建的空间内空间外，对于这种制度都具有相应的认可以及对其执行的自觉性。而由此制度的实际执行就表现为在空间内外相关的过程当中，其相应的执行主体或者受众也就是个人或群体，都对这个制度能够形成文化接纳，并且能够对其相关的行为和关系规范予以遵从。

四 制度的文化传播

制度的具体施行离不开文化环境的支持，离不开文化对制度要素的理解，由此，文化对制度的意义，不仅在于制度有效和深入实施之前自主形成了文化的保障和支持的平台，而且在于其后持续有效地形成文化的传播。马林诺夫斯基曾这样表述过，"所有文化进化式传播过程都首先以制度变迁的形式发生。无论是以发明的形式还是以传播的行动，新的技术装置总要被结合到业已确立的组织化行为系统之中，并逐步对原有制度产生全部的重塑。另外，根据功能分析，我们可以证明，除非有新的需求被创造出来，任何发明、任何革命、任何社会或知识的变迁都不会发生。因而技术、知识或信仰方面的新装置都要适合于文化过程或某种制度"①。虽然这种看法绝对化了制度对于文化传播的作用，但从较宏观层面也可以看出，在整个文化发展过程中，制度的传播或者制度变迁的重要意义，同时，反过来也能够明了，制度进行文化传播的这种路径选择。英国文化人类学家拉德克列夫·布朗认为，文化系统是一个整合的系统，在这个系统中单元部分或子系统都有着自己的特定角色，社会结构、制度与文化是其中重要的三个部分。制度、文化在某种程度上就是研究文化的整体结构，同时也只有明确了文化的整体结构，才能找到结构实体的各个部分功能的意义。当然，每个部分的意义究其原因都是由整体所要形成的文化意识和文化判断，甚至价值目标所决定的。应该说，社会结构是指一个文化统一体中人与人之间的关系，而人与人之间的关系通常又由社会当中的制度来支配，因此人类社会结构的内容就是社会的个体，以及个体之间相互交流的制度形式。这三者的关系构成可以大致描述为，微观的个体和宏观的社会结构，以及将这两者进行中观的连接的

---

① ［英］马林诺夫斯基：《科学的文化理论》，中央民族大学出版社1999年版，第56页。

制度路径，以之为基础，"如果我们要对自己的文明或者任何其他文明中个体的存在作一描述，就得将个体的活动与组织化生活相配置，即与盛行于该文化中的制度系统联系起来。另外，依据具体现实对任何文化的最佳描述都在于列举和分析组成该文化的所有制度"[①]。

任何一种制度的产生和形成，无论是自然发生的客观规律还是主观有意的设计，其实都是特定文化和文化轨迹需求的反映。制度的出现在某种程度上不过是将现在个别的或者是分散的各种文化基因集约化、秩序化和社会化，并且将其外化为某一种可表达的语言与文字，并且进行传播和扩散，用以满足人们的各种政治经济文化活动。嵌入型的制度在这个整体的系统结构中，事实上扮演了一个重复嵌套的角色，也即在原有大的惯习场域当中，由嵌入型的制度构建出了一个小的社会结构，这个小的社会空间根据嵌入型制度的目标和宗旨，形成文化秩序和文化传统。制度则依靠这个空间当中文化的支持和运行，通过实际运行锁定制度文化结构，制度文化反过来依靠更细致的执行方式以及制度总体规则，为周围原住的民众所接受并且进行传播。当然，这个传播是多元化和多层次的，上至制度的接纳下至实际运行机构的认同，直到人与人之间交流和关系的相互影响，都可能成为相应文化传播的渠道。佐证屯戍制度的发展历程，制度国营农场在区域空间中发展成熟并且开始产生相应的生产经营效益之后，其所形成的特殊文化或者说在这个企业层级建构中所形成的结构特质，事实上就对周围的区域产生了极大的影响，并且形成相应的文化传播路径。这种传播首先是基于经济生产方式的传播，指在制度载体按照设计开始运营并获益之后，其相应的生产和发展经验及其收益方式，都成为能够促进当地其他群体获得相应收益的重要经验。因此，能够经由本身制度生产方式等具体操作程序进行传播演示，实现生产方式技能与知识

[①] [英]马林诺夫斯基：《科学的文化理论》，中央民族大学出版社1999年版，第61页。

的扩展。继而，在这种生产和一般的社会交往过程中，逐渐地开始拓展至技术、经验、知识、教育、卫生等群体或者个体层面的接触和交流。上述这些交流都无一例外地带着原有的文化特质，例如，在边疆少数民族原本的惯习场域当中，卫生观念相当落后，日常生产生活方式不够卫生，相应疾病防治的方式和方法较为原始且效果有限，相较于国营农场的卫生认知而言差距较大。由此，在国营农场大量的移民进入之后，陆续成立医务室、防疫站以及陆续成立大型的医院，都是为了将这个空间移民群体所认知和惯用的那种医疗卫生方式带入和扩展到被嵌入的空间领域。这种方式虽然在很大程度上只是表现为对于健康和卫生以及诊疗的方式的改变，但是其所带入的卫生生活方式与疾病知识，极大地改变了原有惯习场域当中的文化特质，如对于疾病的预防、疾病的产生与来源、疾病的症状与传播特性的认识，对于疾病的诊疗以及日常卫生行为的养成等，这些认识和行为方式的改变，带动了原场域中整个意识系统和行为系统的改变。与之类似，教育系统发展就更能说明这一点。

至此，制度通过价值判断的表达、文化的制度化、制度的文化执行以及这种文化传播等一系列过程，完成了整个制度在当地场域中的嵌入。从嵌入这一实现方式和载体呈现，逐渐深入到其原本所蕴含的深层发展方向，即对于社会融合的目的追求。这种社会融合在深层次上，既是靠制度的文化传播来完成，也是靠制度的文化传播来实现的。

第四节 嵌入型社会融合制度的适用

制度的适用是对制度实证范围应用的一个探索和思考。这在一定程度上是一个哲学范畴，其基本的哲学意义就是，存在和适合。制度的适用性是可能存在的基本依据，也就是说，可能存在并不一定存在。但是，当制度适用并且可以有效能的时候，便是适应存在的必然条件。制度的适用既赋予了现实制度推行的可能性，又提供了现实制度可以发展的空间，因此，制度的适用及其适用性指的就是，在所有可能的制度当中，对于真正可以被使用和能够真正发挥效率的一种现实性的选择，但这种适用性在某种程度上也表明了制度在展开过程中所体现出来的存在必然。

于现实层面，制度的适用实际上体现了其可以实现或者可以操作的程度。一种制度，即使在理论上逻辑合理完整，在内容上能够设计细致，甚至对于其细节等考虑都十分周严，但如果缺少相应的自我实现能力，或者说在现实的环境中无法适用，那么制度的整体设计就不具有实用性。在一定程度上，制度的适用性是其能够在社会系统中得以展开的初始条件，也是制度发展的历史与时局的综合结果，即在它之前所有社会制度所综合而沉积下来的，既定环境和社会发展状况，即之前的社会系统运行时所形成的实践状态。对于这一点，也就是制度发展的客观历史性，在马克思恩格斯的唯物论中体现得最为充分，"人们自己创造自己的历史，但他们是在既定的、制约着他们的环境中，在现有的现实关系的基础上进行创造的……在这些现实关系中，经济关系不管受到其他关系——政治的和意识形态的多大影响，归根结底还是具有决定意义的，它构成一条贯穿始终的、唯一有助于理解的红线"①。因此，制度表达的是理想，任何一项制度从长的历史阶段来看，有可能是向着整个社会理想构建的方式或者目标去发展的，但就制度的具体时空截面而言，其初始的条件又是客观的，必须要遵从客观的经济发展和社会现状来进行运行实施，或者说，其内容必须符合与之相应的客观规律。

一 时域适用

制度适用的内涵至少可以从以下三个方面来看待，一是从时域视

---

① 《马克思恩格斯选集》第 4 卷，人民出版社 1995 年版，第 732 页。

角来看，任何制度必须与它所处的历史发展阶段相适应，不能超越这个历史阶段而去构建抽象的发展目标。因此，要求能够客观地看待所处的历史阶段以及这个阶段的相应特征，能够从中理解制度所应构建的基本价值。二是任何制度都必须具有实际的可操作性和可运作能力。这种制度并不能仅限于理性图景，它必须应能够在现实当中或者现实的群体当中被接受、被认可，直至被人们所忠实执行。一旦它脱离了人们的价值意识，或者脱离了客观的需要，那么它往往会成为一种被虚设的制度，人们的现实生活与之无关。三是制度必须关注其相应的构建和实施成本，若是从经济学的角度来说，其建构或运行成本过于高昂，而收益比率又相对较低，那么，制度在构建和实施过程中，除非为达成目标而不惜成本衡量，或是有着相当的资源支持，否则很难完成实施并且具有适用性。

无论从长期的历史发展还是局部阶段来看，制度都具有明显的时域限制，不能超越相应的时间或者历史时期。就嵌入型制度自身的发展而言，它与别的制度一样，在环境的共同作用以及其自身目标的共同作用之下，都经历着一个或长或短的生产过程，即从产生到发展再到灭亡，并且这个过程循环往复，从低级到高级，由简单到复杂，生生不息。旧的阶段结束新的阶段随即开始，新的阶段孕育在旧的阶段当中。由此，在嵌入型制度存在和发展的过程当中，其不断地发展与更替体现着这样的特质：一方面，制度是非常具体的，它必须对某一时空当中各类社会关系的存在和发展进行相应的规范，同时在这一过程当中，体现与阶段相适应的本质和规律。另一方面，制度又是相对宏观的，即在长时段层面上，制度由一个阶段到另外一个阶段不断地推移过程中，以经验积累为基础，有可能是由低级到高级的不断上升，甚至是一个制度发展到相关制度系统的不断延伸。除了客观限制之外，从主观层面来看，每一个特定历史阶段的人，其认知能力和信息获取能力只能限于其所处时代的范围，与此同时，其价值观念与思考方式也都限于特定的历史时期。因此在这种主观意识的影响下，或是主体能力的限制之下，不同时代的制度也具有各自的历史特点，不仅具有那个时代相应的客观生产力条件的痕迹，而且具有那个时代人们所能够达到或者体现出的思想认识。嵌入型制度这种历史阶段的特性，意味着在不同的时期和时段，制度都具有着不同的时代特征和时代意义，并且在不同的时段上，制度的不同运行方式成为现实矛盾的解决条件。可以说在操作层面上，作为解决现实阶段突出矛盾与问题的重要方式，制度的产生才具有强烈的对象针对性，"因为只要仔细考察，就可以发现，任务本身，只有在解决它的物质条件已经存在，或者至少是在生成过程中的时候，才会产生"[1]。因此，对于对象的具体性或者问题的具体性，解决的方式是具体的，相应的制度也就是具体的，它在一定的历史和环境条件下，只能呈现为特定的内容。当然随着问题的发生和发展以及各方环境的变迁，制度又是发展的，它会随着变化的条件而不断地进行改进和修正，形成新的形态。从一个抽象意义上来说，可以把制度看作一种特定历史时间地点环境条件的浓缩，它以某一领域的问题反映和解决成为制度的主要内容体现，而且在其规范内容之中，事实反映出长时段的历史规律以及历史在社会当中自觉的发展特质。由于整个历史阶段体现的是这些针对的现实问题而综合起来的所有制度的宏观历史空间样态，因此，二者在本质上就是一个抽象和具体的对立关系，在历史的发展过程中，制度成为承载相应具体性实际内容的载体。可见，对制度的评价应该包含客观性和历史性，因为并不存在一种完善的，或者说是能够解决所有问题的统领性制度存在，所有的制度或宏观或微观，它都必然是一个具体历史问题的缩影，于是制度具有自己的局限性，要么受到经济发展与社会意识形态的局限，要么受到客观时代环境的制约。一些制度在当时看似完美，但在长期的历史发展过程中，会有需要不断完善的内容，一些制度在当时看起来十分得难以实现，但随着时间的推移，却逐步

---

[1] 《马克思恩格斯选集》第2卷，人民出版社1995年版，第33页。

体现出积极的促进作用。但有一个评价维度却是不变的,即制度对于解决具体问题的适用性。无论是对于长时段的制度评价,还是短时段的制度操作效果,制度在时空当中的实用性应该是制度可以被运行,或者合理发展的基本前提。对于制度或者其他各个方面历史现实的认识,是逐步累积和逐步发展的,这种渐进性表明,"真理是在认识过程本身中,在科学的长期的历史发展中,而科学从认识的较低阶段向越来越高的阶段上升,但是永远不能通过所谓绝对真理的发现而达到这样一点,在这一点上它再也不能前进一步,除了袖手一旁惊愕地望着这个已经获得的绝对真理,就再也无事可做了。在哲学认识的领域是如此,在任何其他的认识领域以及在实践行动的领域也是如此"[①]。

　　嵌入型的社会融合制度,在一定程度上是由制度主体主动设计的,这种主动性使得嵌入型制度受到两类时域的限制:一是在制度所嵌入的对象惯习场域的客观历史发展阶段和历史发展状况;二是主体在这一段历史发展阶段或者过程中,对于所要达到目的的认知。在嵌入型制度被适用于对象场域之前,对这两个方面的情况必须有着一个客观的评价和综合的认识。以屯戍制度为例,在被嵌入边疆地区之前,需要深入了解边疆地区发展的具体政治经济和社会的发展状况,以及相应的区域文化态势,加上制度设计主体所累积的历史经验,如历史上对于屯戍屯防制度和各时期大生产运动的经验积累,以及主体对于国内外时局的认识和应对策略规划,立足于全国经济恢复所采用的计划经济体制现实,创建了屯戍制度并大力推行。再具体一点说,对于国营农场在具体区域当中的嵌入,也同样是时域适用的一个典型样例。顺承对边疆资源开发以及边疆经济发展的主要目的,国家在当时内外情势紧迫的情况下,必须要用一个有效率的具体生产单位,来完成时代性的边疆开发。这个时候以普通的管理制度对区域进行整合管理,事实上只能体现为政治上的整合价值,对于更深层次的经济和

[①] 《马克思恩格斯选集》第4卷,人民出版社1995年版,第216页。

文化治理来说，未能达到预期的效果，抑或难以在短期内达到较好的社会效应。此时基于这一阶段主体的诉求，以及这一阶段内外客观形势和区域客观条件的限制，国有农场这种载体运行为嵌入型制度的具体运用提供了极为适用的方式方法。因而无论是屯戍制度还是其所建构的国营农场体系，对于边疆区域这个空间来说，都体现了极强的时域适用性，使之相应的维系与发展都比较顺利，并且产生了积极的社会效应。

二　条件适用

制度发展所勾勒的理论图景之下，存在着很多具体的实现路径。理论上这种达到社会理想的各种设计都存在着完整的逻辑推演。在整个人类社会历史发展的过程中，制度层面的发展存在着对于制度设计和制度选择的客观过程。在这个制度发展的过程中，存在着对于许多可能性方案的不断选择和不断修正。对于强调制度的设计性以及制度设计可以达成目的的效率，在制度演化的过程中都是存在相当问题的，就是过于强调主观意愿的内容和权重，那么在现实过程中往往会出现适用困难。亦即理论上可行的许多设计方案，在现实中不具有现实性和可操作性，反映于社会发展，现代社会对于制度设计的要求越来越趋向于具体以及操作化的适用性需求。

现代化的制度或者政策设计，往往需要有非常严格的命题假设。对于制度可能出现的问题以及可能遇到的困难进行前置设问，比如，对于假设条件以及假设因果的逻辑推演，都会发现在设计的前提认可当中，会有一部分的需求或者一部分的问题被忽略。同样，在假设的过程中不断地证实和证伪，就成为制度在实施之前不断完善的一个必要阶段。一般来说，理论上的假设往往是纯粹和抽象的，但是理论上的假设有一个巨大的优势，即它是综合的，且能够在相对高的层面上提出即将可能遇到的问题。不过在实际生活当中，各种困难和问题的出现是多元和复杂的。在制度的运行过程中或者制度的修正过程中，基于美好愿景为核心的一些抽象性假设，显然与现实运行有着或大或小的差距。尤其是对于嵌入型制度设计来说，由于其主观性比较强，其设计过程和运行过程都比较依赖于自上而下的构建和推行。因此，对于制度以及相应政策推行之前各种条件或者假设的详细考虑，是其中的一个重要阶段。这一点可以屯戍制度的发展予以佐证。当屯戍制度被设计和运用的时候，其适用对象的各种现状以及国家所能提供的各种条件，都成为制度可以顺利运行的有力保证。及至国营农场开始在边疆兴建，同时，前期对于屯戍实施条件的很多假设判断，例如，资金物质供应、人力资源以及经济扶助建设过程中，与周边少数民族村寨关系的沟通问题，都逐步地以阶段性或地方性政策方式分部实现。以屯戍制度成熟发展以后的民营经济扶持为例，早在国营农场开始发展之后，大约20世纪60年代初，整个天然橡胶的发展已经开始让周围村寨的民众，对于橡胶的种植有了明确的认识。同时，部分关于橡胶的种植、开割以及加工的技术程序和体系也已经开始基本完善，被农场作为正式文字规范建立起来。此时，民营橡胶发展与帮扶的提出，在一定程度上充分考虑了政策推行之前的条件适用，具体来说，就是按照政策的规划来看，在扶助实现过程中，民营橡胶发展的数额规划、国家的种植资金补贴、补贴的额度和渠道，以及相应的产品的后期收购等，均是具体政策推行之前能够详细考虑，并且已经协商过的既定路径。此时对于各部门或者各领域对民营橡胶发展的讨论表明，推出相应的政策的条件是可行而且现实的，该政策由于条件适用而可以推行。当然事实上，在十年"文化大革命"期间以及兵团体制建设期间，这一项政策不具有现实可行性，也就是说在其后国家经济困难以及相应的国际局势紧张的状况下，该制度的条件适用情况已经不再具有，致使相应帮扶制度无法顺利进行。直到改革开放，各项社会政治经济条件再次具备，市场经济对于橡胶规模化生产有着一定需求，国家对于边疆贫困地区的扶贫与发展也有一定需求的共同作用下，民营橡胶经济扶持的制度政策有了相应的条件适用，因此，民营橡胶帮扶政策又经过调整之后，重新恢复推行，国营农场对其周边相应的经济生产支持重建。可见，在这种嵌入型制度的条件适用中，制度必须要兼顾制度主体和制度实施环境两方面的具体推行适用性，任何一方的条件变化都有可能使得制度无法实施甚至中断。

又如21世纪以来云南国营农场的两个改革方向的政策与实施对比来说，就更有极强的实证对比性。对于云南省农垦统一的属地化政策规划，各个地区的适用条件，或者说不同区域发展的实际状况有着相当的差异。具体实施过程中，主要是基于不同地域国营农场发展的资源占有、资源配置、资源品质以及不同的历史、社会遗留问题和国营农场经营的状况综合来看，西双版纳的农场采用了全员承包制的改革，而其他垦区则采用了职工家庭承包制的改革。这两种不同的改革制度，对于生产和经营权利和义务的划分，有着极为不一样的界定。其政策采用的前提是，不同的垦区以及不同的政策主体对于区域当中的制度适用性条件的判断有所不同。西双版纳垦区推行全员承包制的属地化政策之前，对前提条件的判断事实上是基于西双版纳区域橡胶资源和各种农作资源的丰富，以及对区域内适龄人口获得基本生活资料满足就业的条件设定，这种设定来源于国营农场当中原本几次下岗分流导致的下岗人员和流动比较多，部分人员在对外流动重新就业过程中产生困难，导致其家庭或者个人生活无法转型，仍旧以农场农作生产为主要期望。在就业转型基础上来看待这个问题，全员承包政策试图通过按户籍进行相应的资源分配来解决原属农场人口的就业问题，即凡是具有农场户籍，甚至有的政策划定在农场出生的所有人员，都能够获得资源的分配。政策推行的假设条件是，所有农场所属人员，可以追溯为其本人或者其父辈为农场的发展做出过相应的贡献，假设贡献程度大致相等，则贡献当中的每个人按照其在农场的户口所属都具有资源平均获得的平等权利。与此相对应，职工家庭承包制的属地化改革政策的前提条件，也就是制度假设适用的论证与西双版纳的有所不同。与西双版纳相比，云南其他垦区的国营农场所辖资源不是那么丰沛，按照职工的家庭来进行承包经营，使得资源的划分是以家庭为基本单位的，这就意味着其政策假设前提是保证以家庭为基本单位的资源获得与资源生产。换句话说，其隐含的政策前置假设是，所有在职和从业人员对于国营农场建设的贡献，是资源分配中权重考虑较大的部分。将资源按照在职的以及能够在农场从业并进行生产经营的家庭进行分割，排除了那一些虽然户籍留在农场，但事实上在其他地方从业的人口获得资源的可能性。因此，其政策是以能够在农场就业，并在具体运行中能够对农场现实性的生产经营负责为基本前提。

显然，通过对两个不同政策适用的对比，可以看出政策推行的前提条件假设，不仅参考了各自所拥有资源的现实性，而且参考了在这个区域当中所从事生产的人口群体状况，据之预计了政策过程中资源获取的数与量，因此，对于条件适用的反复斟酌，是制度适用的一个重要前提条件。尤其对于嵌入型的制度而言，它所嵌入的区域要实现相应的社会融合目的或者其他的社会效益。那么必须考虑在这个制度推出之时，相关于社会融合的区域性或者群体性的各自具体要求，及其对于制度的适应性条件或者区域切合性条件的要求。只有政策或者制度推出之前，能够针对相应的制度适用群体的状况及其适用可能性做出较为细致的判断和分析，才能有着更为精致的条件适用判断。反之，如果嵌入型制度的条件适用，并没有经过细致的论证和试行，则遇到执行困难甚至制度无法行使的可能性将要更高。因为制度的适用事实上是在一个嵌入型空间当中的一种另类样本试用，如果所考虑的条件不能符合相应的制度目标设计，那么极有可能产生较强的混乱性。因为当这一制度与其他的嵌入型空间或者是区域原有空间相对照时，制度的受众就会产生强烈的反差，并且能够强烈地感知在这个制度下面自己权益的得与失。从这一点而言，制度事实上必须对自己所获效益和可能性影响，有一个更为深入的理解和前置性预测。

三 成本适用

所谓制度的成本，指的是在制度的系统运作过程中，所需投入的各种人力物力资源的耗费。回顾制度发展的整个过程，包括制度的设计、制度的维系、制度的实施等一系列过程当中，所付出的各种制度建设的成本、制度运行的成本、制度功能实现的成本等物力财力和时间等投入都在其中。当然任何一项制度都是有成本的，自然形成的制度包括人为安排的制度都是有成本的，区别在于成本的计量方式及其收益多少。在制度实际运行过程中，对主动设计的制度而言，在制度设计之前，如果不关注制度的成本投入，可能花费相当大的人力物力去实现目标；如果在其运行过程中不关注和控制成本，可能会逐渐降低制度的收益，渐趋无效。简言之，在制度运行当中，如果不注意控制的成本，那么有可能会使制度失去现实存在的可能性。尤其对于嵌入型制度，由于其构建以主观设计为主，那么在其构建过程当中，前期的调研、对所要解决问题的认识，以及这一制度的奖惩规范设计，都成为其成本付出所在，建构性制度的成本，事实上随其主动设计性越高而成本越高。

制度成本的适用，大致包括制度成本的合理与否，对其资源耗费平衡的衡量，取决于该制度为人们所承认的接纳程度，及个体对于制度合理性的认知。对于制度成本的衡量是指，一项制度所付出的人力物力资源与预期功能实现的收益之比率。这个比率一般还可以称为制度效应，制度效应也是客观评价一项制度是否具有现实可行性和客观可操作性的重要尺度。从经济层面看，以生产成本和交易成本进行参照，制度所提供的服务和收益多，则其有效性提高。反之，如果制度所提供的服务或者收益只是一个常数，那么这种因为制度或是制度所需要的生产成本和交易成本少的那一种效率就更高。理论上，作为理性人来说的制度主体，在制度的选择中，通常是在成本维持常数的情况下选择收益较多的制度，或是在收益维持常数的情况下选择成本最低的制度。总之，是以选择适宜制度效率为主要衡量目标的。通常情况下，如果在既定的功能需求目标前提下，其主要的效率取决于生产成本和交易成本，同时，对于现代化生产中的生产成本和交易成本，又主要取决于生产技术和交易技术，于是，这便从量的衡量转移到了质的衡量。如果要进行制度相应可行性效率水平的精确描述，则需要各个层面，包括量、质及进步性的分析。而且，制度还存在大量的外显性关系，即在整体社会系统当中，制度与制度之间、不同系统的制度以及制度的上下层级关系之间，有着千丝万缕的关系，共存于这个生态结构当中。相应的制度选择与维系取决于个别制度的效率，以及这一制度在同一时空当中与其他制度相结合发生作用的结构性地位。因此，对于嵌入型制度而言，基于对成本和效益衡量的制度效力是一个考虑层面，而对于对象区域而言，制度能够给予对象区域原有各种制度的促进，也即制度能够产生的作用于对象区域的各类影响和关系效应，又是一个相当重要的考虑层面。有时，嵌入型制度与原有制度场域之间的关系更为重要，因为对于对象区域而言，其原有的已经形成的制度关系对现有的嵌入型制度有着很大的制约作用。现有的制度，尤其是嵌入型制度，在惯习场域当中所发挥作用的程度，或者说，其是否能够得到相应的认同和嵌入实效，在很大程度上，与嵌入型制度是否能够以更为有效的成本效益比，获得与原有关系网制度之间的比较优势紧密相关。

进一步说，制度的成本适用也不完全是基于客观衡量的计算，有的时候它带有相当主观的色彩，或者说主体性的意愿在其中所占的比重仍然是比较大的。由于一项制度带来的边际实际收益在一定时期内具有相当的优势，因此当一个制度实施时间较长时，其相应的成本有可能上升，而收益有可能逐渐下降，但是，在实施主体的评估当中，仍然有可能对这个量低估，当然，两者被低估的幅度是不一样的，随着制度所确定的生产对象，在生产和收益持续发生的情况下，一般来说实际的净收益会被制度的制定者主观判断所高估，因为随着生产单位不同阶段的损益程度以及成本折旧程度的不同，以及相应的外环境变化和市场需求的饱和，生产实体相应的生产效益逐步降低，既有产品的边际效用随着数量增加而有所下降，其价格同样也随之发生变化。但在制度的制定者或者设计者那里，该制度在一开始推行中所产生的效益与之后持续产生的效益，事实上会被假定为是持平或是上升的。即使在客观情况没有发生太大变化的情况下，人的主观目标价值期待发生了变化，通常表现为逐渐升高的目标期待值与经济实体之间实际生产状况差距的拉大，导致了目标实现预估脱离实际情况，引发对实际生产效益的非客观判断，并且使得制度主体产生对于政策变迁或者政策修正的偏差。

于成本的适用层面，屯戍制度具有的主观设计性，使其在建构过程中为实现既定功能建设和效益获得，前期的人力物力投资是相当之高的。在其生产成本方面，由于屯戍垦荒需要在边疆区域荒野林地上建立国营农场，其发展前期的基础性建设费用，如各种固定资产的投资建设、规模化人力物力的投入，以及相应的加工产业体系的形成，都是国营农场建设投入的相关成本项，也是屯戍制度初始运行的成本投入。当然作为嵌入制度的一种，屯戍制度在进入对象区域之前沉积成本付出的最大项是，基于场域中原有有制度效用综合，而产生的制度嵌入之初与该区域其他制度之间的相互关系。这种相互作用的制度网络关系包括两层，即历史上推行过的制度效用传承，和其同期对该场域发生作用的制度，分别形成的与嵌入型制度之间的关系。回顾屯戍制度初建历史，封建领主经济的遗留和村寨社会的封闭性社会发展，同时构建的还有国家层面对于少数民族的民族自治、民族地区土改，以及对于少数民族上层的教育等制度。屯戍制度尽管也是对少数民族地区经济发展和社会稳定的一个重要制度，但它在作用路径方式层面与上述几个制度都是不一样的。上述几个制度是以全国性制度构建为基础而进行的区域性政策运行，且以国家行政机构为其基本执行单位。屯戍制度是以地方性区域环境与资源状况为基础而进行的经济实体建设，以生产经营机构为基本执行单位。因此，与上述这些制度共同构成对同一区域制度作用是成本衡量，屯戍制度并不以国家政治建设为主要领域，而是通过经济领域的支持和相应准军事领域的保障，来间接支持上述几个制度的目标实现，由此与上述几个制度之间相互辅助、相互支持，在不同的领域构建出同一主要目的的制度系统。于区域层面是屯戍制度与对象惯习场域之间原有制度的关系。边疆区域长期形成民族原有惯习场域，形成了自我发展的经济社会结构，客观来说，在中华人民共和国成立初期仍然保留着这种结构与关系方式。相对而言，屯戍文化与屯戍建设结构则是以国营农场的嵌入型构建为基础，因此，国营农场与当地的其他经济实体之间是相对平行和独立的，建设初期的经济社会运行以及文化发展，基本没有影响到村寨的原有结构，各自尊重自己系统的传承运行。不过，鉴于云南地区自元代开始实行过一系列的屯戍治策，云南地区的屯戍建设在元明两代相对兴盛，由此也带来相当多的内地移民。虽然这种屯戍边略与中华人民共和国成立之后兴建的屯戍制度有着本质的区别，但是，仍然给当地的民众留下了其准军事的作用认识。相对独立的运行方式以及历史的制度认知基础，构成屯戍制度与当地制度网络之间的网络关系，也是中华人民共和国屯戍制度顺利嵌入当地区域的一个重要适用条件。

  屯戍制度之后的发展，尤其将21世纪以来相应的制度改革当中，却逐渐在成本效益方面开始出现偏差。正如制度所通常发生的效益变迁那样，相比而言，一类制度如果最初设计成本高昂，在其运行维系和制度功能实现等各方面，即使会存在诸多投入不足的困难和弊端，但在实际推行当中，人们仍会小心翼翼地对其缺点和弊端进行维护和反复的衡量评估，以利于尽快发现制度成本的变迁以及制度运行的改革需要；而一个相对完美和设计理想的制度，其设计主体和制度受众，都对制度所产生的效益有着相当大的期待，期望值的增大同时也带来对于制度运行当中各项成本变化的忽略，此时，还有可能会对其高效率同时所附加的高成本有所忽视，这对制度之后长时段的完善与运行维护造成了极大的影响。同理，屯戍制度在发展过程中，也同样出现了制度设计发展期望值与现实不符合的情况。基于屯戍制度建设初期对于边疆农业经济的支撑作用，以及其所发挥出来的规模性效应，其后的长时段过程中，国营农场的不断改革以及对于企业化生产经营的不断探索，都寄望于屯戍制度能够持续地降低成本而增加收益。当然这也是市场化经济运作的一个必然趋势，但此时，对于制度运行很长时间之后的各种成本付出，并未能够完全纳入制度变迁的考虑。无论何种原因，在农场运行或者说屯戍制度初始运作所投入的那些大量的人力物力和财力支出中，固定资产的折旧及其对于周边农村在基础设施以及交通信息的改善所带来的经济社会发展，已经由地方区域获得了相应的制度收益，而相应的这个建设主体，也就是国营农场，则很难从中获得相应的以企业的利润度量的社会性收益。此外，还要加上国营农场建设支出的大量人力资本投入。国营农场的市场竞争改革期间，正值人力资本使用成本急剧增量时期，面临大量农场人员年龄老化的更新换代之际，相应的劳动力社会保障和医疗保障等各方面问题，都是农场此时所必须要增加和担负的生产成本。对于农场而言，此时的生产性收益与后期所需要付出的生产再投资之间，已经出现了相当大的差距。毋庸置疑，这一阶段制度的维系和运行成本事实上大大增高了，而对于国营农场这个基层生产单位而言，却没有太大的能力可以支付这个生产成本，在没有持续性外力投资的情况下，国营农场维系的运行成本必然相当之高。此时对于农场这个嵌入型社会经济实体而言，由于无法维系大量成本投入，既有适用降低成本的最好方式，或许是与当地相融合，归并融入于当地社会空间的经济发展之中，而非实行一种独立化的发展。

四 价值适用

尽管在现实中，制度作为具体规范的表现形式，更多地表现为其实际运行效果，或者说，其功能更多地表现为制度推行过程的常态反应，但是说到底，制度的应用功能依然是制度主体所必须考虑的，因为应用的方式与效果，通常体现了制度本身价值判断和发展趋向的问题。在制度深层次的内涵中，制度的应用功能也可以称为制度的价值适用性。这种价值适用性，在一定程度上就是制度赖以生存的主体意识和受众认同判断，制度的应用功能，体现了制度整个的价值导向以及趋势方向。从历史唯物主义的角度来看，制度的应用功能应该是制度目的和实际运行统一的表现，同时也应该是与制度的实然功能相一致的。制度通过其日常实然状态的发展，必须能够符合其应用功能的价值诉求，同时，也将其应然的价值归宿作为其最终落脚点。从最高层面来看，制度发展的两个终极目标，已经为马克思和恩格斯作出了相应的界定：一是促进社会的发展，二是实现人的全面发展。因为社会发展到共产主义社会，就会实现"每个人的全面而自由的发展为基本原则的社会形式"[①]。而此时，人的发展才能达到"每一个人单个人的解放的程度是与历史完全转变为世界历史的程度是一致的。至于个人的真正的精神财富完全取决于他的现实关系的财富……只有这样，单个人才能摆脱种种民族局限和地域极限而同整个世界生产（也同精神的生产）发生实际联系，才能获得利用全球的这种全面的生产（人们的创造）的能力"[②]。当然，这是社会所有制度的基本性价值性目标，按照这个目标往下分解，事实上对于制度阶段性的价值适用来说，这两个基本的价值是在制度构建和发展过程中必须要考虑的，即一是缓解社会冲突实现社会协调，二是促进社会的融合。

（一）缓解社会冲突实现社会协调

无论哪个类型的社会，对稀缺资源的争夺都会产生不同的利益需求和不同主体之间的利益冲突。社会本身就是一个充满矛盾和充满冲

---

① 《马克思恩格斯全集》第 23 卷，人民出版社 1972 年版，第 649 页。
② 《马克思恩格斯选集》第 1 卷，人民出版社 1995 年版，第 89 页。

突的集合体，只是在这个集合体当中有的时候呈现分散状态，有的时候呈现聚合状态。社会中的个人利益群体也会不断地形成分化和组合，并且发生着规模或大或小的冲突。为了约束矛盾和冲突的规模和程度，使这些矛盾对社会造成的危害和破坏减轻，制度就为所有的社会成员提供了社会关系，以及解决矛盾的规范和途径，人们只要按照制度规范采取行为，就能使整个社会的关系保持相对完整的结构，并且能够获得群体的协商与合作，以使得社会获得协调运转的机体合作，避免造成大规模的社会混乱。随着社会经济的不断发展，相应的科学技术和社会结构也有了极大的扩展和复杂化，社会的层级与各个部门之间结构开始趋于多元化、复杂化，组织的程度也得到了高度的发展，而且各种类型的组织与分工综合交错。对于同一个问题的影响因素和制度规范，显得越来越细致。这在国家层面上就体现为，国家对于整个制度系统的把握，以及制度整合能力的要求越来越高。于是从社会角度来看，国家对于制度运用的首要目的或者价值目标，便是能够缓解社会冲突，实现社会协调，亦即通过社会矛盾解除和解决的整合过程，来使各种集团各种力量能够达成协作和互动的平衡状态。社会的整合力量体现了整个社会能够形成稳定和秩序的程度，也是制度制定运行的价值适用目标之一。马克思主义经典作家对于制度消解社会矛盾，并且能够对社会冲突起到中介缓冲作用等方面，有着详细的论述。其论述主要是以宏观的制度及国家制度的出现、形成和发展历史，来说明整个国家在协调社会不同阶级和不同群体之间矛盾的时候，所产生的作用以及所采取的制度运行方式，"随着社会分工的发展，也产生了个人利益或单个家庭的利益与所有互相交往的人们的共同利益之间的矛盾。……这种共同的利益不是仅仅作为一种'普通的东西'存在于观念之中，而且首先是作为彼此分工的个人之间的相互依存关系存在于现实之中。……作为不同的阶级不同的群体，以及各个人不同的利益诉求，每个人都有自己特殊的利益所在。这些特殊利益始终在真正地反对共同利益和虚幻的共同利益，这些特殊利益的实际斗争使得通过以国家姿态出现的虚幻的'普通'利益来对特殊利益进行实际的干涉和约束成为必要"[1]。在这个层面上，国家是作为一种系统性的制度安排，来解决个人与个人之间或者群体与群体之间共同公共利益的矛盾。因此，通过强制的或者非强制的制度约束人们为各自特殊利益而进行的争斗，从而避免产生大规模的社会破坏，是有效维护公共利益的重要途径。当然，就国家层面而言，这种制度安排的方式或许有着正面的作用，也有着负面的作用，国家的统治阶级不一样，制度的性质和实现方式不一样。但归根结底，国家通过制度安排而实现对于社会冲突的极力避免，是每一个社会形态都存在的。

将这个性质和价值延续到中观层面，可以更深地挖掘到对于制度相对客观的价值适用量度，即对于某一领域或者某一产业所进行的制度安排，虽然宏观层面的终极目标是国家社会生产力的主动促进，但是在具体的空间和时间领域，事实上仍然是以对区域内各种群体不同矛盾的缓解为基本价值适用。以嵌入型社会融合制度为例，其对嵌入区域所运行和发生效用的基本出发点，是以缓解区域矛盾为主的，虽然在空间结构上看，这种嵌入型制度所构建的嵌入型空间，有可能与区域内其他的已存空间或者群体产生资源的争夺和矛盾，但作为嵌入制度本身的设计主体角度，从一开始就会尽力避免这种情况的出现。再深入一点说，也就是屯戍制度必须要在所嵌入对象空间中构建出一种符合公共需求的、能够为大众所认同的共同目标，同时也在实际运行中使得制度及其所构建的经济实体朝着这个目标去努力。以群体的统一奋斗目标和努力方式的设计，来缓解现有的社会冲突以及可能产生的社会群体矛盾，而在其后的发展过程中，这同样也是一个基本的运行目标。因此，在屯戍制度所构建和发展的过程中，虽然其社会功能的发生发展为其生产的效益造成了一些影响，甚至有的时候影响到其主功能的发挥，但是对于嵌入型制度可以在以及能够在对象区域中

---

[1] 《马克思恩格斯选集》第1卷，人民出版社1995年版，第84页。

发生的效用而言，这种前期的社会效益功能的发挥，或者说是社会帮扶效益的构建，是非常必要而且重要的。这在制度系统层面来看，有的制度以成本效益为主，在所运行过程中受到其他领域的影响甚微，其他功能服从于主功能的运行。但是对于嵌入型的制度而言，其前期的社会成本投入相对要巨大，也是因为其在初建和嵌入发展的过程当中，缓解社会冲突和实现社会协调层面的消耗占到相当的权重。事实证明，嵌入型制度能否正常地发挥功能，与其社会协调的实现有着密切关系，嵌入型制度不可能只关注某一领域的发展，这是因为嵌入型制度在价值适用方面，事实上是属于应用社会价值为较主要且占有相当权重的制度形态，而且，嵌入型社会制度所投入的有关社会领域部分的生产成本是无形的，这一部分如果纯粹地从数量化的经济生产收益来计算，是很难计量的。

（二）促进社会的融合

人本质上是社会动物，因此，人的全面和自由的发展离不开社会融合的高度实现，"人的本质不是单个人所固有的抽象物，在其现实性上，它是一切社会关系的总和"[①]。人的生存和发展离不开社会的特定环境，同时社会又是由不同的人和群体所构成。由此，社会环境的状况对人的各种生产生活有着极其密切的影响，制约着和决定着人们生活以及其生产条件。对于人和社会之间这种复杂辩证关系，亦即人依靠着社会而生存，社会由人而存在，马克思这样生动地表述，"凡是有关人与人的相互关系问题，都是社会问题"[②]。从这一点出发可以发现，社会初级阶段的各种争夺争斗，到社会矛盾的发生解决，再到人的最终发展亦即获得一个自由和全面发展的环境，都与社会融合和整合程度息息相关，因此，不同程度的社会融合应该是不同层面制度所需要发展的价值适用目标。探索社会融合的发展，需要区辨社

[①] 《马克思恩格斯选集》第1卷，人民出版社1995年版，第56页。
[②] 《马克思恩格斯全集》第4卷，人民出版社1960年版，第334页。

会与人之间关系的两种极端：一种是类似于霍布斯对于利维坦的那种集体意志绝对化的描述，即通过一个绝对集权的集体或者统治集团形成社会的严密控制，就如马克思恩格斯所描述的"虚假集体"；另一种是人对社会的极端依赖，如爱因斯坦所描绘的"时代的危机"。对人与社会关系的最好协调，事实上就是社会融合所要达到的极佳状态，即两者之间的相互促进是能够保持各自相对的独立的发展，其主要的路径就是"真正的问题不在于人类是否由自私的动机所左右，而在于要找到一套制度，从而使得人们能够根据自己的选择和决定其普遍行为的动机，尽可能地为满足他人的需要贡献力量"[①]。也就是说，通过相应的制度安排，能够保证人的发展成为社会融合发展的前提，同时能够成为社会进步的内在推动力量。因为人的发展与社会发展是辩证统一的，人的发展是社会发展的最终动力，因此，将人作为生产发展或者生产力发展的重要因素，在社会生活中的心理和生理的全面发展，直接关系到整个社会发展的程度，同时关系到社会的精神文明发展的程度。又由于人经由制度安排和社会结构联系在一起，作为社会结构当中的成员个体的素质与思想品质的提高，对于相应生产力的发展，以及社会制度的改革认识，有着相当重要的作用。因此在人和社会的关系当中，或者说促进社会融合的过程当中，良好的制度安排非常重要，它既可以为人提供极为广阔的自由空间，同时又可以为社会提供强大的动力机制。具体地说也就是，通过制度的安排，社会的发展及其生产力的框架条件都可以为人提供更高的精神和物质生活，而另一方面人的生理和心理素质的提高，也可以让社会框架或者社会机制发生变革，形成社会发展的关键性力量。因此制度安排的关键性就在于，它是自由和发展空间提供的重要达成路径，并且为这个目标的实现提供相应的合法性保障；同时它又通过制度的力量记述了个人

---

① [英]哈耶克：《个人主义与经济秩序》，北京经济学院出版社1989年版，第13页。

之间的这种自由发展,将之与社会协调发展相统一起来,集束个体的力量使之形成社会发展的综合性力量,以促进社会的生产力发展,并且提升社会文明程度,达到社会融合的高级状态,实现"在真实的集体的条件下,各个个人在自己的联合中并通过这种联合获得自由"[①]。

对于嵌入型社会融合制度来说,促进社会融合肯定是其主要针对性目标。以这个目标来衡量制度嵌入以及社会融合作用发挥的过程,首先必须要评判在这个制度当中,对人或者对群体来说,其发展空间的设置是否合理。或者说人的发展及自由发展,是否得到与当时同时空条件下其他群体或者其他个人发展的同样条件。以此目标作为对于制度的制定和制度的发展作用的基本评判,制度应用功能的发展脉络就比较清晰。嵌入型制度在所构建的局域嵌入空间内,如果不能达到应用价值预期,即为其成员发展提供与同一场域其他地区相同的发展资源和条件,那么在一定程度上,它便不能保持这个系统的独立性或者保持系统稳定。事实上,为了保证制度空间内成员能够获得相等的发展机遇和发展机会,嵌入型制度或者嵌入型空间必须要融入更大的空间当中,因为个人的需要已经超越了空间限制,与其他空间或者外围空间相比,个体更需要达到与外界空间相一致的等同发展条件提供。此时嵌入型制度的发展目标,转变成为对内外两个空间的融入促进,而制度的功能也相应转变为对于两个空间之间相融合的制度平台的搭建。以促进社会融合为基本价值适用,制度的社会融入功能便成为此阶段发展的重点,而制度也不断以此为核心实现制度的变迁与完善。

美国著名社会学家英格尔斯认为:"那些先进的制度要获得成功,取得预期的效果,必须依赖于运用它们的人的现代人格、现代品质。无论哪个国家,只有它的人民的心理、态度和行为,都能与各种现代形式的经济发展同步前进,相互配合,这个国家的现代化

[①] 《马克思恩格斯全集》第3卷,人民出版社1960年版,第84页。

才能真正能够得以实现。"① 这也许触及了社会融合制度功能实现的根本路径。制度对上联系着宏观社会结构，对下协调着人与人之间的社会关系，在现代社会越来越注重制度的设计与制度安排的情况下，制度安排对于社会融合的适用性越来越高。要获得相应稳定性以及在社会发展过程中得到越来越广阔的发展前景和空间，制度必须能够遵循社会融合的主要目的，同时，能够在社会融合这个大目标的调节下，以具体的时空领域所需要的制度功能方式，发挥社会协调的功能。嵌入型社会融合制度功能的实现，只是整个社会融合制度实现方式的一个组成部分，但是对于制度嵌入型的探讨非常重要。这是因为嵌入型社会制度在很大程度上是由社会主体主动建构的，这种制度的主动建构方式，在现代社会中越来越形成为一种国家主动发展选择的主流方式。用一种与原有惯习所不一样的制度嵌入方式来形成不同系统空间的范式型发展，事实上，在某一种程度上也体现了制度创新的有效实现过程。假定，一定区域的大多数制度之间具有路径依赖，使得制度容易陷入低效或无效运行状态，但是在现代社会发展条件下，如果不爆发革命型的社会变革或者进行比较彻底的制度改革，社会制度的延续和发展大致应该是以渐进和改善的方式来完成的，此时，改革性制度的主动设计与其在对象场域中的实际运用之间，还有着相当大的距离。鉴于此，对于嵌入型社会融合制度的各个方面，包括其构建特点、作用方式、文化形成及其适用条件等的讨论，恰恰能够说明制度本身的内容与制度实现区域融合的功能发挥关键路径。

综上所述，对于主体价值认知有较大不同的新型制度，如何在既有的制度惯习场域中得到切实运行和效果发挥，是本书讨论的重点。同时，通过对制度行为实体在区域惯习场域中作用发挥的路径探索，也试图说明这个曾经在边疆区域具有重要影响的制度，是如何在不同

---

① ［美］阿列克斯·英格尔斯：《人的现代化》，四川人民出版社1985年版，第6页。

的发展阶段实现功能与影响变迁的，从而提供人们对于边疆地区特有长效制度的理解和认识，为制度文明的发展以及未来国家边疆区域制度建设提供已有的制度样本经验。

参考文献

中文文献

(1) 中文专著

《马克思恩格斯选集》第1卷，人民出版社1995年版。
《马克思恩格斯选集》第2卷，人民出版社1995年版。
《马克思恩格斯选集》第3卷，人民出版社1995年版。
《马克思恩格斯选集》第4卷，人民出版社1995年版。
《马克思恩格斯全集》第23卷，人民出版社1972年版。
《毛泽东著作选读：下册》，人民出版社1986年版。
《邓子恢文集》，人民出版社2006年版。
北京大学中国经济研究中心：《经济学与中国改革》，上海人民出版社1995年版。
当代云南编辑部编：《当代云南大事纪要（1949—1995）》，当代中国出版社1996年版。
卢现祥：《西方新制度经济学》，中国发展出版社1996年版。
缪鸾和：《西双版纳傣族自治州的过去和现在》，云南人民出版社1957年版。
农垦部政策研究室：《农垦工作文件资料选编》，农业出版社1983年版。
农业部政策研究室、农垦部国营农业经济研究所、中国社会科学院农经所农场研究室编：《农垦工作文件资料选编》，农业出版社 1983 年版。

彭克宏主编：《社会科学大词典》，中国国际广播出版社 1989 年版。

全国人民代表大会民族委员会办公室编：《西双版纳傣族自治州社会概况》（调查材料之三），全国人民代表大会民族委员会办公室 1956 年版。

舒富民：《中国全面小康发展报告》，社会科学文献出版社 2006 年版。

吴铎：《社会学》，高等教育出版社 1992 年版。

夏雪鉴：《整合社会心理学》，河南人民出版社 1998 年版。

尹志刚、洪小良：《北京市流动人口移民倾向和行为研究》，北京出版社 2008 年版。

云南地方志编纂委员会：《云南省志　卷三十九　农垦志》，云南人民出版社 1998 年版。

云南省档案馆编：《建国前后的云南社会》，云南人民出版社 2009 年版。

中共中央文献研究室：《建国以来重要文献选编》（第 1 册），中央文献出版社 2011 年版。

中共中央文献研究室：《建国以来重要文献选编》（第 3 册），中央文献出版社 2011 年版。

（2）译著

[英] 安东尼·吉登斯：《现代与自我认同》，赵旭东、方文译，生活·读书·新知三联书店 1998 年版。

[美] 阿列克斯·英格尔斯：《人的现代化》，殷陆君译，四川人民出版社 1985 年版。

[美] 鲁思·本尼迪克特：《文化模式》，王炜等译，生活·读书·新知三联书店 1988 年版。

[美]布罗姆利：《经济利益与经济制度》，陈郁等译，上海三联书店1996年版。

[美]博登海默：《法理学法律哲学与法律方法》，邓正来译，中国政法大学出版社1999年版。

[美]道格拉斯·C.诺斯：《经济史中的结构与变迁》，陈郁、罗华平译，上海三联书店1995年版。

[美]道格拉斯·C.诺斯、[美]罗伯特·托马斯：《西方世界的兴起》，历以平、蔡磊译，华夏出版社1989年版。

[美]道格拉斯·C.诺斯：《制度、制度变迁与经济绩效》，刘守英译，上海三联书店1994年版。

[奥]弗洛伊德：《文明及其缺憾》，傅雅芳等译，安徽文艺出版社1987年版。

[英]哈耶克：《个人主义与经济秩序》，邓正来译，北京经济学院出版社1989年版。

[英]哈耶克：《自由秩序原理》（上），邓正来译，生活·读书·新知三联书店1997年版。

[法]加布里埃尔·塔尔德：《模仿律》，何道宽译，中国人民大学出版社2008年版。

[奥]卡尔·波普尔：《开放社会及其敌人》第1卷，陆衡等译，中国社会科学出版社1999年版。

[美]康芒斯：《制度经济学》（上），商务印书馆1962年版。

[美]罗伯特·F.墨菲：《文化与社会人类学引论》，商务印书馆1991年版。

[英]玛丽·道格拉斯：《制度如何思考》，张晨曲译，经济管理出版社2013年版。

[英]马林诺夫斯基：《科学的文化理论》，黄建波等译，中央民族大学出版社1999年版。

[美]帕森斯：《现代社会的机构与过程》，梁向阳译，光明日报出版

社1988年版。

［美］施坚雅：《中华帝国晚期的城市》，叶光庭、徐自立等译，中华书局2000年版。

（3）期刊

白文飞、徐玲：《流动儿童社会融合的身份认同问题研究——以北京市为例》，《中国社会科学院研究生院学报》2009年第2期。

曹子平：《上海市智障人士社会融合实践研究》，《中国特殊教育》2006年第9期。

丁志宏：《我国新生代农民工的特征分析》，《兰州学刊》2009年第7期。

风笑天：《"落地生根"——三峡农村移民的社会适应》，《社会学研究》2004年第5期。

嘎日达、黄匡时：《流动人口调控：经验观察与理论思考》，《人口研究》2009年增刊。

嘎日达、黄匡时：《西方社会融合概念探析及其启发》，《国外社会科学》2009年第2期。

郭星华、李飞：《漂泊与寻根：农民工生社会认同的二重性》，《人口研究》2009年第6期。

郭于华：《转型社会学的新议程——孙立平"社会断裂三部曲"的社会学述评》，《社会学研究》2006年第6期。

何雪松等：《服务使用与社会融合：香港新移民的一项探索性研究》，《人口与发展》2009年第5期。

黄匡时、嘎日达：《"农民工城市融合度"评价指标体系研究》，《西部论坛》2010年第5期。

黄匡时、嘎日达：《社会融合理论研究综述》，《新视野》2010年第6期。

韩朝华：《新中国国营农场的缘起及其制度特点》，《中国经济史研究》2016年第1期。

李树茁等:《中国农民工的城市融合及其影响因素研究——基于社会支持网络的分析》,《人口与经济》2008年第2期。

刘畅:《制度排斥与城市农民工的社会保障问题》,《理论探索》2003年第7期。

陆杰华、黄匡时:《大人口、大机构、大政策、大服务与大发展》,《人口研究》2009年增刊。

农业部农垦局:《全国农垦基本情况》,《中国农垦》2015年第12期。

彭华民:《社会排斥与社会融合——一个欧盟社会政策的分析路径》,《南开学报》(哲学社会科学版)2005年第1期。

秦海:《制度范式与制度主义》,《社会学研究》1999年第5期。

任远、邬民乐:《城市流动人口的社会融合:文献述评》,《人口研究》2006年第3期。

宋培军、张秋霞:《中国社会:断裂的洋葱头》,《社会观察》2005年第2期。

唐斌:《"双重边缘人":城市农民工自我认同的形成及社会影响》,《中南民族大学学报》(人文社会科学版)2002年第22期。

王春光:《农村流动人口的"半城市化"问题研究》,《社会科学研究》2006年第5期。

王春光:《新生代农村流动人口的社会认同与城乡融合的关系》,《社会学研究》2001年第3期。

王桂新、罗恩立:《上海市外来农民工城市融合现状调查研究》,《华东理工大学学报》(社会科学版)2007年第3期。

王桂新、张得志:《上海市外来人口生存状态与社会融合研究》,《市场与人口分析》2006年第5期。

魏莉莉、孙抱弘:《香港人在上海的社会融合——个案实证研究》,《西北人口》2009年第4期。

吴玉军、宁克平:《城市化进程中农民工的城市认同困境》,《浙江社会科学》2007 年第 4 期。

杨黎源：《外来人群城市融合进程中的八大问题探讨》，《宁波大学学报》（人文社会科学版）2007 年第 6 期。

张文宏、雷开春：《城市新移民城市融合的结构、现状与影响因素分析》，《社会学研究》2008 年第 5 期。

周奎君：《从农民工生存现状看社会排斥及后果》，《社会科学家》2006 年第 5 期。

周林刚：《社会排斥理论与残疾人研究》，《青年研究》2003 年第 5 期。

（4）政策文件

中央人民政府政务院第 100 次政务会议：《中央人民政府政务院关于扩大培植橡胶树的决定》1951 年 8 月 31 日。

中共中央：《中央复云南省委关于发展天然橡胶问题的报告》1961 年 7 月 28 日。

中共中央：《国营农场领导管理体制的规定》（中发［62］628 号）1962 年 11 月 22 日。

国务院：《关于批发全国国营农场工作会议纪要的通知》（国发［78］20 号）1978 年 2 月 12 日。

国务院：《批转财政部、国家农垦总局关于农垦企业实行财务包干的暂行规定的通知》（国发［1979］55 号）1979 年 2 月 23 日。

国务院：《国务院转发农垦部关于尽快把国营农场办成农工商联合企业的座谈纪要的通知》（国发［1979］183 号）1979 年 7 月 23 日。

农垦部：《国营农场工作条例（试行草案）》1979 年 8 月 1 日。

国务院：《批转农牧渔业部关于发展农垦农工商联合企业若干问题的规定的通知》（国发［1983］23 号）1983 年 2 月 17 日。

国家机构编制委员会：《关于新疆生产建设兵团机构编制管理问题的复函》（机编地函［1991］3 号）1991 年 5 月 26 日。

云南省农垦总局：《关于云南农垦国营农场经济体制改革的意见》

1985年4月3日。

云南省人民政府：《中共云南省委、云南省人民政府关于推进农垦改革发展维护垦区稳定的若干意见》（云政发［2009］19号）2009年12月30日。

云南省人民政府：《云南省人民政府办公厅印发关于农场公共管理和公共服务机构编制意见等5个方案的通知》（云政办发［2010］108号）2010年6月6日。

政务院：《关于1952年农业生产的决定》1952年2月15日。

周恩来：《中国共产党第十次全国代表大会政治报告》1973年8月24日。

中国人民政治协商会议第一届全体会议：《中国人民政治协商会议共同纲领》1949年9月29日。

中共中央：《关于1950年军队参加生产建设工作的指示》1949年12月5日。

中央关于转发《国营农场领导管理体制的规定》的批示，转引自张绪忠编《云南省临沧地区勐撒农场志》，云南民族出版社1962年版。

中共中央：《关于一九八四年关于农村工作的通知》（中发［1984］1号）1984年1月1日。

中共中央、国务院：《中共中央国务院关于进一步推进农垦改革发展的意见》（中发［2015］33号）2015年11月27日。

国务院：《国务院关于批转全国国营农场工作会议纪要的通知》（国发［1978］20号）1978年2月12日。

王任重：《对于云南省西双版纳的开发利用问题》1979年4月30日。

云南省农垦局：《云南农垦企业扩大自主权的暂行规定》1980年12月14日。

云南省委：《关于改善场群关系，加强民族团结的意见》（省委［1981］3号）1981年9月15日。

云南省人民政府：《中共云南省委、云南省人民政府关于深化改革加快农垦发展的若干意见》2007年8月22日。

国务院：《国务院批转国家经委关于扩大企业自主权试点工作情况和今后意见的报告》（国发［1980］226号）1980年8月9日。

国家农垦总局：《橡胶栽培技术规程（试行草案）》1979年2月27日。

云南省人民政府：《云南农垦集团有限责任公司关于深化国有企业改革的实施意见》（云政复［2003］13号）2003年2月19日。

李纪恒：《全面贯彻落实省第八次党代会精神　推动云南农垦"二次创业"》2006年12月8日。

云南省委云南省人民政府：《中共云南省委、云南省人民政府深化改革加快农垦发展的若干意见》（云发［2007］12号）2007年8月22日。

云南省人民政府：《中共云南省委、云南省人民政府关于推进农垦改革发展维护垦区稳定的若干意见》（云政发［2009］19号）2009年12月30日。

英文文献

(1) 英文专著

Askkonas, P. and Stewart A., *Social Inclusion：Possibilities and Tensions*, London：Palgrave, 2000.

Bach, M., *Social Inclusion as Solidarity：Rethinking the Child Rights Agenda*, The Laidlaw Foundation, 2002.

Berghman, J., "Social Exclusion in Europe：Policy Context and Analytical Framework", In Room, G. (ed,), *Beyond the Threshold：the Measurement and Analysis of Social Exclusion*, Bristol：Policy Press, 1995.

Brown, R., *Social Identity Theory: Past Achievements, Current Problems and Future Challenges*, European Journal Social Psychology, 2000.

Burchardt, T., Le Grand, J. and Piachard, D., *Social Exclusion in Britain 1991–1995*, Social Policy and Administration, 1999.

Câmara, G., et al., *Mapping Social Exclusion / Inclusion in Developing Countries: Social Dynamics of São Paulo in the 1990s*, Center for Spatially Integrated Social Science, 2002.

Cantillon, B., *Properties: Criteria for Choosing Indicators for Social Inclusion*, 2001.

Crawford, C., *Towards a Common Approach to Thinking about and Measuring Social Inclusion*, Roeher Institue, 2003.

Donnelly., P. and Coakley, J., *The Role of Recreation on Promoting Social Inclusion*, Toronto, Canada: Laidlaw Foundation, 2002.

Duffy, K., *The Human Dignity and Social Exclusion Project-Research Opprtunity and Risk: Trends of Social Exclusion in Europe*, Strasbourg: Council of Europe, 1998.

(2) 期刊

European Union Social Protection Committee, *Common Outline for the 2003–05 National Action Plans/Inclusion*, 2003.

European Union Social Protection Committee, *Report on Indicators in the Field of Poverty and Social Exclusion*, 2001.

Geddes, A., 2005, *Europe and Immigrant Inclusion: from Rhetoric to Action*, The Sud-Deutsche Zeitung, 20 April 2005.

Gedes, A. and Niessen, J., *European Civic Citizenship and Inclusion Index*, British Council Brussels, Foreign Policy Centre and Migration Policy Group, 2005.

Giddens, A., *Sociology*, Cambridge: Polity Press& Blackwell Publishing

Company, 2001.

Guildford, J., *Making the Case for Social and Economic Inclusion*, Health Canada, 2000.

Hanvey, L., *Children and Youth with Special Needs*, Ottawa: Canadian Council on Social Development, 2001.

Hanvey, L., *Social Inclusion Research in Canada: Children and Youth-What Do We Know and Where Do We Go*? 2003.

Jackson, A. and Scott, K., *Does Work Include Children? The Effects of the Labour Market on Family Income, Time and Stress*, Toronto: Laidlaw Foundation, 2002.

Kingsley, Coulton, et al., *Mapping Your Community: Using Geographic Information to Strengthen Community Initiatives*, Washington, D.C, U.S. Department of Housing and Urban Development, 1997.

Marmur, D., *Ethical Reflections on Social Inclusion*, The Laidlaw Foundation, 2002.

Oregon Progress Board, *Is Oregon Making Progress? The* 2003 *Benchmark Performance Report*, Oregon, 2003.

Percy-Smith, J., *Policy Responses to Social Exclusion: towards Inclusion?* Open University Press, 2000.

Peter Askonas and Angus Stewart, *Social Inclusion: Possibilities and Tensions*, ST. Martin's Press, 2002.

Saloojee, A., *Social Inclusion, Anti-racism and Democratic Citizenship*, The Laidlaw Foundation, 2003.

Saunders, P., *Can Social Exclusion Provide a New Framework for Measuring poverty? Social Policy Research Centre Discussion Paper No.* 127, Sydney: SPRC, 2003.

Sen, A., *Development as Freedom*, New York: Anchor Books, 2000.

后　记

　　在社会发展的历史研究领域当中，社会学家常常面临着社会与历史发展当中的反溯困境。也就是，通常对于一个社会发展历史现象，社会研究的主要任务是从历史发展的过程中，找到这个事件的起因和结果，并且能够以相对客观的方式将这个过程展现出来。如果我们选择的是一个有着具体记录的研究对象，以制度为例，它包括正式的文字记载以及相应制度推行的各种环境程序影响，对其正式规范部分的分析具有确定性，但是对于非正式制度领域范围内的各种形式和各种过程，往往却很少能够留下翔实的依据。而且从某种程度上来说，制度的发展与相应各种文化意识方面的变化，也很难以叙述的方式或者客观证明的方式予以说明。由此，在一定程度上，只能借用正式制度的记载和口述回忆描摹，以及一些客观例证来说明问题。这也成为联结正式制度与非正式制度之间，制度及其文化之间的共识共场研究。

　　反映于实证方面，社会制度研究路径还将区域性的空间研究放入更长时段来进行考察，由此可以折射制度的积淀与依赖，但对于制度文化的研究，以及对于制度所产生影响的研究，却是相对困难的，因为这不仅仅是缺乏资料，即使在社会档案保存完整的地方，如果要对制度所产生的影响进行详细描述，例如，对区域内的国家政权建设抑或群众运动的社会影响等进行人类学式的描述，也是相当困难的。制度在自己的时间范畴内，具有生命周期和运动轨迹，同时它还受到外部环境各种因素以及自我效用固化的影响。将时域与地域两类限制共同呈现于制度研究有着一定的困扰，一是模糊共场性的分析所带来的制度横截面的精确描述；二是影响到共时性的研究，也就是制度发生发展过程当中，对于整个过程文本的连贯性描述。不难说明，对于制度功能的研究，我们需要那些可以兼容并包的终结性实证研究及能够连接社会发展长时段历史的规律，更需要宏观结构之下阶段性制度执行与调适，既能够沟通主流社会意识与既有大众文化，又能够将制度的构建和发展、空间和时间两种因素协调起来，进行描述和研究。

皮埃尔·布迪厄（Pierre Bourdieu）对于场域、惯习、资本概念的研究，就是制度关系概念的典型代表。他将一个场域定义为位置间客观关系的一个网络或一个形构，且这些位置是经过客观限定的。从而将制度的作用对象解析为在特定空间内系统生成、有一定组织性的群体及其关系存在。布迪厄研究了许多场域，如美学场域、法律场域、宗教场域、政治场域、文化场域、教育场域，每个场域都以一个市场为纽带，将场域中象征性商品的生产者和消费者联结起来，例如，艺术这个场域包括画家、艺术品购买商、批评家、博物馆的管理者等。场域的概念调和了规范性的制度明示与惯习网络之间的研究空间。但对于具体空间以及具体制度的新建，及其在既有的空间当中介入和发展的过程，这个概念相对泛化和抽象，不过，在这个概念之下，可以实现有用的观念和形象与特殊文化或者特殊空间对象连接起来进行更为针对性的研究。将此研究类型映射到屯戍制度，其制度特性更好地体现出了嵌入型关系组合的发展与变迁，即可以观察到在制度背景中，事件开展及其社会影响等具体过程，同时又可以通过制度发展时域范畴的变迁制约，来做出相应的长期效果评判，或者说对于社会现实来说，要理解边疆这个空间中原有惯习场域或者惯习结构的变化，就必须考察在其中起到主要影响和作用的制度，尤其是长时段且作用明显的制度研究。在国家社会发展变迁的实证当中，屯戍制度的发展影响到区域，区域又反过来对于屯戍制度有着更为广阔的历史背景和社会变迁的影响。在边疆区域这一特殊的不同族群聚居地中，社会空间和文化的现代化发展对社会各领域有着更为深刻的影响。由此，嵌入型社会制度是一定空间相互融合的过程中，主动建构的域外制度与既有制度网络相互影响的结果，在我们不断的探索具体实证对象的制度史研究时，也需要不断从制度的阶段性发展来发掘制度的作用过程与效用发挥。以屯戍制度来实证嵌入型社会制度的构建与发展过程，在一定程度上是将社会研究当中的方法创新与国家不同阶段政权建设、文化价值导向以及与主流社会结构整合的较好路径与方法。这种路径与权力系统有着根本的区别，是一种特殊的以载体范式来获得与对象区域原有空间关系相互认知的途径，由之逐渐获得在地方社会当中的存在合法性，并在合法性基础上不断地产生着各类权威，通过权威的产生与引导，在地方社会当中实现区域认同与融入。当然，文化和意识上的认同与融入，反过来又强调了构建载体的制度本身的合法性、可行性以及相应的依赖性。

  通过将各种因素调和起来，我们看到了社会融合实现过程中制度路径的发生方式和重要作用。理论层面，体现出制度与社会结构以及社会活动之间产生的事物二重性。从实证的意义上，通过制度发展的历史角度观察则体现得更为鲜明。马克思的辩证唯物主义提出的事物二重性，将事物的静态形式与动态发展进行了辩证的联系与区别，在此理论指导下的实证过程强调了社会现实中制度发展路径的辩证关系，以及相应的条件、价值及其适用等方面的不同特点和效果。由此，通过观察和记录对制度发生作用方式进行经验总结和探索，可以相对客观地理解制度具体实施过程中观念符号的不同表现，也能够观察到权威创立的结构功能以及功能障碍，将新嵌入的制度理念与既有关系结构结合起来，演示发展与融合的制度路径。因此，理解这个问题的核心在于：一种制度在进行新嵌入的时候，它所担负的社会历史变革责任是如何与当地惯习结构或社会结构实现共场和共时发展，同时，又能够使双方得到和谐共融。

本书期望对于屯戍制度的研究在理论与方法层面可以有所突破，从当代边疆社会治理的角度对这项制度的发展经验进行一定程度的理性分析，因而，无论是核心概念的选择还是分析思路的构建，包括对于相关文件资料的搜集整理都有着较长期的梳理，结合了本人2014年国家社科西南边疆项目的成果和2016年博士后基金项目的部分思考，并做出反复修改。其间，中国社科院张冠梓教授、南开大学沈亚平教授提供了极有益意见与咨询，云南师范大学毕天云教授在成书过程中更是提供了大量帮助与指导。与良师尤伟琼教授之间卓有成效的沟通交流给予了我极大帮助，张劲柏、赵钦、洪云洁、张津嘉、雷涵等小友为帮助查阅整理文献亦不断付出辛劳。最后，基于笔者本人的资质愚钝，尽管一直努力不敢懈怠，书稿中仍有许多不足之处，期待各界同仁的批评与指正。

董向芸
2017年12月于云南昆明